中国石油集团油田技术服务有限公司
年　鉴
2019

中国石油集团油田技术服务有限公司　编

石油工业出版社

图书在版编目（CIP）数据

中国石油集团油田技术服务有限公司年鉴. 2019 / 中国石油集团油田技术服务有限公司编. —北京：石油工业出版社，2019.11

ISBN 978-7-5183-3835-1

Ⅰ. ①中… Ⅱ. ①中… Ⅲ. ①石油企业-中国-2019-年鉴 Ⅳ. ①F426.22-54

中国版本图书馆CIP数据核字（2020）第021407号

出版发行：石油工业出版社

（北京市朝阳区安华里二区 1 号楼 100011）

网　址：http://www.petropub.com

编辑部：（010）64523591　图书营销中心：（010）64523731

审图号：GS（2020）97号

经　　销：全国新华书店

印　　刷：北京中石油彩色印刷有限责任公司

2019 年 11 月第 1 版　2019 年 11 月第 1 次印刷

880×1230毫米　开本：1/16　印张：17.5　插页：21

字数：430万字

定　价：198.00元

（如出现印装质量问题，我社图书营销中心负责调换）

《中国石油集团油田技术服务有限公司年鉴》
编　委　会

编辑说明

一、《中国石油集团油田技术服务有限公司年鉴》（以下简称《年鉴》）是中国石油集团油田技术服务有限公司组织编纂的企业年鉴，是全面、系统、准确记录上年度中国石油集团油田技术服务有限公司主要发展情况的权威性大型资料工具书。本卷《年鉴》记述中国石油集团油田技术服务有限公司 2018 年生产经营、企业管理及改革创新等各方面的基本情况和重要事项，向广大读者展示中油油服发展状况和取得的成绩。

二、《年鉴》采用“板块式”结构，分类编纂，点面结合，综合记述和条目记述相结合，力求全面反映记述事项。全书分为类目、分目、条目三个层次，以文字叙述为主，辅以图表。本卷共设 15 个类目：总述，改革重组，技术服务与风险作业，市场开发与生产协调，科技与信息，安全环保与井控管理，企业管理，党建与企业文化，“精益管理年”活动，“四化”建设，荣誉录，机构与人物，工程技术企业概览，大事记，附录。

三、本卷《年鉴》所引用的各种数据和资料，截至 2018 年底，个别内容略有延伸。除特别注明外，一般指中国石油集团油田技术服务有限公司统计数据。

四、本卷《年鉴》稿件、资料主要由中国石油集团油田技术服务有限公司机关各部门以及各工程技术企业提供。

五、为行文简洁，《年鉴》中机构名称一般在首次出现时用全称，随后出现时用简称。例如，“中国石油天然气集团有限公司”简称“集团公司”，“中国石油集团油田技术服务有限公司”简称“中油油服”。

六、遵照年鉴编纂规范要求，编辑部对撰稿人提供的稿件进行必要的编辑加工。主要是依据编写大纲与撰稿要求，统一全书体例，规范专业名词术语，删除明显重复内容，补充部分资料，修改语言文字，力求做到资料翔实、叙述简洁、数据准确。由于年鉴编辑出版时限性强，疏漏和欠妥之处在所难免，恳请读者批评指正。

七、在本卷《年鉴》编辑和出版过程中，得到中油油服机关各部门及各工程技术企业领导、专家以及撰稿人的大力支持与帮助，在此谨向为《年鉴》提供稿件和图片、审查稿件以及提供各种帮助的人士，致以诚挚的谢意。

《中国石油集团油田技术服务有限公司年鉴》编辑部

2019 年 11 月

序

2018 年，是中油油服正式运行的首年，极其不易、极不平凡。

一年来，中油油服坚持以习近平新时代中国特色社会主义思想为指导，认真贯彻落实党的十九大精神和集团公司党组决策部署，把握新机遇，迎接新挑战，矢志不渝保障国家能源安全，竭尽所能服务增储上产，超常举措谋划生产经营，积极稳妥推进改革重组，各项工作跃上新台阶，实现运营首年高起步。

一年来，我们强化服务保障，全力以赴应对勘探开发工作量激增的巨大挑战，以前所未有的力度破解资源保障难题，推进工程技术进步，着力提升“四种能力”，为集团公司国内新增探明油气储量当量连续 13 年超过 10 亿吨、油气增产稳产以及海外连续 6 年新增可采储量超亿吨发挥了重大作用；一年来，我们聚焦“打好盈利能力提升战”，大力拓展外部市场，创新实施风险合作开发，全面开展“精益管理年”活动，生产经营持续向好，经营效益稳步提升，全年实现收入 1124 亿元、同比增长 16%，实现利润 3.6 亿元，圆满完成了集团公司下达的考核任务，综合考核排名集团公司前列；一年来，我们紧密围绕建设国际一流油服企业，落实集团公司总体改革部署，蹄疾步稳推进改革措施落地，大力开展“四化”建设，不断完善治理体系，市场竞争能力与综合实力明显增强；一年来，我们坚定不移坚

持党的领导，全面加强党的建设，充分发挥企业党组织“把方向、管大局、保落实”作用，引领中油油服在复杂严峻的环境中披荆斩棘、攻坚克难，取得新业绩、实现新发展。

发展靠拼搏，奋斗迎未来。我们坚信，在集团公司党组的坚强领导下，在中油油服新一届领导班子的带领下，在全体干部员工和各工程技术企业紧密团结和不懈奋斗下，中油油服将在保障国家能源安全、服务集团公司油气增储上产、率先建成世界一流示范油服企业的征程中，再立新功、再创佳绩！

2018 年 5 月 29 日，集团公司党组书记、董事长王宜林到川庆钻探调研指导工作

2018 年 9 月 20 日，集团公司党组书记、董事长王宜林到西部钻探调研指导工作

2018 年 4 月 13 日，时任集团公司总经理、党组副书记章建华到川庆钻探调研指导工作

2019 年 1 月 23 日，集团公司总经理、党组副书记张伟到大庆钻探调研指导工作

2018 年 2 月 7 日，集团公司党组副书记、副总经理徐文荣到测井公司调研指导工作

2018 年 2 月 10 日，时任集团公司党组成员、副总经理汪东进到东方物探调研慰问

2018 年 2 月 7 日，时任集团公司党组成员、副总经理喻宝才到川庆钻探调研指导工作

2018 年 4 月 11 日，集团公司党组成员、副总经理刘宏斌到大庆钻探调研指导工作

2018 年 9 月 5 日，集团公司党组成员、副总经理刘宏斌到海洋工程调研指导工作

2018 年 9 月 4 日，集团公司党组成员、副总经理焦方正到西部钻探调研指导工作

2018 年 9 月 6 日，集团公司党组成员、党组纪检组组长徐吉明到测井公司调研指导工作

2018 年 10 月 16 日，集团公司副总经理、安全总监段良伟在中国石油安全和应急技术装备展会上到川庆钻探展台参观指导工作

2018 年 11 月 21 日，集团公司副总经理侯启军到渤海钻探调研指导工作

2018 年 10 月 18 日，股份公司副总裁李鹭光到长城钻探调研指导工作

2017 年 12 月 26 日，集团公司工程技术业务改革重组交接签字仪式在北京举行

2018 年 1 月 27 日，中油油服 2018 年党风廉政建设责任书、业绩合同和安全环保责任书签字仪式在北京举行

2018 年 2 月 6—7 日，集团公司工程技术业务暨中油油服 2018 年工作会议在北京召开

2018 年 8 月 28—30 日，中油油服 2018 年中工作会暨精益管理推进会议在克拉玛依召开

2018 年 5 月 25 日，中油油服执行董事、总经理、党委副书记秦永和到长城钻探调研检查

2018 年 4 月 16 日，时任中油油服党委书记、副总经理茅启平到西部钻探调研检查

2018 年 11 月 27 日，中油油服副总经理、安全总监喻著成到西部钻探调研检查

2018 年 5 月 9 日，中油油服副总经理李国顺到长城钻探辽河市场组织 1+N 钻机部署工作

中油油服页岩气旋转导向技术培训班

2018年7月 西安

2018 年 7 月 23 日，中油油服副总经理芦文生到中油油服页岩气旋转导向技术培训班调研检查

2018 年 8 月 28 日，中油油服总会计师衣应俭在时任西部钻探副总经理喻著成陪同下到西部钻探调研检查

中油油服成员企业施工的玛湖砾岩油田产能建设项目

中油油服成员企业施工的川渝页岩气产能建设项目

中油油服成员企业服务的俄罗斯亚马尔液化天然气项目

中油油服成员企业服务的秘鲁 CNPC58 区块二维采集项目

中油油服成员企业服务保障山地物探作业

中油油服成员企业服务保障油气田测井作业

中油油服成员企业服务保障油气田井下作业

中油油服成员企业服务保障海上油气田勘探开发作业

2018 年 7 月 30 日，XDEC-6 钻井队施工的“一带一路”重点探井明 15 井安全钻至设计井深 5918 米，顺利完钻

2018 年 8 月 16 日，50641 钻井队施工的狮 52-3 井初产液超过千立方米，折合油气当量日产逾千吨

2018 年 10 月 8 日，中油油服成员企业施工的国内陆上油田最大丛式井组华庆白 409 井平台全部完钻

2018 年 12 月 2 日，70114 钻井队施工的集团公司重点风险探井沙探 1 井完成压裂施工

2018 年，70207 钻井队施工的高探 1 井获风险勘探重大突破，受到集团公司党组书记、董事长王宜林贺信表扬

2018 年 11 月 12 日，50594 钻井队施工的玛湖 015 井获高效发现成果嘉奖

2018 年 12 月 15 日，70594 钻井队施工的永探 1 井风险勘探项目获重大发现

2018 年 12 月 15 日，70114 钻井队施工的沙湾凹陷沙探 1 井获重大突破

2018 年 8 月 17 日，70573 钻井队施工的高石 001-X35 井刷新高石梯区块大斜度定向井最快钻井周期纪录

2018 年 9 月 8 日，80001 钻井队施工的双探 9 井刷新双鱼石构造最深井等多项纪录

2018 年 11 月 1 日，中油油服成员企业施工的厄瓜多尔 Parahuacu 油田增产服务项目首口井 PRHB-006 井顺利开钻

2018 年 11 月 4 日，中油油服成员企业服务的 PDO 项目实现连续 14 年无损工时事件，生产效率达到日均 3 万炮以上，创造业界可控震源作业效率新的世界纪录

中油油服成员企业在准噶尔盆地的物探标准化营地

中油油服成员企业在川渝地区的标准化井场

中油油服成员企业在吐哈玉北区域的标准化井区

中油油服成员企业在川渝地区的“三标一规范”标准化压裂现场

渤海钻探在大港油田南部页岩油井区新建的共享公寓

川庆钻探在四川威远的专业化一队双机钻井平台

西部钻探玛湖物资装备维保共享中心

川庆钻探川渝地区工具器材共享库

东方物探“东方先锋号”无人机全面协调生产，对人工化向机械化转型做全面“探索”

测井公司全面推广应用的射孔弹全自动压弹机

东方物探刘显军创新工作室制作的塔式天线车成为两宽一高采集不可或缺的勘探利器

西部钻探自主研发的低压区远程集中控制装置，实现柔性罐和储液罐的智能化集中控制

测井公司建立的远程地质导向与技术支持中心

RTOC 系统在中油油服成员企业全面推广应用

数字化营房在中油油服成员企业全面推广应用

东方物探在山体区使用节点仪采集地震数据

2018 年 3 月 1 日，谭文波获大国工匠 2018 年度人物

2018 年 6 月 29 日，中油油服机关举办“四个诠释”座谈交流活动

2018 年 6 月 22 日，中油油服机关党员干部参观“真理的力量”——纪念马克思诞辰 200 周年主题展览

2018 年 9 月 20 日，中油油服机关举行歌咏比赛

2018 年 1 月 2 日，中油油服成员企业青年志愿者走进山村小学奉献爱心

2018 年 6 月 19 日，中油油服成员企业开展“生命至上，安全发展”主题安全生产咨询日宣传活动

中国石油集团油田技术服务有限公司
国内业务分布示意图

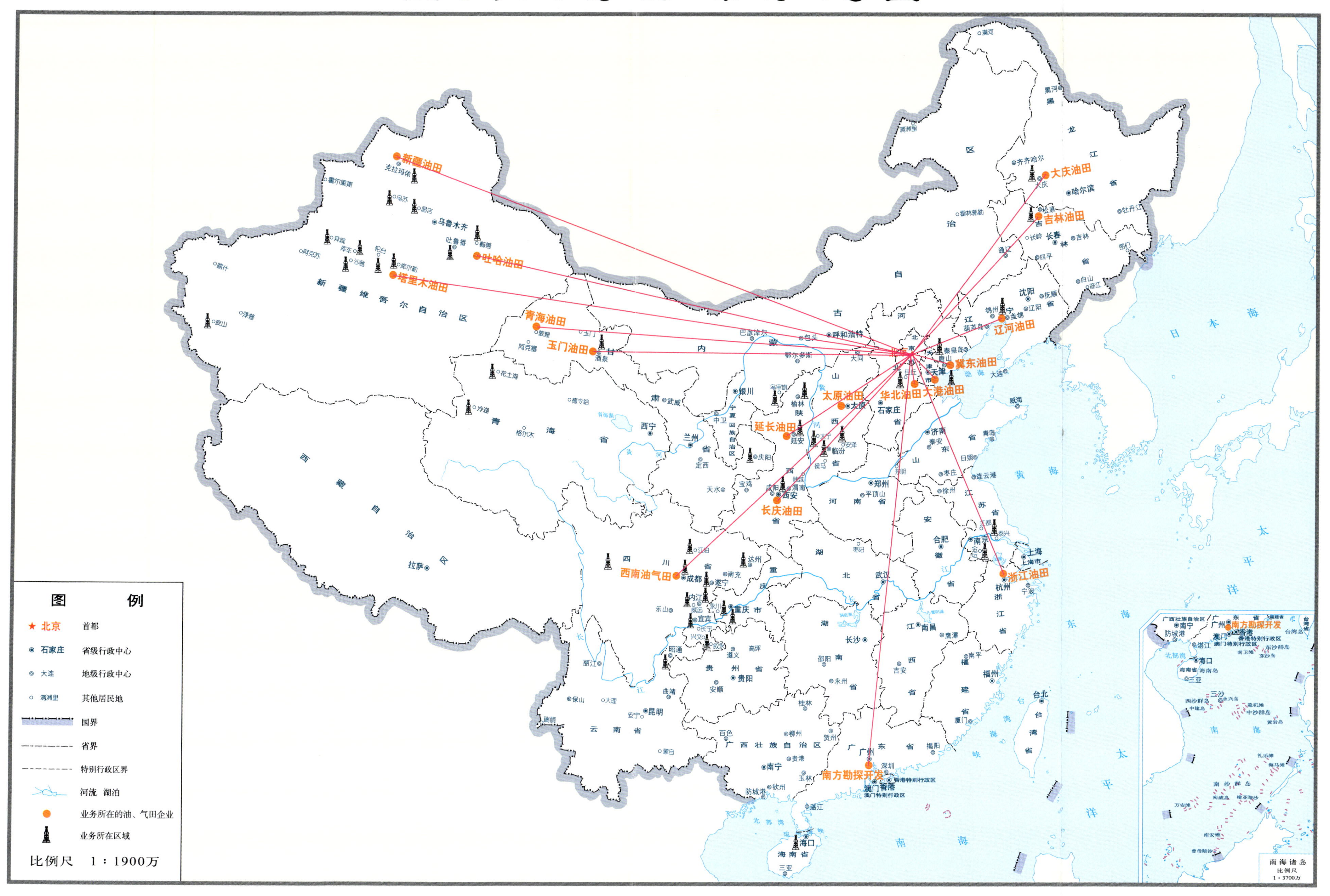

中国石油集团油田技术服务有限公司海外业务分布示意图

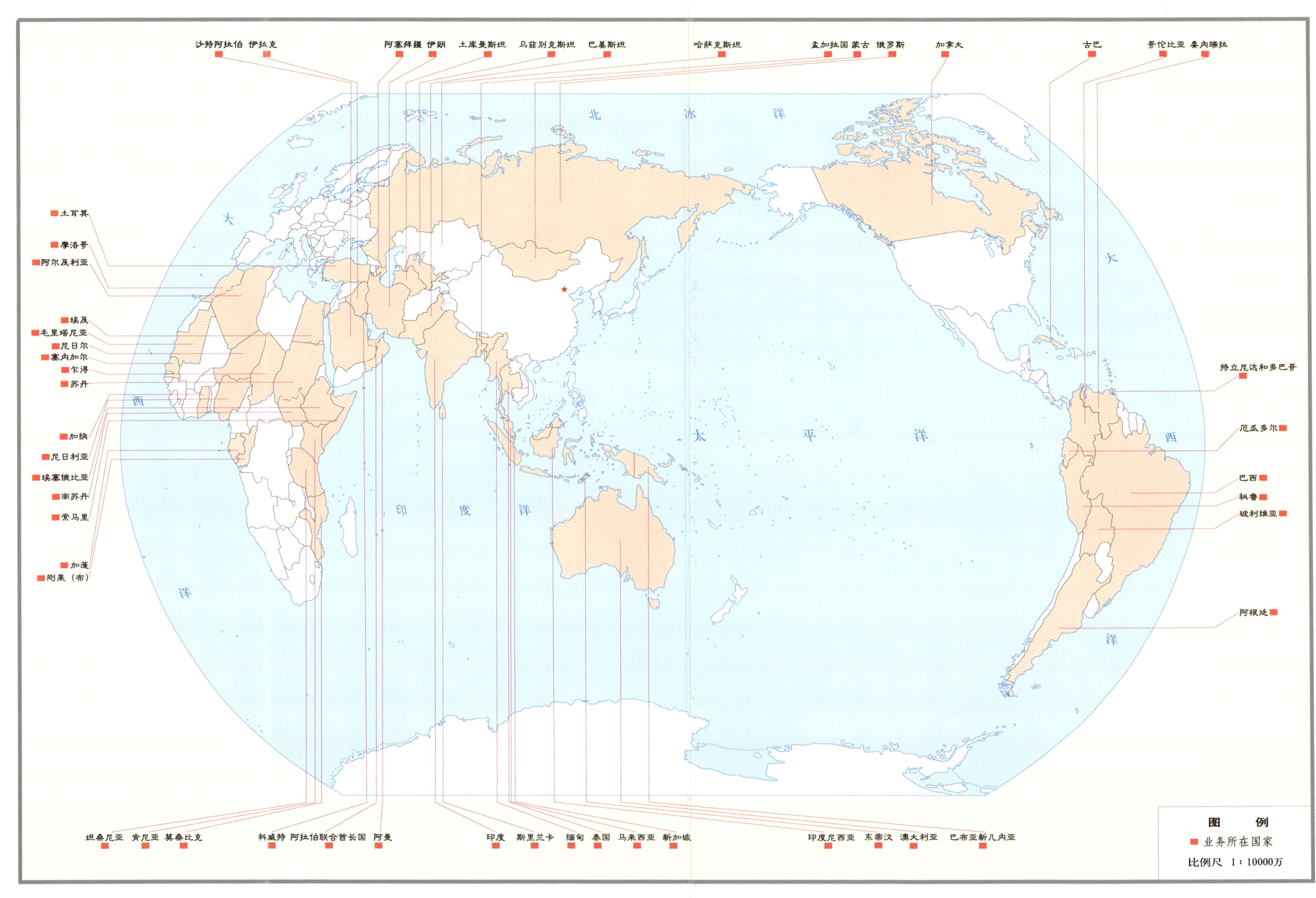

要　目

目 录

总 述

综 述

特 载

专 稿

改革重组

改革历程

专业化重组

三项制度改革

技术服务与风险作业

地球物理

钻井工程

录井工程

测井工程

井下作业

海洋工程

油气风险作业

市场开发与生产协调

国内市场

国际市场

资质管理

科技与信息

科技工作

信息化建设

安全环保与井控管理

安全管理

井控管理

应急管理

环保、节能减排管理

企业管理

人力资源管理

规划计划管理

财务资产管理

装备管理

物资管理

质量计量标准化管理

审计工作

法律事务与制度建设

档案管理

党建与企业文化

党建工作

纪检监察工作

“精益管理年”活动

基本概况

主要任务

活动成效

“四化”建设

基本概况

标准化

专业化

机械化

信息化

荣誉录

机构与人物

机　构

人　物

专家队伍

工程技术企业概览

西部钻探

长城钻探

渤海钻探

川庆钻探

大庆钻探

东方物探

测井公司

海洋工程

工程技术研究院

大事记

附 录

总 述

综 述

中国石油集团油田技术服务有限公司基本情况

中国石油集团油田技术服务有限公司（简称中油油服）是集团公司全资子公司，属于集团公司一级一类企业，专业从事工程技术业务。工商注册地在北京市东城区，性质为有限责任公司。

集团公司工程技术业务伴随中国石油工业的发展而发展，由石油工业部时期的钻井司和石油地球物理勘探局，到中国石油天然气总公司时期的钻井工程局、工程技术局、石油地球物理勘探局和中油测井，再到中国石油天然气集团公司时期的工程技术与市场部，后来工程技术与市场部和国际工程公司组建成立工程技术分公司。2017 年 12 月底，按照集团公司集约化、专业化、一体化发展要求，整合原工程技术板块以及油气田企业相关工程技术业务，组建成立中油油服，并保留工程技术分公司的牌子按照一套机构两块牌子运行。

中油油服机关设职能部门 14 个、直属机构 1 个，直接管理的成员企业包括西部钻探、长城钻探、渤海钻探、川庆钻探、东方物探、测井公司、海洋工程，负责管理、指导、协调大庆钻探、工程技术研究院，以及中国石油集团其他企业的工程技术服务队伍。

半个多世纪以来，集团公司工程技术业务的服务能力持续增强，服务水平大幅提升，不仅有力支持了大庆、胜利、大港、华北、辽河、塔里木等 20 多个油田的大发现，更有力支撑了最近十余年中国石油“储量增长高峰期”“原油稳中有升”“天然气快速发展”“长庆、新疆、海外规模上产”等工程的实施，为国内新增探明油气储量当量连续 13 年超过 10 亿吨、为集团公司保障国家能源安全和海外效益开发提供强有力的工程技术支撑。

中油油服有全球最完整的油田技术服务产业链条，业务范围涵盖物探、数据处理、钻井、定向井、固井、钻井液、测井、录井、大小修、试油、测试、酸化、压裂、油气风险作业、海洋工程等业务，具备从地质研究到工程设计，再到工程服务，以及风险区块油气田开发管理等一揽子服务能力。有世界上规模最大的陆上物探业务，是全球最大的陆地钻井承包商，规模达到第二、第三大钻井承包商之和，钻井能力稳居世界第一，每年完成全球钻井总量的 1/6 左右。市场遍布国内各大油气田企业，以及美洲、非洲、中东、亚太、中亚—俄罗斯等五大区域、53 个国家和地区，为全球 100 多个油公司提供一体化服务。

工程技术拥有国家高新技术企业 8 家，国家级企业技术中心 2 家，国家技术创新示范企业 1 家；综合研究机构 9 个，国家级重点实验室和基础科研平台 17 个，油气勘探计算机软件国家工程研究中心 1 个，国家人事部授予的博士后科研工作站 6 个，“互联网 +”党建中心 1 个。研发形成物探、钻井、测井、录井、井下作业等完整的技术体系，整体技术水平国内第一、国际一流，陆上物探、深井复杂结构井钻井技术能力达到国际领先水平。累计取得科技成果近2000项，获国家级科技奖励30项，集团公司级560余项，发布技术利器82项，获授权专利7000余件，其中发明专利2138件，是国内行业标准、规范的主要制定者。

截至2018年底，工程技术板块用工总量17万人（含大庆钻探），其中，合同化员工12.1万人，市场化用工3.5万人，劳务用工1.4万人。形成国家级、省部级、公司级三个层面的人才队伍，拥有院士3名，享受政府特殊津贴专家61名，集团公司高级技术专家67名，局级专家565名，博士478人。涌现出以“铁人”王进喜、“新时代铁人”李新民、“大国工匠”谭文波等为代表的一大批石油工人典范人物。

截至2018年底，工程技术板块资产总额1741亿元。近10年来，年均收入1000亿元以上，2018年达到1124亿元，连年超额完成集团公司下达的利润考核指标。资产、收入指标分别位列全球油服公司第三位、第四位。

中油油服机关设党支部4个，正式党员74名，预备党员1名。中油油服及成员企业有局级党委8个，处级党委147个，党总支391个，党支部4188个；有正式党员63365名（包括离退休党员），预备党员1123名。

面对未来发展，中油油服以习近平新时代中国特色社会主义思想为指引，进一步强化“四个意识”，增强“四个自信”，坚决做到“两个维护”，立足保障国家能源安全和服务集团公司创建世界一流示范企业，不忘初心、牢记使命，大力弘扬以“苦干实干”“三老四严”为核心的石油精神，持续打造“特别能吃苦、特别能战斗、特别能担当、特别能奉献”的企业文化，坚持集约化经济增长方式，走好“管理技术型”发展道路，力争到2030年率先建成世界一流示范油服企业，实现营业收入3000亿元以上，全球市场份额占比超过10%，总资产规模控制在3000亿元左右，用工总量控制在10万人左右，实现利润150亿元，净利润100亿元，人均创收300万元，人均利润15万元。

（庄 涛）

中国石油集团油田技术服务有限公司2018年工作概述

2018年，面对国内勘探开发工作量大幅增加和国际市场的复杂严峻形势，中油油服坚决贯彻集团公司各项决策部署，竭尽全力满足油气田需求，竭尽所能服务油气增储上产，竭尽全力开拓国际市场，竭尽全力做好风险防控，努力为集团公司打好“勘探开发进攻战”提供坚强保障，实现生产经营稳定向好。

2018年，中油油服协调动用内外部钻井队1882支、压裂队129支投入勘探开发和市场竞争。全年共完成物探三维地震采集7.6万平方千米，同比增长34%；完成钻井进尺2972万米，同比增长10%；完成试油7535层、压裂2.7万段、测井10.7万井次、录井1.4万口，分别同比增长43%、52%、5%和8%。成员企业实现收入1124亿元、同比增长16%，实现利润3.6亿元，完成集团公司考核任务。

勘探开发需求全面保障到位。国内：同勘探与生产板块及各油气田紧密对接，全力破解资源难题。跨国家和区域向西南、新疆、塔里木等上产重点油气田调配钻机 284 部、压裂车 466 台；采取钻机组合打深井、小型钻机试油、拓展钻修井机总包业务、更新大型钻机和压裂车、引进旋转导向工具、落实“1+N”钻机部署，国内市场保障实现全覆盖，集团公司国内市场占有率 75%，创 2008 年以来最好水平。国外：主动走访对接中国石油天然气勘探开发公司（CNODC）及海外项目部，有针对性地开展需求分析，及时强化保障和解决现场难题，促进 CNODC 油气权益产量当量增长 10.2%，带动中油油服市场份额连续三年增长，CNODC 作业者项目钻机和技术服务市场占有率双双超过 65%。

工程技术提质提速成效显著。生产组织模式持续优化，探索完善“钻井围绕井队井眼转、井下围绕压裂车组转、二线围绕一线生产转”的保障机制，在页岩气和玛湖地区试点“1 队 2 机”运行模式。大干快上开创冬季施工新局面，促进钻机、压裂车组年利用率分别达 79% 和 75%。钻井 18 项举措提速成效显著，在水平井增长 33%、4000 米以上深井增加 20%、深井进尺增长 22% 的情况下，钻井整体提速 5%，创钻井纪录 100 余项。压裂 17 项举措提速实现飞跃，实施《压裂服务强化保障方案》，借鉴北美施工经验，推广工厂化压裂和“人休机不停”“即压即走”模式，常规压裂提速 23%，工厂化压裂提速 32%，创压裂指标 30 余项。井筒事故复杂得到有效控制，井漏损失时间、漏失井比例整体同比下降 45%，全年事故复杂总损失时率下降 12%。

科技创新成果提供强力支撑。面对资源品位持续劣质化挑战，加大科技创新工作力度，为集团公司增储上产提供强力支撑。出台《科技协同工作管理办法》，整合测井技术品牌。强化顶层设计，完成旋转导向等 8 个专业技术回顾性评价，立项重大课题 28 个，明确攻关方向和目标。创新确立旋转导向集中攻关模式，配套研发支持政策，关键技术取得重要进展。组织开展“十大”现场试验和“九大”技术攻关，发布利器 16 项，获授权专利 969 项，取得集团公司级以上科技成果 28 项、奖励 22 项，其中“凹陷区砾岩油藏勘探理论技术与玛湖特大型油田发现”获国家科学技术进步奖一等奖。着力增强“四种能力”，物探建议井位采纳率 55%，完钻 1243 口，其中 54% 获工业油气流，钻完井助力取得一大批重大发现，打出一大批高产井。

市场经营效益实现稳步增长。面对国内市场严重亏损的现实情况，落实集团公司党组“打好盈利能力提升战”要求，依靠外部市场和风险合作项目以丰补欠。优化市场开发策略，落实市场开发奖励政策，激励开拓市场积极性，成员企业外部市场接连取得突破。阿尔及利亚、尼日尔、巴基斯坦等多个传统市场新签合同额实现翻番，中标阿联酋、沙特阿拉伯、科威特等市场多个超亿美元合同，渤海钻探和长城钻探共中标海外项目 29 亿美元，连续刷新海外市场单笔合同额纪录。2018 年海外 CNODC 以外市场中标超 45 亿美元，拉动国际市场整体新签合同额超 60 亿美元、增长 32%，贡献利润 26 亿元。深化风险合作开发精细管理，努力提高“甜点”识别率和单井产量，完成天然气商品量 74 亿立方米，实现利润 18 亿元，争取集团公司、勘探与生产板块支持，新增合作区块 6225 平方千米，为持续改善油服效益打下基础。

“四化”建设工程全面提速。成立领导小组，加强指导、以点带面，加快向“五省”目标迈进。标准化：编制三代钻机规划，出台一代钻机技术方案及连续油管等装备配套规范；推进工厂化钻井和压裂现场标准化布置、标准化施工模板，统一页岩气油基钻井液标准。专业化：组建压裂专业化队伍，推广“制造+服务”维保修模式，加快大宗物资、仓储基地等共享平台建设，环玛湖物资共享中心运行成效显著；200余支钻修井队实现餐饮专业化，69支钻修井队实现住宿公寓化。机械化：更新改造自动化钻机21部，推广井场自动化装备13类2100余台套。信息化：狠抓三级RTOC建设，5000米以上重点井监控率100%，A12系统运行效率明显提升；推进井口数据一体化采集，实现重要信息自动采集、实时监测和统一利用；完成中油油服门户网站换版。

精益管理工作取得明显成效。全面开展“精益管理年”活动，强力支持集团公司效益开发。减少外部贷款，盘活自有资金，实现增利1778万元，减少有息债务20亿元。实施工程服务、物资装备集中招标，仅旋转导向、钻机、压裂车组就节约投资3.2亿元。出台中油油服经营管理、业绩考核、工资总额等政策，加大深井钻机、压裂车组、旋转导向投资，有力支持油气田勘探开发。减少各类用工8613人，压减机构210个、法人6户，完成24户特困和困难企业治理目标。定期开展预算指标完成情况预测和经营对标，加大海外清欠力度，规范海外税收筹划，建立外汇资金风险报告制度，有效规避税收和汇率风险。

安全环保井控态势保持良好。建立企业井控责任清单，出台安全生产约谈制度，将承包商安全环保责任落实与资质审查挂钩，安全生产责任体系持续完善。井控应急分中心挂牌，选聘井控专家20人，培训井控管理和技术人员1015人。开展国内井控诊断评估、溢流分析和海外项目检查，有效处置溢流151起。成立现场抢险指挥部和专家组，成功处置塔中726–2X井重大井控险情。成立中油油服HSE委员会，搭建QHSE体系框架，开展体系审核，督导整改较大以上隐患问题167项。组织学习大庆钻探冬防保温经验，建立冬防保温标准。加快推进油基钻井液无害化处理，推广节能减排技术，节约柴油25万吨，减少碳排放21万吨。6家成员企业被评为集团公司质量安全环保节能先进、4家成员企业被评为井控先进。

工程技术改革任务高效完成。注册成立中油油服，组建机关部门和国际事业部，出台管理制度40余项，初步形成高效规范的两级法人体制和运行机制。研究制定测井技术研究院组建方案和工程技术研究院改革方案，圆满完成测井、物探、油建等相关业务的改革。落实三项制度改革要求，完成三项制度改革行动计划及7项配套方案，得到集团公司领导高度评价。

企业党的建设结出累累硕果。严格遵守党内政治生活准则，强化“四个意识”，坚定“四个自信”，做到“两个维护”。深入学习习近平新时代中国特色社会主义思想，组织参加党的十九大精神集中轮训，“两学一做”实现制度化常态化，涌现出以“大国工匠”谭文波为代表的一批先进典范。强化干部管理监督，践行“四个诠释”，大批领导干部长期坚守现场，各级党组织充分发挥战斗堡垒作用，极大地促进服务保障工作。建立健全企业党建、党管干部、“三重一大”等制度，将党建工作考核评价纳入绩效管理，促进党建工作做实做深。严格落实《准则》《条例》和中央八项规定精神实施细则，对新提任干部坚持开展“六个一”廉洁教育，副处级以上干部全部签订“三严禁”承诺书，正风肃纪驰而不息。

特　载

刘宏斌在集团公司工程技术业务暨中油油服 2018 年工作会议上的讲话（摘要）

（2018 年 2 月 7 日）

2017 年，在集团公司党组的正确领导下，工程技术板块抓住国际油价企稳回升、国内勘探开发投资恢复性增长的难得机遇，强化服务保障，全力开拓市场，狠抓降本增效，推进改革发展，超额完成了集团公司下达的生产经营任务，各项工作卓有成效、亮点频现。一是坚持顶层设计和业务主导，完成了《工程技术业务改革重组框架方案》和交接协议文本编制，签订了测井、物探、油建业务划转和管理权交接协议，以及测井与钻探企业服务保障协议等一系列工作，改革重组取得重要进展。二是强化服务意识和市场意识，紧紧围绕油气田增储上产，大力加强与勘探生产分公司、海外勘探开发分公司的沟通交流，积极主动与油气田企业进行对接，国内内部市场占有率达到 70%，国外 CNODC 市场钻机占有率达到 64%，技术服务市场占比提升到 58%，CNODC 以外市场新签合同额和收入占比分别达到 75% 和 71%，为完成储量产量任务、降本增效发挥了重要作用。三是大力提速提效，制订实施了钻井提速模板管理办法和严控事故复杂等多项措施，深井钻井周期同比缩短 12%，事故复杂时效同比下降 10%，创下历史最好成绩。四是认真落实集团公司工作部署，严格执行各项要求，严守“四条红线”，保持了安全环保井控的平稳态势，特别是在应对青海油田狮 58 井井控重大险情中，组织协调到位、应急响应迅捷、专家支持有力、压井方案有效，成功避免了一起井喷失控灾难性事故。五是有效推进总承包模式，在长庆油田市场充分发挥了钻探企业专业化管理优势，降低了油田管理成本，强化了承包商现场管理，实现了三方共赢；南海水合物试采总包项目借船出海，多项技术指标为世界首创，受到党中央和国务院嘉奖。六是出台了《集团公司工程技术科技工作指导意见》，厘清了管理界面，明确了指导思想、基本原则、工作目标和工作重点；100 余项集团公司级以上攻关项目有序推进，全年打造技术利器 36 项，获得集团公司和省部级以上奖励 66 项，创新能力显著增强。七是认真落实开源节流降本增效各项措施，经营状况明显好于预期，收入同比增长了 14%、利润增长 19%（不含集团公司安排资产减值因素），国内市场中标额增长 40%、内部市场占有率同比提高 5 个百分点，国际市场新签合同额增长 15%，应收账款同比减少 10%、存货减少 18%、五项费用减少 18%、银行贷款减少 25%，充分体现了量增效增成本降、经营管理上水平。

2018 年，国内外宏观环境总体上有利于工程技术业务发展。世界经济继续复苏，国际油价运行在60美元/桶左右的合理区间，油公司投资力度稳中有增；国内经济稳中向好，我国经济转向高质量发展阶段，必将拉动工程技术服务业务效益增长；集团公司生产经营环境持续改善，进一步明确油气勘探开发业务是发展之基、效益之源，作出了“十三五”原油保持1亿吨以上有效稳产、天然气产量达到1200亿立方米以上等一系列重大部署，以及“三步走”发展战略安排等。这些，都为工程技术业务提供了发展机遇和增效空间。但综合分析判断，也面临一些挑战和不确定因素。一是成本控制难度大。集团公司工作会议明确提出，“十三五”油气平均发现成本、百万吨产能投资同比分别下降10%和15%，2018年原油完全成本力争降到50美元/桶以下，这就要求工程技术企业必须同油气田企业一道，千方百计降本增效，克服困难实现目标。二是国内外市场不确定因素多。海洋工程、地震市场的矛盾依然十分突出，海上钻井平台动用率低，物探行业收入和利润可能进一步缩水，委内瑞拉、哈萨克斯坦、土库曼斯坦等重要产油国支付能力受挫，汇兑风险上升。三是工程技术业务自身存在不足。在企业管理水平、市场竞争能力和品牌影响力等方面，与国际一流油服公司相比还存在较大差距，科技创新能力不强，对生产现场技术支持不够，旋转导向等高端技术利器仍受制于人。这些问题，需要认真面对、深入研究，采取扎实有效的措施加以解决。

当前和今后一个时期，工程技术分公司和各工程技术服务企业，要按照集团公司的总体部署和王宜林董事长、章建华总经理的要求，坚持协调发展的业务定位，持续推进改革重组，进一步整合内部资源，健全运行机制，创新商务模式，加强市场开发，围绕主营业务发展需要，以实现低品位油气资源有效勘探开发为主攻方向，加强技术创新，打造高端技术利器，强化精益管理，降低成本费用，提升服务质量，增强面向不同类型油气藏的一体化工程技术服务能力，不断提升服务保障力、资源整合力和市场竞争力。要重点抓好以下工作。

一、抓服务，持续提升保障能力

要牢固树立“一盘棋”思想和客户至上、为甲方创造价值的理念，充分发挥好服务保障作用。中油油服要加强与勘探生产板块、海外勘探开发板块的协作配合，加大油气田企业走访力度，积极进行技术需求、生产方案、运行组织和物资供应等对接工作。今年，集团公司内部市场深井工作量大幅增加，深井钻机明显短缺，要采取切实有效的措施，做好统筹协调，优化调用好深井钻机资源，组织好小型钻机配合钻深井工作。要在控制钻井队伍规模的前提下，努力提高施工能力和运行效率，全面保障原油1亿吨有效稳产和天然气快速上产。要按照集团公司要求，落实好钻机“1+N”调配方案，坚持“动人不动设备、动钻井不动后勤”的工作思路，实现设备、信息、后勤保障等资源共享，坚决避免钻机“大游行”，有效利用生产资源，大幅节约生产运行成本。要充分发挥钻探企业产业链完整的优势，深入开展“比安全、比质量、比速度、比价格”劳动竞赛，运用好“现场监管+技术服务+低端业务外包”的总包外包模式，放大总承包优势，靠优质高效服务和有序竞争守住市场，进一步占有和扩大市场份额，今年内部市场占有率要力争再提高5个百分点。要通过科技创新和管理创新，为油气田增储上产、提高单井产量做出更大贡献。各油气田企业要充分发挥集团公司一体化优势，妥善处理好市场化与一体化的关系，双方共同成立产能建设钻机运行办公室，做好方案、设计、技术、运行、投资等组织衔接，大力提高全要素生产率和经济效益。要鼓励和支持工程技术企业开展工程总承包，保安全、提速度、降成本、占市场。对于开发井，要鼓励区块承包，充分发挥钻探企业产业链优势和组织优势，有效解决等停问题，实现均衡生产。

在风险作业服务方面，要充分借鉴苏里格和威远、长宁页岩气有效开发的经验，发挥好工程技术优势，扩大天然气风险勘探，努力把“气”做大。要进一步巩固和扩大苏里格合作开发成效，工程技术企业与长庆油田公司一道，从地质研究、气井开发、工程技术改造等各方面入手，千方百计提高采收率，确保实现持续稳产。要加强页岩气开发和产能建设，确保 80 部钻机调配方案的落实，川庆钻探要发挥主力军作用，其他钻探企业要做好配套保障。要进一步深化甲乙方合作，在矿权流转中体现“内内外”原则，优先考虑集团公司工程技术企业。

在海外市场，要全力保障 CNODC 需求，做到队伍、服务、技术、质量“四个到位”，大力推行总包模式，充分发挥好钻井、井下作业的带动作用，实现全产业链进入，切实履行好测井与钻探企业的服务保障协议。要增加已有市场的技术服务占比，增加技术含量，提升创效能力。今年 CNODC 钻机市场占有率要力争达到 70%，技术服务占比要力争达到 65%。要避免项目亏损，努力增收增效，提高盈利水平。中油油服国际事业部要按照新的定位，进一步做好市场管理和协调工作，制定海外市场协调管理办法，维护好市场秩序，扩大海外市场占有率和创效能力。要坚持问题导向、目标导向和市场导向，在对海外市场运行状况进行深入分析的基础上，切合实际对现有市场划分政策进行必要调整，更好地调动各单位积极性，更充分地发挥优势。

二、抓改革，激发企业发展活力

集团公司工程技术业务改革重组已经迈出重要步伐，后续改革任务十分繁重。中油油服要尽快适应新定位，加快实现由注重服务与协调向“战略管控 + 部分运营管控”实体化管理的转变。要建立完善适应新体制要求的管理体系和制度体系，构建起扁平化、集约化、专业化管理格局。各成员企业要认真贯彻落实集团公司党组决策部署，在中油油服的统一协调下，按照时间节点要求和划转协议约定，平稳有序完成后续的人员交接、资产划转、债权债务交接等各方面工作。大庆油田和大庆钻探要按照集团公司改革重组框架方案要求，结合本企业实际，制订切实可行的操作方案，确保大庆物探业务如期移交和大庆钻探如期改制。东方物探要加快整合川渝地区、大庆地区的物探研究力量，加强对西南油气田、大庆油田的物探技术支持。测井公司要进一步深化内部重组，加快完成内部融合。工程技术研究院要尽快完成中油油服工程技术研究院挂牌工作，按照改革重组方案和发展定位要求，更加注重连续管钻完井工具、垂直钻井工具、旋转导向工具等研发工作，业务上服从中油油服指导，处理好与各钻探企业的关系，主导好高精尖技术工具的研发工作。总部机关部门要关注重组企业实际困难，加大支持力度，研究配套政策，积极帮助解决企业改革重组和发展中面临的问题。

三、抓提速，持续提高施工效率

一是要加强设计源头管理。油气田企业持续深化地质研究，准确预测地质难点，避免工程上打“遭遇战”。工程设计重点是满足地质目标要求和施工生产阶段的安全、质量需求，统筹处理好成本与安全的关系。钻探企业要细心开展施工设计，细化设置各项指标，细挖提速增效空间，强化风险预防处置预案，做到有备而来、战之必胜。二是要强化生产组织。各企业要按照同区域同比提高 10%—20% 的目标，认真落实提速模板管理办法，推进标准化施工，优化施工参数，规模推广“一趟钻”等配套技术，大幅提高钻井速度。要适时更新提速模板，把指标井的经验做法固化下来，既见树木、又见森林，实现区域整体提速、持续提速。油气田企业要树立精益生产理念，在钻前工程、地方关系、后勤支持、生产运行、工程结算等方面，积极为提速提效创造条件和提供支持。要研究调动钻探技术创新和管理创新的激励约束政策，对提速提质提效成果显著的钻探企业予以奖励。三是要严控事故复杂。事故复杂既是最大的浪费，也是影响提速最大的“拦路虎”。要认真分析事故复杂发生的原因，开展专项治理，最大限度减少事故复杂次数和时间。要开展专题攻关，破解制约提速瓶颈难题。要针对机械钻速低于 5 米 / 时的地区、地层开展专题研究，采取革命性措施，实现机械钻速质的提升。四是要抓好现场技术管理。持续强化远程技术支持，重点井和关键井段要安排专家驻井。今年 70 型以上钻机和重点施工现场要实现井场数据采集和远传系统全覆盖。要充分利用信息技术，实现前线、后线数据实时共享，不同专业的专家联合办公，缩短决策时间，提高决策效率和水平。五是要落实设备更新配套和强化设备管理。工欲善其事，必先利其器。要加大设备更新改造力度，逐步提高设备新度系数，特别是要加大井口自动化设备和深井钻机的更新改造力度。要大力强化设备管理，持续提升设备性能，推广应用新工艺，开展专业化维保修服务，全面提高设备管理专业化、机械化、标准化和信息化水平。六是要落实后勤保障工作。后勤保障直接影响施工效率，必须高度重视。要实现物资仓储、配送、接卸、摆放的标准化和规范化，继续提高振动筛、缸套和活塞等易损件的使用寿命，把一线员工从繁重的维修保障工作中解放出来，确保他们有优良的武器、充沛的体力和精力应对地质难题。要坚持以人为本，切实做好一线员工生活保障工作。

四、抓经营，扎实促进降本增效

要强化经营分析，紧紧围绕实现生产经营任务目标和 KPI 指标，各企业必须每月召开生产经营分析会，深入查找制约生产经营的突出问题，深化抓好开源节流降本增效，持续降低库存，减少“两金”占用。工程技术分公司要在季度分析会上对各企业的工作进行讲评，对优秀实践进行经验共享，掀起“比学赶帮超”的热潮，不断提高经济效益。工程技术企业要依靠科技进步、提速提效、优化资源配置、提高劳动生产率和设备利用率、降能耗、强化物资采购仓储管理、控队伍、控用工、控事故复杂等手段，持续开展内部挖潜，扎扎实实降本增效。要大力加强日常生产经营管理，多打进尺、多创效益，力争国内工程技术业务少亏损、不亏损。油气田企业要致力自身挖潜，做到开发方案、地方关系、钻前工程“三个超前”，井位部署、项目设计、井身结构、生产组织、现场管理“五个优化”，最大限度压减低效无效产量和工作量。油气田企业和工程技术企业要找准各自的工作切入点，加强相互配合，深化工程与地质、地面与地下、工艺与效益的有机结合，深化勘探部署和工程施工作业的结合，大力推广丛式井开发模式和工厂化施工模式，强化过程管理，提高生产连续性。

要继续抓好工程款结算工作。工程技术企业和油气田企业要加强沟通，明确结算制度、流程和标准，减少推诿扯皮，避免发生不应有的财务费用。总部要组织开展督查，进一步规范流程。海外要加大对委内瑞拉 PDVSA 等公司的清欠力度，进一步规避资金风险。要加强对海外项目所在国货币政策及国际金融市场的研究，及时分析预判主要币种的汇率、利率变化趋势，优化境外投融资方案及业务合同结算条款，最大限度减少汇兑损失，规避汇率、利率波动风险。海外勘探开发板块要大力支持、密切配合。要继续加大海外亏损项目的扭亏力度，对扭亏无望和长期严重亏损的项目要坚决关闭，同时避免产生新的亏损项目，今年海外亏损项目要实现总体减亏 15% 的目标。要抓好特困企业专项治理、压减用工规模、压缩管理层级、压减法人户数等工作，特别是要加大海外机构的调整整合力度，进一步压减机构数量，该合并的合并、该撤销的撤销，严格控制新办公司或新设办事处，提高资源共享水平，降低海外运行成本。要严格控制外投外借，牢牢把紧“钱袋子”，坚持没有效益的项目不上、不符合投资方向的股权不投、没有中油油服批准不得对外投资，对已有的股权投资要收取回报，对达不到投资回报要求的要落实责任人尽快撤回。

五、抓科技，加快提升研发水平

要按照需求导向、业务主导的工作要求，找准方向，明确目标，加快构建业务主导、自主创新、强化激励、开放共享的工程技术科技创新体系。中油油服要认真组织贯彻落实《集团公司工程技术科技工作指导意见》，理清管理界面，梳理管理流程，发挥好统筹协调作用。要坚持问题导向，加强顶层设计，履行管理职责，强化过程管控。要切实把好立项关，集中优势资源，避免重复研发。工程技术企业要掌握市场动向，贴近甲方需求，不断完善并推出先进适用配套、投入产出合理的技术，提高资源转化率、单井产量和勘探开发效益，拓展生存发展空间。要瞄准生产实际，增进与甲方的沟通交流，靠前研究、靠前介入，强化地质油藏研究和增产技术研究，推进钻完井技术向两端延伸。要抓重点、强弱项、补短板，紧紧围绕提质提速提效搞好科研工作。要强化设备研发和持续改善工作，充分利用智能化、电动化和液压技术改善劳动条件，提高劳动效率和设备利用率。油气田企业要及时提出需求，鼓励支持工程技术企业开发新工艺、应用新技术，凡是油田的重大课题，都要尽可能让工程技术企业积极参与。工程技术研究院要进一步发挥好引领作用，贴近实际需求做好高精尖技术研究；各钻探企业技术研究中心要做好应用技术研究和新技术推广。工程技术专业委员会要定期听取重点科研项目和重大科研试验项目的进展情况，强化督导工作。

六、抓防控，全力保证本质安全

要认真贯彻落实集团公司安全环保工作的各项部署，按照宜林董事长“五严五狠抓”和建华总经理设立四条“红线”的要求，做到抓细、抓小、抓实，切实做好井控安全环保工作。一是要严格抓好井控管理。充分发挥集团公司井控管理领导小组的作用，各部门和各专业公司紧密配合、齐抓共管。油气田企业和工程技术企业要联责联管、认真履责，各企业主要领导要履行好井控工作第一责任人的责任，定期组织召开领导小组会议，研究解决好井控工作和相关问题。要正确处理井控安全与投入的关系，油气田企业在单井造价中要保证井控专项费用。要严格遵守行业标准、企业标准和集团公司井控管理规定，坚持科学打井，建立学习曲线和井控应急知识库。要建立集团公司井控专家队伍，强化井控过程监管和险情处置的技术支持。要严格井控事故事件责任追究，发生事故事件按照“四不放过”原则分级追究责任。二是要加强 HSE 管理。中油油服要强化 HSE 顶层设计，统筹国内与国外，建立与国际接轨的 HSE 体系。要积极推进标准化建设，认真落实各专业“7 队 1 站”标准，提升基层队站“三标”建设水平。要继续加强钻完井废弃物管理，推进岩屑不落地，实施废弃物减量化、无害化、资源化。三是严格资质管理。要充分发挥好资质把关作用，提升队伍素质，提高施工质量，保证本质安全。油气田企业、工程技术企业、工程技术研究院要严把设备和人员审核关，不符合标准的坚决不能批准上报。集团公司资质管理办公室要进一步严格资质标准，不断提高进入门槛，严格控制队伍数量，择优发证，确保引进队伍的素质能够满足生产安全和工艺技术需要。

七、抓细节，大力推进精益管理

要以中油油服成立为契机，全面开展“精益管理年”活动，充分运用精益思想，以最小的人力、设备、资金、材料、时间和空间等资源投入，创造出尽可能多的价值，为顾客提供优质产品和服务。“精”就是少投入、少消耗资源、少花费时间，减少浪费，提高质量；“益”就是多产出经济效益，实现企业升级目标。要在为顾客提供满意的产品与服务的同时，把浪费降到最低程度。奔驰公司生产总监爱德拉在其管理笔记中记录了中国工厂存在的 151 种浪费，并且将这 151 种浪费归纳为八类，即时间的浪费、创意的浪费、材料与供应品的浪费、机器与设备的浪费、人力的浪费、意外事故的浪费、缺乏合作的浪费、空间的浪费。我有一个课件，中油油服已经挂在了网页上，希望大家认真学习。各工程技术服务企业，要充分借鉴国际先进、行之有效的管理理念、方法和工具，全面提高劳动生产率和资产利用率，充分调动全员积极性，有效挖掘员工潜力和效益源泉，从投资管理、预算管理、合同管理、“两金”管理、物资管理、机构管理、人员管理等方面入手，建立健全管理体系和运行机制。中油油服今年要对各企业、重点专业和主要环节进行系统梳理分析，提出挖掘潜力、消除浪费的针对性措施，助推开源节流降本增效工作，不断提高生产经营管理水平，为工程技术业务有质量有效益可持续发展打牢根基，向国际一流油田技术服务公司迈进。这里我要再次强调，国际一流企业必须具有一流的技术、一流的管理、一流的队伍、一流的文化、一流的产品、一流的服务、一流的业绩和一流的品牌等，要持续研究和深化细化国际一流的指标体系，强化对标工作，早日建成国际一流油田技术服务公司。

八、抓党建，不断增强党性修养

要按照集团公司工作会议的总体部署，紧紧围绕新时代党的建设总要求，坚持和加强党的全面领导，以党的政治建设为统领，思想建党、纪律强党、制度治党同向发力，增强全面从严治党的系统性、创造性和时效性，不断提高党的建设质量，筑牢企业的“根”与“魂”，为稳健发展提供坚强保证。要把党的政治建设放在首位，进一步增强“四个意识”，坚决维护习近平总书记的核心地位，坚决维护党中央的统一领导，在政治立场、政治方向、政治原则、政治道路上坚决同党中央保持高度一致。要严肃党内政治生活，严守政治纪律、政治规矩，坚定不移贯彻党中央的各项方针政策，不折不扣落实集团公司党组的各项决策部署。要进一步强化党的思想建设，深入学习领会习近平新时代中国特色社会主义思想，认真学习贯彻党的十九大精神，按照集团公司党组的决策部署，推进“两学一做”常态化、制度化，组织开展“不忘初心、牢记使命”主题教育，深入理解工程技术企业的初心就是“我为祖国献石油”，我们的使命就是保障油气勘探开发和提升市场竞争力。要积极构建“大党建”工作格局，建立健全党建工作责任制。要持续开展“四合格四诠释”岗位实践活动，严格执行“三会一课”等党组织生活基本制度。要持之以恒抓好作风建设，严格落实集团公司党组关于进一步贯彻落实中央八项规定精神实施细则，坚决遏制“四风”问题。各级领导干部要身体力行、率先垂范，在任何时候、任何情况下都要做到方向不偏、立场不变、纪律不松，营造风清气正的政治生态。

九、抓落实，各项部署执行到位

工程技术板块已经做实，各级领导干部要加快适应新体制新机制，大力强化执行力建设，以钉钉子的精神把各项工作任务抓紧抓细抓实，切实抓出成效。中油油服要认真落实集团公司党组部署，强化顶层设计，发挥总部的引领力、统筹力、控制力和影响力，在制度创新、管理创新上狠下功夫，在统筹管理和协调上狠下功夫，对确定的重要事项要强力推进、执行到位。各工程技术服务企业要切实增强大局意识和执行力，主要领导要身体力行、敢于担当，带头抓落实，重大事项要亲自部署、亲自指导、亲自督办，要深入一线组织协调解决问题。班子成员要各司其职、各履其责，抓好各项工作落实到位。要发挥好各级领导干部的中坚作用、带动作用和示范作用，层层明确责任，层层落实责任，各项工作都要有标准、有制度、有检查、有考核。要建立月度工作汇报制度，定期汇报重点工作任务的进展情况。中油油服要加强考核评价工作，对执行力不强、落实不到位、工作不在状态的干部，要严肃追责问责，确保工作部署和各项要求靠实落地、扎实推进、见到实效。

刘宏斌在中油油服 2018 年中工作会暨精益管理推进会议上的讲话（摘要）

（2018 年 8 月 30 日）

一、中油油服精益管理工作扎实有效

今年以来，中油油服积极开展“精益管理年”活动，细化方案，有序实施，各项工作可圈可点、亮点频现。一是思想观念明显转变，坚持集团公司价值最大化，牢固树立“成就甲方就是成就自己”的理念，讲大局、重担当，不谈条件、不讲困难，主动服务意识强、效果好。二是集团公司党组寄予厚望的中油油服重组改革取得重要成果，实体化基本完成，新体制运行步入正轨。三是“1+N”钻井市场化实现历史性突破，形成了集团公司市场开放新格局，“比学赶帮超”氛围更加浓厚，“动人不动设备”的组织模式有效维护了集团公司利益最大化。四是组织编制提速模板，实行专家推动“两步法”，形成了“六个不等”“即压即走”“一队双机”工厂化作业等成功经验，施工纪录接连刷新，钻井“四个15%”、常规压裂提速20%、工厂化压裂提速30%的目标有望提前实现。五是有序开展总包外包，管理模式更加规范，资质管理再上水平，承包商风险有效控制，实现了多方共赢。六是“四化”建设成效显著，编制了主要队种装备配套规范，配置了系列自动化钻机，探索实行了旋转导向工具统一采购、集中供应新模式，井口自动化装备广受欢迎，A7、A12等信息化系统逐步完善。七是井控工作体系更加完备，井控管理领导小组定期研究解决问题，未发生井喷失控事故，QHSE管理体系建设更加扎实，环境友好型技术产品得到广泛应用，安全环保总体平稳。八是完善了月度生产经营分析制度，召开季度经营会议，坚持问题导向，深入对标分析，着力控债降息、处僵治困、压减“两金”，止住了“出血点”、挖出了创效点，经营成效显著改善。九是重点工程组织得力，明15井、页岩气、玛湖项目实行集中协调资源、统一生产组织，强化专家现场和远程支持，服务保障到位，组织力和执行力显著增强；建立了中油油服同勘探生产板块、海外勘探开发板块之间多层级定期交流对接机制，加大了板块间、企业间的沟通衔接，甲乙方关系更加紧密协同。十是党的建设扎实有力，深入开展“四个诠释”岗位实践活动，队伍面貌和企业形象持续向好，“大庆新铁人”李新民当选党的十九大代表，“大国工匠”谭文波的先进事迹在全系统广泛学习。

二、充分认识推行精益管理的重要意义

在集团公司领导干部会议上，宜林董事长对高质量发展的思路目标和重点工作、打好“四个中油”能力提升战、融入精益生产管理等现代管理理念和方法等提出了明确要求。高质量发展是精益管理的目标追求，精益管理是实现高质量发展的重要保障。今年是中油油服的“精益管理年”，也是建设国际一流油服公司的关键之年，要进一步提高对推行精益管理重要意义的认识，向精益管理要效率、要质量、要效益。

（一）推行精益管理是提高服务保障水平的需要。我国石油对外依存度逼近70%、天然气对外依存度接近40%。中央领导同志就加大国内勘探力度，采取切实措施增加油气产量、提高自给率多次作出重要指示批示。保障国家能源安全，是集团公司的政治任务和使命责任。集团公司已经作出部署，大幅增加投资，打好勘探开发进攻战，全力以赴增储增产增效。今后一个时期，中油油服市场工作量会迅速增加，保障责任和压力会更大，必须站在保障国家能源安全的战略高度，围绕集团公司勘探开发部署，以精益管理有效保障川渝页岩气、新疆玛湖等重点油气区上产，尽快更新增加钻机、压裂设备等装备资源，坚持走管理技术型道路，利用新体制优势，搭建资源共享平台，统筹协调、集中共享，减少浪费、提高效率，结合实施总包外包，将现有资源充分调动利用起来，形成规模效率双重优势，全面增强服务保障能力。

（二）推行精益管理是提升市场竞争力的需要。国际油价进入相对合理区间，但在保护主义、地缘政治冲突等不稳定因素作用下，震荡下行风险依然存在，海外油服市场面临的风险变数增多。国内油气勘探开发进程加快，资源劣质化趋势加剧，开发重心转向常非并重，“深、低、非、老”油气藏成为主攻方向，发现难度、建产难度持续加大，深井水平井大幅增加，急需中油油服强化精益管理，提升专业服务能力，提高市场占有率。从市场竞争力看，与国际大油服公司相比，中油油服虽然部

分技术领域实现了并跑领跑，但仍有许多核心技术处于跟跑或起步阶段，一些关键技术受制于人；与国内社会队伍比，我们有技术优势，但装备、工具等优势不明显。中油油服必须坚持市场导向，通过精益管理查找和弥补自身的差距，着力打造技术和工艺利器，全面提供高水平、一体化综合解决方案，综合施策，厚植发展优势，提升国内外市场竞争力。

（三）推行精益管理是实现降本增效的需要。近年来，油服企业积极开展开源节流降本增效活动，实施了一系列行之有效的措施，成本管控水平显著提高。但对照 8 大类 151 种浪费行为，我们的生产管理仍较为粗放，与目标要求不相匹配，制约着效益提升。节支降耗越到深处阻力和难度越大，必须下定决心啃硬骨头，摆脱思维定式和路径依赖，要依靠精益管理，采取革命性举措，梳理工作流程，从投资、人工、物耗、生产运行、安全环保等各项成本入手，全方位细化措施、全要素挖掘潜力、全环节消除浪费，千方百计提效增利，切实做到“量增效增成本降、各项管理上水平”。油公司也要研究出台对工程技术降本增效的激励政策，实现甲乙方共谋发展大计、共担发展重任、共享发展成果。

（四）推行精益管理是推进“四化”工程的需要。随着我国经济转型升级，自动化、智能化技术快速发展，常规管理方式方法已不能满足高质量发展需要，劳动密集、要素投入、生产分散、以量取胜的业态走到了尽头，油服行业必须寻找新路径、注入新动力，依靠“四化”工程，向技术密集、服务创效、集中生产、以质取胜的新业态转变。“四化”工程中标准化是基础、专业化是核心、机械化是保证、信息化是支撑，四者互为依托、有机统一，必须系统组织、均衡推进。工程技术板块发展的主要难点是解决要素资源不够均衡、技术体系不够完备、引擎驱动不够充分、管理效能不够精益同提质提速提产提效要求之间的矛盾，关键是要以精益管理为引、以“四化”工程为基，瞄准客户需求、市场需要，坚持高起点定位、高标准设计、高质量发展，循创新理念、促转型升级，实现全方位上水平。

三、依靠精益管理全面完成各项目标任务

中油油服要全面贯彻落实集团公司领导干部会议的部署要求，坚持稳健发展方针，紧紧围绕高质量发展目标，认真践行五大新发展理念，努力实现业务发展、发展动力、发展基础、运营水平的高质量。要牢固树立精益思想，以精益管理破解制约企业高质量发展的重点难点问题，充分发挥好服务保障油气勘探开发的主力军作用，加强资源统筹协调和一体化运作，深化内部重组，打造技术利器，推进区块和业务总包，助力增储上产，着力提高市场占有率、竞争力和创效能力，坚决打赢能力提升战。

（一）依靠精益管理，持续改善生产运行。中油油服和各成员企业要坚持集团公司价值最大化，牢固树立“成就甲方就是成就自己”的理念，全面加强同勘探生产板块、海外勘探开发板块的密切配合，顺畅对接交流机制，在发现和保护油气田、识别和评价油气藏、改造油气藏和提高单井产能、提高动用率和采收率 4 种能力上下功夫，不断提高服务保障能力和持续竞争能力；油公司要加强设计编制、井位布置等前期准备，做到科学部署，均衡生产，出台有利于调动和提高工程技术服务保障能力的相关政策。要围绕甲方需求做好服务保障，重点抓好页岩气和玛湖钻井、压裂的施工组织，以及海外重点区域生产运行，落实保障方案，协调补充资源，确保高峰期生产的正常运行。

针对钻机和压裂等主力设备不足、保障能力吃紧的问题，要全面推进提高时效工作，认真总结推广前期钻井、压裂提速经验，推动开展全产业链提速工作，减少非作业时间，提高施工作业效率。要协调组织好冬季施工，强化均衡生产，缓解保障压力，以资源高效利用填补需求缺口。要坚持生产组织“内内外”原则，统筹布局、优化配置，推进工程总包，发挥一体化优势，重点区域在中油油服统一组织下进行生产攻坚，合理运用社会资源补充调峰，提高服务保障能力。要抓紧将“1+N”钻机调配到位，按照既定方案严格考核，驻地企业要一视同仁做好保障支持，推进后勤资源集中共享，优化生产衔接，开展“比学赶帮超”竞赛，提高区域整体钻井水平。要深化工程地质一体化研究，提高优质储层钻遇率，减少事故复杂，大力推广提产技术，持续提高单井产量。要依托自身优势，推进风险合作开发，确保完成油气产量目标。

（二）依靠精益管理，努力消除各种浪费。要坚持深化细化经营分析，及时发现“痛点”“痒点”和“出血点”，有针对性地制定增收节支措施，强化执行、形成约束，固化为制、实化于利，通过“试点＋推广”的方法，确保经验措施可复制、可推广。要加强经营风险防范，持续压控“两金”，强化清欠和工程款结算，依托共享共用、集中供应，最大限度减少库存。深化研究海外税收政策和利率、汇率变化及其应对措施，最大程度避免资金浪费和汇率损失。要坚持效益导向，长期严重亏损的项目要果断止损，效益前景不明的项目要慎重投入，不断提高投资收益。要严控新增机构，精简现有机构，压缩管理层级，缩短管理链条，优化管理流程，消除体制性浪费。要持续减总量、盘存量，推动富余人员显性化，合理分流安置，缓解人力资源结构性矛盾。要发挥好薪酬杠杆激励作用，搞好搞活内部薪酬分配，着重向创效主体、生产一线和骨干员工倾斜，配套完善精准激励政策，在深入推进三项制度改革中消除用工效率浪费。要优化资源组织协调，避免资源错配，严把物资采购质量，大力推进集中采购、集中仓储、代储代销和直达供应，消除资源使用浪费。要大力应用先进节能技术，节约每一滴水、每一度电、每一方气，减少能源资源浪费。

（三）依靠精益管理，强化安全绿色生产。要认真贯彻落实集团公司安全生产的各项部署，狠抓责任落实和责任追究，推进“一岗双责”责任体系建设。严格抓好井控管理，配齐配强井控应急抢险队伍和专家队伍，加快东西部两个井控应急分中心建设，推行落实企业主要领导抓井控机制，坚决杜绝井喷失控事故。要深化 QHSE 管理体系运行，抓实抓小、从严从细开展检查审核，提高安全环保管理水平。要持续强化风险隐患排查治理，从“人机料环法”各个环节加强事故风险管控，严守“四条红线”，确保本质安全。要牢固树立绿色发展理念，抓好源头控制，完善污染物不落地措施，持续改进废弃物处理和循环利用的技术举措，避免出现环境污染。要从严把关，严格执行资质审核标准，确保引进的外包队伍满足安全清洁生产要求。

（四）依靠精益管理，提升科技研发水平。要贯彻落实好《集团公司工程技术科技工作指导意见》，厘清业务界面，推动创新发展。中油油服机关要强化科技创新管理和统筹协调，贴近甲方需求和业务需要开展科技攻关，统筹资源配置，确保有序研发，注重创新创效。工程技术研究院要发挥好重大项目的科研引领作用，重点做好基础、前沿、高端技术及尖端仪器工具的研发，协同各钻探企业分院加强现场应用技术试验攻关，为油服业务发展提供科技支撑。测井技术研究院要整合资源、统一品牌，推动测井主要技术不断升级。要健全完善激励机制，充分调动科研人员积极性，突出专家引领，实行项目制攻关，集约高效利用科研资源。要围绕增储上产降本确定科研项目，持续提高科技贡献率，更好地服务和满足勘探开发需要。要加大关键技术研发力度，增强自主化、高端化技术，紧缺核心技术由中油油服统一组织攻关，以旋转导向工具集中研发攻关为试点，探索科研组织新模式。大力推动新设备、新工具、新仪器创新，结合推进“四化”工程，提升装备利器水准。各企业的技术研发要体现差异化原则，加快搭建和利用科技资源共享平台，打破研发和成果应用的内部壁垒，完善共享机制，做到有序高效研发。

（五）依靠精益管理，推进改革和“四化”工程。要按照集团公司党组决策部署和全面深化改革工作的计划安排，完成后续改革任务。中油油服机关要加强组织，进一步理顺管理、运行、检查、考核机制，统筹抓好改革发展各项任务，切实履行好工程技术板块的管理中枢职能。要稳妥推进大庆物探业务移交，完成物探业务整体重组。加快工程技术研究院和测井技术研究院改革步伐，搭建更加高效的科研创新体制。要着力打造“四化”工程，切实改善员工生产生活条件，为精益管理奠定雄厚基础。通过标准化提升量化管理水平，减少个性、增强共性，推进“工作标准化、标准制度化、制度流程化、流程表单化、表单信息化”。坚持专业化原则，让“专业的人干专业的事”，深度整合资源，以集中统一管理促进专业细分，凸显规模优势和专业化水平，提升服务品质。坚持“能用机械不用人”，最大限度以机械替代人力，加快钻机换代升级，加速推广应用钻机井口自动化、电动压裂泵等生产急需装备，减轻劳动强度，提高施工效率。通过信息化建设实现信息实时交互、资源实时配置、成果实时共享，加大远程技术应用，增强重大工程、重大风险、重大项目的管控力，以数据为支撑，建立学习曲线和知识库，提高管理效能。要逐步将“四化”从钻井推向压裂、物探、录井、测井等，推动工程技术业务整体的质量变革、效率变革、动力变革。

（六）要切实加强企业党的建设和执行力建设。始终把坚持党的领导、加强党的建设贯穿到工作全过程，坚持党组织“把方向、管大局、保落实”的定位，坚决维护习近平总书记核心地位，坚决维护党中央权威和集中统一领导，强化“四个意识”、坚定“四个自信”、坚持“四个服从”，抓牢抓实党的政治建设、思想建设、组织建设、作风建设、纪律建设，把制度建设贯穿其中，深入推进反腐败斗争，不断提高党的建设质量。要贴近企业生产经营抓党建，发挥政治优势，抓出石油特色，持续开展“四个诠释”岗位实践活动，以石油精神育人铸魂，弘扬铁人子弟兵干事创业、勇挑重担的优良传统。坚持推进“两学一做”制度化常态化，认真执行民主生活会、“三重一大”等制度，用好党建信息化平台，营造风清气正的良好政治生态。要持之以恒贯彻落实中央八项规定精神以及集团公司党组贯彻落实中央八项规定精神实施细则，防范“四风”问题新表现，打好作风建设持久战，以实际行动践行使命。坚持“党管干部、党管人才”的原则，加强干部队伍建设，健全完善选拔、培育、管理、使用环环相扣又统筹推进的全链条机制，明确德才兼备的用人导向和担当作为的选拔标准，优化干部特别是年轻干部的成长路径，加大培训锻炼力度，不断提升能力和本领。要高度重视人才，不拘一格、大胆使用人才，加强人才梯队建设，打造管理、技术、技能三支过硬队伍，引导人才发挥作用、创造业绩，夯实企业发展的人才基础。

要进一步强化执行力建设。中油油服机关要认真落实集团公司党组决策部署，增强服务意识、大局意识，提升管控能力，坚持集团公司整体利益最大化原则，带领成员企业内强实力、外树形象，当好服务保障油气勘探开发的主力军、排头兵。各成员企业要强化整体意识，服从中油油服的组织安排，上下一心、步调一致、执行到位。各级领导干部要带头树立“坐不住”的危机感、“等不起”的紧迫感，抓部署、抓推进、抓考核，形成一级带着一级干、一级做给一级看的优良风气。要深入一线开展调研、发现问题，直面矛盾根源，坚持标本兼治，采取切实举措加以解决。要深化对标分析，既向国际大公司对标，也与国内企业和内部单位对标，找差距、提标准、学经验。要挖掘、总结和推广典型，以典型示范带动全面提升。要加强与国际同行的考察交流，强化业务和技术人员的培训工作，全面提升业务能力。要坚持目标引领，找准工作抓手，设好时间表、画好施工图，细化方案、挂图作战，梯次推进、按点落实，有序有效抓执行，形成闭环管理。要创新招法、敢闯敢试，突出贡献导向，完善激励政策，对真正想干事敢干事能干事的人给面子、给位子、给票子，充分调动人的积极性，形成比学赶帮超的良好氛围。要稳扎稳打、循序渐进，既要确保阶段目标如期实现，也要着眼于打基础、谋长远，构建持续改善的长效机制，让精益管理成为高质量发展的重要保障。

坚持稳中求进　加快改革发展
努力建设国际一流油田技术服务公司

——秦永和在集团公司工程技术业务暨中油油服 2018 年工作会上的报告（摘要）

（2018 年 2 月 7 日）

这次会议是中油油服成立后召开的首次工程技术业务大会。主要任务是贯彻落实集团公司 2018 年工作会议精神，总结 2017 年工作，分析新情况新问题，部署 2018 年改革发展与生产经营任务。

一、2017 年工作总结与回顾

一年来，我们重点抓了以下几方面工作。

（一）改革重组迈出重大步伐。前期充分发挥参谋作用，在集团公司的正确领导下，经过近 50 次修改，工程技术业务改革重组框架方案顺利通过集团公司深改会审议。后期认真抓好决策落实，详细编制了测井、物探、油建业务改革重组与交接方案，加快协调解决问题，仅用 40 天就完成了除大庆钻探物探业务以外的人员和管理权交接。在总部机关部门的大力支持下，目前中油油服已顺利完成工商注册，正在压茬推进机构设置、建章立制、干部聘任和人员招聘等项工作。各企业加大内部改革力度，东方物探推进 9 个方面 33 项改革任务，对 5 家特困企业开展经营承包试点；川庆钻探完成北京四川石油宾馆等 4 家单位改制；渤海钻探合并或撤销同一市场 6 个同类项目部。

（二）服务保障作用充分发挥。以保障集团公司增储上产为己任，密切和勘探与生产、海外勘探开发板块沟通，组织企业到油气田进行了多轮回访。针对部分油气田工作量急增的情况，主动服务，科学测算，向新疆、长庆、吉林调增了钻机；保障西南油气田百亿立方米产能建设资源需求，编制了页岩气 80 部钻机调配方案、物资仓储共享方案和旋转导向工具购置方案。落实市场开放要求，拟定了“1+N”钻机部署方案。加强总包项目管理，与长庆油田建立多层次联合生产协调组织，完成总包进尺 350 万米，外包队年均进尺 1.1 万米，同比分别增长 210% 和 151%，形成了油田公司安心省力、钻探企业工作量增加、外包队伍管理提升的三方共赢局面，实现了集团公司整体利益最大化。推广水平井、欠平衡、体积压裂等多项提产新工艺新技术，促进勘探开发取得了一批新成果。物探发现和复查圈闭 1.3 万个，提供井位 7149 口，采纳率 52%；在长庆油田，侧钻水平井技术使老井单井产量提高 5—6 倍；在辽河油田，应用高效过滤和生物破胶技术施工 45 口井，单井日产 18 吨，较麦克巴公司服务的相邻区块提产 50%；在大港油田，连打 8 口百吨高产井，庄 17101 井日产油 149 吨、天然气 8670 立方米；在青海油田，助力柴达木盆地英西深层勘探获得重大突破，狮 210 井日产油气当量超千吨。合作开发天然气 76 亿立方米，为集团公司稳油增气做出了贡献。

（三）市场竞争实力稳步增强。在总部有关部门支持下，将提升内部市场占有率纳入集团公司总体工作部署。出台市场开发奖励办法，充分调动各企业开拓市场的积极性，国内外市场占有率连续两年增长，集团公司国内市场占有率达到 70%，创 2008 年以来最好水平，CNODC 市场钻机和技术服务占有率达到“双 60%”。强化海外市场协调，各成员企业百分之百落实分公司协调意见，有序有效地对外开展竞争。在科威特、沙特阿拉伯、阿联酋等高端市场接连中标多个超亿美元合同，拉动 CNODC 以外市场新签和完成合同额分别增长 19% 和 23%。5 家工程技术企业获得了市场开发奖，20 个团队获得了市场创新奖，10 个油气田企业获得了一体化协作奖，10 个海外项目部获得了项目一体化管理奖。

（四）科技引领作用更加明显。在科技管理部的支持下，出台《科技工作指导意见》，初步形成了超前介入、顶层设计、一体化研发的局面；召开板块科技工作会议，部署了今后一个时期科技工作重点。全年新增利器 36 项，获省部级以上奖励 66 项，获授权专利 1045 件，其中发明专利 537 件。狠抓工程提速，将提速指标纳入年度考核，出台《提速模板管理办法》，制订大庆、川渝、吉林等地区深井提速方案，分区块召开提速提产提效推进会。升级装备性能，强化施工参数，在部分地区开展大钻压、高转速、大排量、高泵压提速试验，机械钻速提高 20% 以上。4000 米以上深井钻井和建井周期均缩短 13% 以上。页岩气提速效果显著，长宁和威远 202 区块钻井周期分别缩短 37% 和 12%；长宁 20–7 井、威 202H13–6 井钻井周期分别为 36.1 天和 27.6 天，刷新区块提速纪录；平台压裂最多达到 6 段 / 天。塔里木地区在平均井深增加近百米的情况下，钻井周期缩短 8%；克深 242 井井深 6700 米、钻井周期163天，跃满22井井深7490米、钻井周期113天，分别刷新库车山前和哈拉哈塘区块纪录。下发《加强事故复杂防控工作的通知》，落实工程设计、装备配套、技术管理等7个方面的具体措施，事故复杂损失时率降至1.66%，创近年来最好水平。各企业加快技术进步，创造了一大批新指标、提升了一大批新工艺。东方物探“两宽一高”技术首次实现可控震源超高效混叠采集作业，阿曼PDO项目平均日效超2万炮。长城钻探在威远创最长水平段2555米纪录，用3口井的投资达到4口井的产能效果。渤海钻探在青海油田中535井首次成功实现全井气体钻井，平均机械钻速为临井常规钻井速度的3倍。西部钻探在水平井施工中应用连续油管技术，最大下深达到5976米。川庆钻探在页岩气项目首次实现7天一趟钻完成造斜段与水平段；试油测试数据在井下无线传输最大深度达到4512米。测井公司在克深901井创射孔井深7930米、井温184摄氏度、施工压力175兆帕多项纪录。海洋公司多项试采工艺技术在南海水合物试采试验获得成功，受到党中央和国务院嘉奖。

（五）安全生产态势保持平稳。坚持问题导向，扎实开展了“四不两直”检查、页岩气环保专项检查、冬季安全生产大检查，组织两次HSE量化审核，督导整改问题3000余项。强化井控管理，调整井控领导小组，明确了井控管理职责。制修订了《井喷失控应急处置程序》《钻井井控技术规范》《井下作业井控技术规范》等企业标准。开展外部队伍井控专项检查、西南油气田井控专项巡视，召开了长庆和青海地区井控专题座谈会。初步建成了东西部井控应急分中心，控制溢流险情139井次，特别是成功处置了青海油田狮58井井控险情，得到了集团公司领导高度肯定。严格队伍资质审核，继续实施优胜劣汰，压减各类队伍421支；开展连续油管资质认证，认证队伍扩大到15类。推广电代油、气代油和环保型钻井液，持续开展钻完井废弃物无害化处理，实现了“工完料净场地清”；顺利通过中央环保督察和京津冀大气污染防治专项督察。全年安全环保井控形势总体稳定，多家企业被评为集团公司安全生产、节能节水、环境保护先进企业，4家钻探公司和4家油气田企业获集团公司井控工作先进企业称号。

（六）井场“四化”工作成效显著。加大宣传推介力度，在分公司和成员企业两个层面成立了领导小组、专项工作组和研发推广组，制订了井口自动化设备推广计划，在大庆油田召开了现场推广会，与装备制造企业开展了多次供需对接。各企业认识普遍提高，工作力度越来越大，自动卡瓦推广率超过60%，振动筛统一规格和集中采购方案即将实施，电动钻机二层台机械手在多家钻探开展试验，气动重粉罐实现大庆油区全覆盖，修井自动化猫道推广效果良好。修订了钻井队、大修队等7类队伍装备配套标准，推广了第二批连续油管作业装备；实施了《页岩气开发钻机配套改造规范》和《连续油管作业机配套规范》，为实现标准化配套、集中采购和备品备件共享创造了条件。强化专业化后勤服务，集中配餐、运输业务外包和润滑油专业化管理取得了重要进展。重建分公司网站，搭建了上下沟通、相互交流、信息共享的平台；制订了井场数据一体化采集方案，初步制定了50D和70D钻机搬安、钻具优化组合、常规压裂和工厂化压裂等施工流程模板；改进A7、A12系统，增强了其科学性和指导性。

（七）经营管控水平持续提高。出台《经营考核政策及实施细则》，增加了提升市场占有率等考核指标。编制了“十三五”滚动规划，投资优先保证了页岩气钻机配套升级、压裂车组、合作开发和井口自动化设备等重点项目需求。开展国内外同行和成员企业间对标，突出抓好月度和季度经营分析，选取先进单位交流经验，营造了“比学赶帮超”的氛围。强化过程控制，实施月度预算、效益预测和定期通报，实现了经营均衡、平稳、受控运行。制定开源节流降本增效 5 个方面 25 条工作措施，在大宗物资大幅涨价的情况下，遏制住了成本的快速上涨。完成全部 48 个建设项目竣工验收，实现“两年任务一年完成”。继续督导海外亏损项目扭亏，亏损项目再次减亏 15%。加强“三项”治理和“两金”压控，应收账款、存货和贷款同比分别下降 10%、19% 和 15%，自由现金流达到 99 亿元，创历年来最好水平。

（八）党建和廉政建设工作持续加强。坚持“两学一做”常态化，深入开展“四合格四诠释”活动，召开专题视频会，邀请党的十九大代表李新民同志传达了党的十九大精神。积极参加党的十九大精神研讨班和培训班，聆听宏斌同志所作的专题党课，深刻领会了习近平新时代中国特色社会主义思想和治国理政的新理念新方略。配合党组巡视组完成巡视工作，认真整改巡视反馈问题，修订完善了相关管理制度，堵塞了管理漏洞，提高了合规管理水平。坚持党建与改革发展相结合，继承优良传统，弘扬石油精神，争创一流业绩，板块上下心齐气顺、风清劲足，改革期间队伍稳定、人心思进，广大员工苦干实干、担当奉献，充分展现了铁人队伍的风采。

成绩的取得离不开集团公司领导的关心关怀，离不开总部机关部门的悉心指导，离不开勘探与生产板块、海外勘探开发板块及各油气田企业的理解支持，更离不开各工程技术企业和广大干部员工的辛勤付出。在此，我代表工程技术分公司和中油油服，向各位领导和同志们表示诚挚的敬意和衷心的感谢！

回顾一年的工作，我们积累了在严峻挑战中实现稳健发展的有益启示：必须牢记职责使命，提升保障水平，增强竞争实力，忠诚担当，实干尽责；必须坚持稳中求进，增强发展活力，提升质量效益，稳中求变，转型升级；必须坚持改革创新，优化管理体制，加快技术进步，增强后劲，提质增效；必须坚持突出重点，抓住主要矛盾，解决突出问题，用好两论，善做善成；必须坚持党的领导，强化政治保证，历练铁人作风，爱国创业，求实奉献。

二、充分认识面临的形势与肩负的使命

新环境、新问题，工程技术业务发展面临新挑战、新任务。

（一）环境在好转中趋向复杂。全球经济加快复苏，上游投资有望逐步回暖，油服市场呈现活跃状态。美丽中国加快建设，油气需求刚性增长，能源消费结构持续改善，天然气、页岩气、水合物、地热能等绿色能源迎来广阔的发展空间。集团公司加快西南页岩气百亿立方米产能建设，新疆玛湖、青海英中获得可喜发现，特别是集团公司领导要求进一步发挥一体化优势、持续提高内部市场占有率等一系列利好因素，将带动工程技术市场工作量持续增长。与此同时，国际油价持续上行缺乏基本面支撑。国内“深、低、海、非”成为主战场，油气发现和钻采难度越来越大；油气资源品质劣质化，单井产量持续下降，有效稳产难度越来越大。集团公司按照结算油价 50 美元 / 桶安排预算，“十三五”油气平均发现成本、百万吨产能投资、新建产能运行成本同比分别要下降 10%、15% 和 10% 左右，服务市场化和价格市场化已经成为必然趋势。加之大宗物资实施靶心价中标，今年价格普涨，有的增长已经超过 20%。中油油服面临巨大经营压力，必须做好长期应对低油价的准备。

（二）改革在实施中激发动力。改革就是为了突破瓶颈制约，激发活力和动力。工程技术的发展史也是一部改革创新的历史，一直以来，各企业始终在破解矛盾中前进、在革除弊症中发展。特别是经过近两年时间的充分酝酿，集团公司此次推出的工程技术业务改革重组，是贯彻落实党中央、国务院深化国企改革，做强做优做大国企的重大部署和实际行动；是统筹协调业务发展，加快建设世界一流综合性国际能源公司的科学决策。随着工程技术业务改革重组措施逐步到位，公司治理结构逐步规范，管理体系不断健全，经营机制将更具活力，中油油服和成员企业两个层面的积极性和创造性将被充分调动，一些体制性、机制性、结构性和管理性的问题将得到有效解决，一些制约工程技术发展的深层次矛盾也有望被逐步破解。工程技术改革重组必将为实现国有资产保值增值、为助力集团公司世界一流综合性国际能源公司建设、为加快打造国际一流油服公司和近二十万干部员工有更多获得感增添新的动力。

（三）发展在稳健中寻求升级。习总书记强调："中国共产党是世界上最大的政党。大就要有大的样子。"王宜林董事长指出："中石油作为国有重要骨干企业、作为国内最大的油气生产供应企业，同样要求我们'大就要有大的样子'。"中油油服现在是什么样子？如何建成党的十九大提出的"具有全球竞争力的世界一流企业"？是我们必须回答的重大问题。现在的中油油服有独特的政治文化优势，有较强的规模优势和产业链优势，有可依靠的集团公司一体化优势；但也有企业冗员多、历史包袱重、高端利器少、安全风险大、管理基础不牢靠、资源共享程度低、国际化经营能力弱、业务发展不均衡等短板。大而不强是我们的基本企情，国际一流是我们的奋斗目标。对美好未来的向往与现实情况的差距，倒逼我们必须迸发出更大的动力，坚持稳中求进，提升质量效益，要更加注重加强顶层设计，把握发展大势，强化战略管理，用更高眼光、更大力度去研究破解制约发展的瓶颈问题；要更加注重转换发展动能，创新发展模式，统筹全球资源，加快共建共享，依靠全要素提效，促进发展升级；要更加注重满足客户需求，着眼长远发展，研判能源走向，布局新兴产业，为行稳致远发展赢得主动；要更加注重精益管理，适应低油价这一常态，走低成本发展之路，严抓细管，堵塞漏洞，以利长远，努力向精益管理要质量、要效益；要更加注重提升员工素质，充分认识人是生产力中最活跃的因素，持续优化队伍结构、人才结构和激励机制，依靠提高人力资本素质，解放生产力、释放创造力。通过抓重点、补短板、增实力，努力做到发展不减势、量增质更优。

总的来说，我们实现稳健发展，有机遇也有挑战，有条件也有困难，需要我们站在保障国家能源安全、服务集团公司增储上产的全局高度，围绕建设国际一流油服公司的战略定位，视挑战为历练，变压力为动力，破难点出亮点，撸起袖子加油干，一张蓝图绘到底，推进中油油服向更高质量、更高水平迈进。

到 2020 年，国际一流油服公司建设取得阶段性成果。公司化运行、市场化运作、国际化发展、一体化服务、专业化管理局面基本形成，经营业绩稳中有升，管理标准国际接轨，关键技术实现突破，竞争实力显著增强，品牌形象全球知名，收入结构、业务结构、市场结构、人员结构明显改善。

到 2035 年，全面建成国际一流油服公司。主要经济指标进入国际一流油服行列，规模实力稳居全球前三；技术体系适应新能源新业态发展方向，综合技术能力达到世界先进水平；现代化管理水平、生产要素创效能力、市场话语权和品牌影响力大幅提升；业务结构更加科学，驱动中油油服稳健发展的动力更加强劲；人力资源素质不断升级，员工与企业实现共同成长。

到 21 世纪中叶，国际一流油服公司地位更加巩固。成为全球油田技术服务标杆企业，在以规模实力为核心的竞争力、以科技创新为重点的引领力、以客户认同为导向的亲和力、以品牌价值为代表的影响力、以统筹资源为手段的驾驭力、以企业党建为保障的控制力、以质量效益为目标的发展力等领域，确立全球油服行业的主导地位。

三、2018 年重点工作安排

2018 年工作指导思想：坚持以党的十九大精神为指引，持续加强党的建设，深入贯彻落实集团公司 2018 年工作会议部署，以改革重组为动力，以增储上产为己任，以“精益管理年”活动为主线，强化顶层设计，理顺体制机制，全力开源节流，全面提质增效，扎实推进“四化”，加快“六个”上水平，提高人财物全要素生产率，确保完成集团公司各项生产经营任务，确保改革发展稳中求进、稳中向好，加快建设国际一流的油田技术服务公司，为集团公司稳油增气和建设世界一流综合性国际能源公司做出更大贡献。

（一）坚守职责使命，切实发挥好稳油增气的坚强保障作用。工程技术的初心就是“我为祖国献石油”，工程技术的使命就是保障油气勘探开发和提升竞争力。初心不忘，使命致远。

增强责任意识。高举服务保障大旗，牢固树立“为甲方创造价值、我们才有价值”的理念。密切同勘探与生产、海外勘探开发板块的配合，加大油气田走访力度，对接海外油气项目需求，努力提供超值服务，始终成为助力油气田提高投资回报率、保障集团公司增加规模储量和效益产量最可信赖的骨干力量。进一步发挥一体化优势，改进服务模式，加快由单井、平台总包向区域总包发展，配套标准化的管理技术体系，为甲方提供更加安心省力、更加安全优质、更加均衡高效的施工服务。

优化资源部署。开始建立各油田工作量、井深、施工速度数据库，科学部署资源，不断满足集团公司市场需求。按照集团公司利益最大化的原则，以及“动人不动设备、动钻井不动后勤”的办法，实施“1+N”市场开放，实现既更好地满足油气田需求，又防止钻机大游行产生较大搬迁成本的效果。队伍净流出的市场，钻探企业要依靠提速提效，优质完成产建工作量。甲乙双方共同创新生产组织运行模式，提高钻井、压裂等主要装备的利用率和保障率；探索 24 小时连续压裂施工模式，争取 4 万水马力压裂机组平台拉链式压裂每天达到 6 段以上。

提高深井勘探开发的保障能力。加大提速技术集成应用，分区分级完善提速模板，全面试点激进型钻井方式，全面试验“大钻压、高转速、大排量、高泵压”钻井参数，重点强化西南页岩气、大庆深层、新疆环玛湖、塔里木、川渝等重点地区提速，力争钻井周期再缩短 10%—20%。特别是在川渝地区开展页岩气劳动竞赛，努力践行一盘棋思想，加强工序衔接和工农关系协调，解决好水电路讯问题，缩短建井周期，提高钻机利用率，尽快实现“一类井队5开5完、二类井队4开4完，如期实现钻机‘以1顶2’，用65部深井钻机完成130部钻机工作量的目标”。出台指导意见标准，大力推广“40+70型钻机”打深井的模式，缓解大钻机紧张状况。落实井筒工程事故复杂防控通知要求，持续提升施工质量，不断降低事故复杂。用一流的速度、一流的质量和一流的业绩，在油气田勘探开发中做出更大贡献。

做好风险合作开发和老井增产。总结苏里格、页岩气合作开发经验，探索更加有效的风险开发管理模式。建立合理的风险补偿机制，支持在自营区开展新技术试验。加强油藏工艺技术研究，优化井位部署和方案设计，配套激励机制，鼓励多打高产井。注重气井完整性，加强全生命周期管理，延长气井寿命，提高开井率和商品量，降低操作成本，生产天然气80亿立方米以上，为集团公司“加快天然气增长”做出贡献。在保障新区产能建设的同时，更好地服务老区老井挖潜，不断加深油藏认识，科学评价剩余储量，大力实施常停井治理、老井套管开窗侧钻、连续油管侧钻水平井、重复压裂改造和油气井带压作业等增产措施，提高老井产量，为有效稳产夯实基础。

（二）全面精益管理，促进“六个”上水平。精益管理的核心就是通过规范化管理、程序化运作、数据化评价、系统化控制，以最小的投入创造最大的价值。精益管理是中油油服实现稳中求进、稳中向好发展的必然选择。按照集团公司领导要求，结合自身实际，中油油服将今年确定为“精益管理年”，会后将下发实施方案，年中将围绕精益管理主题召开工作会议。各成员企业要按照统一部署，大力开展“精益管理年”活动，促进“六个”上水平。

精耕细作推进市场上水平。以市场为导向，以客户为中心，以效益为目标，扩大增量、优化存量、培育后劲，夯实质量效益发展的基础。加快市场结构升级。坚持“国内增份额、国际增规模”。国内市场，继续与外部队伍开展“比安全、比质量、比速度、比价格”的竞争，强化现场技术、安全、环保、井控管理与监督，将总包模式由长庆拓展到其他市场，力争总包进尺突破500万米、集团公司内部市场占有率达到75%、国内市场收入增长5%。国际市场，加大统一协调力度，发挥综合比较优势和钻机的带动作用，加快发展技术服务，力争国际市场收入增长20%，成为增收增效的主要拉动力量。优化业务发展方向。立足客户需求，“延伸两端、优化中部、发展新兴”，加快业务供给侧结构调整，厚植产业链创效能力。前段向地质研究延伸，提升一揽子方案解决能力，努力做大合作开发业务。后端向增产措施延伸，加强人力和技术保障，快速做大国内外老油田开发和增产一体化服务业务。中部鼓励钻完井向自动化、智能化转型，专注提升深井超深井、复杂结构井施工能力；加快发展环保钻井液、酸化压裂、连续油管等高端技术服务业务。培育战略新兴产业，研判能源未来走向，抢占致密油、煤层气、地热能等非常规能源发展制高点，实现页岩气、水合物服务能力提升和市场领域突破，使其成为工程技术新的经济增长点。增强市场营销能力。总结国内外市场开发经验，建立分国家、分地区的市场开发管理体系和管理模式。加强中油油服和成员企业两个层面的市场营销功能建设，及时收集市场信息，了解竞争对手，紧跟客户需求，有针对性地制订和开展营销计划。加强市场效益评价，改进分析方式方法，根据分析结果适时调整市场开发策略。强化政策引导，用好市场开发奖励机制。

精准发力推进技术上水平。强化顶层设

计，坚持研用结合，加快解决现场难题，改善现场应用效果，不断增强行业竞争力和引领力。加强科技管理。落实《科技工作指导意见》和科技工作会议精神，坚持业务主导和市场导向，厘清管理界面，按照改革框架方案，进一步明确中油油服、工程技术研究院和成员企业的科研工作定位、职责和重点，研究出台管理办法，提高研发的针对性和有效性，坚决防止重大项目重复研发。强化内部协作，建立学习知识库，围绕提高采收率、提高单井产量，与油气田共同研究解决开发技术难题。抓好 15 个新开课题顶层设计，开展工程技术重大专项（二期）和“十三五”后两年科技立项。持续完善技术体系。梳理现有技术成果，开展回顾性分析评价，按照领跑技术、并行技术、跟跑技术等不同类别，明确主攻方向，绘制差异化的技术发展路线图。持续打好“九大技术攻关战”，重点在高精度勘探、深井超深井钻完井、水合物和致密油气开发、旋转导向工具、高精度成像测井、连续管作业、老井侧钻、井口抢险机器人等方面取得突破性进展，持续提升油气发现和高效开发能力。抓好技术试验和应用。组织好多分量井地联合勘探技术、成像测井仪器、粒子冲击钻井技术、无限级套管固井滑套压裂技术、井下随钻安全监控技术、膨胀管裸眼封隔技术、深水天然气水合物综合技术等“十大”现场试验。下大力气推广“两宽一高”物探技术、精细控压钻井、新型钻井液、无线随钻测井系统、综合录井仪、连续管作业、清洁压裂液等 60 余项新技术产品，推动成熟技术快速转化为生产力。

精打细算推进经营上水平。重分析、挖潜力、控风险、补短板，综合评价、严格考核，抓细抓小抓实，持续改进提高。细化成本管控。完善成本管理体系，建立生产经营各环节成本管理清单，逐步减掉“八项浪费”。深化开源节流降本增效活动，与国内外先进油服企业深入对标，改进成本管控措施。全面推行单井成本核算，建立分市场单井成本标准、单井预算及成本控制模板。加快中油油服“资金池”建设，配套内部资金流转和有偿使用机制，变资金成本为资金收益。建立内部标准资金结算流程，简化优化劳务结算环节。提升投资创效能力。坚持走“源头控制、借船出海、互利共享”的资产轻量化发展之路。开展 2008 年以来重大项目投资收益分析，改善投资结构，重点支持井口自动化、深井钻机升级、旋转导向工具、压裂设备、连续油管侧钻、海外效益市场开发等优势项目。严肃审慎对外股权投资，坚决避免新增亏损法人企业。与装备制造和优秀外部企业深化战略合作，探索大型设备租赁模式，发挥外部资源调峰作用。推进内部共享平台建设，探索建立设备调剂使用激励机制，通过资源共享，提高资产利用效率。强化政策引导。完善经营考核政策，优化设计指标体系，将国内钻机资源调整执行、国际市场协调执行、国内外市场创收、重大项目投资回报、“四化”工程落实、提速提效、管理提升等情况作为重点考核内容。加强项目全生命周期管理，建立全过程预算管理体系，发挥投资导向和预算引领作用。优化数据流程，形成标准统一、规则统一的会计核算体系和管理会计体系。深化各类经营活动分析，分市场、分专业剖析海外业务收入和利润增长潜力。逐步建立汇率风险防范机制，规范海外税收筹划；继续考核海外亏损项目治理。

精干高效推进队伍上水平。控总量、调结构、提素质，提高劳动生产率，努力使中油油服人力资源结构符合战略发展需要，将员工总量劣势转化为人力资本优势。优化员工和队伍结构。加快瘦身健体，落实“出6进1”控制措施，控减员工总量，继续向各成员企业下达员工总量控减指标，压减劳务用工20%以上，及时清退临时用工。加大员工结构优化力度，持续压减二、三线人员，充实一线队伍。严格队伍资质管理，坚持“四个不批”，严控队伍规模；根据业务发展方向，加快富余队伍向紧缺型、潜力型队伍转移。加强员工培训。提升海外员工队伍素质，加快适应海外快速发展需要。分专业实施多形式、多层次培训，组织开展井场标准化、自动化装备工具应用、专业化维保修、井场信息化、旋转导向、连续管钻完井及带压作业人员培训。加强以基层骨干为重点的队伍建设，配齐配强基层干部，提高基层管理水平。激发队伍斗志。坚持业绩导向，成员企业要建立“能上能下、能进能出、能高能低”的员工管理评价体系，调动广大员工的工作积极性。加强形势任务教育，选树典型，以点带面，唱响“我为祖国献石油”的主旋律。关爱一线员工，不断改善吃住行条件，做好改革期间员工思想政治工作，确保队伍和谐稳定。

精细管控推进安全上水平。落实各级安全环保井控责任制，增强红线意识，提高事故防范能力，实现安全清洁发展。落实安全生产责任。弘扬生命至上、安全第一的理念，强化全员安全生产责任制，继续加强各级领导“五个带头”职责落实，推进科级及以下干部安全环保井控履职能力评估。开展分包商队伍施工前安全环保井控准入评估、作业过程监管和竣工业绩后评估，落实承包商安全管理责任。推行总承包项目管理专业化，提高总包公司管理水平和分包商素质，按照“谁引进、谁使用、谁管理、谁负责”的原则，钻探企业和油田公司对各自使用民营队的管理负责。突出抓好井控管理。针对青海、塔里木等高风险区域，不断在源头设计、人员配置、资源保障、应急响应、督查问责上下功夫。继续开展外部队伍井控工作“回头看”活动，促进井控制度落实。发布新版集团公司井控规定，完善东西部两个井控应急分中心建设，编制井控应急处置手册。编制新版井控教材，开展场景模拟培训，实施处级以上管理人员、井控专家、工程监督定点培训。定期举办井喷压井与技能培训班，加快培养应急专家队伍，每个钻探企业都要培养10名以上井控专家，都要配备一支过硬的抢险队伍。深化HSE体系运行。成立中油油服HSE委员会，建立QHSE体系框架和管理手册。制订关键风险领域“四条红线”作业目录和风险管控办法。开展吊装作业、高处作业专项治理，强化高危作业的规范操作和严格监管。出台HSE培训管理办法，建立HSE培训长效机制。落实环保法要求，继续推广减排技术，实现清洁生产。

精心贯彻推进党建上水平。毫不动摇地坚持党的领导，毫不动摇地加强党的建设，筑牢企业发展的“根”与“魂”。加强党的政治建设。认真贯彻习近平新时代中国特色社会主义思想，将宣传贯彻党的十九大精神和新《党章》作为当前和今后一段时期的首要政治任务，不断增强“四个意识”。严格落实集团公司党组部署，切实把党建工作融入生产经营、企业管理的全过程，充分发挥党组织把方向、管大局、保落实的作用。加强党的思想建设。健全党委中心组学习制度，加强各级党组织和党员干部理论学习。认真贯彻集团公司关于抓好意识形态工作的部署要求，牢牢把握主动权。指导成员企业党委深入开展形势任务教育，强化“三基”建设。加强党的组织建设。落实集团公司《基层服务型党组织建设实施意见》和《基层建设纲要》，督导成员企业持续推进“两学一做”教育常态化长效化，持续推进“六个一”党支部创建和“五型”班组建设，选树先进典型，发挥好战斗堡垒作用。加强党的作风建设。严格遵守集团公司党组《关于进一步贯彻落实中央八项规定精神实施细则》，持续抓好党员干部廉洁自律，持续整改专项巡视发现问题。大力弘扬以“三老四严”“四个一样”为核心的石油精神，做大庆精神、铁人精神的垂范者。加强党的制度建设。落实集团公司《全面从严治党加强党的建设实施办法》《关于构建“大党建”工作格局的指导意见》，持续提升党的建设质量。完善“三重一大”、中心组学习等各类党建管理制度，进一步规范决策范围和决策程序。

（三）加大工作力度，推进“四化”取得新成果。“四化”有利于工程技术企业强化管理、提效降本、提升竞争力；有利于油气田获得更加安全、高效、优质、低耗的施工服务。

专业化服务。就是坚持“专业的人干专业的事”，做到术业有专攻。修订“十三五”后两年发展规划，细化各专业发展措施，鼓励钻探企业对钻井液、定向井、固井、钻前、管具等业务实施跨区域专业化重组；对关联性不强的业务，逐步退出，依托外部队伍承担。在施工集中区域，推广“制造＋服务”的专业维保修模式，强化物资、备品备件和仓储基地的共享和专业化服务。加快推进润滑油、集中公寓、集中配餐等专业化服务。

机械化作业。就是用机械代替人，减轻劳动强度，提高施工效率，降低人工成本。加大井场气动重粉罐、自动刮泥器、液动提升装置、环保厕所等成熟产品推广力度；提升钻机二层台机械手、铁钻工、动力猫道、大修井井口自动化工具等产品性能。更新 10 部全自动化钻机，每家钻探企业都培育 2 支以上井口自动化示范队。优选振动筛厂商，提高产品性能和使用寿命。优化钻井队钻井液净化装备，逐步实现 2 级净化。加强与装备制造企业合作，开展钻井液罐清污车、电动压裂车、快速连接压裂管汇等装备研发。

标准化管理。就是把标杆变成规范、把样板变成模板、把经验变成制度，提高效率和效益。坚持工作标准化、标准制度化、制度流程化、流程表单化、表单信息化，梳理各专业现有标准，优化各专业作业文件，形成标准化、流程化操作规程；建立各专业装备配套标准体系。参考国际 API 管理模式修订资质审查标准，明确人、机各项管理规范。制定现场设备布置标准，统一现场标识，进一步规范现场管理。选择海外重点地区，开展设备物资集中管理和共享试点。

信息化应用。就是利用信息化技术革新管理手段、实现资源共享。强化网站建设，构建协同共享平台；拓展 A7、A12 系统应用深度，采用物联网、大数据、云计算等先进技术，再造管理流程，提升经营管理、生产运行和资源配置效率。抓好远程生产运行监控中心实际应用，逐步实现 70 型以上钻机、重点井关键施工环节、重大项目现场试验、安全井控高风险现场远程监控全覆盖，促进现场安全、优质、快速、低耗施工。应用虚拟现实技术，优化各专业施工作业流程。

（四）积极稳妥推进，圆满完成改革重组任务。中油油服的成立，开启了工程技术发展的新里程。新体制、新任务，起好步、开好局，对工程技术业务稳健发展意义深远。

推进改革措施稳准落地。按照集团公司党组决策的时间表和路线图，逐个节点向前推进，逐项任务抓好落实，全面形成专业化管理体系。中油油服机关将适应新要求，制定新举措，抓紧人员配置和建章立制，尽快步入公司制运行轨道，并与工程建设板块协调解决好3家油建企业的遗留问题。相关企业要在2月底前完成测井、物探业务资产债权债务分割；大庆钻探要在3月底前完成物探业务交接，并加快自身瘦身健体，力争年底前变成法人实体；工程技术研究院要提出井筒高端工具研发解决方案；东方物探年底前要完成矿区业务移交；测井公司要整合研发力量，搞好内部研究机构的重组，强化海外技术支持，深化与钻探企业的捆绑合作，尽快成为开拓海外测井市场的劲旅。

理顺两级法人体制。完善中油油服及成员企业两级法人治理结构，进一步理清职责界面，中油油服主要承担决策、协调、监督、党建和服务职能，按照“宜抓则抓、宜放则放、宜简则简”的原则，理顺责权利关系，以“战略管控+部分运营管控”模式，完善对成员企业的授权管理体系，不断扩大成员企业经营自主权，充分激发成员企业生产经营活力，形成治理完善、规范高效的两级法人体制，构建油服业务扁平化、集约化、专业化管理格局。

建立健全运行机制。建立以中油油服章程为核心、与两级法人企业相配套的制度体系，优化管理流程，分类健全制度，配套实施办法。今年开始重点研究建立跨企业重大科技成果协同攻关机制、科技成果转化与共享机制、市场一体化协调运作机制、人才引进与使用机制、海外市场划分与协调管理机制、各类经费投入与使用机制，以及物资、资金、资质、合同、设备、安全井控、生产经营等各类管理办法，调动各层次积极性，建立起责权对等、运转高效、互利共享、富有活力的管理运行体系。

加强中油油服机关建设。围绕建设“学习型、服务型、创新型、哑铃型”组织，按照“精益管理年”活动部署，打基础、补短板、提素质，培育特别能吃苦、特别能竞争、特别能担当、特别能奉献的工作作风，推进中油油服机关工作向精细化、规范化、科学化迈进。强化中油油服机关服务，广泛开展调查研究，深入解决实际问题；梳理管理权限、审批事项和审批流程，提高办事效率和质量，进一步提升服务集团公司、服务甲方、服务企业的水平。

推进精益管理 坚持创新驱动
持续提升油服业务高质量发展能力

——秦永和在中油油服2018年中工作会暨精益管理推进会议上的报告(摘要)

(2018年8月29日)

一、今年以来中油油服主要工作及成果

今年以来，中油油服坚决落实集团公司决策部署，适应新体制，展现新担当，彰显新作为，在勘探与生产板块、海外勘探开发板块及各油气田企业的大力支持下，抢抓市场回暖的有利时机，稳准推进改革，统筹调配资源，强

化服务保障，实施精益管理。截至 2018 年 7 月底，中油油服整体和 6 家成员企业经营踏线运行。

市场恢复性增长态势明显：7 家成员企业累计中标 901 亿元，同比增长 47%，其中国内市场中标 565 亿元、国际市场中标 336 亿元，同比分别增长 38% 和 65%。

装备利用率整体提升：国内外市场钻机平均利用率分别为 78% 和 58%，压裂车组利用率 78%，同比增长均超过 5 个百分点。

完成工作量普遍上涨：钻井进尺 1375 万米，同比增长 24%；三维地震采集 4.3 万平方千米，增长 23%；测井 5.6 万井次、录井 5899 口、井下作业 9457 井次，同比分别增长 25%、14% 和 5%。

精益管理持续深入：中油油服和成员企业出台并实施“精益管理年”活动方案，在成本管控、生产组织、提速提效、安全环保、“四化”工程等方面实施了一批新举措，取得了一批新成果。

（一）改革重组稳准推进。快速完成中油油服机构设置、工商注册，出台议事规则、经营管理、人事劳资、企业党建等方面 30 余项管理制度，顺利完成机关搭建和两轮人员招聘。协调解决大量问题，圆满完成测井、油建、川庆钻探物探业务管理权移交和财务划转。落实改革框架方案要求，策划了测井技术研究院组建方案，推进了大庆钻探物探业务移交和工程技术研究院内部改革。

（二）资源保障力度空前。积极应对国内勘探开发工作量激增的挑战，密集走访各油气田，第一时间研究部署，超常举措调配资源，及时成立协调组分市场逐一推动落实，特别是狠抓西南油气田钻机保障，果断调增前线值班力量，所需钻机基本按时部署到位。大胆创新资源保障方式，试点“1 队 2 机”“40+70”钻机组合打深井等施工组织模式。持续规范总包外包管理，钻探企业实施专业化管控，累计培训监督 1286 名，完成总包进尺 320 万米，同比提高 135%；将修井业务纳入总包范畴，出台《修井机业务外包管理办法》《修井机业务外包监督管理办法》。优质优价完成 12 套旋转导向集中采购，有效缓解了旋转导向工具需求压力。协调落实 20 部钻机和 84 台压裂车投资，印发《压裂服务保障方案》和《工厂化压裂组织模式》，超前应对深井资源需求和压裂高峰期到来。

（三）优质服务再做贡献。同勘探生产板块、海外勘探开发板块及各油气田深入对接，不遗余力提质提速提产提效。建立事故复杂季度分析会制度，分区域制定防控措施，编制页岩气井防漏指导意见和技术手册，完善安全优快施工方案。事故复杂总体损失时率下降 10%。西部钻探倾注大量精力钻成明 15 井，受到宜林董事长多次表扬。明确“钻井 4 个 15%，常规压裂 20%、工厂化压裂 30%”提速目标，出台钻井 18 项、压裂 17 项提速关键举措及配套方案，细化钻井、压裂提速模板，试验激进型钻井和压裂施工参数，4000 米以上深井钻井提速 10%、深井进尺增加 27%，常规压裂提速 16%、工厂化压裂提速 31%；创钻井纪录 100 余项、压裂指标 30 余项，其中：川庆钻探在威远 202H13-6 井，创 27.6 天页岩气钻井周期纪录，在昭通 YS112H12-1 井刷新页岩气井水平段长 2810 米纪录，优质页岩钻遇率 100%；西部钻探在新疆玛湖、车排子地区相继创造日压裂 6 段和 11 段纪录。推广提产工艺技术，交出高产井百余口。东方物探建议井位采纳率 44%，其中已完钻的 49 口井中，25 口获工业油气流。渤海钻探施工的大港油田歧古 8 井，日产天然气 16 万立方米、凝析油 46 吨。西部钻探完成的新疆油田玛湖 014 井，获百吨高产油流；车排 18 井，压裂改造后日产原油 221 吨。长城钻探打成的青海油田狮 52–3 井，日产油气当量超千吨。川庆钻探在西南油气田打出高石 001–X30 等一批百万立方米高产井。

（四）市场开发取得突破。国内市场分区域推动落实“1+N”钻机部署方案，采用“动人不动设备”的方式，节约了搬迁费，实现了钻井队互调，在形成集团公司内部市场开放新格局的同时，保持了大庆、辽河、大港等 7 个油田市场占有率 100%，西南、新疆等 4 个油田市场占有率 80% 以上。大力开拓国内外部市场，海洋公司成功中标南黄海高参 1 井总包项目。国际市场加大市场开发力度，实施差异化开发策略，续签了乍得、阿尔及利亚、阿塞拜疆等传统市场服务合同，开拓了伊拉克、苏丹等一批高附加值技术服务市场；渤海钻探和长城钻探联手进入科威特钻修井高端市场；东方物探中标阿布扎比国家石油公司总价 16 亿美元地震采集项目，创全球连续三维地震勘探项目合同额纪录。发挥品牌和产业链优势，乍得 14 口井钻井 +20 口完井总包、哈萨克斯坦 32 口井总包等项目取得重大进展。各成员企业积极探索市场开发新途径，川庆钻探在厄瓜多尔中标了 10 年期油田一体化增产服务项目；渤海钻探与长城钻探依托国家开发银行，联合签订了委内瑞拉 300 口钻井总包合同，合同额 13 亿美元，创海外市场单笔合同额纪录。

（五）经营管理持续加强。开展“精益管理年”活动，落实 7 类 20 项精益管理措施。出台中油油服经营管理办法、业绩考核细则和工资总额管理规定，完善考核指标体系，优化设置收入类指标，新增新建油气产能产量符合率、测井服务满意度等针对性考核指标，突出了管控重点和政策导向。经过努力，西部钻探、测井公司和东方物探 2017 年度业绩考核为 A 级。加强财务制度和内控体系建设，制订资金管理等若干管理办法，建立了中油油服资金池。搭建管理会计报表框架，确立了月度、季度和年度生产经营分析制度。实施 6 个方面 29 条开源节流降本增效措施，在工作量和原材料价格大幅上涨的情况下，固定成本同比持平，变动成本得到有效控制，其中通过狠抓资金管理，节约利息支出 2 亿元、实施电代油和修旧利废节约费用 2.6 亿元。各成员企业积极落实降杠杆减负债、“两金”压控、海外扭亏等专项部署，处僵治困、法人压减和“三供一业”工作有序推进。

（六）安全生产态势平稳。成立了中油油服 HSE 委员会，完善系列管理制度，初步构建起两级 QHSE 管理体系。开展上半年体系审核、年度井控检查和长庆油田外包队伍井控专项检查，督促企业整改问题 1500 余项。召开 3 次集团公司井控管理领导小组会议，明确企业主要领导担任本单位井控领导小组组长。加强高风险地区井控巡视，宣讲狮 58 井井控险情案例，召开塔里木油田溢流分析会，联合勘探生产板块编制青海英西地区井控实施细则。今年以来，成功处置溢流险情 77 井次。共享优质培训资源，在渤海钻探和川庆钻探井控培训中心培训处级以上关键岗位 749 人。各成员企业加强海外社会安全和 HSE 管理，实现了中方员工零伤亡目标。大庆钻探 1205 队在哈法亚油田多次井控大检查中排名第一，受到甲方表扬。各成员企业积极参加打赢蓝天保卫战行动计划，大力推广节能减排技术，顺利通过中央环保督查“回头看”和京津冀大气污染防治专项督查，油基钻屑全部合规处理，大庆、川渝页岩气、新疆玛湖和塔里木等地区实现网电钻机规模化应用，替代和节约柴油 12.8 万吨，减少碳排放 10.6 万吨。

（七）科技支撑更加有力。完成旋转导向钻井、侧钻井、储层改造、钻井液等技术回顾性评价，明确了攻关目标和技术措施。完善工程技术专项二期顶层设计，编制专业技术标准和规范 11 项。围绕“四提”目标，统筹科研经费 2 亿元，立项研究课题 28 个。各成员企业加快技术进步，在各专业领域创造了一大批纪录指标。东方物探可控震源超高效混叠采集技术取得重大突破，阿曼项目生产日效 3 万炮以上，合同延期至 2020 年。川庆钻探利用“自主研制的 PDC 钻头 + 旋转导向”钻具组合，在宁 209H4-5 井“一趟钻”进尺 2540 米，创长宁“一趟钻”纪录。西部钻探在玛湖 14 井，$12^1/_4$ 英寸井眼单只钻头进尺 3055 米，创玛湖大尺寸钻头进尺纪录。渤海钻探在南堡 32-3627 井，单级固井封固段长 4888 米，创南堡 3 号构造最长封固段纪录。测井公司在松科 2 井，测井资料一次性采集成功，创 241 摄氏度国内高温测井纪录。

（八）“四化”工程成效明显。标准化方面，编制钻修井、测录井、压裂和连续油管装备配套规范，制定了三代钻机规划和第一代钻机技术标准。完成“工程技术服务队伍装备配套规范”“一机多井架分离式试油作业机配置与使用规范”两项企业标准。专业化方面，各钻探企业近 200 支钻修井队实现餐饮专业化和住宿公寓化，首批投用 29 套生物降解型环保厕所；大庆润滑油专业化服务、环玛湖区域物资共享服务中心试点工作成效良好。机械化方面，配置 16 部自动化钻机，推广井口自动化装备 12 类，其中，自动卡瓦配置 600 支井队，气动重粉罐配置 350 支井队；组织系列自动化压裂装置和专用工具研发项目 20 个，部分产品已开展现场试验。信息化方面，完善 A7、A12 系统一体化设计，推进三级 RTOC 建设，工程技术研究院信息系统运行有力，成员企业深井监控率和 A12 系统运行有效率明显提升。

（九）企业党建扎实深入。认真学习习近平新时代中国特色社会主义思想，积极参加党的十九大精神集中轮训。制定《贯彻落实中央八项规定精神实施细则》，建立廉洁提醒机制，组织中油油服机关全员签订了党风廉政建设责任书，组织副处级以上干部签订了在集团公司内部“严禁接受宴请、严禁饮酒、严禁上烟”的“三严禁”承诺书。推进中油油服“五型”机关建设，加快适应改革新体制要求。实行“三重一大”事项议案制管理，重大事项民主决策率 100%。积极开展“四个诠释”活动，深入推进“两学一做”常态化教育。全面应用集团公司党建信息化平台，上线率达到 100%。创新开展“大国工匠”谭文波学习宣贯活动，提振了士气，展现了形象。东方物探实施海外党建“点线面”工作法，被评为中国石油新时期“十大”创新成果。

二、面临的形势与任务

今年以来，中油油服内部条件和外部环境都发生了明显变化，机遇不少，挑战重重，真正的考验还在路上。

（一）油服业务改革，在开启发展新征程的同时，对我们的管控能力提出了新要求。中油油服的成立，带来了工程技术管理体制的重大变化。测井、物探业务的持续重组，也使测井公司和东方物探面临着管理幅度、管控难度、客户需求的新变化。按照宜林董事长“打好能力提升战”的要求，中油油服要“不断提升服务保障能力、市场竞争能力和盈利能力”，也就是说，中油油服承担着“服务保障”和

“服务竞争”的双重责任。对内，要打破原有的体制藩篱，让装备、技术、人才、信息等生产要素合理流动，促进区域资源共享，构建资源利用最大化、油服整体利益最大化格局，让协调激发内生发展的动力，提升服务保障水平。对外，要改变过去的各自为战，树立一家人、一盘棋思想，共举 CNPC-Service 一面旗，相互配合、齐心协力，在激烈的市场比拼中，快速反应、战胜对手，靠合作凝聚市场竞争合力，提高整体赢利水平。

（二）油服行业回暖，在增加市场工作量的同时，对我们的应对能力提出了新考验。国际油价震荡上升，带动投资重回增长趋势，油服市场表现活跃。党中央、国务院对加快国内勘探开发，降低油气对外依存度提出总体要求。集团公司做出“打好勘探开发进攻战”的重大部署，提出“2020 年原油产量稳定回升、天然气产量达到半壁江山”的目标，相继对新疆玛湖、川渝页岩气、大港等油田上产做出具体安排，油田技术服务工作量将快速增长。同时，伴随勘探对象的显著变化，开发方式和工作量结构也发生了重大变化，深井超深井数量成倍增加，水平井比例显著增长，压裂业务快速发展。这一方面给我们带来了难得的机遇，为发展转型升级创造了现实的条件；另一方面也使我们面对资源严重不足，作业环境复杂，施工难度加大，工作要求更高等多重挑战，使我们服务保障的压力骤然加大。目前，新疆、川渝、渤海湾等地区都出现不同程度的资源紧张，而且呈加剧趋势。根据测算，今年国内市场高峰期深井钻机缺口 200 余部、压裂车组缺口 150 万水马力。在装备能力很难、也不宜大幅扩张的情况下，如何提高技术水平、作业效率和质量效益，做到统筹部署、优化组合、集约利用、安全生产，是极其严峻的考验，也是我们转换动能、爬坡过坎的关键。此外，美国启动对伊制裁、委内瑞拉局势动荡，导致海外市场经营风险，特别是回款难度大幅增加。我们必须把握大局、未雨绸缪，及时化解风险，有效战胜挑战，把保障勘探开发的职责履行好，把应对市场变化的主动权掌握住。

（三）油服未来发展，在保持战略连续性的同时，对我们精益创新提升赋予了新内涵。2015 年以来，我们板块一直在践行管理技术型发展道路。按照改革目标和发展愿景，中油油服年初制定了“三步走”发展战略：2020 年国际一流油服公司建设取得阶段成果；2035 年全面建成国际一流油服公司；21 世纪中叶国际一流油服公司地位更加巩固提升。实现蓝图的过程，我们将继续面临油服行业的周期性变化。波峰增投资、添装备；波谷装备停、队伍闲。如此循环，即便我们能够实现发展规模上的扩容递增，也很难赢得发展质量上的螺旋上升。当前，我们的资产总额、营业收入等规模类指标基本处于世界油服第三，但质量效益类指标远不如世界一流油服公司，特别是近几年，板块经营压力始终不减、A 级企业逐年减少、装备能力持续降低、自主创新能力不足、高端利器鲜见突破，与集团公司高质量发展的要求还有很大差距。因此，堆数量不提质量、增规模不增后劲的老路走不通，也走不远。我们需要在管理技术型的发展道路上坚持精益求精，找准制约质量发展的问题所在、潜力所在；突出创新引领，探索出更切实际、更富活力的新途径、新方法；持续提升水平，强化油服一体化运作，向各类生产要素的统筹协调利用要增量、要效益、要增长，增强各类资源的使用效率和价值创造能力。

三、重点工作部署

今年后几个月，集团公司川渝页岩气、新

疆致密油等重点区域进入生产高峰期，市场任务繁重与装备资源紧缺的矛盾十分突出。面对服务保障与服务竞争的双重大考，我们要瞄准高质量发展，运用好精益管理的理念和方法，加大工作力度，加快工作节奏，突破难点，多出亮点，努力完成各项任务。

（一）在精益上下功夫，破解制约高质量发展的瓶颈问题。

精益对标管理。要从发展模式、战略规划，到经营管理、生产组织，再到工艺技术、标准规范、资源能力、纪录指标等方面开展全方位、多层次对标；不仅要分析一线现场、关注表观指标，也要分析二线管理、追溯表观指标背后的管理活动和经营行为。通过对标，既认清行业发展趋势，自我诊断、摆正位置，更研究策略、提升管理，把握未来能源走向，贴近勘探开发需求，科学规划物探、钻井、压裂等各项业务发展，避免市场“遭遇战”。

精益组织“四提”。保障国家能源安全是集团公司的政治责任，保障油气勘探开发是中油油服的神圣使命。我们必须坚持目标导向，围绕油气增储上产，抓“四提”、强保障。提质，加强装备升级改造，增强质量意识，建立包括生产运行、施工服务、工程质量、安全环保在内的综合管理体系，逐步实现“细节变规范、规范变习惯”；建立分区域事故复杂处置知识库、重点深井风险分级管理制度，落实《钻井工程师技术规范》《页岩气防漏堵漏指导意见》；强化入井材料检测，严格施工过程监控，选派专家和技术骨干强化重点井驻井指导；加快推进三级 RTOC 建设，确保年内 5000 米以上深井监控覆盖率、A12 系统运行有效率“两个 100%”。提速，立即掀起第二轮提速高潮，深入落实钻井 18 项关键举措，加快升级提速模板，尽快改善机泵条件，持续优化施工参数，大力强化标杆引领，广泛应用旋转导向、控压钻井、连续管钻井和优质钻井液等新技术，积极推广“40+70”钻机组合打深井模式，确保实现钻井提速目标。深入落实压裂 17 项保障措施，尽快建立“人休机不停”连续生产组织模式，大力推广“即压即走”工作法，积极借鉴北美压裂经验，成立专业化组织，制定标准化流程，改进现有配套设施，实现机械化操作，力争本次会议后，每个压裂队平均每天多压 1 段。提产，树立“为甲方创造价值油服才有价值”的理念，培育“发现和保护油气藏、识别和评价油气藏、改造油气藏和提高单井产量、提高油田动用率和采收率”等“四种能力”。加强地质与工程的结合，准确预测施工难点，优化设计参数，优选施工工艺，确保页岩气井地质设计准确率、优质储层钻遇率均达到 95% 以上，井筒完整率和压裂符合率均达到 100%；培养地质研究专家队伍，鼓励钻探企业在编制范围内，增强地质研究力量；落实天然气保供要求，加强风险合作业务管理，力争完成 80 亿立方米天然气商品量。提效，依靠技术进步、管理升级，统筹资源配置，优化运行流程，提高资源利用效率；加强日常生产管理，鼓励各成员企业在市场增收、生产组织、提速提效、创纪录指标等方面建立内部奖励机制，多打进尺、多压段数、多创效益，确保完成集团公司考核指标。

精益生产保障。围绕勘探开发计划，统一调配资源，采取租买并举措施，既努力盘活现有资源，又及时锁定社会资源，确保装备尽快落实到位。与油气田共同推进“六个不等”，有效压缩非生产时间。落实建华总经理“冬季施工”要求，按照中油油服制定的《冬季施工方案》，完善保障体系，积极创造条件，主动与油气田对接，在思想上、队伍上、装备上、井位上超前做好准备，确保新实施冬季生产的地区能够实现安全、有效施工，努力为油气田超前完成当年产建任务多做贡献。建立“钻井各项措施围绕井队井眼转、井下各项措施围绕压裂车组转、二线各项工作围绕一线生产转”的保障机制，全面推进计划、物资、装备等管理工作提速，明年所需的钻机和压裂装备投资计划力争1月下达。今年已经在川渝页岩气建立了激励机制，成员企业要大力开展“比学赶帮超”竞赛活动，促进明年实现“一类井队5开5完、二类井队4开4完、三类井队3开3完”。

精益经营管控。重点抓好“降成本、控投资、压两金、防风险、治亏损”等工作。降成本，继续落实“精益管理年”活动和开源节流降本增效方案，综合分析人工、投资、物耗、能耗、组停等各类成本因素，分类制定压减措施；借鉴旋转导向招标成功案例，大力实施设备材料集中招标，又好又快完成钻机、压裂车组、连续油管作业车等设备采购工作，大幅降低采购价格。控投资，用好投资总量，突出主业和效益，避免发生未收回投资设备就减值报废的现象；开展外投外借项目经济评价，严禁未经审批的新增对外股权投资，加快撤出无效或负效外投项目。压“两金”，强化应收账款和存货分析，严格监管措施，加大治理力度，加快回款节奏，优化结算流程，尤其要重视伊朗、委内瑞拉等海外市场应收款回收，降低“两金”规模；推进中油油服资金池建设，配套相关管理制度，变资金成本为资金收益。防风险，加强客户合同管理，严格对方资信审查，预防合作方违法违约行为；落实集团公司合规管理要求，加快油服内控体系建设；强化汇率管理和税收筹划，努力规避海外经营风险。治亏损，落实“处僵治困”要求，继续推进海外亏损项目治理；通过市场调控、海陆并举等手段，长远谋划和解决海洋公司扭亏问题。

（二）在创新上下功夫，探索实践高质量发展的方式方法。

创新资源保障方式。应对深井钻井和压裂高峰期到来，一方面要求我们转变观念，大胆实践，改变“事事自己干”的观念，继续走管理技术型发展道路，继续推行非主营业务外包模式。另一方面，要求我们正视资源紧缺现状，落实宜林董事长“加强区域资源统筹协调和一体化运作”的指示精神，按照“内内外”原则，统筹区域间、国内外资源部署，多角度挖掘资源潜力，全方位优化资源组合，既提高内部资源利用率，又合理控制外部队伍规模。一是属地企业先保。发挥属地企业地缘优势，增强服务保障针对性和及时率；属地企业在用好“主场优势”的同时，也要增强忧患意识，吸纳行业先进理念，提升服务保障水平。二是成员企业互保。消除“一亩三分地”的思想，增强“一家人”的观念，属地企业资源不足时，统筹用好油服内部资源，成员企业密切配合、优势互补，严控工作量外流，提升油服整体资源利用效率和效益。三是社会资源补保。油服整体资源不足时，由属地企业采取总包外包模式予以保障；属地力量不足时，由兄弟企业采取总包外包模式予以保障。不管谁来保障，必须加强承包商管理。这方面集团公司有血的教训，特别是今年以来，已经发生多起承包商亡人事故，宜林董事长和建华总经理在集团公司领导干部会议上也有明确指示，希望各成员企业务必做到安全外包。总之，“三保”既是资源调配原则，也是工作量调配顺序，严禁不经协调直接将工作量总包后外包给外部队伍。总包外包过程要严格落实中油油服相关管理规定，持续实施升级管理，做到外包队伍规模与企业管理技术资源匹配，严禁超能力外包，严格限制对技术服务业务外包。

创新科技研发方式。加强顶层设计，坚持研用结合，加快突破关键技术，着力解决现场难题，着力打造技术和工艺利器。进一步理顺科技研发体制。落实好中油油服出台的《科技协同工作管理办法》，处理好总院和分院的关系，为优势科技资源共享、重大项目科研攻关、高端技术研发能力提升、避免重大项目重复研发创造体制环境。开拓协同共享局面。采取集中力量办大事的组织模式，建立跨企业、跨专业的重大项目立项和协同攻关机制。综合考虑成员企业现有优势，计划确立旋转导向攻关项目，改变组织方式，集中优势力量，力争投入 1 亿元、两年内打造中油油服品牌的旋转导向工具，尽快形成特色产业。建立工程技术成果库，鼓励科技成果内部开放共享。完善工程技术重大现场试验项目运行机制，协调解决试验中出现的问题。创新科技成果转化机制。落实科技管理指导意见，研究制定工程技术重大科技成果创新创业、科技成果考核评价和应用推广、科技经费投入与使用等一系列管理办法。探索出台科技成果转让定价政策，鼓励各成员企业制订成果转化激励办法，探索与转化效益挂钩的一次性奖励、效益提成和分红等政策措施，对于科技成果转化效率高、依靠科技成果开拓市场效果好的企业给予绩效考核奖励。持续完善技术体系。坚持面向需求、面向市场、面向未来，继续分专业搞好技术回顾性评价，持续与国际先进水平对标，找差距、定方向、补短板。瞄准打造物探、钻井、压裂“三把利剑”，落实好攻关方向、攻关路径、科研经费、研发人员，确保年初部署的“九大技术攻关战”“十大现场试验”等重点项目踏线运行。依托页岩气和玛湖上产、塔里木深井提速等关键领域，打造一批特色核心技术利器，力争年内新发布利器 10 项以上。拓展 A7、A12 系统应用深度和广度，推进物联网、大数据运用，依靠信息化手段提升经营管理、生产运行和资源配置效率。

创新市场开发模式。以市场需求、创收增效为导向，探索市场开发新途径，实现“国内市场占有率、国际市场中标额”目标。坚持轻资产重技术强管理模式。落实宜林董事长“大力推进总承包模式”和建华总经理“持续推进区块和业务总包”的要求，按照“前端增强地质研究能力，中部重点提升深井复杂结构井施工水平，后端丰富增产措施”的思路，下大力气优化产业布局。加强业务供给侧结构调整，快速发展环保钻井液、酸化压裂、连续油管等资产投入少、技术含量高的服务业务。借鉴渤海钻探在委内瑞拉代管甲方钻机、海洋公司湿租蓝鲸 1 号的成功经验，输出管理和技术，借船出海，借力发展，打造外部资源战略共享链条，提高市场适应能力。探索国际市场“八统一”模式。落实集团公司 2017 年第 21 次深改会决策，既发挥好国际事业部计划、组织、协调、控制等职能，又充分调动成员企业开拓国际市场的积极性。选取中东地区进行海外“八统一”管理试点，取得成功后进行推广。发挥品牌和技术优势，扩大总包业务，抢夺高端市场，力争中标额同比增长 30% 以上。分国家实施差异化市场开发策略，落实领导分片承包责任，大幅提升海外市场钻机利用率和盈利能力。高度重视海外市场开发中的经营风险，加强综合效益分析，坚持亏损的市场不进、回款没有保障的项目不投。探索超产创效模式。发挥集团公司一体化优势，争得油气田理解支持，对于新部署的产能建设整装区块，探索签订投资和产量总包协议，提供从方案、设计、施工到运营的一揽子解决方案。鼓励钻探企业与甲方联合建立超产激励政策，以单井、区块预期产量为基准，超出基准产量部分油气田企业按一定比例给予施工单位分成，促进多打高产井，实现甲乙双方合作共赢。

（三）在提升上下功夫，着力增强高质量发展的基础能力。

提升安全绿色发展能力。继续在体系建设、风险管控、井控和环保管理方面下功夫。在体系建设方面出台中油油服 QHSE 管理体系手册，深化两级体系融合，制定关键风险领域“四条红线”管控办法和作业清单；开展差异化体系审核，落实“一岗双责”和“管工作必须管安全”的要求，抓好管理人员、安全监督和基层骨干人员培训。在风险管控方面强化高危作业管理，出台吊装、高空、受限空间作业指导意见；严格承包商监管，确保外包队伍现场 HSE 表现好、安全环保井控不出事。尤其是今年新开展冬季施工的企业和队伍，务必落实安全措施，务必做好冬防保温，保证冬季安全清洁生产。强化海外安保，保障海外员工人身财产安全。在井控管理方面制修订集团公司井控管理规定及配套制度，编制井控责任清单，深化井控风险分级管理；制定井控专家管理办法和评选标准，建立中油油服和成员企业两级井控专家队伍；抓好青海油田井控诊断评估，确保明 15 井等重点工程施工安全；制订井控应急救援中心管理办法，继续举办井喷压井和应急救援培训班；研究井口抢险机器人、井喷压井专家系统，在地层压力复杂层段推广精细控压钻井技术。在环保管理方面加快出台钻井液不落地、电代油气代油、油基钻屑和压裂返排液处置技术标准和规范，持续扩大应用范围；加强自查自改，做好中央环保督查“回头看”和京津冀大气污染防治督查迎检工作。

提升可持续发展能力。在提升合力方面稳步推进后续改革任务，年内完成测井技术研究院组建和大庆物探业务划转，持续深化工程技术研究院内部改革。按照“战略管控 + 部分运营管控”的模式，制订授权管理办法和授权清单，明确中油油服和成员企业管理范畴，避免越位、缺位和错位，形成集群效应，提高中油油服综合竞争力。在战略规划方面深化战略研究，根据当前出现的新形势新情况，对“十三五”发展规划进行中期评估及调整，明确战略新目标和发展新任务。在装备能力方面顺应深井水平井增多、储层改造大规模应用的形势，增加深井钻机、压裂设备等主力装备投入，加快推进第一代自动化钻机的配置采购，以及压裂设备标准化、电动化改造。按照“四化”领导小组的要求，扎实推进井场“四化”，重点做好 17 个现场项目的推广试验和 20 个研发项目的研发试点，减少一线人员需求，降低劳动强度，改善生产生活条件，提高基层员工幸福感。在业务储备方面发挥工程地质一体化和全产业链优势，努力做大风险合作开发业务。完善增产措施，加强技术保障，快速做大国内外老油田开发和增产一体化服务业务，加快老井侧钻等业务发展。研判能源走向，发展战略新兴产业，培育页岩气、致密油、可燃冰、煤层气、地热能开发等技术服务新经济增长点。

提升队伍向心力和战斗力。坚持“人才是第一资源”，按照集团公司深化人事劳动分配制度改革工作总体部署，扎实推进三项制度改革，激发员工动力活力。压减层级，继续推进扁平化管理，各成员企业原则上实行“总部机关—二级单位—基层队”三级管理。出台机构总量和机构设置指导意见，制定不同层级的机构设置标准，相互对标学习，各成员企业力争压减各类机构 10% 以上。严控新增机构，鼓励各成员企业在新开辟市场实施项目制运行模式。削减法人，突出发展主营业务，有序退出非主营业务，关停并转长期亏损项目，清理撤销低效无效机构。出台“减 5 增 1”压减政策，严控新增法人实体，按照国资委和集团公司要求加快现有法人企业清理。调控用工，健全市场化用工制度，推行“管理 + 技术 + 核心技能岗位”直接用工、其他操作服务岗位第三方用工模式。利用好自然减员高峰期机遇，继续实行措施减员工资总额全部留存、自然减员留存 20% 的政策。加快构建人力资源统筹配置平台，配套内部员工余缺调剂政策。搞活分配，根据集团公司人事部授权，中油油服负责管理各成员企业工资总额分配、高管薪酬发放、人工成本调控等工作；同时将积极向集团公司争取新增工资总额，对利润贡献、人工成本利润率等指标在板块排名靠前或改善显著的成员企业，给予特别奖励。各成员企业要持续完善工资总额分配办法，工资重点向效益贡献大的单位，向关键岗位、核心骨干、生产一线及紧缺急需型人才倾斜；同时要坚持薪酬分配依法合规，逐步实现收入工资化、工资货币化、发放透明化、管理规范化。注重使用，系统调研骨干人员流失问题，制订针对性解决方案。建立中油油服专家库，出台专家使用管理办法及配套政策，鼓励集中共享，发挥好专家在科研立项把关、关键技术研发、现场技术难题破解等方面的作用。组织专家和技术人员到生产现场查找具体问题，推行重点项目联合攻关制和项目长负责制。鼓励各成员企业制定定向精准激励政策，探索出台高层次人才引进与使用、科技人才分类评价考核制度，促进人才在干事创业中体现自我价值。加大旋转导向、连续管等技能人才培训力度，提高基层工程技术人员素质能力和技术水平。

提升政治保证能力。坚持党的领导不动摇，坚持党的建设不放松，深入学习习近平新时代中国特色社会主义思想，将其作为指导各项工作的理论武器和行动指南，推进党的十九大精神在工作中落地生根。继续扎实开展“四个诠释”活动，强化“四个意识”，以丰富多彩的形式推进“两学一做”学习教育常态化制度化。积极构建“大党建”格局，抓实基层党建和智慧党建，让基层党支部成为攻坚克难的战斗堡垒，结合生产经营抓思想政治教育，用新发展理念破解发展难题。加强“三基”建设，弘扬“四特”精神，将抓党建和抓企业文化建设有机结合，开展好形势任务教育，提高广大员工的思想境界和精神追求，增强企业文化软实力。严格落实“三重一大”议事制度，科学、民主、公平、公正决策。中油油服将强化“五型”机关建设，始终把各成员企业的工作难点作为我们的工作重点，想企业所想、急企业所急，多摸实情、多解难题，尽最大努力为各成员企业服好务，切实发挥好中坚作用、带动作用、示范作用和表率作用。

推进中油油服改革发展，责任重大、任务艰巨、前景美好，让我们解放思想，接续奋斗，在集团公司的正确领导下，深入开展“精益管理年”活动，圆满完成服务保障和服务竞争任务，为加快建设国际一流油田技术服务公司付出更大努力，为集团公司建设世界一流综合性国际能源公司做出更大贡献！

秦永和在2018上半年HSE管理体系审核视频通报会上的讲话（摘要）

一、保持清醒头脑，准确把握当前安全环保形势

一是安全环保责任追究力度加大。习近平总书记指出，要牢固树立安全发展理念，弘扬生命至上、安全第一的思想。国务院安委办年初下发通知，将安全生产责任制落实不到位作为重大隐患对待。王宜林董事长提出了“五严、五狠抓”的要求，集团公司相继制定了四条红线、六项较大风险以及隐患问责管理办法。上个月公布了一类企业专项督查结果，对涉及较大隐患问题的7名处级干部进行了问责，说明集团公司对隐患零容忍，对安全环保责任落实更加严厉。

二是工程技术业务安全环保形势严峻。今年以来，国内工程技术领域发生多起生产安全事故，中国石化发生了井架拉翻、游车下砸、油罐闪爆、人员中毒等4起事故，集团公司相继发生了小绞车钢丝绳闪击、抽油机连杆弹出、场地人员跌倒被钻具击中、人员进入油罐窒息等承包商亡人事故，尤其是5月1日发生的钻井现场二层台助力绞车承包商亡人事故，暴露出二层台助力绞车设计和使用方面都存在问题。经我们钻探企业排查，目前在用的599台二层台助力小绞车有89台存在类似隐患。同时，我们还存在“1+N”队伍动迁、页岩气钻机调配、企业改革重组等新增风险。而且，近年来企业效益不佳，员工收入上涨缓慢，新招大学生留不住，劳务工流失严重，基层队伍整体素质下降，基层基础薄弱，给安全生产造成较大影响。各级领导要对这些风险保持清醒认识，高度重视。

三是审核发现的问题令人警醒。测井公司放射源管理3本台账自相矛盾，统计数据与实际数量误差大，放射源存储、运输环节把关不严，管理上还存在明显漏洞。海洋公司海工事业部在多次审核中，危化品管理混乱的问题屡查屡有，没有引起领导足够重视。有些企业存在防碰天车失效、作业许可审批不到现场、能量隔离失效等较大隐患，另外，操作规程缺失、承包商管理不严等问题也比较普遍。这些问题发生在现场，其根源在机关、在领导。有些业务部门职责范围内HSE制度不建立，甚至出现集团文件落实不畅的现象。个别领导干部作风漂浮，安全履职走形式，关键风险不查不问不落实，对机关部门职能相互“塞车”现象视而不见。面对这些问题，我们要慎言成绩，多找不足，不能掉以轻心。

二、全面夯实安全环保管理基础，严防各类事故发生

今年是中油油服正式运行的第一年，也是面临内外部环境重大考验的关键一年。我们要进一步强化管理，深入开展“精益管理年”活动，认真落实精益、创新、提升的要求，采取各种有力措施夯实安全环保基础，杜绝各类安全环保事故的发生。下一步要重点抓好以下九个方面工作。

一是抓好责任归位，严格落实“四条红线”要求。各级领导干部必须带头履行安全责任，严格落实集团公司和中油油服重要部署，对于井控、民爆品、放射源等颠覆性风险的管控，要亲力亲为、一抓到底。对于制度不建、责任不清、问题不查、隐患不改的“甩手干部”要坚决淘汰。各企业要对照集团公司要求，建立适用于本企业的“四条红线”作业目录，明确重要敏感时段升级管理措施。对于触及“红线”，造成事故或较大及以上隐患的行为，要坚决考核追究。对吊装、高处作业、受限空间等高危作业要进一步明确监管责任，严格作业程序，有效遏制无知无畏、盲目蛮干的违章行为。

二是加快制度融合，做好改革重组后续工作。相关企业要强化政治意识、大局意识，以有力措施保障改革重组顺利实施。对新整合单位要明确安全环保责任，开展安全风险大排查活动，加快危险物品、运输车辆的统一监管。下一步要系统梳理管理制度和作业文件，逐渐实现体系融合、文化融合，确保责任不缺位、管控无漏洞、重组见成效。

三是强化技术支持，切实抓好井控管理。中油油服将建立企业井控责任清单，建立井控专家队伍，强化井控技术和管理支撑，继续开展关键人员定点培训。各企业要从井控设计环节入手，主动与油田进行对接，从技术措施上防范风险。要发挥局处两级井控专家作用，加强重点井的 6 个评估和“双盯”工作。青海英西已经是高压高含硫油气田，在该区域施工的企业要加强管理力量，队伍要措施到位，训练有素，应急有序，绝不允许狮 58 井背水一战的局面重演。明 15 井受到乌兹别克斯坦总统高度关注，集团公司领导每周都要听取施工情况汇报，西部钻探要充分利用国内资源，加强技术和物资保障，确保井控绝无一失，有效防范各类事故复杂。

四是抓好承包商监管，打造油服管理品牌。要严格落实中油办 109 号文件的要求，狠抓承包商准入和监管环节，提高专业化管理水平。在承包商事故多发的情况下，我们要坚定信心，脚踏实地，量力而行，平稳有序，安全有效地做好总包外包工作，树立起中油油服承包商管理的良好形象。既要加强钻修井外包业务的管控，又不能忽视吊装运输、固废处理等辅助业务承包商的管控。最近，陕西省要开展非煤矿山外包作业安全专项治理，相关单位要对照“十查十看”进行自查自改，规范 HSE 合同，按要求设置安全机构和人员，完善制度规程，强化规范管理。

五是预防基层骨干流失，切实加强基层建设。各企业要高度重视基层骨干员工流失这个问题，组织相关部门认真研究，采取有力措施加以解决。一要加强新员工培训。严格上岗前系统培训，开展现场师带徒、一对一培训，强化员工能力评估，对不合格人员及时组织重新培训。二要实行激励政策。奖金分配政策向基层倾斜，拉大机关后勤与一线的收入差距，引导二线、三线人员向一线流动。实行优秀劳务工身份转换，以技能竞赛、岗位比武等形式，及时将表现突出的劳务工转变为市场化员工和合同化员工。三要大力推进井场“四化”。降低劳动强度，改善一线生产生活条件，不断提高基层员工的归属感和获得感。

六是狠抓隐患排查治理，加强新增风险防控。一要吸取“5・1”事故教训。继续开展二层台助力小绞车隐患排查，装备、采购、安全等部门要组织专家深入研讨，制定措施，消除隐患。二要做好“1+N”、页岩气项目安全环保管理。各企业要从地质、环境、设备、操作等方面做好“1+N”队伍动迁、页岩气钻机调配的风险识别和防控，加强与属地企业交流学习，借鉴好的经验，按时、安全完成集团公司党组安排的任务。三要加强“四新”管理。“四新”投用之前必须组织风险评估，培训操作规程，确保风险管控到位。

七是改进审核方式，提高审核效果。认真落实段良伟副总经理“差异化监管、精准化审核”的要求，下半年，中油油服将实行一类企业量化审核，二类企业专项审核，三类企业指导审核。6月，还将对测井公司放射源管理和海洋公司危化品管理开展HSE审核“回头看”。各企业也要实施分类审核，针对不同风险单位，对症下药，不搞一刀切，同时加强审核问题的追溯分析，将内审结果与业绩考核相挂钩，提升内审效果。川庆钻探、渤海钻探要做好集团公司安全环保技术与管理评估的迎审工作。

八是落实问责要求，强化严格管理。树立“严是爱、松是害”的思想，敢于向隐患开刀、向事故宣战。按照集团公司较大隐患问责管理要求，中油油服将对本次审核发现的较大隐患、严重问题，三令五申、整改不力的问题，屡查屡有、屡改屡犯的问题，进行挂牌督办，限期整改。各企业要对照上述问题，按相关规定对不担当、不作为的各级责任者，进行问责，并将问责结果在月底报中油油服。

九是突出抓好近期几项重点工作。一要做好防洪、防汛工作。目前各地陆续进入汛期，各企业要结合历史经验教训，排查险情隐患，严格执行干部带班和值守制度，防范山体滑坡、泥石流、交通事故、环境污染等事故发生。二要做好环保工作。各企业要严格落实各项环保措施，尤其是页岩气合作项目的油基钻屑和压裂酸化返排液要及时合规处置。加强自查自改，做好中央环保督察“回头看”和京津冀大气污染防治督察的迎检准备。三要做好安全生产月活动。紧紧围绕“生命至上、安全发展”的主题，分享近年来发生的典型事故案例，加强应急培训与演练，推进双重预防机制建设，开展“四不两直”监督检查，确保活动取得实效。

同志们，当前生产经营工作繁重，改革稳定任务艰巨，我们要全面贯彻落实集团公司党组的决策部署，以严细实的作风抓好各项工作，为中油油服迈向国际一流油田技术服务公司做出贡献。

秦永和在集团公司井控检查通报视频会上的讲话

（2018年8月6日）

这次会议主要目的是贯彻落实集团公司井控管理领导小组第三次工作会会议精神，通报井控检查情况，分析当前形势和存在问题，进一步做好井控管理工作。刚才，郑总原文传达了集团公司井控管理领导小组第三次会议精神，塔里木油田、川庆钻探分别作了经验交流。李总通报了井控检查情况，肯定了各油气田企业、各油田技术服务企业好的做法，将近三年来的检查情况进行了横向、纵向对比，指出了存在的普遍性、突出性、倾向性问题。各企业要相互学习借鉴好的做法，取长补短，加强管理，堵塞漏洞，提升井控管理水平。下面，结合集团公司井控工作形势，就进一步落实井控管理领导小组第三次会议精神和宏斌同志的工作要求，我讲两个方面意见。

一、提高认识，准确把握井控工作面临的形势

今年以来，各企业认真贯彻集团公司“五严五狠抓”和“四条红线”管控要求，积极落实两次井控管理领导小组会议精神，在压实井控责任、强化风险防控、加强技术管理、严格过程监督、开展务实培训、提升应急能力等方面做了大量工作，取得了一定成绩，集团公司井控安全形势总体平稳可控。但从本次检查来看，井控问题依然很多，形势依然严峻，我们要始终保持清醒头脑，认清形势，进一步增强抓好井控工作的责任感、紧迫感。

从外部环境来看，党中央、国务院对安全生产工作重视程度越来越高、标准越来越严、责任追究力度越来越大。国务院安委办年初下发通知，将安全生产责任制落实不到位作为重大隐患对待。6—7 月，国家应急管理部、国资委连续多次召开安全生产会议，对近期及下半年安全工作做出重要部署。下半年，国家将举办改革开放 40 周年一系列纪念活动，各企业要增强政治意识、责任意识，高度重视特殊敏感时期的井控安全工作。

从集团内部来看，井控风险始终是集团公司的重大风险，在工程技术服务业务的历史上，除了渤海 2 号海洋平台倾覆外，就只有井喷失控事故对集团公司产生过重大影响。集团公司领导高度重视井控工作，宜林董事长、建华总经理多次作出过专门批示，宏斌、启军同志多次过问和部署井控工作。宏斌同志一年组织召开两次领导小组工作会，在本次检查结束后，又专门听取了检查情况汇报。集团公司今年建立了较大隐患问责办法，井控作为重要内容纳入了问责清单，同时对今年以来发生的生产安全事故都进行了严肃处理，并责成企业对上半年 HSE 体系审核发现的较大及以上隐患问题进行责任追究，这些都说明集团公司对事故零容忍的态度更加坚决，对事故责任追究更加严厉。

从钻探行业来看，随着勘探开发对象日趋复杂，高压井、高含硫、超深井、非常规所占比例越来越大，井控风险越来越高。2008 年以来，集团公司年均发生溢流井涌险情 160 井次左右，且 72% 发生在青海、川渝、塔里木地区。今年上半年发生溢流 62 井次，其中塔里木中古 70 井溢流关井压力超过 50 兆帕，企业井控管理压力大。

从检查情况来看，当前存在的 3 个方面主要问题必须引起我们高度警醒。

一是不重视井控工作的思想有所抬头。特别是在一些井控风险较低地区，个别企业的井控意识较为淡薄，认为井控风险低，发生井喷事故概率小，对两浅井风险重视也不够，井控管理部门的重要性和力量配备有弱化趋势。井下作业井控管理相对薄弱，对有的基层队伍逾越井控关键程序、违章操作的行为，习以为常，迁就容忍。

二是低价格带来了潜在井控风险。近年来，受低油价影响，油田技术服务和油气田企业经营压力不断增加，为节约开支，部分企业压减了必要的井控费用，缩减井控装备投入，过度简化井身结构。与此同时，员工收入增长缓慢，内外部队伍骨干人员流失严重，基层关键人员素质和数量达不到标准，队伍整体素质受到影响，给井控安全造成潜在影响。

三是现场井控问题仍然比较突出。检查发现现场还存在井控设计针对性不强、井下作业现场管理标准不高、坐岗制度落实不力、井控装备资质管理执行不严等普遍性问题。尤其是外部队伍井控管理薄弱，井控应急能力低，有的钻井队司钻未停泵就关闭防喷器，操作严重失误，有的副司钻不会关井，有的技术员考试得分32分，有的基层现场查出18个井控问题，这些都说明外部队伍与井控安全要求还存在较大差距。

总的来看，这些年在集团公司正确领导下，在甲乙双方共同努力下，特别是在一线员工、井控工作者辛勤付出下，井控工作卓有成效，管理水平有所提升。但我们要始终坚持问题导向，慎言成绩，多找差距，对于今天通报的典型问题和不足，大家在思想上要高度重视，不回避问题，彻底整改。我们要进一步提高思想认识，高度认识抓好井控工作的重要性，时刻保持清醒头脑，进一步严细管理，将井控工作抓实抓好。

二、落实责任，严控风险，持续提升井控工作业绩

下半年，要重点做好以下8个方面的工作。

一是认真落实集团公司井控领导小组第三次工作会议精神。会上，宏斌同志提出了9个方面的要求和10个方面的工作思考，对下一步井控工作指明了方向，做出了具体部署。各企业要原文学习传达会议精神和领导要求，特别要在与国际对标、标准流程、设计管理、基层建设等方面想办法、下功夫，出实招、求实效。要把精益管理理念融入井控管理中，形成一套标准、合理、实用的工作流程和模式。

二是切实抓好井控责任落实。各企业要进一步压实责任，井控管理领导小组要一年召开两次领导小组会议，研究井控工作，解决井控问题。人事、财务、计划等部门要履行好各自井控职责，支持井控主管部门，齐抓共管。各企业要认真学习宣贯井控责任清单，油气田企业要落实好属地井控管理主体责任，油田技术服务企业要落实好施工作业井控管理主体责任。要把提升责任心作为保障井控安全的关键，从领导班子、基层干部，特别是关键岗位人员入手，提升各级岗位人员责任心，确保管理不缺位、责任不落空。

三是落实科学打井要求。要加强地质和工程系统研究分析，强化设计源头管理，客观评估研判井控风险，设计科学的井身结构，提供准确的压力预测，使用合理的钻井液密度。要严格落实设计规范，严格审核审批程序，严格执行变更管理，强化人员责任心，对设计缺失内容不能视而不见。同时，要坚决杜绝以风险低为理由随意降低井控标准的思想倾向，油田井控实施细则不能低于集团公司的标准要求。按照宏斌同志的要求，下半年做好设计专项整治工作。

四是严格井控过程管控。各企业要继续坚持三联管理、分级管控、井控双盯、专家盯防、六个评估等成熟做法。突出抓好井控基础薄弱、管理较差的二级单位管理，尤其抓好青海、川渝、塔里木等高风险地区风险管控，在青海英西区域施工的企业要加强管理力量，队伍要训练有素，措施到位，应急有序，绝不允许狮58井背水一战的局面重演。下一步，将开展青海英西油田井控技术诊断与管理评估。明15井侧钻施工进入完井关键井段，西部钻探要贯彻落实宜林董事长的指示精神，坚定信心，一鼓作气，细化措施，防范事故，安全顺利交井。同时要做好经验的系统总结和宣传，为今后类似井施工提供标准模板。

五是加强外部队伍井控管理。各企业要严格落实集团公司承包商施工作业安全准入管理相关要求，严把资质初审关，必须先有资质才能招标，中标的队伍必须要具有资质。要加大对外部队伍的监管力度，定期开展外部队伍井控检查，各次开钻、打开油气层等关键环节要严把验收关，关键人员素质不达标、外包监督不到位、井控措施不落实的不允许钻开油气层。油田技术服务企业要按照宏斌同志的要求，勇于承担管理主任责任，充分发挥管理和技术优势，进一步深化总包外包，减轻油气田企业井控压力。

六是切实做好井控培训工作。甲乙双方都要高度重视基层骨干员工流失这个问题，加强政策引导，待遇向基层倾斜，改善一线生产生活条件，积极推进井场“四化”，不断提高基层员工的归属感和获得感。继续推进“分层次、分专业、分岗位”培训，加强新员工岗前培训和日常培训，开展关键岗位井控能力评估。探索利用互联网远程、手机 APP 教学新模式。各企业要继续参加企业处级及以上管理人员分级定点培训，以及第二期井喷压井和应急救援技术培训。

七是加强井控装备管理。各企业都要加大井控装备投入，超前筹划，逐步更新装备，保障工作需求和井控装备的可靠性、安全性。采购部门要履行井控相应职责，从采购源头严格把关，更加注重产品质量和服务水平。要强化内防喷工具管理，加强井控装备的现场安装和维护保养。严格井控车间资质管理，严禁无资质井控车间进行试压检测服务，提升车间专业化、工厂化管理水平。对于使用无资质装备产品的，将进行通报处理，追究相关单位责任人的责任。

八是强化井控应急管理。各企业要加强情景构建，建立各种情景下的险情上报处置的标准程序。加强现场复杂工况下的防喷演练，副司钻也必须具备第一时间控制井口的能力。要发挥录井在溢流预警预报中的作用，在高风险气井逐步推广一键关井装置，更早发现溢流，缩短关井时间，及时控制险情。川庆钻探要加强井控应急中心和西部分中心的演练和指导，具备招之能来、来之能战的能力，渤海钻探要加快东部分中心建设，形成集团公司五位一体、平战结合、区域覆盖、专兼联动的井控应急支持体系。

最后，对油田技术服务企业强调 3 项工作。

一是突出抓好防洪防汛工作。目前防洪防汛仍然不能放松，今年井场滑坡事件时有发生，相关企业要结合往年经验教训，密切关注雨情，排查险情隐患，切实落实防范和应急措施，严防井场疏松垮塌、山体滑坡、交通事故、环境污染等事故发生。

二是提前筹划冬防保温工作。为全面保障油气田勘探开发需求，今年将推广实行冬季连续施工模式，各钻探企业要统筹安排冬防保温工作，早计划、早动手、早落实。

三是认真做好下半年体系审核工作。按照集团公司统一安排，9 月启动审核工作，集团公司质量安全环保部将对一类风险企业开展诊断与评估，中油油服将对二类风险企业开展专项检查，对三类风险企业开展审核指导。三类风险企业要做好内审方案，并在 8 月中旬将内审方案报中油油服审批。

同志们，井控工作无小事，需要我们始终高度重视，容不得有丝毫马虎，要不断总结经验，堵塞漏洞，强化管理，把井控工作抓小、抓细、抓实，确保井控绝无一失，为集团公司建设世界一流综合性国际能源公司贡献力量。

秦永和在2018年下半年HSE管理体系审核通报视频会上的讲话

（2018年11月21日）

这次会议的目的主要是贯彻落实集团公司领导关于HSE管理的相关要求，通报下半年HSE管理体系审核情况，安排部署今冬明春安全生产工作。刚才，王总传达了集团公司段良伟副总经理在下半年HSE体系审核汇报会的讲话精神，喻总通报了下半年审核情况，肯定了各企业好的做法，分析了审核发现的典型问题。各企业要认真落实段总的讲话要求，利用好审核成果，补齐短板，堵塞漏洞，不断提升HSE管理水平。下面，我讲3个方面的意见。

一、高度重视，持续改进，HSE管理不断深化

今年下半年的审核是集团公司第14次全系统全覆盖的HSE体系审核，中油油服按照段总“差异化监管、精准化审核”的要求，精心组织，细化标准，审核取得了一定成效。

从审核过程看，有几个突出特点：一是首次开展审核指导。采取“五步法”，与企业内审“五同步”开展审核指导。二是强化问题追溯。加大了对机关职能部门审核力度，对每家企业至少追溯了5个管理问题。三是突出审核重点。突出加强了承包商、特种证件、内审等专项审核，形成了1个总体+3个专项的讲评报告。

从审核结果看，各企业高度重视安全环保工作，认真贯彻集团公司“五严五狠抓”管理要求，持续加强HSE管理，井控安全环保形势稳中趋好。大庆钻探完善风险分级防控体系，运用信息化手段提升本质安全。西部钻探成立区域生产协调部，强化靠前指挥。长城钻探主动邀请第三方专家开展内审，合规处置页岩气油基钻井液。东方物探坚持开展年度基层队站标准化建设观摩交流。测井公司高标准建设放射源、民爆品监控平台。海洋公司总结成功经验，抓实承包商管理。工程技术研究院强化改革期间HSE管理。渤海钻探、川庆钻探积极配合集团公司安全诊断与评估，举一反三，闭环问题整改。今年以来，油田技术服务企业没有发生井喷失控事故、生产安全亡人事故和环境污染事件，成绩来之不易，值得肯定和表扬。

二、认清形势，进一步增强做好安全环保工作的使命感和紧迫感

当前，面对我国油气需求增长、对外依存度攀升的紧迫形势，集团公司坚决落实党中央关于“加快国内油气勘探开发，保障国家能源安全”的战略部署，进一步加大油气勘探开发力度，增加资本投入，推动增储上产，这对于油田技术服务企业来说，既是机遇，也是挑战。一方面，油田技术服务市场工作量持续增长，为我们油服企业可持续发展、高质量发展奠定了坚实基础。另一方面，国内外服务保障任务艰巨，油服行业竞争激烈，各种矛盾交织在一起，有些矛盾还比较突出。要清醒认识到，我们还存在队伍结构不合理、企业冗员较多、高端利器较少、资源共享不足、业务发展不均衡、管理基础不牢靠等短板，距离领导要求、甲方需求、员工诉求还有一定差距。同时，还面临工作量猛增、总包规模扩大、冬季施工、改革重组等因素，这些都对安全环保管理提出了新挑战，抓好安全环保工作的责任更重、要求更高、压力更大。

一是安全责任追究力度加大。王宜林董事长提出了“五严五狠抓”的要求，集团公司相继制订了“四条红线”、六项较大风险、较大及以上隐患问责管理办法、安全生产约谈实施办法。今年以来，集团公司发生生产安全事故12起，死亡15人，16名二级单位一把手被免职，196名事故责任人员被行政处分，说明集团公司对安全环保事故零容忍，对安全环保责任追究更加严厉。

二是承包商管不住的风险增大。今年，集团公司发生12起生产安全事故中，有7起是外部承包商事故，另外4起其他事故中，3起也是承包商事故。对此，集团公司加大了承包商管理力度，在55天内连续下发了关于加强承包商管理的4个通知，实行承包商事故“一事双管、一事双责、一事双免”。虽然，今年中油油服没有发生承包商事故，但从本次承包商专项审核看，承包商呈现出5个特征：队伍数量多；类别复杂；承包商日常监管有漏洞；承包商员工自身安全意识、操作技能较低；承包商各类证书造假问题突出。

三是冬季施工安全管理难度大。冬季历来是安全事故高发期，历史上的“12·23”“11·13”等事故均发生在冬季，去年11月集团公司相继发生了大连西太平洋石化“11·18”事故、乌鲁木齐石化“11·30”事故、“11·30”青海油田狮58井井控险情。今年我们首次大规模开展冬季钻井压裂施工，有的企业冬防保温工作滞后，有的队伍冬季施工经验少，有的基层员工存在畏难厌战情绪，个别员工思想容易波动，思想上的风险是冬季打井存在的最大风险。

四是基础管理依然比较薄弱。从审核发现的问题看，有的单位风险识别走过场，风险管控存在明显漏洞；有的基层制度执行打折扣，高危作业管理不到位；有的员工操作技能不过硬，无证上岗。这些表面问题发生在基层，从深层次看，其根源是管理上出了问题，工作作风不扎实，“管业务管安全，管工作管安全”原则未真正有效落实，责任不明、管理缺位、工作断档等问题还未彻底解决。

目前，第二批中央环保督察“回头看”已经启动，5个督察组已经进驻十省区，国家也正在举办改革开放40周年一系列纪念活动，各企业要进一步增强政治意识、责任意识，高度重视特殊敏感时期的井控安全环保工作，杜绝各类安全环保事件发生。

三、落实责任，强化保障，抓好今冬明春安全环保工作

当前，正值中油油服改革发展稳定的关键时期，我们要实现稳健发展、高质量发展，有机遇也有挑战，有条件也有困难，需要我们站在保障国家能源安全、服务集团公司增储上产的全局高度，坚决落实集团公司党组决策部署，坚持目标导向、问题导向，全面提速提质提效，全面提升服务保障能力，全面夯实安全环保基础。关于今冬明春安全环保工作，要重点抓好以下6个方面工作。

一是突出领导带头，深化安全管理全员履职。各级领导要坚守职责使命，加大管理力度，强力推进安全环保工作。主要领导是安全生产第一责任人，主管领导责无旁贷，分管领导各负其责，属地领导守土有责，各级领导干部要靠前指挥，带头研究部署，带头检查推进，带头严格监管，坚决杜绝安全环保理念、要求、制度和规定空转现象。狠抓责任落实重在明确责任主体，重在强化岗位责任心，要认真落实集团公司安全生产责任清单编制指导意见的要求，结合岗位性质、业务特点和工作标准，进一步梳理编制全员安全生产责任清单，形成“一岗一清单”，实行照单履职，失职追责，倒逼责任履行。

二是强化冬防保温，确保冬季生产安全。要高度认识冬季施工的重要意义，目的就是为了提高钻机、压裂车组利用率，提高市场占有率，促进均衡生产，提高油气勘探开发保障能力。要坚决落实集团公司党组关于开展冬季打井的决策部署，坚定信心，树立长期冬季打井的思想，克服厌战情绪，提高政治站位，增强担当精神，优化资源配置，强化生产组织，细化风险分析，加强过程双监督配置，严格劳动纪律、工艺纪律和操作纪律，做到基础管理到位、生产管理到位、监督责任到位。要切实重视冬防保温，强化冬季“八防”，建立冬防保温标准，该投入的就投入，扎实做好机泵房、罐区、钻台、二层台、井控装备等设施保温。要实行冬季施工升级管理，实施领导包片、干部包点，严格管理。要及时解决冬季施工问题，在员工薪酬、倒班休息方面细化工作，体贴关怀，中油油服也在向集团公司积极申请增加冬季施工相关费用。要加强冬季施工人员技能培训，提高安全环保意识和操作技能，原则上开展冬季施工的队伍应为自有队伍。要组织开展冬季施工安全生产大检查，中油油服近期也将组织检查活动。要加大冬季施工安全环保管理力度，对于因责任不落实、管理不到位造成事故的，将按照管工作管安全，管业务管安全的要求，严肃追责，绝不姑息。新疆、大庆、青海、长庆等是冬防保温的重点地区，要切实做好相关工作。

三是严格源头把关，狠抓承包商管理。要认真落实集团公司关于承包商管理的相关要求，履行承包商监管主体责任，加强制度建设，规范合同签订，严格变更管理，强化承包商事前资格审查、事中过程监管和事后绩效考核，刚性落实承包商监管五项措施，加强承包商培训管理，严格执行承包商“黑名单”制度，逐步提高承包商安全环保意识和技能水平。要加强承包商监督检查，开展承包商队伍井控培训合格证、HSE 培训合格证、特种作业证、井控装备检测合格证的真伪验证，对于存在造假现象的队伍和人员，均要坚决纳入企业承包商“黑名单”，集团公司资质管理委员会办公室也将根据相关规定取消队伍相关资质。要突出加强外包钻修井队伍管理，配足外包监督，强化监管实效。承包商发生事故，将按照“谁准入谁负责、谁使用谁负责、谁的属地谁负责”的原则进行追究责任。

四是加强风险管控，抓好重点领域管理。要切实加强高危作业、交叉作业、有限空间等危害辨识与风险控制，严细管理，严格作业许可，严格落实操作规程。要积极开展隐患排查，做好 2019 年隐患治理计划，重点治理钻井及井控设备、页岩气输送管道、环保等隐患。要加强本次提出问题的分析和整改，中油油服将对严重问题和较大隐患问题进行督办，企业应根据相关规定开展问责。要进一步做好海上作业、放射源、民爆物品、危化品以及企业改革重组、“1+N”市场、页岩气致密油的安全环保管理，杜绝事故。海洋公司要高度重视近期钻井工作量增加，长期停用钻井平台启动多，人员长期停工重新上岗适应慢，新招及转岗员工数量大等带来的风险，坚持领导蹲点、平稳起步、有效培训、岗位评估、严格监管、确保安全。

五是深化井控管理，确保井控绝无一失。历史上，冬季是井喷失控事故的高发期，占井喷失控事故总数的35.7%，要深刻吸取以往事故教训，进一步提高思想认识。要认真学习井控责任清单，照单履行管理责任，严格抓好6个环节，强化过程监督，抓好一次井控落实到位；强化演练与培训，抓好基层队伍黄金“三分钟”关井能力培养；强化“双盯”工作法，抓好险情第一时间有效应对；强化应急管理，抓好井喷事件快速有序处置；强化井控装备管理，抓好井控本质安全；强化井控专家队伍建设，抓好井喷事件的技术支持。要将外包队伍的培训和井控装备的检测维修纳入企业统一管理体系中，杜绝使用无资质或套牌井控装备。

六是加强企业内审，提升内生动力。按照集团公司“差异化监管、精准化审核”的要求，审核指导和企业内审将成为体系审核的重点方式。要进一步总结审核指导经验，提高指导效果。要高度重视企业内审，将内审作为企业安全文化建设的重要部分，以钉钉子的精神，久久为功，做优做精内审工作，增强企业HSE管理内生动力。内审要严格落实上级审核工作要求，编制上下衔接，科学实用的审核方案。要在强化内审组成员多元化，审核模式实效化，两级机关全覆盖，问题追溯深分析等方面改进提升，同时对符合问责条件的问题要按照相关规定进行追责。每年做到承包商审核全覆盖。

近期，要突出抓好几项重点工作。一要做好中央环保督察“回头看”迎检工作，及时上报受检情况，确保不发生被点名通报、媒体报道、立案调查等各类敏感事件。二要坚决完成集团公司下达的各项考核指标，完成质量安全环保节能指标、生产经营指标、钻井及压裂提速目标。三要系统总结2018年工作和“精益管理年”活动，以“服务保障年”活动为主线，认真谋划2019年工作，研究推进三项制度改革。

2018年还剩下不到40天时间，到了生产经营最关键时候，大家要齐心协力抓好岁末年初各项工作，时刻绷紧安全环保，尤其是井控管理这根弦，再接再厉、迎难而上，以更高的标准、更严的要求、更实的工作，以优异的业绩助力集团公司高质量发展。

专 稿

集团公司工程技术业务改革迈出重大步伐

2017年12月26日，集团公司工程技术业务改革重组交接签字仪式在京举行，10家企业签署交接协议，标志着改革中物探、测井、油建交接任务圆满完成，集团公司工程技术业务改革重组迈出重大步伐。

集团公司党组成员、副总经理、工程技术业务改革重组领导小组组长刘宏斌出席签字仪式并讲话。刘宏斌指出，随着外部环境和油服行业发展不断出现新变化、呈现新特点，进行管理体制机制的优化和调整，是工程技术业务适应市场需求变化，提高市场竞争力的必然选择。当前，工程技术业务具有迈上转型升级台阶、实现更高质量发展、做优做强的坚实基础。抓好当前改革措施落地，实现油服业务安全、平稳、有效发展，重点要做好两项工作。一是相关企业要坚决落实集团公司党组决策部署，按照时间节点要求，平稳有序完成后续资产划转、协议履行等各方面工作。二是工程技术各企业要围绕学习贯彻党的十九大提出的新理念、新论断、新任务、新举措，加强战略研究，对标行业先进，瞄准建设国际一流油田技术服务公司的目标，树立“协同共享、精益管理”理念，积极推进“标准化、专业化、机械化、信息化”四大举措，努力实现“市场、管理、技术、队伍、安全、党建”六个上水平。

本次工程技术业务改革重组的框架方案于今年11月中旬部署落实，计划于2018年1月完成主要任务，时间紧、任务重、头绪多，难度大。在集团公司总部机关相关部门大力支持和中油工程等相关企业共同努力下，改革重组工作高效推进，通过签署《业务重组交接协议》《国内测井业务服务保障框架协议》《海外钻井总包项目中测井业务合作框架协议》《海外测井业务支持与保障框架协议》，相关企业圆满完成物探、油建、测井业务交接。协议各方将更好地进行市场开发与生产协调，实现长期合作和共同发展，维护好集团公司整体利益。

下一步，相关重组单位将尽快完成资产债权等分割工作，继续推动大庆钻探等单位改革重组任务。

刘宏斌主持召开集团公司井控管理领导小组第二次会议

2018年1月9日，集团公司副总经理、井控管理领导小组组长刘宏斌在北京石油大厦主持召开集团公司井控管理领导小组第二次工作会议。集团公司井控管理领导小组副组长张凤山、秦永和，各领导小组成员参加会议。

会上，刘宏斌传达了集团公司2018年HSE委员会会议精神。集团公司井控管理领导小组办公室副主任、工程技术分公司副总经理李国顺代表井控管理领导小组办公室汇报了青海油田狮58井溢流处置情况，报告了该井基本情况、险情经过、压井过程、取得经验、教训总结、工作建议等6个方面情况。与会人员进行了分析讨论，提出了加强井控管理的意见和建议。

刘宏斌作了重要讲话。指出，青海油田狮58井应急处置工作组织到位，方案科学，卓有成效。一是集团公司党组领导高度重视，指挥有力；二是集团公司井喷突发事件应急预案程序科学，操作性强；三是各级应急响应迅速高效，井控管理领导小组办公室组织到位，井控专家和井控应急中心作用发挥到位；四是有一支能打硬仗、敢于担当的干部职工队伍；五是集团公司机关部门支撑到位，应急视频系统建设到位，有序有效参与应急处置工作。

刘宏斌强调，要认真贯彻落实集团公司2018年HSE委员会会议精神，坚持问题导向，总结狮58井溢流险情处置经验，举一反三，吸取教训，切实提高井控管理水平，实现井控本质安全，做到万无一失。一是提高对井控工作重要性的认识，核心是在本质安全上下功夫，从事后处置向事前预防转变。二是加强组织领导，各企业要建立完善井控管理领导小组机构，主要领导担任领导小组组长，将人事、计划、财务等部门纳入组织机构，并在2月10日前将井控管理领导小组调整情况报送集团公司井控管理领导小组办公室。三是强化井控管理责任落实，甲方承担主体责任，乙方履行执行责任。四是正确处理安全与投入的关系，单列井控专项费用，确保井控有效投入。五是强化设计管理，严格执行标准，建立标准化设计，研究解决高压盐水层钻井难题。六是坚持科学打井理念，尊重井控原理，套管、井口装备配套符合井控安全需求，用科学先进手段解决喷漏同层问题。七是坚持成熟做法，持续加强高风险油区井控管理，按照一区一策原则，严格管理。八是充分利用总部技术力量，加强重点井管理和组织工作。九是建立领导小组办公室、专业分公司、井控专家、井控应急中心、企业组成“五位一体”应急机制，有序快速应急，同时加强井控突发事件舆情管理。

勘探与生产分公司向中油油服发来感谢信

2018年1月19日，勘探与生产分公司发来感谢信，全文如下。

工程技术分公司：

2017年，在集团公司的正确领导下，国内勘探与生产业务突出高效勘探、低成本开发、加快天然气和绿色安全发展“四项战略任务”，推进从重产量向重效益、从重地质储量向重经济可采储量、从靠投资拉动向靠创新驱动、从传统生产向精益生产“四个转变”，坚定不移走深化改革和技术发展之路，圆满完成了全年各项任务，为实现集团公司稳健发展和保障国家能源安全做出了贡献。

成绩的取得，凝聚了工程技术服务板块的创新创造。特别是贵公司紧紧围绕勘探开发目标，突破瓶颈、激发活力、提质增效，不断以改革创新精神大力推广工厂化钻完井及压裂技术，积极扩大总承包规模，全面推进深井提速提效，提升了保障能力，为效益增储建产做出了贡献，体现了贵公司“讲政治、顾大局”的优良作风和高超的技术水平。在此，勘探与生产分公司特向贵公司表示衷心的感谢！

新时代要有新气象新作为。2018年，希望贵公司继续鼎力支持勘探与生产分公司的工作。让我们携手砥砺前行，撸起袖子加油干，立足长期低油价，继续突出“四项战略任务”、推进“四个转变”，坚决打赢生存与发展攻坚战，共同把中国石油事业推向前进！祝工程技术板块全体干部员工新年快乐、阖家幸福！

中油油服举行 2018 年党风廉政建设责任书、业绩合同和安全环保责任书签字仪式

2018 年 1 月 27 日上午，集团公司董事长王宜林、副总经理刘宏斌与中油油服总经理秦永和、党委书记茅启平签订了 2018 年安全环保责任书、党风廉政建设责任书和业绩合同。随后在廊坊国际饭店峨眉山厅举行了中油油服 2018 年度党风廉政建设责任书、业绩合同和安全环保责任书签字仪式。秦永和总经理、茅启平书记与 7 家成员企业主要领导签订了 2018 年度党风廉政建设责任书和业绩合同。茅启平书记主持签字仪式。

秦永和对 2017 年工程技术业务业绩合同完成情况和全年工作进行了简要总结，分析了面临的形势，对 2018 年重点工作进行了部署。他在讲话中指出，2017 年工程技术业务累计完成钻井进尺 2572 万米，国内内部市场占有率提高到 70.5%；实现收入、利润同比分别增长 14% 和 19%；应收账款、存货同比分别下降 10% 和 18%；有息债务下降 25%，货币资金上升 33%，超额完成年初下达的各项生产经营指标，创近年来最好水平。这些成绩的取得，得益于集团公司党组的坚强领导、刘宏斌副总经理的悉心指导，得益于集团公司整体优势的充分发挥，更是各工程技术企业勇挑重担，卓有成效地持续抓开源节流降本增效，不断强化经营管理的结果，是工程技术战线广大干部员工一分一分拼市场、一毫一厘挤成本的结果，这其中凝结着广大干部员工砥砺奋进、奋勇前行的辛勤付出和汗水，也展示了精益管理的精神和智慧，是学习贯彻习近平新时代中国特色社会主义思想和党的十九大精神，落实新发展理念取得的重要成果。

秦永和对工程技术业务当前面临的形势和任务进行了深入分析。一是全球经济加快复苏，国际油价企稳回升；二是集团公司勘探开发投资持续增长；三是工程技术业务改革重组顺利实施，新的管理体制将为公司发展提供有力支撑和保障，改革红利将获得更大程度释放。本次工程技术改革重组是贯彻落实党中央、国务院深化国有企业改革的重大决策部署。我们必须保持业绩稳中有增，突出发展质量，实现又好又快发展，向集团公司党组交出一份满意的答卷，这是我们需要承担的历史使命。

秦永和强调，2018 年是中油油服开局之年，总体来看机遇大于挑战，发展的有利因素在增长。中油油服将严格按照集团公司赋予的“战略管控 + 运营管控”的定位，充分发挥成员企业积极性，为企业发展营造宽松环境，强化成员企业间的协同与共享。年度经营目标和考核政策的制定是战略管控的重要组成部分。秦永和对业绩考核指标体系的构成、考核重点进行了说明，并对 2018 年重点工作进行了安排部署，闯市场、增收入，提质量、增效益是 2018 年中油油服生产经营工作的主线。

秦永和要求，各工程技术服务企业要认真学习贯彻集团公司工作会议上王宜林董事长讲话精神，落实章建华总经理工作报告部署，按照刘宏斌副总经理“123466”工作要求，加快国际一流油田技术服务公司建设，以改革重组为动力，进一步理顺运行机制，以增储上产为己任，以市场为轴心，大力推进精益管理，奋

力开源增收，全面节支降耗，努力提质增效，确保全面完成生产经营指标，实现中油油服公司开门红，为集团公司建设世界一流综合性国际能源公司做出更大贡献。

中油油服全面部署“精益管理年”活动

为深入贯彻集团公司副总经理刘宏斌关于全面推行精益管理的指示精神，中油油服研究制定并印发了“精益管理年”活动方案。2018 年 4 月 2 日，中油油服公司召开研究部署会，执行董事、总经理秦永和主持会议并讲话。

会上，秦永和传达了集团公司刘宏斌副总经理刘宏斌对精益管理工作的有关要求，成立了中油油服“精益管理年”活动领导小组，详细解读了活动开展的重要意义、活动主题、主要目标、主要内容和推进计划。

秦永和指出，面临持续的低油价和复杂的外部形势，扎实开展以“精益、创新、提升”为主题的“精益管理年”活动，是集团公司领导为中油油服稳健发展提出的良策；是促进中油油服管理方式向专业化、精细化、规范化、科学化发展的重要举措；是工程技术业务实现新的发展的强劲动力。中油油服机关各部门、各成员企业都要高度重视，充分运用精益思想，大胆创新工作方式方法，将刘宏斌副总经理的指示精神和活动方案落到实处，确保活动取得预期效果，不断提升市场、技术、经营、队伍、安全、党建工作水平，为中油油服稳健发展注入新的活力。

针对下一步工作，秦永和提出 5 点要求。一是中油油服各成员企业都要高度重视，将这项部署纳入本单位工作安排，成立活动领导小组；二是要广泛动员，加强宣传，认真组织减少 151 种浪费等精益管理课件学习和相关知识培训，确保精益管理理念进机关、进基层、进班组；三是要立足实际，抓细抓小抓实，逐级组织策划、细化方案，明确任务分工及工作要求，确保活动安排有计划、有目标、有措施、有成效；四是要定期总结，深入分析，既要总结取得的经验，又要正视存在的不足，多措并举，分类施策，按照既定计划推进各项工作；五是要认真做好经验推广，积极探索更加切合实际富成效的方式方法，努力提高劳动生产率和各类资源创效能力，实现“六个”上水平，为中油油服加快向国际一流油田技术服务公司迈进、服务集团公司建设世界一流国际综合能源公司贡献力量。

刘宏斌主持召开大庆油田物探业务改革重组专题会议

2018 年 6 月 1 日上午，集团公司副总经理刘宏斌主持召开大庆油田物探业务改革重组专题会议，听取集团公司工程技术业务改革重组领导小组办公室工作汇报，并就下一步工作进行研究部署。

刘宏斌指出，在集团公司工程技术业务改革重组领导小组办公室的统筹协调下，集团公司各相关部门、大庆油田、东方物探认真落实集团公司工程技术业务改革重组工作要求，讲政治、顾大局，做了大量卓有成效的工作，为确保2018年6月30日实现大庆油田物探业务重组移交奠定了坚实基础。

刘宏斌要求，要积极稳妥地处理好大庆物探改革重组过程中的人员移交范围、大庆物探划转后经营亏损、大庆物探历史亏损、员工队伍稳定、管理权和财务交接时间等几个问题，确保大庆油田物探业务按期移交，全面完成工程技术业务专业化重组任务。

集团公司财务部、人事部、改革与企业管理部，中油油服、大庆油田、东方物探等单位负责人参加会议。

刘宏斌主持召开井控管理领导小组第三次会议

2018年7月25日，集团公司副总经理、井控管理领导小组组长刘宏斌在北京石油大厦主持召开集团公司井控管理领导小组第三次工作会议。集团公司井控管理领导小组副组长张凤山、秦永和，领导小组成员参加会议。

会上，集团公司井控管理领导小组办公室副主任李国顺代表井控管理领导小组办公室汇报了集团公司2018年主要井控工作和年度井控检查情况，会议审议并原则同意《企业井控主要责任清单》，与会人员进行了分析讨论，提出了加强井控管理的意见和建议。刘宏斌作了重要讲话。

刘宏斌对井控管理领导小组办公室今年以来的工作给予了充分肯定，领导小组办公室紧紧围绕两次领导小组会议精神，坚持问题导向，持续强化管理，工作成效显著，保持了井控安全持续稳定。一是两次领导小组会议精神得到落实，各层级的井控管理责任履行良好。二是各部门、专业公司各司其职、紧密配合，重点工作有序开展。三是企业主要领导首次担任井控领导小组组长，成为井控工作第一责任人，亲力亲为抓井控。四是井控培训组织有力有效有序，实施优质培训资源共享，分级定点培训效果明显。五是建立企业井控责任清单，责任明晰化，落实精准化，为井控管理落到实处起到积极推动作用。六是突出重点抓关键，塔里木、川渝、青海等高风险地区井控管理持续加强。七是企业三联管理更加紧密，齐抓共管效果显著。

刘宏斌强调，目前井控形势依然严峻，问题仍然不少。一是井控风险仍然很高，今年已发生溢流62井次，而且76%发生在高压高含硫地区。二是井控管理还存在薄弱环节，设计管理漏洞较大，外部队伍井控管理较差，基层员工流动性大，新员工比例高，井控技能差，井控装备投入减少，新度系数下降。三是在国际对标管理、井控措施针对性、油层保护、经济性原则、员工培训、井控数据推演系统、设计规范标准、问题整改、井控装备物资管理等方面还需进一步加强完善。

刘宏斌指出，要进一步压实井控责任，严抓严管井控工作，重点做好以下工作：

一是进一步提高井控意识，高度认识井喷失控事故的破坏性后果和社会公众对井喷的敏感性，把井控工作放在生产经营工作的首位，把井控工作抓实抓好。

二是认真落实各方井控责任，制定下发企业井控主要责任清单。企业井控管理领导小组要一年两次召开会议，研究解决井控工作问题。

三是严格设计源头管理，理清设计管理责任，严格设计各环节管理，完善不同区域类型的设计标准，落实设计回访制度。下半年，勘探与生产分公司要组织开展设计的专项整治。

四是狠抓井控薄弱环节管理，严格落实集团公司承包商管理相关要求，严格认真做好资质初审，规范招投标管理制度，引进企业要做好施工前安全环保井控准入评估、过程监管、施工后业绩评估，建立外部队伍黑名单制度。油田技术服务企业要加强外包队伍管理，落实升级管理要求，体现专业化管理优势。

五是突出重点地区井控监管，开展高风险地区井控诊断与评估，组织井控溢流专题分析。下半年，组织好青海油田井控诊断与评估，加强顶层设计，做好方案策划，严格细致进行评估，确保取得实效。

六是强化深化井控管理，对井控工作只能加强，不能削弱，要保证井控管理资源，明确井控管理部门，要配备合理足够的管理人员，保证井控工作的应有投入，解决井控装备老化问题。强化井控专家队伍建设，鼓励井控风险高的油气田参照钻探企业成熟模式，建立井控专家队伍。继续做好分级定点培训继续做好分级定点培训，发挥好优质培训资源的作用。

七是切实抓好井控应急中心建设，由人事部发文成立东部、西部井控应急分中心，对运行及折旧费用进行核算，财务部、资金部、领导小组办公室共同研究拿出解决方案。建立井控应急中心管理办法，加强井控应急队伍能力培养和工具设备研究。井控应急中心要做好对领导小组办公室的技术支撑。

八是推进井控“四化”工作，要与国际石油公司、井控装备生产厂家对标交流，积极推进井控管理的自动化、机械化，加强气动重粉罐的推广力度，继续加强远程点火装置的研究。

九是持续做好责任追究，对发生的事故事件均要举一反三，吸取教训，分级处理，严肃问责。要落实集团公司较大隐患问责管理办法的要求，对本次检查涉及井控较大隐患的问题要督导企业开展责任追究。王宜林对明 15 井顺利完钻提出表扬。

2018 年 8 月 6 日，在集团公司领导工作例会上，中油油服总经理秦永和汇报了集团公司副总经理刘宏斌主持召开集团公司井控领导小组第三次会议、听取海外业务工作汇报情况，通报了川庆钻探在苏里格创压裂纪录以及明 15 井进展情况。听取汇报后，集团公司董事长王宜林就明 15 井顺利完钻对中油油服、中油国际和西部钻探提出表扬。

王宜林指出，明 15 井是中国石油在乌兹别克斯坦打的第四口井,2017 年 7 月 6 日开钻，用时 389 天完钻。面对高温高压高含硫、窗口窄、喷漏同层等施工难题，中油油服、中油国际和西部钻探做了大量的工作，局级领导和专家长期驻井，及时研判各种情况，采取有力措施，终于打到 5918 米设计井深，实属不易。

王宜林强调，要平稳有序组织好明 15 井后续完井工作，中油油服、中油国际和西部钻探要继续强化领导和专家盯井，认真总结汇报阶段性成果，科学研判，安全控制，认真做好地质分析以及各项完井工作，努力取得好的钻探效果。

章建华对中油油服冬季打井相关工作提出表扬

2018 年 8 月 13 日，在集团公司领导工作例会上，中油油服总经理秦永和汇报了组织召开 2018 年度井控检查情况通报视频会、筹备年中精益管理工作会议相关情况，通报了中油油服出台机关财务资产管理制度、明 15 井及冬季打井准备情况。听取汇报后，集团公司总经理章建华对中油油服准备开展冬季打井提出表扬。

章建华指出，当前中央对国内勘探开发上产提出了新要求，中油油服需要进一步增强服务保障能力。目前由于页岩气开发上产，导致集团公司钻机等资源十分紧张。对于中国石油来讲，要依靠提高效率而非增加太多的队伍来解决问题。中油油服积极落实集团公司要求，正在抓紧研究制定冬季打井方案，通过冬季打井可以释放一些潜力，不仅能够增强保障能力，还可以提高效率、市场占有率和经济效益，中油油服此项工作抓得很紧很好，值得肯定。

聚玛湖学习观摩　增服务保障能力

2018 年 8 月 28 日，集团公司副总经理刘宏斌，集团公司总经理助理、新疆油田公司党委书记、总经理陈新发，与参加中油油服 2018 年年中工作会暨精益管理推进会的集团公司工程技术企业与油气田企业的 140 余名与会代表，现场观摩了新疆玛湖 50071 钻井队、集中公寓、MaHW6236 井压裂现场和物资共享中心，并就现场观摩情况进行了探讨交流。

刘宏斌一行首先来到 50071 钻井队施工现场，观看了西部钻探精细化管控及“四化”建设推进专题视频，听取了全工序定额工时管理系统操作演示汇报，仔细了解定向—录井综合房、钻井液不落地装置、立式灰罐加重装置等机械化装备在现场应用情况，登上钻井平台观摩了自动化井口装备和自动化管柱处理装备操作。他对钻井队现场积极推进标准化井场、大力引进专业化服务、推广应用机械化设备和信息化数据共享等工作给予了肯定，并对现场创新应用钻井液分配远程控制系统、智能集中润滑系统等工作提出了赞扬。

在玛湖集中公寓观摩点，刘宏斌查看了冷藏库、加工间、操作间和员工食堂，对公寓集中管理、规范管理、资源共享管理模式实现服务人员配置与服务费用降低和员工生活质量提高表示肯定。

“有了这个，你就真省劲了。”在 MaHW6236 压裂作业现场，刘宏斌亲自操作气动锤紧扣管线油壬，体验轻便好用的自动化装备给员工带来的实惠。当刘宏斌了解到压裂液粉料自动输送装置、自动上砂装置、低压区远程集中控制装置、高压区远程集中控制与监控系统和液力扳手等自动化工具与装备配套后，压裂现场施工作业员工缩减到 16 人和压裂作业水平大幅提升表示赞扬。

最后，刘宏斌一行来到玛湖物资共享中心，对信息化、标准化、集约化、零库存物资管理工作给予了肯定，并表示要不断完善推广应用，实现成果最大化。

刘宏斌对西部钻探在“四化”建设和精益管理工作中付出的努力和取得的成绩表示肯定。他指出，西部钻探认真贯彻落实集团公司相关工作会议精神，按照中油油服工作安排，一切围绕现场转、一切围绕钻井转，扎实推进、创新管理，实现了作业现场布局简单、设备操作轻便好用、库存成本降低、无动态物资大幅减少，在作业现场管理和提速提效工作上迈出了坚实的步伐，为行业内部树立了推广学习的模板。

就进一步加快“四化”建设和精益化管理工作，刘宏斌要求，一是在钻井提速上，要加快钻井前虚拟现实模拟演示工作，找准事故复杂点，实现现场人员流程化、固定化操作，建立知识库学习曲线，边改进边固化，同甲方一块加快提升钻井时效；二是在生活集中管理上，要采用食材统一大包装采购、餐厅内部小包装管理，员工饮食按需定制、个性配餐，提高员工生活质量、降低服务成本；三是在压裂水平提升上，要优化供液系统、配液系统、加砂系统过程中的关键操作点，完善 24 小时作业灯光体系、消防和医疗救护安全体系，建立车辆维护系统，减少非作业时间，提升设备利用率，实现队伍总量满足现场作业需求；四是在物资管理上，要完善二维码实时更新库存信息记录系统，建立供应商与物资产品优选剔除机制，延伸配送服务到现场，在方便现场领料同时，简化现场装料和卸料过程。

在“分享　共享　切磋”中提升

2018 年 8 月 29—30 日，在中油油服 2018 年年中工作会暨精益管理推进工作会上，集团公司副总经理刘宏斌分享了《北美页岩气高效钻井压裂作业调研与分析》，中油油服执行董事介绍了美国与加拿大页岩气调研情况，中油油服及各工程技术企业结合精细管理工作实践，进行了大会经验交流发言。

“把每一家的技术及时汲取，再通过长效的学习曲线学习提升，这就是哈里伯顿成功的经验。”刘宏斌介绍了都沃内项目钻完井情况、钻完井设备冬防保温情况，讲解了哈里伯顿在 ICD 增产综合解决方案、优化油气井产能、提高设备时效性等先进技术，分享了黑钻营地统一化后期保障成功经验。秦永和介绍了与哈里伯顿压裂技术交流和都沃内页岩气现场考察情况。

服务保障油气生产，全力支撑油气增储上产是工程技术企业的首要任务，工程技术企业主抓钻井提速和压裂提效作业水平，将精益管理理念贯穿区块方案、工程设计、钻井施工、完井作业等各作业环节，出台了钻井提速模板管理办法，探索形成了川庆钻探“六化”工厂化钻完井作业、西部钻探“七提前”“四同步”“三共享”压裂工作法等高效开发方式，提高了作业效率，降低了成本。

工程技术科技工作是促进集团公司油气主营业务发展、实现工程技术服务业务可持续发展的根本保障。各企业瞄准行业高端，全面践行“服务油气、保障钻探”承诺，着力打造技术工艺利器，提升工程技术的核心竞争力。工程技术研究院切实发挥好重组后的休斯敦中心北美技术优势和原钻井院的技术沉淀，加快

RTOC建设，打造决策支持和高端咨询服务平台；渤海钻探持续优化升级BH-WEI储层专打钻井液技术，促进储层专打提产增效；测井公司推出地层成像测井装备FILog，打造“一量四谱、服务油气”等技术系列。

在经验交流座谈会上，中油油服业财融合、西部钻探物资集中共享、东方物探装备集中管理、大庆钻探单井成本“鱼骨”管理等新做法新思路，体现了精益管理理念已融入各企业发展的方方面面。青海油田狮58井溢流险情的成功解除，得益于指挥有力、预案精准、应急有序、技术精湛、施工精细、支持有效，避免了井喷失控事故、硫化氢中毒和重大财产损失，是运用精益管理理念打赢井控遭遇战的典型案例。在人员培训中，渤海钻探职工教育培训中心精益定位、精益培训、精益管控、精益评估，被国家发改委批准为“油气钻井技术国家工程实验室钻井科学实验基地”。

从生产组织保障到技术利器打造，从现场安全管理到物资集中共享，无不成为各企业精益管理的聚焦点。经验交流会后，与会人员一致表示，将虚心向兄弟单位学习先进经验，按照中油油服“精益管理年”活动具体要求，以精雕细琢的巧劲、精打细算的严劲、精益求精的韧劲，努力让精益管理见到新的更大的成效。

中油油服召开干部大会

2018年10月29日，中油油服召开干部大会，宣布集团公司党组对公司领导班子调整的决定，集团公司党组成员、副总经理刘宏斌出席会议并讲话。

会上，集团公司人事部副总经理李刚宣读了集团公司党组关于中油油服相关领导的任免文件：秦永和任中油油服党委书记、执行董事；中油油服原党委书记、副总经理茅启平退休；王忠仁任中油油服党委副书记、总经理；喻著成任中油油服党委委员、副总经理、安全总监。

秦永和、茅启平、王忠仁分别作了表态发言，表示坚决拥护集团公司党组的决定，服从组织安排。

刘宏斌在讲话中指出，集团公司党组对中油油服领导班子的调整，是贯彻落实党的十九大精神和全国国有企业党建工作会议精神，进一步加强党对国有企业全面领导、推进党的领导与公司治理有机统一，发挥企业党委领导作用，把方向、管大局、保落实的重要举措。

刘宏斌充分肯定了中油油服改革发展取得的重要成绩。他指出，中油油服以服务保障集团公司油气增储上产为己任，谋改革、强服务、抓市场、求发展，改革重组顺利进行，生产保障坚强有力，市场开发业绩突出，经营管理持续强化，安全井控态势平稳，党的建设扎实推进，经营业绩优于同行，为集团公司建设世界一流综合性国际能源公司提供了重要支撑。

就做好下一步工作，刘宏斌要求新班子新气象，要有新措施新作为。一是要全力以赴做好勘探开发服务保障，坚持集团公司利益最大化原则，牢固树立成就甲方就是成就自己的理念，提高“四个能力”，持续推进提质提速提产提效，服务好集团公司油气上产。二是要凝心聚力推进改革措施稳准落地，认真落实国有企业改革座谈会精神，按照“三个有利于”标准，落实集团公司全面深化改革的各项决策部署，促进中油油服做强、做优、做大。三是要下大力气推动降本提质增效，坚持走管理技术型道路，突出创新驱动，大胆借鉴新思路新方法，深入抓好精益管理、“四化”建设、井控安全环保管理等各项工作，提升高质量发展能力。四是要坚定不移加强改进企业党的建设，深入学习贯彻习近平新时代中国特色社会主义思想和党的十九大精神，提高政治站位，加强政治建设，始终做党和国家最可信赖的依靠力量，坚持党要管党，从严治党，不断提升党建科学化水平。

集团公司人事部有关人员出席会议。中油油服公司领导班子成员、总经理助理及全体干部员工参加了会议。

刘宏斌主持召开工程技术资质管理工作汇报会

2018 年 11 月 16 日，集团公司召开工程技术资质管理工作汇报会，集团公司资质管理委员会成员单位负责人参加会议，集团公司副总经理刘宏斌出席会议并作重要讲话。

会上，集团公司资质管理委员会办公室汇报了资质管理工作及 2018 年资质大检查情况。与会人员就新时期如何发挥资质管理作用，进一步保障服务油气田增储上产工作进行了讨论发言，一致认为资质管理工作为保障油气田增储上产发挥了重要作用，面对加快油气业务发展、保障国家能源安全的新要求，集团公司自上而下应强化资质管理工作，提高工程技术服务队伍素质，提升工程技术服务保障能力。

刘宏斌充分肯定了资质管理工作取得的成效，以及在推动基层队伍建设、提升工程技术服务队伍素质、规范市场秩序、保障安全环保形势持续向好等方面所发挥的重要作用，同时也指出了资质管理存在的问题。并强调指出，资质管理工作是强化市场管理和净化市场环境的重要抓手，也是提高工程技术服务水平的重要手段，更是促进油气田勘探开发安全绿色生产的重要保障。各单位、各部门要进一步提高认识，切实增强做好资质管理工作的责任感和使命感，自上而下持续强化资质管理工作。

对下一步工作，刘宏斌要求，一是要加强组织领导，充分发挥各资质管理初审领导小组的作用，抓好资质管理各项规章制度的落实；二是要举一反三认真对前期资质检查查出的问题进行整改；三是要严控队伍规模，在勘探开发工作量不断增加的情况下，通过创新生产组织模式，提高设备动用率和施工效率，来保障油气田完成增储上产任务；四是要严格按照程序和标准对申报的队伍进行审查审批，确保合格和优秀的队伍进入中石油市场；五是要充分发挥总包外包项目部的作用，配齐外包监督，加强外部队伍管控，提升 HSE 业绩；六是要加强资质信息化建设，利用信息化手段实现对内外部队伍的管控。刘宏斌还对队伍培训、业绩考核、现场审核、建立黑名单制度、资质评优等具体工作提出了要求。

集团公司领导听取中油油服三项制度改革工作情况汇报

2018年11月16日，集团公司总经理助理、人事部总经理刘志华主持召开专题会议，听取中油油服推进三项制度改革工作情况汇报。中油油服党委书记、执行董事秦永和，人事部副总经理郭向东，中油油服副总经理芦文生，人事部和中油油服相关部门负责人参加会议。

芦文生代表中油油服从三项制度改革行动计划的编制情况、目标任务、做法和体会、下一步计划安排、意见建议等5个方面进行了汇报。刘志华对中油油服三项制度改革工作给予了高度认可和肯定，指出中油油服党委对三项制度改革工作高度重视、行动迅速，对集团公司三项制度改革方案研究透彻，前期工作扎实有力；中油油服三项制度改革行动计划方案全面、针对性强、重点突出，可作为其他专业公司复制的模板。刘志华要求，一是要进一步优化产业结构，明确业务结构调整的指导意见，把改革的压力传递下去；二是要进一步优化企业队伍结构，在控总量、调结构、提素质、有序退出等方面开展深入研究；三是要注重薪酬分配导向，突出基层员工、关键岗位员工的激励，通过严考核、硬兑现来持续优化队伍结构，不断提升基层队伍竞争力。

秦永和表示，集团公司深入推进三项制度改革，完全符合中油油服改革重组的需要，中油油服党委班子高度重视三项制度改革工作，将组织各成员企业认真贯彻落实好集团公司的工作部署。

中油油服勘探开发保障工作获充分肯定

2018年12月21日，在集团公司2018年度油气勘探年会上，中油油服党委书记、执行董事秦永和作了《牢记使命，强化保障，坚决助力打赢勘探开发进攻仗》的专题报告，集团公司副总经理侯启军高度评价中油油服全年油气勘探开发保障成效，并对明年工作提出要求。

侯启军指出，今年中油油服服务保障成效突出体现在两个前所未有：一是资源调配前所未有。全国范围内大规模的资源向页岩气主产区调配，向重点地区调配，通过“1+N”服务模式打破“1+1”市场格局，充分发挥了中国石油一体化资源配置优势，提高了勘探开发服务能力和保障水平；二是提速提效前所未有。在装备需求剧增的情况下，宏斌总多次亲赴现场推动“四化”“四提”工作。中油油服及成员企业并肩共进，全系统、全方位、全覆盖地开展大规模提速提效工作，在不同战区建立了提速模板，实现了“4个15%”钻井提速目标。没有今年前所未有的提速提效，不会取得今天勘探开发的丰硕成果。

侯启军要求，2019年要实施两项主要举措来确保重点勘探开发地区的服务保障。

一要强化思想认识，持续提速提效。塔里木天然气、玛湖原油、四川页岩气及常规气是明年增储上产的重点。井深都在5000米以上甚至 8000 米，50 型以上钻机缺口大。大规模制造或购买来不及，外部也没有钻机可引进，要解决资源紧缺的矛盾，就必须持续开展提速提效。中油油服要努力实现钻井“五四三”提速目标，即一类队“五开五完”、二类队“四开四完”、民营队“三开三完”，通过提速提效满足勘探开发需求，提高服务公司竞争和盈利能力。

二要强化顶层设计，统筹优化运行。在生产运行方面，油气田企业要做好水、电、路、讯等后勤保障工作，钻探服务企业要与油气田企业密切联合，无缝衔接，全力提高钻机利用率，最大限度地减少钻机等停；在资源调配方面，板块要突出工作量优化，重点推进集优勘探，把投资、人力、装备等资源部署在重点增储上产区域、重点增效区域，减少低效地区资源占用；在激励政策方面，油气田企业要积极制定激励政策，钻探企业自身也要配套激励政策，建立板块间有机结合的提速提效激励机制。

2018 年，中油油服以前所未有的力度服务保障国内“七大盆地”增储上产及海外效益勘探开发，全年共组织动用内外部钻井队 1882 支、压裂队 129 支，为集团公司完成增储上产任务做出了最大努力。主要做法：一是全力支撑勘探发现和开发提产；二是以前所未有的力度调配内外部资源；三是采取超常举措推动工程提速；四是倾尽所能服务勘探开发提效；五是致力提供更加安全的保障措施。

秦永和针对明年国内市场钻井进尺还将大幅增长 22%，深井钻机缺口 400—600 余台、压裂车组缺口 150 万水马力的服务保障形势，面对“深低老非”勘探开发难题，以及深井、水平井增多的实际，提出 8 项工作举措：一是牢固树立“为甲方创造价值，油服才有价值”的理念，开展“服务保障年”活动；二是突出“两个”保障，推行“四种”组织模式，持续优化生产组织；三是深井钻井再提速 10%，钻机利用率再提 10%；四是常规压裂提速 20%、工厂化压裂提速 30%、平均单套机组年压裂 300 段以上；五是强化旋转导向资源保障，工具保障率达到 80%；六是强化顶层设计和资源整合，立足勘探开发需求，集中优势力量，推动技术升级；七是合理加大关键装备投入，完善资源调配机制，发挥中油油服统筹作用；八是强化政策激励，开展劳动竞赛，对提产提速提效优胜单位和优胜队伍进行奖励。

集团公司领导充分肯定塔中 726-2X 井井控应急处置工作

2018 年 12 月 27 日 13 时，随着井口防喷器组换装试压完毕，标志着塔中 726-2X 井井控险情彻底解除，转入正常生产程序。集团公司党组书记、董事长王宜林对现场应急处置工作给予了充分肯定，表扬参战干部员工不怕疲劳、连续奋战，发扬了特别能战斗、特别能吃苦、特别能奉献的大庆精神铁人精神和石油人传统。

集团公司副总经理、井控管理领导小组组长刘宏斌赞扬前线应急指挥部前期应急抢险工作有序稳妥，充分论证，方案周密，强化了技术交底、人员培训，为最终抢险成功打下坚实基础。

12 月 21 日下午该井井控险情发生后，按照刘宏斌指示，集团公司井控管理领导小组副组长秦永和第一时间带领专家团队连夜驰援现场，成立了现场应急抢险指挥部，同时组建了专家工作组、抢险组、环境监测组、信息协调组、HSE及后勤保障组、舆情管控组等专业小组，明确了小组责任人和工作职责。各小组连夜开展工作，进行救援物资的准备、抢险机具调集、现场警戒、硫化氢和可燃气体监测。现场应急抢险指挥部先后召开4次指挥部工作会议和多次专家论证会，反复论证，强化研究，科学决策，为事件及时快速安全处置发挥了关键作用。

此次塔中726–2X井井控险情的成功处置，是集团公司近年来决策最快、力度最大、效率最高的井控应急处置，是集团公司党组亲切关怀、精心指导的结果，是参战企业、干部员工共同努力的结果。主要体现在，一是集团公司每日召开视频会对处置工作进行指导，增强了全体参战干部员工的决心和信心。二是应急指挥部及油气田企业、钻探企业领导带头，深入现场、组织得力、应对迅速、决策果断。三是专家工作组科学研判，精心指导压井方案编制，解决现场疑难问题，充分发挥了技术支持作用。四是应急实施过程组织有序，及时科学调整施工参数，一次性压井成功。五是塔里木油田、渤海钻探参战干部员工冒着严寒，昼夜奋战，调动大量资源，积极落实抢险技术方案，展现了很强的执行力和战斗力。六是集团公司井控应急中心响应及时、积极联动，西部分中心先遣队员带着特种设备率先到达现场，广汉中心应急专家随后到达，在抢险中发挥了专业支撑作用。七是运输、消防、医疗、监测等协作方积极响应，紧密配合，为本次应急处置工作提供了有力保障。

（庄 涛）

改革重组

改革历程

【概述】 工程技术业务是集团公司主营业务产业链上的重要环节，是集团公司建设国际一流综合性国际能源公司的重要组成部分，也是集团公司综合一体化优势的重要体现。改革开放40年来，工程技术业务认真贯彻落实党中央、国务院和集团公司深化改革系列部署，坚持在转型中求生存、在变革中谋发展，坚持以保障油气生产稳健发展为己任，坚持走在科技创新、市场开拓、国际化经营的最前沿，取得了丰硕的成果，在保障集团公司国内外油气产量当量持续稳定增长的同时，也实现了全方位发展。

【第一轮改革】 始于1998年，伴随着中国石油的重组改制，未上市企业和油气主业分离，工程技术服务企业由过去油田一体化时代油气产品的生产者，演变成向油气生产单位提供劳务和技术支持的服务者，同油气业主的关系由过去的内部施工单位之间的协作关系，变成了两个不同的经营实体之间的甲乙方关系。但在市场环境和生存方式上，仍然保持着过去按属地或区域划分市场的较为封闭的经营模式，内部市场服务格局主要为1对1。中国石油为提高工程技术专业化管理水平，集中优势资源聚集发展，相继对测井、物探、海洋工程等部分业务进行了专业化重组，于2002年11月重组西部地区油田测井业务组建成立中国石油集团测井有限公司，于2002年12月重组物探局、新疆地调处、吐哈物探公司、青海物探公司、长庆物探处、华北物探公司、大港物探公司等7家单位成立东方地球物理勘探有限责任公司，于2004年成立海洋石油工程技术服务公司，2006年成立钻井工程技术研究院。本轮改革重组，为相关业务快速发展起到了重要的推动作用。

【第二轮改革】 始于2008年，中国石油按照“两级行政、三级业务”的管理架构和集约化、专业化、一体化的原则，再次对工程技术业务实施了重组整合，将分散在各油气田的物探、钻完井、测录井、井下作业等主要石油工程业务公司实施专业化整合，总部层面设工程技术分公司1个板块，地区公司层面设立西部钻探、长城钻探、川庆钻探、渤海钻探和大庆钻探（隶属大庆油田公司）5家钻探企业。工程技术板块归口管理5家钻探企业和3家专业公司。集团公司所属其他企业的工程技术业务接受工程技术分公司的业务管理、指导和协调。本轮改革重组，使得中国石油工程技术业务整体竞争力有了明显提高。

【第三轮改革】 始于2017年12月，中国石油按照市场化运行、国际化发展、一体化服务、专业化管理的思路，对物探、测井等各专业服务力量再次进行重组，将工程技术分公司变更为生产经营实体，并注册成立中国石油集团油田技术服务有限公司（以下简称中油油服）。将其归口管理的西部钻探、长城钻探、渤海钻探、川庆钻探、东方物探、测井公司、海洋工程作为成员企业管理，保留各成员企业的独立法人资格。本轮改革充分结合了中国石油工程技术业务发展现状及发展面临的问题，顺应了业务发展趋势，为工程技术业务行稳致远，快速提升服务保障能力、市场竞争能力和盈利能力打下了坚实基础。

（余本善）

专业化重组

【概述】 为增强改革方案的针对性、科学性、实效性、可操作性，工程技术分公司就业务改革重组问题组织开展了大量的调查研究和对标分析，组织召开了数十次协调会，最终《中国石油工程技术业务改革重组框架方案》（以下简称改革方案）经近50次反复修改，于2017年11月15日在集团公司全面深化改革领导小组第二十一次会议上审议通过。2017年11月22日，工程技术分公司召开动员会，标志着本轮改革重组进入实施落地阶段。

【业务专业化重组方案及实施进程】 改革方案中涉及的核心业务调整主要包括以下几点：（1）以工程技术分公司为基础组建中国石油集团油田技术服务有限公司，未来择机上市。（2）将川庆物探和瘦身后的大庆物探整体划入东方物探，移交东方物探矿区业务，建设主业突出、人员精干、装备精良，具有可持续发展能力的国际一流地球物理勘探公司。（3）将大庆钻探、西部钻探、渤海钻探、川庆钻探的国内外测井业务，以及长城钻探的国内测井业务，进行进一步重组整合，并入测井有限公司，组建成立测井专业化公司。（4）重组整合钻井工程技术研究院、休斯敦研究中心，组建中石油集团公司工程技术研究院。休斯敦研发中心按分院模式运行。新组建的工程技术研究院加挂中油油服工程技术研究院的牌子，定位为集团公司工程技术基础前沿技术的研发中心、尖端技术利器的孵化中心、高端技术资源的共享中心、高级研究人才的聚集中心。各钻探公司所属研究机构加挂中油油服工程技术研究院分院的牌子。

改革方案通过后，工程技术分公司按照“先下后上”的次序稳步推进改革重组。2017年12月26日，中国石油集团工程技术业务改革重组交接签字仪式在石油大厦举行，10家相关企业签署交接协议，标志着改革中物探、测井、油建业务交接任务圆满完成，集团公司工程技术业务改革重组迈出重大步伐。2017年12月31日前，基本完成除大庆物探外其他业务的管理权移交。2018年1月19日中油油服顺利完成工商注册。2018年2月底，完成了已移交管理权业务的财务移交，2018年3月底，同步完成了川庆钻探物探管理权和财务移交。2018年6月，完成川庆物探、油服所属油建、钻探公司所属测井等业务管理权交接和资产划转。

【中油油服机关组建工作】 中油油服成立后，按照总部批复的机构和编制，逐步完成了油服机关和国际事业部机构组建工作。一是新设人力资源部、企管法规部、党群工作部、国际事业部等部门，并按照相关要求，择优选拔完成了各部室负责人以及大部分处级以上干部任命。二是开展了国际事业部处级干部和公司一般管理人员公开招聘工作，一般管理岗位计划招聘30个岗位31人，实际报名511人；经评分选优，确定各招聘岗位的初始人选86人，经过笔试、面试、考察等环节后，最终确定30名岗位人选，平均年龄35.7岁，其中有高级职称的14人，占录用人数的46.7%；硕士及以上学历16人，占53.3%。国际事业部处级干部计划招聘7人，实际报名47人，经过笔试、面试、考察等环节后，最终确定7名岗位人选。两次大规模公开招聘，为建设高素质中油油服机关干部队伍奠定了基础。三是将“制度先行”作为突破口，通过制度体系建设，理顺工作职责，规范工作流程，统筹核心资源，管控核心业务，先后完成了20余项主要制度的制修订工作：主要包括中油油服工作规则、中油油服经营管理办法、中油油服业绩考核细则、中油油服工资总额管理暂行规定、中油油服开源节流降本增效实施意见、中油油服专项经费管理办法、中油油服落实中央八项规定实施细则、中油油服机关处级干部选拔任用办法、中油油服机关一般管理人员招聘办法等。

【科研体制改革工作】 以成立中油油服为契机，深化科技体制改革，理顺创新链条，集中优势有限资源，增强研发投入强度，提升自主创新力度。新组建的工程技术研究院及时加挂了中油油服工程技术研究院的牌子，中油油服各钻探公司所属工程技术研究院机构加挂中油油服工程技术研究院分院牌子，科技研发业务接受中油油服工程技术研究院的管理指导。测井公司成立测井技术研究院，充分利用北京和西安现有资源，设立北京分院和西安分院。

【市场化改革工作】 全面推进建立“一对N”服务市场格局。“1对N”就是要打破原有油田和钻探企业之间“一对一”服务模式，通过有效的竞争方式择优选择队伍，让较为优秀的队伍优先承担工作量，既能缓解市场供应矛盾，又能从总体上进行资源调配优化，盘活现有资源，提高利用率，充分发挥油气主业和服务业务一体化的优势，实现集团公司上游业务稳健发展。主要是渤海、长城、大庆3家钻探在辽河、大港、华北、大庆4个油田的26支队伍(渤海13支、长城7支、大庆6支)相互置换，这些油田、钻探的队伍数量和钻机结构均不变，形成油气田企业与钻探企业“1+N”钻井市场竞争格局。

【工程技术业务改革重组推进座谈会】 2018年3月22日，集团公司工程技术业务改革重组领导小组办公室组织召开工程技术业务改革重组推进座谈会。会议由集团公司工程技术业务改革重组领导小组办公室主任秦永和主持。大庆油田副总经理兼大庆钻探工程公司总经理张凤民，工程技术研究院院长冯艳成、测井公司总经理李剑浩、中油油服副总经理李国顺及相关部室负责人参加会议。

会议传达了集团公司工程技术业务改革重组框架方案的相关内容、集团公司全面深化改革2018年任务计划安排的通知精神和集团公司领导对后续工作的时间节点要求，听取了测井公司、工程技术研究院和大庆钻探工程公司的改革重组推进工作汇报，就有关问题进行了深入讨论。

秦永和对三家单位改革重组前期工作给予肯定，并对下步工作提出了具体要求：一是测井公司要按照改革定位和既定方向加快推进测井技术研究院的重组整合工作，认真组织机构调整、市场优化、品牌整合及国际市场开发等专题研究，加快推动测井业务改革重组和测井业务优快发展；二是工程技术研究院要进一步细化改革方案，加强高端技术利器的研发攻关，建立资源共享平台，为实现设施、人才、成果、信息共享，以及重大项目研发和技术支持的共研、共同支持做出努力；三是大庆钻探工程公司要严格按照集团公司有关文件要求做好测井业务的人员、资产、债权、债务交接，稳步推进物探业务重组工作。秦永和强调，相关单位领导班子要高度重视工程技术业务改革重组工作，严格按照集团公司确定的工程技术业务改革重组工作推进时间节点要求，研究制定有效措施，加大协调推动力度，确保完成今年的改革重组任务，加快推进工程技术业务发展，为集团公司建设世界一流综合性国际能源公司贡献力量。

（余本善）

三项制度改革

【概述】 2018年，按照集团公司深化人事劳动分配制度改革（简称三项制度改革）推进会的总体部署，结合中油油服改革发展的实际需要，组织全体干部员工对集团公司相关文件进行深入学习领会，提出中油油服深化人事劳动分配制度改革（1+7政策）的意见建议。成立中油油服三项制度改革协调小组和办公室，明确相关部门的职责任务。按照集团公司三项制度改革实施方案总体要求，研究编写中油油服三项制度改革行动计划的总体方案，明确改革的目标、任务、措施和时间进度。组织成员企业及机关相关部门人员，编写中油油服三项制度改革行动计划和配套方案，形成《中油油服2018—2020年深化人事劳动分配制度改革行动计划》。7家成员企业分别编写三项制度改革行动方案。试点单位分别就试点工作进行深入研究，制订具体的行动方案。集团公司人事部对中油油服三项制度改革行动计划和行动方案编写成果高度认可，作为集团公司专业公司的编写模板；三项制度年度考核为满分，列专业公司第一名。

【业务结构优化】 2018年，中油油服压减低端低效辅助业务规模，细分业务发展层次，突出主营业务，聚焦高端业务，深入推进钻前工程、搬迁运输、机械修理、供水供油、员工食宿等业务外包，全面退出办公区物业管理等低端低效业务。深化内部专业化重组，细分各成员企业内部专业，进一步优化各成员企业内部固井、录井、钻井液、井下作业等业务，加强内部重组整合，提升专业化服务能力。强化海外业务协调发展，按照市场化、国际化、一体化、专业化的发展方向，发挥中油油服的主导作用、各成员企业的支撑作用，转变海外业务经营管理机制，提升运营管理水平。培育业务发展新动力，按照“前端增强地质研究能力，中端重点提升深井复杂结构井施工水平，后端丰富增产措施”的思路，持续优化调整油田技术服务各专业的发展方向。

【组织结构优化】 2018年，中油油服深入推进扁平化组织结构，压减中间管理层级，推动业务流程化，构建与技术进步和信息化建设相适应、与管理模式相配套的扁平化组织结构。大力精简组织机构，各成员企业进一步优化职能、精简人员，撤并整合职能重叠、低效无效机构，持续压减二级、三级机构数量。加强海外项目机构的管理，提高海外项目的运作效率。深化企业两级机关改革，按照协同高效和职能综合化的“大岗位”“大部制”方向，统筹优化两级机关综合管理职能，精简撤并机关部门、直附属机构及其内设机构，整合小处室成立大处室、撤并小科室推行大岗位，提高机关管理和运行效率。

【生产组织模式创新】 2018年，中油油服推进总包业务专业化管理，持续推进区块和业务总包，创新“现场监管＋技术服务＋低端业务外包”的总包外包模式，规范工程监督业务运行管理，研究并试点海外风险总包服务模式。健全完善生产组织体系，大力推广工厂化钻井、工厂化压裂，探索建立专业化服务队伍和“人机分离”生产组织模式，试点推行基层队长分级管理、技术人员区域负责等。构建区域资源共享机制，并在新疆、西南等地区进行试点。利用技术进步和“四化”成果，实施技术升级改造和工艺流程再造，促进基层队伍结构优化。加强海外业务统筹协调管理，抓住集团公司优质高效发展海外油气业务的机遇，进一步完善“分片承包、统一协调”的管理机制，实施品牌、规划、布局、标准、组织、协调、考核、技术支持等八统一，加大市场开拓力度，增强风险管控能力。着力提升整体资源配置能力，强化关键设备、稀缺资源的集中管理和统一调配，强化钻机、压裂车组、旋转导向等设备仪器集中采购，强化后勤保障物资和通用型物资共购共享。

【人力资源优化配置】 2018 年，中油油服加快富余人员显性化，各成员企业通过优化业务结构、组织结构、队伍结构和生产组织模式，结合对标先进，开展全面定员，分年度明确富余人员显性化工作目标。深入推进提前退休、内部退养、离岗歇业、息工放假等人员分流安置措施，探索富余员工阶段性调动和短期离岗的新途径。加快用工模式转型，结合中油油服业务特点，落实进出两条线管理，新增员工计划精准补充一线关键岗位。主营业务推行“管理＋技术＋关键技能”岗位直接用工、其他操作服务岗位第三方用工模式，具备条件的加快向“管理＋技术”用工模式转型；非主营业务推行第三方用工或业务外包。加快用工存量盘活，企业内部采取岗位转换、内部调剂、清理清退劳务外包、外包转自营等方式，成员企业之间采取劳务输入（出）、项目合作、队伍租赁、业务承包等方式，提高人力资源利用效率。

【薪酬分配制度改革】 2018 年，中油油服建立健全工资总额决定机制，明确工资总额确定办法，实行以工效挂钩为主，专项奖励为辅，特别奖励和单列工资为补充的成员企业工资总额确定办法；完善工效挂钩办法，年度工资总额基数按照集团公司核定方式确定，明确工资总额增量分配办法；优化专项奖励政策，设立专项奖励，奖励与中油油服改革发展方向相适应、年度工作任务相关的重点工作，各成员企业结合实际工作需要，适当设立部分奖励项目；实行特别奖励政策，对利润贡献、海外与外部收入增长率、全员劳动生产率、人工成本利润率等指标排名靠前或改善显著的成员企业实行特别奖励；完善工资单列政策，根据国家和集团公司政策，对相关重点工作奖励的工资总额，实行单列管理。强化科研和高技能人才激励，建立完善对科技研发人员过程激励和成果奖励办法，构建科学的激励机制，对符合条件的科技型企业试点实施岗位分红、项目分红等，拓宽科技研发人员的激励渠道；加大对高技能人才激励力度，根据集团公司改革部署，及时调整提高技能人才技能津贴标准；建立技能人才突出贡献奖励机制，试行高技能人才科技成果转化创效奖励；加大生产一线和关键岗位人员激励力度，贯彻集团公司薪酬分配向生产一线和关键岗位人员倾斜的要求，采取提高津贴补贴标准和绩效奖金倾斜等措施，加大激励力度。强化高端紧缺人才激励，按照薪酬水平要有市场竞争力原则，实行“体面基薪＋高绩效奖励”，提高亟须稳定的核心科技研发人员和高技能人才、紧缺急需的经营管理人才待遇。

【激发人才创新创效活力】 2018年，中油油服完善三支队伍岗位体系，按照管理、技术和技能（M、T、W）3个序列，构建以岗位管理为基础、能力水平和业绩贡献为依据、尊重人才成长规律的三支人才队伍成长通道体系。畅通序列间的转换，按照集团公司统一部署，在人才成长通道纵向贯通晋升的基础上，明确经营管理、专业技术、操作技能序列间相关层级的转换对应关系。优化人才成长环境，用好中央、地方和集团公司的人才政策，组织实施重点人才工程，优化人才成长制度环境，有效激发人才创新创效活力。建立技能开发人才合作共享机制，开展技能人才合作培养、创新创效平台共建和技能专家联合攻关等工作，实现各成员企业在技能开发领域的优势资源互补和先进经验共享。

【提升员工队伍素质】 2018年，中油油服加强基层工程技术人员技术培训，按照不同专业、不同层次，加强对专业技术人员新理论、新技术、新工艺的系统培训，提升工程技术人员的技术能力和水平。加强工程技术业务外包监督的培训工作，按照分年度计划，强化对外包队伍监督人员的培训。加强井控骨干人才培养，强化对各级井控管理人员培训工作，完成处级及以上井控专家分级定点，井控教师，井喷压井及应急人员，井控巡视员等培训。加快培养旋转导向技术服务人才，通过国内外理论学习和实践操作相结合的培训方式，选拔培养懂操作、懂维修、懂导向的旋转导向技术队伍。抓好新增员工的培训工作，根据年度培训计划，按照“谁用工、谁负责，谁外包、谁监管”的原则，强化全员培训工作。重点抓好一线新增员工的岗前培训工作，把好一线用工入口关，确保员工持证率100%。

【试点工作】 三项制度改革试点工作分为综合试点和专项试点两类。综合试点单位为测井公司，综合试点内容为业务结构、组织机构、劳动用工、干部管理、薪酬分配和干部任期制。专项试点内容分为5个方面10个试点项目，每个试点项目在2个单位进行试点。专项试点包括管理人员能上能下、员工能进能出、收入能增能减、生产组织模式创新、机械化信息化建设等5个方面。试点项目包括开展企业和领导人员岗位分级分类，试点单位为长城钻探、海洋工程。开展三支队伍岗位体系和通道转换工作，试点单位为东方物探、海洋工程；开展人力资源优化配置、全面定员、管理机构压减、富余人员显性化等工作。试点单位为长城钻探、西部钻探；开展企业级统筹平台的建设和使用工作。试点单位为川庆钻探、渤海钻探；重点推进二级机构机关职能优化和机构改革工作。试点单位为西部钻探、川庆钻探；加大对科技研发人员和高技能人才的激励力度。试点单位为渤海钻探、东方物探；按照集团公司相关要求，提高一线津贴补贴标准和绩效奖金，加大对生产一线和关键岗位人员的激励力度。试点单位为西部钻探、长城钻探；重点推进工厂化钻井、工厂化压裂和一体化钻井总包等生产组织模式创新试点。试点单位为西部钻探、川庆钻探；根据中油油服机械化和信息化推进工作方案，试点单位落实2018—2019年两年的推进任务。试点单位为川庆钻探、渤海钻探。

【相关会议】

1. 三项制度改革行动计划配套方案编写启动会

2018年10月18日，中油油服组织召开2018—2020年三项制度改革行动计划配套方案编写启动会。中油油服副总经理芦文生出席会议并讲话，总经理助理岳文博主持会议。机关相关部门负责人，各成员企业人事处领导及编写工作小组成员共计 30 余人参加会议。会议交流 7 家成员企业近几年三项制度改革取得的经验和做法，学习中油油服三项制度改革协调小组研究通过的《中油油服深化三项制度改革行动计划（草案）》，安排部署了行动计划相关配套方案编写任务和具体分工。会议强调了三项制度改革工作的重要性，明确在继续修订《中油油服深化三项制度改革行动计划（草案）》的基础上，近期要研究制订《中油油服业务结构优化方案》《中油油服“四化”建设方案》等 8 项配套工作方案。对做好配套方案编写工作提出三点要求：统一思想，提高认识，深刻领会深化三项制度改革的重要意义；形成合力，整体谋划，力求增强深化三项制度改革方案的指导性和操作性；加强领导，明确责任，按时高效完成三项制度改革行动计划的编写工作。中油油服要严格按照集团公司三项制度改革的总体部署，突出问题导向、目标引领，总结前期改革的经验，按照“业务驱动、机制牵引、政策配套、协同推进”的基本思路，结合成员企业实际情况，在加强沟通交流、充分调查研究、广泛征求意见、反复讨论完善的基础上，强化整体谋划，加强顶层设计，科学编制配套工作方案，保证下一步各成员企业编写行动方案和改革试点的顺利开展。

2. 三项制度改革工作研讨会召开

2018 年 10 月 29—30 日，中油油服组织召开三项制度改革工作研讨会，与集团公司人事部有关同志一道，对中油油服三项制度改革行动计划及七项配套方案进行深入的研讨。集团公司深化三项制度改革推进会召开后，中油油服迅速做出反应，组织干部员工对会议精神进行学习传达，随后成立由主要领导任组长的三项制度改革协调小组。召开协调小组会议，明确中油油服业务发展定位、业务结构优化、组织结构优化、生产组织模式创新等改革的基本方向，并启动改革行动计划及配套方案的集中编写工作，形成由“一个行动计划 + 七个专项方案”构成的改革方案。与会人员对中油油服三项制度改革方案进行逐项审阅，对改革的总体目标、基本原则、重点任务、时间进度等提出了具体的意见建议。细化总体目标，结合中油油服实际，突出业务特点。研究专项方案，理顺逻辑关系，确保改革任务更加符合实际。细化试点方案，部分改革任务要在成员企业全面铺开，部分行动举措要选取条件成熟的企业进行综合试点。结合“四化”成果，特别是业务结构调整、生产模式创新、科学技术进步对组织机构和劳动用工的促进作用，在改革中进一步明确。要注重运用市场化的措施推进三项制度改革，充分调动各成员企业参与改革的积极性。会议对下一步的工作提出具体要求：（1）按照集团公司三项制度改革的工作要求，统计分析相关数据，细化改革方案，切实将改革行动计划与中油油服成员企业的实际有效结合，确保方案具有指导性、操作性。（2）要高度重视试点工作，除了按照业务选取试点单位外，还要选择部分单位进行综合改革试点，各项工作要提前准备，为深化改革争取更多有利的时间，同时要按季度进行工作考核评价。（3）要突出重点，对改革的重点内容、重要指标等进行细致研究，并在行动计划中进一步明确。（4）适时召开三项制度改革协调小组第二次会议，对行动计划进行审议。

3. 三项制度改革专题会议召开

2018 年 11 月 9 日，中油油服党委书记、执行董事秦永和主持召开三项制度改革专题会议，研究审议《中油油服三项制度改革行动计划及配套方案》。中油油服党委委员，总经理助理、机关各部门及国际事业部各处室负责人及编写组成员参加会议。各编写组负责人就专项改革方案的总体要求、存在问题、改革目标、改革任务及时间进度安排等做了全面汇报。参会人员结合中油油服业务发展实际，对方案进行认真研究讨论，并提出意见建议。

会议认为方案总体符合集团公司三项制度改革相关要求，体现管理技术型发展方向，切合中油油服实际。要求下一步按照会议形成的意见建议，进一步修改完善公司行动计划和配套方案，及时提交集团公司三项制度改革领导小组审定。审定通过后尽快下发，督导各成员企业按照行动计划要求，按时完成行动方案的编写工作，并及时上报中油油服审批后组织实施，为推进中油油服高质量发展，建设具有较强国际竞争力的油田技术服务公司做出新的更大贡献。

（张晓林）

技术服务与风险作业

地球物理

【概述】 2018年，中油油服有2个成员企业开展物探业务，即东方地球物理勘探有限责任公司和大庆钻探工程公司（物探一公司和物探二公司）。2018年12月，按照集团公司工程技术业务改革重组方案大庆钻探物探一公司和物探二公司划转到东方物探，完成物探整体专业化重组。专业服务范围包括野外采集、数据处理、资料解释、多用户、装备制造、物探软件研制和销售、设备租赁等。国际项目分布在阿拉伯联合酋长国、沙特阿拉伯王国、科威特、尼日利亚、阿曼等39个国家和地区，国内施工区域主要分布在塔里木盆地、准噶尔盆地、柴达木盆地、鄂尔多斯盆地、渤海湾盆地、四川盆地、雄安新区及南海北部等。

【队伍与装备】 2018年，中油油服物探业务在册员工27244人，其中合同化员工20876人、市场化用工6368人。队伍种类有地震、重力、磁力、电法、化探及VSP队；地震队164支,其中东方物探148支、大庆物探16支；深海地震勘探船6艘。地震激发方式有井炮、可控震源和气枪震源，接收方式有节点和有线，地震施工方法有二维、三维和四维地震勘探，拖缆、海底电缆（OBC）、海底节点（OBN）地震勘探，井中地球物理勘探及非地震勘探。

拥有地震遥测仪器180台（套），总道数1480549道。其中，国内在用地震遥测仪器100台套，总道数584226道；国外在用地震遥测仪器80台，总道数896323道；重力仪41台，磁力仪77台，磁化率仪2台，电法仪264台，化探仪1台。可控震源有7种型号624台。

【完成工作量】 国内动用地震仪器169套次、地面设备148万道次；测量仪器1168台次；可控震源502台次，其中跨探区协调地震仪器103台次、104万道次，测量设备1023台次；震源418台次。国际业务动用地震仪器82台套、地面设备651万道次；测量设备1206台次；可控震源490台次。投入地震队117支，投产265队次，运作地震勘探项目265个，其中：运作二维地震勘探项目111个，完成二维地震采集工作量105739.33千米，生产炮4084342炮；运作三维地震勘探项目154个，完成三维地震采集工作量76701.88平方千米，生产炮29392517炮。二维、三维平均日效同比分别提高8.1%、8.3%，项目质量合格率100%。投入井中地震队伍9支，运作井中地震VSP测井项目348个，完成井位376口。

完成地震资料处理项目252个，其中国内项目194个，国外项目58个。完成二维地震资料处理项目111个，测线3535条，剖面长度161915千米，野外记录3877182炮；三维地震资料处理项目141个，一次覆盖面积69527平方千米，满覆盖面积44386平方千米，野外记录炮11357882。

完成地震资料解释及综合研究项目369个，其中国内项目327个、国外项目42个。完成二维地震解释741892千米，完成二维地震反演67162千米；完成三维地震解释405589

平方千米，完成三维地震反演86594平方千米；完成各种成果图件4540张。新发现圈闭6420个，总面积42187平方千米，复查落实圈闭4266个，总面积50894平方千米；建议各类井位9074口，采纳4417口。

投入非地震队21支，投产67队次，完成64个采集项目。重磁队投产27队次，实施27个重磁勘探项目，完成海洋重力59523.1千米，海洋磁力59894.3千米，航空重力70016.2千米，航空磁力70016.2千米，陆上常规重力43300.6千米、物理点100044个，陆上常规磁力29204.6千米、物理点60282个；电法队投产25队次，实施23个电法勘探项目，完成电法剖面6757.9千米、物理点32830个；化探队投产1队次，实施1个地球化学勘探项目，完成化学勘探8.3千米、物理点33个；工程勘探投产14次，实施13个项目，工程勘察969千米、工程勘探点37055个。承担处理解释生产项目35个，其中已完成22个、待验收5个、正在运行8个。

【主要指标】 2018年，中油油服国内重大油气发现参与率超过92%。海外油气重要发现参与率保持100%。落实市场金额292.52亿元，新签合同金额217.33亿元。

【技术创新】 2018年，中油油服承担国家级科研项目3项、集团公司科研专项2项、股份公司科研专项5项，集团公司重点技术开发项目19项，持续承担股份公司新区新领域综合研究项目。中油油服设立公司级项目（课题）17项、中青年科技创新基金课题4项、二级单位自立科研课题109项。投入科研经费6.3亿元，申请专利163项，授权专利166项，发表国际论文35篇，取得软件著作权55项。7项成果通过集团公司鉴定，获省部级以上科技奖励16项，认定集团公司技术秘密16项。参与完成的“凹陷区砾岩油藏勘探理论技术与玛湖特大型油田发现”成果获国家科学技术进步奖一等奖，独立完成的“超大型油气地震勘探数据处理系统及重大成效”成果获河北省科学技术进步奖一等奖。可控震源超高效混叠地震勘探技术被评为2018年中国石油十大科技进展之一。EV56高精度可控震源、KLSeis Ⅱ V3.0地震采集工程软件系统入选2018年中国石油工程技术新产品并发布。

GeoEast软件在高效混采处理、断层增强、多波叠前联合反演、多种测井岩石物理方法和频率合并、单程波Q偏移、基于压缩感知的数据重构和VTI/TTI各向异性建模等方面取得进展，在东方物探处理、解释应用率分别达85%、86%；Diva速度建模软件在华北杨税务、塔里木金跃、大庆高台子三维进行试验，形成规模应用。KLSeis Ⅱ V3.0软件系统新增节点采集质控、气枪激发实时质控、三维声波正演等功能，在东方物探内部地震数据采集项目应用率保持98%以上。GeoEast-USP非常规甜点预测地震软件V2.0，形成地层孔隙压力及地应力预测、地震工程数据联动解释、相控分频反演、储层相控分频反演等新模块和新方法。

G3i HD超大道数数字系统应用于科威特西三维项目；eSeis节点地震仪器研发eSeis 2.0“ALL in One”（检波器＋采集站＋电池），制造230个节点单元，在阿曼项目进行现场试验，准备进行5000个节点制造和试验；EV56高精度可控震源入选集团公司标志性技术有形化项目；MINI低频可控震源应用于川渝地区；uDAS分布式光纤传感地震仪样机现场试验成功；HAWK HD节点仪器完成研发；AHV-V480宽频可控震源完成全球商业化发布；海洋电磁勘探装备海上勘探试验成功。

陆上“两宽一高”技术在宽频激发、超大道数采集及质控、动态扫描及超高效采集、宽频处理解释等方面取得新进展；可控震源超高效混采技术在阿曼创造3.8万炮最高日效；横波地震勘探技术在青海三湖地区首次进行工业化应用；非常规地震勘探技术形成地震地质工程一体化解决方案，通过压前甜点预测、压中微地震监测、压后综合评价提高非常规油气总体开发效果；海洋节点OBN地震勘探技术掌握从节点自动收放、现场质控到数据处理的配套技术；综合物化探配套技术在大功率时频电磁、井地电磁、航空重磁、重磁电软件开发等方面取得进展。

2018年10月22日，在中国地球物理学会第十届二次理事扩大会议上，中国地球物理学会理事长陈晓非院士向东方物探“院士专家工作站”授牌，东方物探院士专家工作站成立。

（王　鹏）

钻井工程

【概述】 2018年，中油油服认真贯彻落实集团公司工作会议精神，开展“四提”工作，推动提速模板编制应用工作，推进川渝页岩气、新疆玛湖—吉木萨尔、塔里木、青海及大庆深层重点区域钻井提速，强化五探1井、克深21井、明15井等重点探井技术服务指导，技术服务水平不断提高，服务保障能力持续增强，钻井技术实现新突破，技术工作取得新进展。

【队伍与装备】 2018年，钻井队伍1183支。其中，国内942支，包括集团内933支，集团外9支；国外241支，包括集团内77支，集团外164支（表1）。钻井顶驱432台，单闸板、双闸板、环形等防喷器5857台，控制系统2128套，节流压井管汇2953套，地质导向仪器129套/269串，固井水泥车673台（表2）。

表1　钻井队情况

项　目	2018年
钻井队数量（支）	1183
国内钻井队数量（支）	942
其中，集团内（支）	933
集团外（支）	9
国外钻井队数量（支）	241
其中，集团内（支）	77
集团外（支）	164

表2　主要装备统计

装备名称	2018年
顶驱（台）	432
防喷器（台）	5857
控制系统（套）	2128
节流压井管汇（套）	2953
地质导向仪器（套/串）	129/269
固井水泥车（台）	673

【钻井市场分布】 2018年，国内市场主要包括大庆、吉林、辽河、华北、大港、西南、长庆、新疆、塔里木、青海、冀东、玉门、吐哈、浙江等地区。国际市场主要包括中亚、中东、非洲、美洲等地区，主要集中在伊拉克、哈萨克斯坦、沙特阿拉伯、苏丹、乍得、巴基斯坦等国家。

【完成工作量】 2018年，钻井队伍在国内外市场开钻11385口，完井11264口，钻井进尺2570.59万米。其中，国内集团内开钻10294口，完井10193口，钻井进尺2298.38万米；国内集团外开钻89口，完井81口，钻井进尺30.90万米；国外集团内开钻327口，完井321口，钻井进尺83.01万米；国外集团外开钻675口，完井669口，钻井进尺158.30万米（表3）。

表3　钻井队伍工作量完成情况统计

项　目	2018年
开钻（口）	11385
其中，国内集团内	10294
国内集团外	89
国外集团内	327
国外集团外	675
完井（口）	11264
其中，国内集团内	10193
国内集团外	81
国外集团内	321
国外集团外	669
进尺（万米）	2570.59
其中，国内集团内	2298.38
国内集团外	30.90
国外集团内	83.01
国外集团外	158.30

【主要指标】 2018年，完成井平均井深2216米，同比增加99米，增长4.68%；平均建井周期26.34天，平均钻井周期19.57天，平均机械钻速12.84米/时，平均钻机月速2767米/（台·月）。

【工程质量】 井身质量合格率100%；固井质量合格率100%；取心进尺13611.28米，收获率98.1%。

【优质工程】 2018年，集团公司风险探井中秋1井完钻井深6316米，全井钻完井周期407天，较同区块完成井钻完井周期缩短64天，用5毫米油嘴折合日产天然气33万立方米，凝析油21.4立方米，获得勘探重大突破。

高探1井完钻井深5920米，钻机月速802米/（台·月），平均机械钻速2.67米/时，钻井周期221.50天，创南缘区域施工井最好纪录；该井日产原油1213立方米、天然气32.17万立方米，创准噶尔盆地单井日产量最高纪录。

克深21井完钻井深8098米，创集团公司陆上最深井纪录，同时创9.6英寸套管下深最深钻井纪录。

冀东三号岛新钻定向井22口，以总数241口继续保持集团公司丛式井组井数最多纪录。

跃满221H井完钻垂深7433.43米，创集团公司水平井垂深最深纪录。

兴古7-26-36井完钻井深4472米，平均机械钻速9.27米/时，钻井周期61.96天，创辽河油田该区块同类井型同井深钻井周期最短施工纪录。

马古15井完钻井深4830米，机械钻速12.37米/时，比邻井提高63.66%，钻井周期72天，比邻井缩短41天，创辽河油区马古区块最快施工纪录。

高石001-X35井以117.42天刷新磨高区块震旦系深井最快钻井周期纪录，突破“120

天完钻”目标。

双探 10 井完钻井深 7641 米，完钻周期 243 天，创双鱼石构造最快钻井周期纪录。

【钻井技术】

1. 提速工具应用

2018 年，自主研发的 DQFC-178 型复合冲击钻井工具，在深层现场试验成功，从泉头组钻至营城组，单趟钻进尺 954 米，平均机械钻速 3.89 米 / 时，与邻井相比单趟钻进尺提高 567%，机械钻速提高 115.9%。推广应用液动旋冲工具 18 口井，总进尺 1.59 万米，平均机械钻速 3.76 米 / 时，同比提速 135%。在新疆油田玛湖 26 井、阜 39 和百泉 5 井使用双摆提速工具，机械钻速分别提高 45%、31% 和 68%。在塔里木英买 471H 井 4900—5196 米井段应用扭力冲击工具，钻进 296 米，平均机械钻速 10.18 米 / 时，较邻井使用螺杆钻具提高 184%。

2. 钻头优选技术

2018 年，汪深 1-平 6 井推广应用 5 只复合钻头，平均机械钻速 4.54 米 / 时，单只进尺 230.4 米，相比邻井钻速提高近一倍，创复合钻头在营城组单趟进尺 318 米最高纪录，该井完钻井深 4033 米，平均钻速 8.75 米 / 时，钻井周期 53.13 天，创该地区深层水平井最快纪录。YM171-1H 井定向井段应用复合钻头，平均机械钻速 1.46 米 / 时，较牙轮钻头提高 170%，较邻井提高 124%。克深 241 井完钻井深 6720 米，四开单只钻头进尺 1677 米，用时 12.67 天，创库车山前同类井单只钻头进尺最长钻井纪录。

3. 垂直钻井技术

2018 年，狮 41H2-2-413 井在二开井段成功应用垂直钻井技术，较邻井平均机械钻速提高 37.5%，有效破解英西区块防斜打快技术难题。自主研发的 BH-VDT 垂直钻井工具，累计进尺 2.56 万米，在大北 9 井单根工具入井时间 372 小时，刷新 BH-VDT 工具在塔里木市场最长入井时间纪录。在柯东 5 井 233—2405 米井段使用自产垂直钻井系统，井斜控制在 0.1—0.3 度范围内，平均机械钻速达到 7.9 米 / 时，与邻井相比提高 110% 以上。

4. 控压钻井技术

2018 年，乌兹别克斯坦明 15 井五开井段应用精细控压钻井技术，达到准确测量地层压力、地层漏失压力及循环压耗的目的，对溢流的早期发现起到很好的监控作用，为该井顺利完井提供技术保障。狮 58-1 井应用精细控压钻井技术成功钻进 538 米，实现四开井段窄密度窗口的安全钻井。狮 52-3 井应用精细控压钻井技术，实现全井井控安全，初期产液量超过 1000 立方米、产气 10 万立方米。务古 1 加深井应用控压钻井技术成功钻塞通井至设计井深，井口压力高达 14 兆帕，气测全烃值 99.8%，点火焰高 30 米。

5. 气体钻井技术

2018 年，宁 209H12-1 井应用空气雾化钻井，406.4 毫米井眼平均机械钻速 12.56 米 / 时，行程钻速 301.52 米 / 天，创长宁昭通区块 406.4 毫米井眼平均机械钻速最快、行程钻速最高纪录。宁 209H16-1 井 406.4 毫米井眼钻井井深 865 米，进尺 820 米，创长宁页岩气 406.4 毫米井眼雾化钻井井深最深、进尺最长纪录。油南 101 井创青海油田最大井眼、最长进尺、最大出水空气钻井纪录。

【固井技术】 2018 年，针对高压井油水窜问题，完善防窜水泥浆系列，基于颗粒级配及连续堆积理论，形成密度 1.3—2.6 克 / 厘米^3 DCK 低温防窜水泥浆体系，应用 188 井次，固井质量优质率 86.7%。

自主研发油气触发型自修复材料，形成抗180摄氏度、密度1.50—1.90克/厘米^{3}水泥浆体系的基础配方和自修复水泥浆现场应用技术方案，在徐深12-1井技套固井进行现场应用，自修复水泥封固段，72小时声变合格率100%，优质井段比例78.66%。

针对二连盆地固井漏失的现状，研制煤层气专用超低密度水泥浆体系，现场成功试验8井次，其中吉煤6井现场试验水泥浆最低密度1.06克/厘米^3，平均密度1.18克/厘米^3，攻克该区块所面临的固井低返的技术难题。

持续完善精细控压固井技术，细化作业压力设计，开展6井次施工作业，其中双探12井固井质量优质。

优化改进177.8毫米和127毫米尾管固井水泥浆体系，掌握8000米、180摄氏度超深井的固井水泥浆技术，完成五探1井和塔探1井超高温（160摄氏度）注水泥塞技术服务，以及塔探1井168.3毫米尾管固井水泥试验先期技术服务，刷新四川地区超高温（198摄氏度）、高密度2.35克/厘米^{3}固井水泥浆技术服务纪录。

【定向井技术】 2018年，白409平台历时171天，安全高效优质完成73口井施工任务，总进尺16.3万米，创长庆油田最大丛式井组井数纪录。MaHW6203井完钻井深6130米，创新疆油田最深水平井纪录。

MaHW1247井完钻井深5040米，机械钻速16.10米/时，钻机月速3360米/（台·月），钻井周期45天，三开单趟钻总进尺1033米，三开段钻井工期20天，创玛131井区最快机械钻速、最高钻机月速、最短钻井周期、单趟进尺最高和三开工期最短等多项纪录。

狮41H2-2-413井完钻井深5081米，钻井周期99.31天，创同区块同井深水平井施工最短纪录。磨溪022-H4井完钻井深6550米，创磨高区块最深水平井纪录。YS112H12-1井完钻井深5290米，水平段长2810米，钻井周期47.58天，创集团公司页岩气水平井水平段最长、昭通区块5000米以上页岩气水平井最短完钻周期纪录。威202H13-5井水平段长2200米，单只钻头最长进尺2659米，水平段最高日进尺355米，创威远页岩气区块水平段最长、单只钻头进尺最长、水平段日进尺最高三项纪录。

【钻井液技术】 2018年，以自主合成的抗高温降滤失剂、增黏剂为核心，改进抗温达200摄氏度水基钻井液体系，综合性能指标与油基钻井液相近。针对新疆油田准噶尔盆地普遍存在的井漏问题，根据不同井地质特点，推广应用KZ系列堵漏剂、超分子堵漏技术、随钻固结堵漏技术，防漏堵漏效果显著。应用欠饱和盐水钻井液体系，提高奈10区块井壁稳定性，降低井径扩大率，成功避免盐膏层、盐层的溶解和蠕动造成的卡钻。不断丰富防漏堵漏技术，通过“水泥堵+油基用片状树脂堵漏剂+刚性颗粒复合堵漏”技术，平探1井成功将地层承压能力由1.30克/厘米^{3}提至1.56克/厘米^3，解决采空区井漏与垮塌共存的矛盾。采用高承压堵漏剂+复合堵漏剂，成功治理磨溪56井311.2毫米须二段纵向裂缝性漏失。应用高浓度、大剂量的“刚性颗粒+复合桥浆堵漏”技术，较好解决双探6井、双探101井、高石001-X26井等高难度井漏复杂问题。

【钻井“四提”工程】

1. 大庆油田深层钻井提速提效座谈会

2018年1月11日，中油油服在大庆组织召开大庆油田深层钻井提速提效座谈会，贯彻落实集团公司副总经理刘宏斌关于大庆深层钻井提速工作要求。大庆油田主管部门领导，大庆钻探主要领导、主管领导、主管部门、钻井公司、钻井院相关人员参加会议。中油油服执行董事秦永和主持会议并作总结讲话，大庆钻探汇报钻井提速方案落实情况及 2017 年钻井提速成果。秦永和提出，2018 年大庆、吉林地区深井再提速 10%—15% 的目标，具体要求：（1）进一步提高对提速重要性、必要性的认识，增强提速的主动性和创造性。（2）高度重视时效分析，加强生产组织，提高钻机运行效率和效益。（3）进一步强化科技攻关和新技术推广，努力破解影响深井速度，特别是机械钻速的难题。（4）落实工程技术分公司钻井提速模板管理办法。（5）大力推进“四化”和精益管理工程。（6）严控安全环保和井控风险。（7）加强人才队伍建设，为安全、优质、快速施工，提供坚实保障。

2. 新疆油田玛湖、吉木萨尔致密油钻井压裂提速提效推进会

2018 年 4 月 10—12 日，中油油服会同勘探与生产分公司在新疆油田，联合组织召开新疆油田玛湖、吉木萨尔致密油钻井和压裂技术推进会。西部钻探、长城钻探、勘探开发研究院、工程院及勘探与生产分公司和中油油服等单位主管工程技术领导、施工单位负责人、专家，共 80 余人参加会议。新疆油田公司、西部钻探、工程技术研究院、勘探开发研究院作了玛湖、吉木萨尔致密油钻井提速、压裂提产、工作部署专题汇报；会议邀请斯伦贝谢、兰德及海峡能源专家作国内外钻完井技术报告。

会议对钻井提速、压裂提效工作提出要求：（1）坚持水平井低渗透、致密油气开发的主体技术方向，进一步提高深层水平井钻井速度，保障深井的勘探开发；（2）加强工程地质一体化，充分利用物探三维资料，井震结合，提高水平段施工效率，减少轨迹调整，提高储层钻遇率；（3）加大对玛湖钻井提速的技术支持，努力克服玛湖砂砾岩水平段钻井制约因素，打造水平井提速“高速路”；（4）钻井、压裂统筹安排，先钻后压，进一步降低由于压裂造成的钻井事故复杂；（5）加大工厂化作业力度，从设计阶段推进平台建设，可利用小钻机统一钻表层，缩短大钻机占井时间；（6）借鉴页岩气水平井提速经验，促进玛湖水平井提速；（7）加强井控安全环保工作；（8）推进工厂化压裂，缩小簇间距，增大加砂强度，推进石英砂替代陶粒。

3. 青海油田钻井提速研讨会

2018 年 5 月 23—28 日，中油油服组织专家开展现场调研，编制青海油田提速方案；29 日组织召开青海油田钻井提速研讨会。青海油田公司汇报了 2018—2020 年钻井部署及提速需求，西部钻探、长城钻探、渤海钻探、川庆钻探汇报钻井提速工作进展及下一步工作计划，调研组汇报调研情况及下一步提速建议。会议安排部署重点工作：（1）加强青海提速工作组织领导，成立青海钻井提速领导小组、青海油区钻井提速现场指挥小组、青海油田钻井提速专家组；（2）加强装备技术集成配套，升级改造 ZJ50 型以上钻机，提升机泵能力，提供装备保障；（3）分区块制修订钻井提速模板，定期升级完善；（4）加强事故复杂管理，建立季度事故复杂分析会制度，力争事故复杂下降 15%；（5）借鉴页岩气测井经验，推广一串测等测井技术，减少占井时间；（6）加大科技投入，尽快开展关键技术现场试验；（7）建立配套激励政策，构建双赢长效提速机制；（8）充分吸取狮 58 井等井控险情教训，强化各环节井控管理，确保井控安全绝无一失。

4. 新疆玛湖钻井提速推进会

2018 年 8 月 31 日，中油油服在克拉玛依组织召开玛湖钻井提速推进会，中油油服、工程院和西部钻探主管领导及施工单位负责人、技术专家参加会议。中油油服副总经理李国顺出席会议。新疆玛湖地区是集团公司保障油气勘探开发的重点区块，要认真贯彻落实中油油服年中会会议精神，提升“三种能力”，解放思想，转变观念，创新方法，全面推进提速。下步重点工作：（1）加强形势任务认识，全面实施提速，破解工作量倍增、钻机短缺、生产不均衡等一系列问题。（2）系统优化施工方案，完善提速模板。（3）成立中油油服玛湖提速小组，明确工作任务，建立健全运行机制，推进整体提速。（4）创新方法，应用新技术、新工具、新材料，开展现场试验，推进提速。（5）加强组织协调，紧紧围绕提速目标，发挥专业技术优势，形成提速凝聚力。（6）加强装备升级改造。（7）开展工程技术攻关，认真学习刘宏斌副总经理《北美页岩气高效钻井压裂作业调研与分析》报告，通过合作、交流，加快学习吸收先进的技术和经验，全面提升自身工程技术水平。（8）强化数据统计分析，加强现场数据管理，全面分析，开展 RTOC 远程专家技术支持。（9）加强冬季施工保障，提前筹划玛湖冬季施工，从管理制度、技术措施、设备维护保养、人力资源等多方面细化保障方案，落到实处，确保冬季施工钻机平稳有序生产。（10）继续做好安全环保工作。

5. 工厂化钻井和工厂化压裂提质提速提产提效交流研讨会

2018 年 10 月 23—24 日，中油油服在四川成都组织召开工厂化钻井和工厂化压裂提质提速提产提效（“四提”）交流研讨会。5 家钻探企业、测井公司、工程院和宝石机械公司主管领导，中油油服工程技术、生产运行、物资装备和科技管理部门负责人和相关人员参加会议。会议邀请斯伦贝谢、贝克休斯和哈里伯顿等国际技术服务公司进行交流。会上总结交流工厂化钻井和工厂化压裂经验成果，安排部署 2018 年第四季度及 2019 年的“四提”重点工作，全力做好集团公司页岩气、致密油重点油气上产保障工作。

会议传达了股份公司副总裁李鹭光页岩气调研期间指示。斯伦贝谢、贝克休斯、哈里伯顿等 3 家国外油服公司交流国内外工厂化钻井和工厂化压裂管理、装备、技术及案例。大庆钻探、西部钻探、长城钻探、渤海钻探、川庆钻探、测井公司和工程院汇报了川渝页岩气、玛湖工厂化钻井和工厂化压裂工作进展、存在问题及提速提效措施。会议要求：（1）向油田公司学习，提高合作区块开发水平；（2）加强与国外油服公司、技术咨询公司的交流与合作，共同破解提产、套变难题；（3）强化统筹规划和顶层设计，研究推进工法改革和专业化服务，研究一队双机、双钻机装备共享、搬安周期长、设备流转倒运等提速新模式；（4）强化事故复杂控制，开展井漏、卡钻、套变三项专项治理；（5）加强科技攻关，加强成熟技术集成配套，分区块、分井段形成“一趟钻”配套技术模板；（6）加强生产组织协调，缩短搬家周期，减少乡阻停工；（7）提升信息化水平，加快推进 RTOC 远程监控，加快完善专业技术软件，加强专业间数据共享；（8）细化数据统计分析，构建钻、压全过程时效核定与分析体系；（9）加强绩效考核评价，定期发布评价结果；（10）严守安全生产、清洁生产红线。

【旋转导向应用】

1. 旋转导向技术应用推进会

2018 年 5 月 3 日，中油油服在北京组织召开旋转导向技术应用推进会。贯彻落实集团公司总经理章建华和副总经理刘宏斌对成功招标采购旋转导向系统所做的批示，确保进口旋转导向系统顺利投产应用，钻探企业、测井公司、集团公司物资采购中心和中油油服有关部门人员参加会议。测井公司汇报页岩气旋转导向维修与保障中心选址方案、备件集中使用管理办法、维修服务管理办法、远程支持中心建设方案和集中培训方案。与会钻探企业代表结合本企业实际情况对旋转导向维修与保障中心建设提出积极建议。会议通过备件集中使用管理办法、维修服务管理办法、远程支持中心建设方案和集中培训方案。

会议要求加快维修与保障中心的选址和建设，并充分考虑今后的可扩展性。测井公司与钻探企业要各自确定好在旋转导向系统使用、维修、互联互通及国产化的定位，各司其职但团结合作，充分发挥现有各企业人员积极性，充分利用现有装备、机具，共同做好维修与保障中心建设工作。

2. 页岩气旋转导向技术培训班开班

2018 年 7 月 23 日，中油油服页岩气旋转导向技术培训班在测井公司培训中心开班，来自大庆钻探、西部钻探、长城钻探、渤海钻探、川庆钻探和测井公司等有关企业的技术骨干参加培训，中油油服副总经理芦文生出席开班仪式。根据中国石油与贝克休斯公司签订的 12 套旋转导向系统进口采购合同规定，为提升页岩气旋转导向技术人员的操作、维修及综合能力，尽快掌握旋转导向技术并应用到实际生产工作中，使旋转导向真正成为页岩气开发的尖端利器，中油油服组织了此次页岩气旋转导向技术人员培训。本次培训为期 35 天，包括仪器操作、仪器维修、地质导向三个班。培训内容主要为原理及操作流程、维修工具及使用方法、维修和测试流程、导向软件、井模型建立、导向数据分类及使用方法、垂深和斜深实际应用、伽马数据导向应用、电阻率数据导向应用、WITS 数据传输等。

【页岩气三项治理】

1.《页岩气井防漏堵漏指导意见》和区块技术手册印发

2018 年 6 月，中油油服组织五家钻探企业和工程技术研究院的专家，开展了页岩气井漏现场专题调研，理清页岩气井漏治理现状和关键问题。针对关键问题，中油油服组织编制了《页岩气井防漏堵漏指导意见》《威远区块页岩气井防漏堵漏技术手册》和《长宁－昭通区块页岩气井防漏堵漏技术手册》，成立了页岩气防漏堵漏协调组和现场工作组，建立了井漏统计周报制度；明确了“防治结合、集成应用、快速处理、责任明确”的页岩气井漏治理原则，提出了实现三个“50%”的工作目标：井漏次数减少 50%，井漏损失时间减少 50%，漏失量减少 50%；按区块梳理了针对不同漏失条件的工艺技术，优化了实施流程，提出了具体技术要求。试用期间，漏失次数、漏失量、损失时效分别减少 30%、57.8% 和 61.3%。

2. 页岩气钻井卡钻、井漏及压裂套变专项治理工作部署会议

2018 年 11 月 14 日，中油油服在成都组织召开页岩气钻井井漏、卡钻及压裂套变专项治理工作部署会议。中油油服副总经理李国顺出席会议，页岩气前线指挥部、西部钻探、长城钻探、渤海钻探、川庆钻探、大庆钻探、东方物探、测井公司、工程院、管研院等单位相关领导、专家及技术人员参加会议。会议分享钻井井漏治理的成果及典型经验做法，与会人员就钻井井漏、卡钻及压裂套变的现状、原因及处置措施等方面进行讨论，提出建设性意

见。在持续改进页岩气井漏专项治理工作方面：（1）制定页岩气井漏专项治理目标，2019年漏失量损失时间和漏失井比例在今年基础上再减50%。（2）井漏现场工作组要与钻井液评估相结合，统一钻井液现场使用标准，统一升级固控设备，实施二级净化。（3）分区块建共享油基钻井液处理厂，统一处理标准。（4）建立井眼清洁和岩屑质量可量化的评价指标。（5）加强培训，重点培训外包队伍和新进队伍。在页岩气钻井卡钻专项治理工作方面：（1）一是成立页岩气卡钻防治工作组，全面负责川渝页岩气卡钻防治指导和处置工作。（2）明确工作目标，2019全年旋转导向落井率降至3%以内、卡钻井比率降至7%以内。（3）编制指导意见和操作手册，对副司钻以上人员进行针对性培训。（4）做好井眼轨迹控制和水平段井眼清洁工作，预防卡钻；优化旋转导向工具组合，建立入井前的质量评价机制，避免旋转导向工具落井。（5）与中原测卡公司建立合作模式，及时快速处理卡钻。（6）利用电法勘查岩溶地貌，避开地下溶洞，解决表层恶性井漏问题。在页岩气压裂套变专项治理工作方面：（1）成立页岩气压裂套变防治工作组，全面负责川渝地区压裂套变治理工作。（2）明确页岩气压裂套变治理目标，2019年套变井比例降至20%。（3）实施经验总结推广、加大现场试验、系统开展科研攻关三步走策略，形成防套变指导意见和操作手册，根本性解决套变问题。（4）严格落实防套变措施和现场套变处置措施，做好套变预防和快速处置。

【明15井成功钻探】 明15井是“一带一路”重点工程，是中乌能源合作领域重点项目。按照集团公司董事长王宜林、副总经理刘宏斌批示要求，中油油服精心组织，精雕细刻，稳扎稳打，攻克多项世界级技术难题，安全顺利完成钻探任务，充分展示了中国石油工程技术服务水平，为加深中乌油气合作奠定了坚实的基础。为确保该井成功钻探，中油油服总经理秦永和组织技术专家与钻井现场连线召开视频会议研讨施工方案，副总经理李国顺现场指导工作开展；西部钻探成立明15井保障工作领导小组，派驻领导、专家24小时值守。通过精细夯实技术方案、队伍人员、设备设施三个基础、创新搭建技术支撑、信息交流、后勤保障和应急联动等四个平台，持续严抓技防、人防，探索实践“地上地下”井控风险预防和隐患治理成功做法，克服区块可借鉴资料少、井控风险高、地层压力异常、油气水活跃、喷漏同存、硫化氢含量高、保障难度大等7大难题，攻克23项技术问题，创新集成应用6种堵漏技术，探索形成8项特色技术，创造7项纪录，实现明15井的成功钻探。

1. 明15井四开验收

2018年1月29日—2月2日，中油油服与海外勘探开发公司组成联合验收组，按照集团公司副总经理刘宏斌在井控领导小组会议上的要求，到乌兹别克斯坦明15井开展四开验收。验收组听取了项目公司和承钻单位西部钻探关于明15井三开地质、钻完井和四开施工准备及自查自改情况的汇报，重点考核了明15井现场监督、平台经理等关键岗位人员井控、应急指挥等能力，考查了钻井队井控演练和硫化氢20克/厘米^{3}应急演练，现场检查井控装备安装试压、HSE、防硫化氢应急预案、精细控压钻井及四开物资储备等情况。验收组认为，明15井四开各项准备工作扎实有效，各项演练规范准确，物资准备充分，具备四开条件，待履行完毕当地政府审批程序后准予四开施工。

2. 明15井现场视频会

2018年4月16日，中油油服组织召开明15井现场视频会，贯彻落实集团公司领导关于进一步加强明15井施工管理，确保井控和井下安全的指示。中油油服钻井技术部、质量安全环保部、科技信息部等部门负责人，长城钻探、渤海钻探技术专家，以及驻明15井钻井现场的海外勘探开发公司、西部钻探、测井公司等单位的专家、监督和钻井队平台经理参加会议。会上，驻井专家汇报现场井控管理、承压、堵漏和测井准备情况，与会人员对下一步地层承压、堵漏、测井、固井及施工安全等问题进行了讨论。

会议要求：（1）把井控管理工作放在重中之重的位置。明15井四开钻井过程中溢、漏频繁，压力窗口窄，井控风险极高，不能存在侥幸心理。（2）压稳井眼是起下钻、电测和下套管固井前提。现场驻井专家要结合实际，科学确定钻井液密度，优化承压堵漏措施，提高地层承压能力，确保地层承压能力满足起下钻、测井和下套管固井要求。（3）进一步优化测井方案。中油油服相关部门组织专家专题研究明15井测井技术保障措施，编制备用测井方案，加快组织测井工具。（4）进一步完善井下安全措施。制订各工况施工预案，把安全措施落实到各个岗位。（5）加强现场生产组织，做好技术对接和配合演练，确保工艺措施落实到位。（6）西部钻探要进一步完善现场A12信息化系统，确保中油油服总部与地区公司、地区公司和现场之间的语音视频清晰联通，数据完整连续。要做好现场生活保障。（7）中油油服相关部门负责人带队，抽调技术专家赴现场盯好关键时段，做好技术支持。

3. 明15井四开中完固井施工完成

2018年5月16日，明15井完成四开中完固井，标志着该井在全井最为艰难、最为关键的四开阶段施工又向前迈出了关键性的一大步。明15井四开阶段钻遇高达28个漏层，漏失钻井液2453.34立方米，为保障该井四开中完阶段作业的顺利进行，西部钻探领导亲自驻井指挥协调，工程、钻井液、井控等8个方面的专家全天候驻井指导施工，以前所未有的强大人力支撑保障各项工作的高效推进。针对该井四开漏失复杂情况，快速高效从中国、吉尔吉斯斯坦组织各类钻井液化工材料6000多吨，与甲方召开技术讨论会32次，注堵漏浆49次，最终取得堵漏的成功。

为了做好明15井四开套管固井施工作业，面对四开177.8毫米尾管固井过程中存在的“三高两小一漏失”（高温、高压、高密度，安全压力窗口小、环空间隙小、地层漏失）及油气活跃等诸多困难，项目结合该井“三高一超”和地层压力窗口窄等难点，提前谋划，多次组织讨论固井施工方案，研究制订周密的施工方案和应急措施，落实固井方案审批，严格执行固井施工操作，严控油气层段固井风险，将套管安全下入预定位置，成功实施悬挂器坐挂和倒扣作业，固井过程中井下没有发生其他复杂和漏失情况，施工过程安全平稳，受到甲方单位的高度赞扬。

明15井四开固井工作的顺利完成，是继该井克服一开超大井眼、二开超长裸眼、三开异常高压等系列难题后，收获的又一次重大胜利，这个胜利为最后的五开奠定坚实基础。

4. 明15井施工方案研讨视频会

2018年6月29日，中油油服采用视频连线方式组织西部钻探及明15井现场召开施工方案研讨会。西部钻探国际事业部、工程技术处及明15井驻井专家、中油油服钻井技术部、中油国际生产作业部和渤海钻探、川庆钻探、工程院相关人员、专家参加了会议，会议要求：（1）坚定信心，精心组织，完善各项方案，落实好技术措施，努力完成明15井施工。（2）加强钻井液管理，完善钻井液性能和堵漏措施。（3）做好水泥浆的相容性试验，进一步优化水泥浆、隔离液配方，确保打水泥塞施工安全。（4）继续做好井控工作，充分利用好综合录井气测、钻时、进出口排量变化、总池体积变化等资料，做到及时发现、及时处理。（5）继续做好井下事故复杂防治与处置工作。（6）加强工艺纪律，确保现场专家组确定的各项方案落实到位。（7）加强操作人员的培训和技术交底，确保操作安全。（8）做好远程技术支持工作。

【相关会议】

1. ZJ40型钻机配合钻深井方案研讨会

2018年1月23日，为提高服务保障水平，缓解深井钻机紧缺矛盾，工程技术分公司在北京组织召开ZJ40型钻机配合钻深井方案研讨会。西部钻探、渤海钻探、川庆钻探、大庆钻探和工程技术分公司有关部门的负责同志和相关人员参加会议，工程技术分公司总经理秦永和、副总经理李国顺出席会议。与会人员围绕相关生产运行、装备改造和配套技术措施进行研讨。

会议要求，通过加强生产协调、“1+N”竞赛提速、强化施工参数、集中采购旋转导向增强深层水平井服务能力、ZJ40型以下钻机配合深井钻机钻深井丛式井等措施，确保全面完成深井钻井勘探开发任务。工程技术分公司相关处室在投资计划、装备改造、生产协调、技术支持等方面做好保障，编制下发《ZJ40型钻机配合钻深井指导意见》，相关钻探企业上报《ZJ40型钻机配合钻深井工作方案》。

具体工作安排：（1）ZJ40型钻机改造工作纳入钻修井机自动化装备推广领导小组管理，加快编制改造计划。（2）钻探企业要做好深井钻机生产协调，杜绝组织停工，做好各型钻机时效统计，以周报形式报工程技术分公司。（3）钻探企业要早谋划、早准备，在与油气田企业深入对接后，做好ZJ40型钻机改造、生产组织、技术保证方案。（4）ZJ40型钻机改造为电动钻机，可快速移动，与ZJ50、ZJ70型钻机共享循环系统、生活保证等保障系统。（5）ZJ40型钻机钻深极限要考虑钻机安全评估结果，留有一定的安全系数，制定保障措施。（6）要综合考虑各种因素，做好经济性评价。

2. 深井服务保障工作专题研讨会

2018年2月26日，中油油服召开深井服务保障专题研讨会。中油油服执行董事秦永和、副总经理李国顺，以及生产、技术和装备等部门负责人参加会议。会上分析2018年深井数量大幅增加的形势及重点油田钻机部署情况，研究了深井钻完井生产技术及存在的问题和潜力，进一步明确了今年深井服务保障重点和举措。资源调动方面：（1）尽快落实“1+N”方案部署；（2）按时完成页岩气80台钻机调运。在资源配置方面：（1）加快深井钻机更新改造，压小增大，每年更新20台ZJ50或70钻机；（2）分批分期改善ZJ40以上钻机机泵条件；（3）购置旋转导向工具；（4）购置电动压裂泵。在资源利用方面：（1）全面试验推广大钻压、大排量、大扭矩、高泵压、高转速的强化钻井参数模式；（2）推广钻井提速模板；（3）推广ZJ40钻机配合钻深井模式；（4）推广电动压裂泵和连续管作业机；（5）加快研发旋转导向、高效PDC钻头等高端利器；（6）培训一批旋转导向技术人员；（7）完善推广工厂化钻完井标准；（8）升级远程支持信息系统，开展实时监控，减少事故复杂。在生产协调方面：加强与油田公司沟通，要做好钻机运行安排，中油油服成员企业要将深井服务保障作为2018年工作的重中之重，促进资源利用率，促进深井提速、提质、提效、提产，提高服务满意度。

3. 2018年度固井工作研讨会

2018年3月16日，中油油服在北京组织召开2018年度固井工作研讨会。西部钻探、长城钻探、渤海钻探、川庆钻探、大庆钻探、海洋工程及工程院有关单位的业务主管部门负责同志及相关人员47人参加会议。

西部钻探固井公司，长城钻探固井公司，渤海钻探第一、第二固井公司，川庆钻探井下作业公司、长庆固井公司，大庆钻探第一、第二技术服务公司，海洋工程渤星公司分别汇报本单位2017年度固井工作进展、存在的难点问题及2018年重点工作。四川嘉华特种水泥股份有限公司作固井工程材料集成服务（MIC）介绍。工程院汇报固井技术回顾性梳理与发展评价报告。与会人员围绕集团公司固井业务发展进行深入细致的讨论，针对下一步工作提出很好的意见和建议。

会议对下一步工作进行了安排。一是按照集团公司副总经理刘宏斌提出的“四化”要求，建立区块固井技术模板，规范现场施工；二是组织编制固井业务发展规划，由工程院牵头，西部钻探、长城钻探、渤海钻探、川庆钻探、大庆钻探、海洋工程配合，力争在上半年完成；三是编制固井案例库，整合固井信息化系统，形成中油油服统一的固井信息化平台；四是进一步修订固井技术规范，更好地指导固井施工；五是做好特色技术的宣传推介工作。

4. 侧钻井技术推进会

2018年7月11—12日，中油油服会同勘探与生产分公司共同组织召开了侧钻井技术推进会。

中油油服宣讲了《侧钻井施工方案（建议稿）》；辽河油田、长庆油田介绍侧钻井应用、效果及示范区情况；油服企业汇报侧钻井钻井、压裂、测井技术应用情况及保障措施；工程院汇报连续管钻井（侧钻）技术进展及施工方案；斯伦贝谢公司就侧钻开窗工艺进行技术交流；与会代表参观长城钻探侧钻井系列装备、工具、仪器、软件和实验装置。勘探与生产分公司对侧钻井应用和服务保障提出具体要求。

会议强调，要进一步规范侧钻设备施工配套和技术标准，实现侧钻井业务又好又快低成本发展，有力保障油气田老区、老井的复产、稳产、增产。（1）深刻认识侧钻井技术应用的重要现实意义。应用侧钻井技术进行老区挖潜，是集团公司落实高质量发展的现实需要。（2）准确把握侧钻井技术的发展方向。以满足增储上产、服务保障需求为最终目标，坚持技术增产与技术创效同时兼顾为根本原则，坚持自主研发与集成创新有机结合为基本途径，实现侧钻业务的“又好又快、低成本”发展。（3）着力抓好侧钻井技术在老区挖潜中的推广。发挥示范区引领作用，探索建立侧钻井作业专项队伍。侧钻井实验区，侧钻井总包模式，利益分成、风险共担的双赢合作模式。（4）充分发挥集团公司侧钻井技术中心的引领作用。联合相关单位共同开展工作，实现侧钻井技术中心常态化运作，促进集团公司侧钻井技术上水平、推广上规模、应用见效果。

5. 钻井压裂冬季施工保障专题研讨会

2018年8月17日，中油油服组织召开钻井压裂冬季施工保障专题研讨会。中油油服副总经理李国顺，总经理助理和有关部室负责人，各钻探企业生产运行、设备部门负责人，以及大庆油田井下作业公司负责人参加会议。中油油服传达集团公司总经理章建华关于开展冬季打井的指示精神。各钻探企业和大庆油田井下作业公司汇报冬季钻井压裂施工情况，分析冬季施工的成本效益、存在的问题，提出冬季施工的保障方案和具体措施。会议要求：（1）要充分认识冬季施工的重要性和现实意义；（2）要摸清情况，加强分析，进一步完善冬季施工保障方案；（3）强化组织领导，加快推进落实，全面做好冬季施工各项准备工作；（4）积极争取冬季施工的政策支持。

（杨建永）

录井工程

【概述】 2018 年，中油油服从事录井技术服务的录井企业有 9 家处级单位，分别是西部钻探克拉玛依录井工程公司和吐哈录井工程公司、长城钻探录井公司、渤海钻探第一录井公司和第二录井公司、川庆钻探地质勘探开发研究院、大庆钻探地质录井一公司和地质录井二公司、测井公司青海分公司。专业服务范围包括录井资料采集、解释评价、装备制造、软件研发、数据信息、地质研究等。

【队伍与装备】 2018 年，中油油服录井企业用工总量为 9973 人，同比增加 1074 人、增长 12.07%。录井队伍总计 1509 支，其中综合录井队 1420 支、气测录井队 61 支。主要录井装备 3427 台，同比增加 212 台、增长 6.59%。设备新度系数 0.21。综合录井仪 964 台，同比增加 11 台、增长 1.15%，设备新度系数 0.25。其中，国产综合录井仪 910 台，同比增加 8 台、增长 0.90%，设备新度系数 0.27；进口综合录井仪 54 台，到期报废 7 台，减少 11.48%，设备新度系数 0.10。

【市场分布】 2018 年，中油油服录井市场主要分布在国内 16 个油气区，国外分布于亚太、中亚、非洲、中东、美洲等地区的 16 个国家。

服务于国内的综合录井仪 891 台，占综合录井仪总数的 86.09%。其中，服务于集团内综合录井仪 885 台，集团外 6 台。国内综合录井仪主要分布在长庆油田、大庆油田、西南油气田、新疆油田、塔里木油田、辽河油田、大港油田、吉林油田、青海油田、冀东油田、吐哈油田等。

服务于国外的综合录井仪 144 台，其中，集团投资或控股项目 118 台，非集团市场 26 台。国外综合录井仪 72 台，主要分布在中东和美洲地区，占国外综合录井仪总数的 50%。

【完成工作量】 2018 年，中油油服完成各类录井 14256 口，同比增加 1035 口、增长 7.83%。其中：国内录井 13687 口，同比增加 1020 口、增长 8.05%；国外录井 569 口，同比增加 15 口、增长 2.71%。完成录井 25160 井次，同比增加 1009 井次、增长 4.18%。其中，综合录井 5848 口，同比增加 958 口、增长 19.59%；气测录井 3053 口，同比减少 26 口、下降 0.84%；地质录井 5355 口，同比增加 103 口、增长 1.96%。录井仪器（综合录井和气测录井）施工总天数 437745 天（表 4）。

表 4　2018 年中油油服录井工作量

项　目	2018	2017 年	同比增减
录井总口数（口）	14256	13187	1035
国内录井（口）	13687	12633	1020
国外录井（口）	569	554	15
综合录井（口）	5848	4871	958
气测录井（口）	3053	3058	-5
地质录井（口）	5355	5258	97
录井仪器施工总天数（天）	437745	410735	27010

【主要指标】 2018 年，中油油服各录井企业充分发挥地质综合研究和解释评价技术优势，针对各区域地质特点及难点，在单井评价的同时，强化不同区块地质综合研究，全年在 637 口探井上发现并评价油气显示 84785 米 /14574 层，在 4662 口开发井上发现并评价油气层 692734 米 /109598 层，油气显示发现率 100%，探井综合解释符合率 83.93%，开发井解释符合率 92.7%，为集团公司的油气储量增长发挥重要作用。

【技术与应用】 综合录井技术。2018 年，集团公司综合录井仪总数为 1035 台，同比增加 82 台、增长 8.60%。综合录井技术已成为集团公司油气勘探开发中的常规录井技术，广泛应用于国内外录井市场。全年综合录井技术应用 5848 口，同比增长 19.59%。

特色录井技术。录井特色技术在油气勘探开发中得到广泛推广应用。集团公司所属 16 家油气田 2018 年应用定量荧光录井技术 1607 口，核磁录井技术 241 口，岩屑成像录井技术 819 口，元素录井技术 545 口，录井综合地质导向技术 875 口，远程传输技术 4388 口，试油录井技术 26 口。

工程录井技术。2018 年，录井企业充分发挥综合录井仪的工程录井作用，在实时监测钻井参数、及时报告工程异常的基础上，提前预告复杂层位和井控风险，节约钻井作业成本，降低钻井风险，提高工程时效技术，确保钻井施工安全提速。录井监测工程异常 12648 次，其中钻具刺 117 次、泵刺 89 次、钻具断 52 次、井漏 1317 次、溢流 246 次、硫化氢异常 83 次，异常预报符合率 99.83%。

录井技术标准。2018 年，中油油服制订技术标准 1 项：Q/SY02023—2018《X 射线衍射矿物录井技术规范》。修订技术标准 3 项：Q/SY1225—2009《PDC 钻头钻井录井技术规范》、Q/SY 02623—2019《工程技术录井报表填报规范》、Q/SY 022227—2019《气体钻井录井技术规范》。

技术创新成果。2018 年，中油油服开展各级科技项目 172 项，获成果 98 项，其中国家级项目 2 项、集团公司级项目 8 项、局级项目 74 项、处级项目 58 项、获专利 44 项，发表论文 92 篇（表 5）。

【新技术培训】 2018 年 9 月 7—13 日，中油油服在东方物探培训中心举办集团公司录井新技术培训班。集团公司所属 13 家油气田企业、6 家油服企业和勘探开发研究院的 47 名从事录井工程技术管理及录井技术研发应用的业务骨干参加了培训。为保证培训质量和效果，中油油服会同勘探生产分公司共同就教学计划编制、授课专家选择等事项进行了深入探讨，研究制定详细的教学方案，确定以三维定量荧光录井、元素录井（XRF）、矿物录井（XRD）等新技术原理及应用为重点的培训内容，了解国内外录井技术最新发展趋势，掌握录井领域一些新理论和新方法，拓宽专业知识面，增强把握录井新技术的能力。培训期间还组织录井技术发展专题讨论会。

（院国胜）

表 5 2018 年中油油服录井专业科技成果统计情况

企业名称		课题总数（项）	获奖成果总数（项）	国家级（项）		部级（项）		局级（项）		处级（项）		专利数量（项）	发表论文（篇）
				课题数量	获奖成果	课题数量	获奖成果	课题数量	获奖成果	课题数量	获奖成果		
总 计		172	98	1	1	5	3	49	25	105	58	44	92
大庆钻探	录井一公司	21	33		1		2	15	14	6	6	1	10
	录井二公司	5	2							5	2		9
西部钻探	克拉玛依录井公司	13	2			2		8		3		2	7
	吐哈录井公司	12	7					4	1	8	6	5	27
长城钻探	录井公司	29	18				1	3	3	18	15	10	15
渤海钻探	第一录井公司	36	14			2		10	5	24	9	14	7
	第二录井公司	36	15	1		1		5		24	15	5	13
川庆钻探	地质勘探开发研究院	17	5					3	2	15	3	7	2
测井公司	青海分公司	3	2					1		2	2		2

测井工程

【概述】 2018 年，中油油服有 3 家成员企业开展测井业务，即测井公司、长城钻探、渤海钻探。测井公司专业服务范围包括电缆测井、随钻测井、生产测井、生产测试、射孔、解释评价、装备制造等，队伍主要服务于国内松辽、塔里木、准噶尔、柴达木、鄂尔多斯、渤海湾、四川等盆地的各大油气区，部分队伍服务于国外伊拉克、蒙古、印度尼西亚等 9 个国家和地区。长城钻探测井队伍主要服务于亚太、中亚、非洲、美洲、中东等五大战略合作区的 15 个国家和地区。渤海钻探专业服务范围限于生产测井、射孔及测试作业，服务区域主要在华北油田。

【队伍与装备】 2018 年，中油油服测井专业队伍总量 817 支，同比增加 4 支、增长 0.49%。其中：国内市场 682 支，同比增加 5 支，增长 0.74%；国外 135 支，分布在 19 个国家，同比减少 1 支。年用工总量 13163 人，同比减少 516 人，下降 3.77%。其中：合同化员工 11218 人，同比减少 527 人、下降 4.48%；其他员工 1945 人，同比增加 11 人、增长 0.57%。

主要专业设备 938 套，比 2017 年增加 22 套，增加 2.40%。其中包括：裸眼井测井设备 590 套，比 2017 年减少 4 套，减少 0.67%；生产测井设备 133 套，比 2017 年增加 19 套，增加 16.67%；射孔取心设备 177 套，比 2017 年增加 7 套，增加 4.12%；LWD 设备 38 套，与 2017 年持平。

【完成工作量】 2018 年，中油油服测井作业工作总量 106963 井次，同比增加 5432 井次、增长 5.35%。其中：裸眼测井 28190 井次，同比增加 1107 井次、增长 4.09%；生产测井 17089 井次，同比减少 1229 井次、下降 6.71%；工程测井工作量 28214 井次，同比增加 1782 井次、增长 6.74%。射孔 33470 井次，同比增加 3772 井次、增长 12.70%。国内工作量 102153 井次，同比增加 5565 井次、增长 5.76%，国外工作量 4810 井次，同比减少 133 井次、下降 2.69%。因井况、路况测井未成功的井次 5949 井次，占总工作量的 5.3%，同比降低 0.9%。

测井解释工作量探井 7 万层，开发井 39 万层，解释成果油层 13 万层，气层 2.9 万层，老井复查 4726 井次，老井复查发现油气层 18059 层。

【主要指标】 2018 年，中油油服探井解释符合率 87.16%，开发井解释符合率 95.86%。测井曲线合格率 100%，测井曲线优质率 99.07%，射孔一次成功率 99.98%，撞击式井壁取心收获率 93.75%；钻进式井壁取心收获率 96.25%。仪器一次下井成功率 99.46%。

完成中国地质调查局松科 2 井完井测井，创造 241 摄氏度的国内高温测井记录。完成 M15 井测井，以 26 小时创造乌兹别克斯坦明格区块完井测井最高时效和测井资料最全纪录。完成五探 1 井测井作业，井深 8060 米，钻头 5.5 寸，温度 190 摄氏度，创造了中国石油在川渝地区测井新纪录。在长庆油田华 H6-11 井，完成单段射孔 12 簇，刷新国内分簇射孔单层簇数纪录；在新疆油田 CHHW2111/2114 平台井桥射联作施工中创造单日完成 10 段桥射任务的国内最高纪录、6 天完成 24 段的区域最快纪录。在塔里木油田克深 134 井创造 183.5 兆帕的国内套管井射孔施工压力最高纪录。

【技术与应用】

1. 电缆测井

测井公司完成 230 摄氏度 /170 兆帕阵列感应等 6 种仪器设计。175 摄氏度 /140 兆帕核磁共振等 4 种仪器完成升级改进，阵列感应与核磁共振一串测完成 5 口井施工作业，电成像与阵列声波一串测完成 2 口测井试验；175℃ 140MPa 20h 一串测系列完成 11 种仪器 37 块高温电路板设计焊接与加温验证，优化 8 个井下处理软件与 6 个地面采集动态库；持续推进 EILog 在塔里木油田的应用，全面推广使用阵列感应，强化核磁、微扫、阵列声波等成像测井规模化应用；过钻具存储式交叉偶极子阵列声波和自然伽马能谱测井仪在宁 209H4-6 井长水平段页岩气井首次成功。

BH-ARI Ⅱ方位远探测反射波测井仪器实现探测井周 40 米范围内裂缝型、孔洞型储层的地层信息，探测分辨精度达到 22.5° ，为复杂油气储层精细描述提供丰富的地层信息，被评选为 2018 年度中国石油十大科技进展之一。公司研制的能够在 4 英寸—5.5 英寸套管中测井的八扇区固井质量成像测井仪、扇区水泥密度成像测井仪，实现小直径 RCB/RCD 固井质量评价测井的数据处理及采集功能，在高探 1 井中得到应用。

长城钻探 Leap 系列设备已经成为海外测井服务的主要装备，装备数量占比 56%，2018 年工作量 2898 井次，收入和利润贡献率均超过 60%。

2. 随钻测井

测井公司自主研发的随钻测井系统在青海、长庆、西南、浙江等油气田规模应用，4.75 英寸方位侧向电阻率成像随钻测井仪在西南油气田蜀中区域完成高石 001-H26 井现场作业。随钻声波、伽马、电阻率、补偿中子、密度井下仪器完成 6 口井的测井任务，该仪器实现放射性源可打捞。旋转导向维保中心建设完成，已开始承担仪器组装和维修保养任务，2018 年完成 2 套组装，其中 1 套交付使用。

长城钻探随钻中子密度仪器国产化取得

进展，完成172毫米随钻中子密度测井仪器2支样机的测试、刻度及与GW-LWD系统联调和全系统地面水循环验证，完成3口井的现场试验。

3. 生产测井及测试

2018年，测井公司研制推广脉冲中子全谱（RAS）、吸水剖面防溢流装置、机械式同位素释放器等仪器设备，并采用无源音叉密度替代放射性流体密度，采用胶囊同位素代替传统粉末同位素，降低施工风险，提升队伍安全环保施工能力；通过柔性工具，缩短仪器长度，将环空入井斜度由25度提升至35度，解决大斜度产液剖面测井技术难题；研发存储式找水短节开创管柱测试方法，成功将产液与压力恢复进行联作，满足各种井斜条件；开展井筒检测“一串测”技术研究，改进仪器兼容性，实现多臂井径和磁测仪器与扇区胶结、噪声仪器的组合，平均减少1/3作业时间；跨隔测压技术实现不动管柱测量地层压力的目的，在中海油渤海油田广泛应用，完成18井次作业；超声波解堵增油增注技术在大港油田持续推广应用。羊丛28井注水量从作业前的零注入量提高到16米^3/天；非放射性示踪剂产液剖面测井技术在大港油田页岩油项目中成功使用，样品分析结论与其他测井方式结论吻合度高。

4. 射孔

2018年，中油测井射孔工艺技术紧随页岩气（川渝地区）、致密油气（长庆地区、新疆地区）等勘探开发热点，不断完善桥塞射孔联作技术，满足油气储层改造的需求；针对塔里木、西南等“三高井”射孔中的难题，积极开展超高温超高压、小井眼射孔器材及相关工艺技术的配套研究，满足生产需求；射孔基础研究和射孔试验室的建设工作得到加强，射孔技术正逐步由单纯应用型研究向基础和应用研究并重转变。

5. 解释评价

2018年，测井公司采用“一量四谱”解释评价技术，开展储层品质、流体性质、地质甜点、压裂效果的精准评价。攻关花岗质砾岩和混合砾岩复杂岩性油藏评价技术，“核磁+”组合进行岩石组分精细反演及储层综合品质评价，利用阵列感应测井资料精细反演电阻率侵入剖面，采用岩性识别、双孔介质饱和度计算及蚀变程度评价等技术，综合利用常规测井、地层元素和成像测井确定基岩成分及岩石结构，建立基岩三维岩性识别图版，提高探井解释准确率；采用二维迭代反演技术解决低对比度油层识别难题，形成砾岩储层综合甜点准确定位技术，应用微电阻率扫描成像、核磁共振测井等评价技术，在渤海湾盆地石炭系煤系地层潜山、深层超低孔渗透致密油气层应用成功解释岐古8井、营古1井等大港油田重点井；建立测井大数据平台，实现测井资料库、解释评价库、实时数据库等数据库系统的融合，2018年新增22874井，50541井次，入库总数超过23万井次。重点建设与仪器配套的资料处理软件包、成像单项处理技术和特色解释模块集成，全面支持EILog、LEAP等仪器，实现测井数据格式统一、测井成果规范统一、处理解释模型与图版格式统一，正式启动LEAD4.0推广应用。

长城钻探采用INPEFA测井旋回分析及最大熵频谱分析技术，有效提取米兰科维奇旋回周期，在研究区实现可靠地高频层序识别划分，取得较好效果。参与研发的“全新一代高端测井处理解释系统CIFLog2.0及其规模化应用”获集团公司科学技术进步奖特等奖。

（邹　辉）

井下作业

【概述】 2018年，中油油服井下作业业务是以试油测试、压裂酸化、大修侧钻、小修及特种作业等为主的综合性工程技术服务业务，是集团公司工程技术服务行业的重要组成部分。大庆钻探、西部钻探、长城钻探、渤海钻探、川庆钻探、海洋工程等6家工程技术服务企业都有井下作业业务，具备油气水井的试油（气）测试、压裂酸化、大修侧钻、连续油管、带压作业等一体化技术服务能力，市场主要分布在塔里木、吐哈、新疆、青海、西南、长庆、山西、华北、大港、冀东、吉林和中海油渤海、南海、东海海上油田等国内市场以及委内瑞拉、伊拉克、伊朗、印尼、苏丹等海外市场。

2018年，中油油服重组成立正式运行，井下作业系统积极贯彻集团公司、中油油服总体部署，以“精细管理年”活动为主线，按照“突出发展压裂酸化业务，持续发展试油测试业务，精益发展大修侧钻业务”总思路，实施以压裂、试油服务保障为中心任务的系列工作举措，较好地完成各项任务，油气勘探开发增储上产服务保障能力进一步增强。具备年压裂酸化12000井次（28000层段）、试油测试9600井次的施工作业能力。

【队伍与装备】 2018年，中油油服井下作业用工总量2.15万人，其中合同化用工1.64万人；井下作业队伍695支。其中：试油队163支、压裂酸化队107支、大修队92支、侧钻队59支、地面计量队110支、地层测试队67支、试井队54支、带压队42支；国内队伍451支，国外队伍244支。井下作业系统有修（通、钻）机898台，车载修井机465台、占比51.78%；1000型及以上压裂泵车615台，共124.7万水马力，其中，2000型及以上压裂泵车515台、占比83.74%；连续油管车55台，制氮车18台，液氮车47台，带压作业设备28套，50万立方米及以上油水分离器413台，APR/MFE测试工具218套，直读试井车244台。

【完成工作量】 2018年，中油油服井下作业工作量8106井次、试油8204井次、压裂9731井次。其中：国内井下作业工作量6111井次，试油6101井次，压裂9432井次；国外井下作业工作量1995井次，试油2103井次，压裂299井次（表6）。

表6　井下作业工作量

项　目	2018年	2017年	同比增减
井下作业工作量（井次）	8106	7257	849
其中，国内	6111	5591	520
国外	1995	1666	329
酸化（井次）	753	615	138
小修（井次）	6084	5448	636
大修（井次）	1046	994	52
侧钻（井次）	223	200	23
试油（井次）	8204	7861	343
其中，国内	6101	4530	1571
国外	2103	3331	−1228
压裂（井次）	9731	7519	2212
其中，国内	9432	7519	1913
国外	299	0	299

【主要指标】 2018年，中油油服井下作业平

均施工周期：试油 35.93 天 / 井次，小修 6.0 天 / 井次，大修 28.17 天 / 井次，侧钻 29.2 天 / 井次。队伍作业效率：试油 10.34 井次 /（机组 · 年），压裂酸化 90.38 井次 /（机组 · 年），大修 9.34 井次 /（机组 · 年），侧钻 6.97 井次 /（机组 · 年），小修 23.28 井次 /（机组 · 年）。试油平均生产时效 85.54%（表 7）。

【工程质量】 2018 年，中油油服井下作业施工一次合格率 99.66%，优质井率 99.02%，执行设计符合率 95.91%，资料全准率 99.8%。其中，压裂施工成功率 99.33%，压裂施工优质率 98.01%（表 8）。

【勘探发现】 2018 年，高探 1 井测试获得日产原油 1213 立方米，天然气 32.17 万立方米，创中国石油新疆油田公司在准噶尔盆地单井日产量最高纪录。玛湖 015 井，射孔后日产油 405.6 立方米、日产气 3.6 万立方米高产油气流；永探 1 井，获日产气 22.5 万立方米，四川盆地二叠系火山岩天然气勘探取得重要发现；五探 1 井，井深 8086 米，是川渝地区井深最深的探井，获日产气 82 万立方米，进一步证实川东地区高陡构造带的勘探前景；天东 110 井，测试获日产气 50.99 万立方米，标志着大天池构造带勘探开发取得重大发现；狮

表 7　井下作业主要技术指标

单　位	队伍效率 [井次 /（机组 · 年）]					
	压裂酸化	大　修	侧　钻	小　修	试　油	
					[井次 /（机组 · 年）]	[层 /（机组 · 年）]
川庆钻探	66.57	6.17	3	15.5	16.05	16.42
大庆钻探	281.88	14.77	—	—	4.82	9.14
长城钻探	37.43	12.77	8.09	17.19	6.49	19.73
渤海钻探	70.9	5.52	—	50.67	8.84	10.86
西部钻探	198.3	20	4.88	13.5	3.29	7.38
海洋工程	28	2.67	—	—	3	4
钻探企业	90.38	9.34	6.97	23.28	10.34	12.99

表 8　井下作业工程质量指标

单　位	施工质量指标			
	施工一次合格率（%）	优质井率（%）	执行设计符合率（%）	资料全准率（%）
川庆钻探	99.45	98.14	87.14	99.73
大庆钻探	98.87	97.41	100	99.71
长城钻探	99.97	99.9	100	99.75
渤海钻探	99.95	99.89	100	99.86
西部钻探	100	100	100	100
海洋工程	100	100	100	100
钻探企业	99.66	99.02	95.91	99.8

新 58 井，获日产油 205.2 立方米、日产气 6.05 万立方米；足 202-H1 井、黄 202 井分别获日产 45.67 万立方米、22.37 万立方米高产气流，该成果对于探索超过 3500 米以上的深层页岩气资源勘探开发具有重要意义。

【试油测试】 随着勘探开发向非常规、更深层方向发展，试油测试施工难度越来越大，主要面临“一深、四高、一小”极大挑战 [“一深”指井深 6500—8500 米以上；“四高” 指高温（220 摄氏度）、高压（147 兆帕）、高产（百万立方米）、高含硫（51 万克 / 厘米 ^{3}）；“一小”指 5 寸或 $4^1/_2$ 寸小井眼试油完井作业]。井下作业专业路通过超前谋划组织、强化装备仪器配套保障、注重科技攻关与技术创新、强化专家作用等有力举措，试油测试保障能力持续增强。在科技创新应用方面也取得明显效果：川庆钻探针对“三高”井继续推广应用射孔—酸化—测试、酸化—测试等试油测试联作工艺技术，平均每层试油可以节约周期 10—15 天；渤海钻探探索“连续油管 + 修井机”的井丛厂快速试油作业模式，集成应用连续油管作业技术和射孔酸化泵排联作技术，工厂化完成井丛厂多口井的试油作业，提高设备利用率，缩短施工周期，大幅度降低施工成本。西部钻探针对高温、高压、深井超深井等试油难题，持续推进超深井试油测试技术，形成“三阀一封”侦查性测试技术、“五阀一封”完井测试技术，解决常规测试管柱不能替浆、压井难及解封难等问题。长城钻探承担的国家“一带一路”重点工程、乌兹别克斯坦国家级项目、集团公司海外重点探井——明 15 井试油测试，针对该井高温、高压、高含硫等难点，优化工艺工具选择，形成“三阀一封”管柱结构设计；强化地面流程配置，选用 20K 防硫地面流程；精细风险评估，细化防盐堵、硫化氢、出砂、诱喷等突发情况处置预案；顺利完成 5 层测试任务。

【压裂酸化】 2018 年，中油油服压裂工作量迅猛增长，为有效缓解勘探开发对储层改造持续增长需求与压裂资源紧缺的矛盾，中油油服提出“十七条”压裂服务保障方案，倡导“以压裂车组为中心，压裂准备先行，即到即压、即压即走，人休机不停”的高效压裂模式，规范工厂化压裂设备设施配套标准，压裂提速效果明显，与 2017 年相比，钻探企业常规压裂提速 23%、工厂化压裂增长 32.2%。压裂工艺技术创新方面持续进步，川庆钻探开展压裂用抗盐降阻剂、超深气井滑溜水及压裂液配方、高效驱油型压裂液、可降解酸体系、可重复利用速溶稠化酸、石英砂替代陶粒现场试验，应用效果较好。长城钻探自主研发全可溶式压裂桥塞 Y456-98，现场试验可实现耐压差 70 兆帕、耐温 80—110 摄氏度、10—15 天完全溶解，丢手、坐封、反排等性能稳定，应用 100 余支。渤海钻探开展 BH-SRM 压裂裂缝实时监测系统研究，研制高精度地面微地震数据采集仪，研发基于逆时偏移及微相量扫描叠加技术的微地震事件定位技术，形成地面实时监测、准确定位、三维裂缝成像等工艺与技术装备。西部钻探大力开展污水连续混配技术现场应用，研制适合污水现场连续混配的压裂液体系配方，解决稠化剂溶胀难、连续混配泡沫过多等一系列难题，累积利用污水配制压裂液 14 万立方米，各项指标完全满足施工条件。

【修井技术】 2018 年，渤海钻探深化水平井大修技术研究，研发水平井大修系列专用工具，形成套损诊断及修复技术、水平井打捞及套磨铣工艺技术；针对套损套变井修井，开展导向器找鱼、全程示踪管柱、膨胀管补贴回接等新工艺新技术研究，研制导向器找鱼工具、可接示踪管柱倒扣切割及回接等工具，大幅提高施工效率。

【连续油管】 2018年，川庆钻探开展致密油气连续油管侧钻技术研究，配套连续油管钻井设备和泥浆材料技术，完成井下液力换向器、推进器、工具串的设计和加工，侧钻用钻井液材料的选型，钻头、螺杆、液力推进器及侧钻相关配套设备（钻井泵、循环罐等）组装、测试。西部钻探开展连续油管替代常规油管录取试油资料技术研究，形成集井筒清理、测井、封闭、射孔、试井、测试等为一体的连续油管试油技术，有效解决采用连续油管替代常规油管试油作业的难题；渤海钻探整合"连续油管+带压作业"技术，采用连续油管完成带压环境下钻磨、打捞等施工，通过带压作业装置完成带压起下管柱施工，解决常规带压作业无法全程带压施工的难题，安全环保、节支降耗效果显著。

【施工纪录】 2018年，长城钻探在乌兹别克斯坦M15井，试油测试硫化氢含量440000克/厘米^3，创中国石油海外市场试油测试最高硫化氢含量纪录。西部钻探在塔里木油田克深132井，测试井口压裂107.124兆帕，创中国石油试油测试最高井口流动压力纪录；在新疆油田CHHW2111/CHHW2114平台，单日施工11段，创中国石油单机组单日拉链式作业最多施工段数纪录。川庆钻探在西南油气田五探1井，测试作业井深8086米，创中国石油最大测试作业井深纪录；在长庆油田华H1-3井，加砂6026立方米，创中国石油最大单井加砂量纪录。渤海钻探在西南油气田H23-5井，可溶桥塞分段46段，创中国石油可溶桥塞最多分段纪录。

【制度规范】 2018年8月20日中油油服制定并下发了《压裂技术经济指标统计规范（试行）》，《压裂技术经济指标统计规范（试行）》包括压裂实物工作量、压裂时间及时效指标、压裂技术经济指标三部分内容。压裂实物工作量对压裂井次数、压裂层/段数、支撑剂用量、压裂液用量等进行了定义规范；压裂时间及时效指标对压裂日历时间、转场时间（转场周期）、运行等停时间、压裂时间（压裂周期）、生产时间、压裂泵注时间、辅助压裂时间、非生产时间、组织停工时间、事故复杂等停时间、生产时效、泵注时效、夜间停工时间占比、泵送射孔枪复杂时间占比等界定和统计进行了标准规范；压裂技术经济指标对平均单井压裂周期、平均平台压裂周期、压裂日效率、压裂月效率、压裂年效率、压裂队（车组）利用率等指标核定进行标准规范。通过《压裂技术经济指标统计规范（试行）》文件下发执行，进一步规范了压裂技术经济指标统计名称，统一了核定标准，更为客观、准确反映压裂生产效率水平。

【技术培训】

1. 第六期连续油管作业机操作手培训

2018年1月22—31日，中油油服举办第六期连续油管操作手培训班。来自川庆钻探、西部钻探、大庆油田等9家钻探企业和油气田企业的连续油管作业机主操作手共53人参加培训。本期培训内容包括：井下工具与作业技术、故障诊断与分析，操作技巧与应急处理、模拟机操作、四大关键部件工作原理及拆装，潜江井场基地实际操作等内容。通过培训，进一步强化参培人员的理论知识，提高操作技能，并取得连续油管操作合格证书。

2. 带压作业操作手技能培训

2018年5月7日—8月31日，中油油服组织带压作业操作手技能培训班。培训共分6期，每期10天，来自钻探企业、油气田企业的 212 人参加培训，有 202 人通过理论考试和模拟器考试取得培训合格证书。中油油服组织编制《带压作业工艺》《带压作业机》两套培训教材，翻译加拿大 IRP 15 带压作业推荐做法；配套研制 10 套带压作业模拟器；参照 IWCF、IADC 带压作业培训有关要求编制培训大纲，优选现场经验丰富并取得国际认可的带压作业二级操作手兼任培训教师。严把培训质量关，理论考试和模拟操作考试全部合格者发放培训合格证书。通过培训，提升员工操作技能，规范现场作业行为，为集团公司油气水井带压作业健康平稳发展打下坚实基础。

3. 第一期修井机业务外包监督培训

2019 年 6 月 12 日，中油油服组织修井机业务外包培训班。渤海钻探、川庆钻探、长城钻探、西部钻探等单位 67 名井下作业人员参加培训。

培训时间历时 26 天，内容主要包括井下作业井控技术和装备知识，井控装备操作技能；井下作业工艺技术、标准、规范、规定及相关专业知识；安全生产及环境保护的法律、法规、HSE 管理及应急管理等；监督职责、工作程序及方法等内容。理论培训结束后，中油油服组织专家对全体学员进行面试考核，检验学习成果和专业水平，并对培训考试和面试考核合格者，颁发修井机外包监督培训合格证书。

【相关会议】

压裂服务保障工作会议

2018 年 6 月 22 日，中油油服组织召开压裂服务保障工作会议，要求进一步认清形势，统筹资源，落实方案，全力保障集团公司勘探开发和增储上产。中油油服执行董事秦永和、总经理助理刘玉贵、石德勤，相关部门负责人，勘探与生产分公司相关部门负责同志，大庆油田、大庆钻探、西部钻探、长城钻探、渤海钻探、川庆钻探、测井公司、工程院等单位主管领导，技术部门及压裂主体单位负责人等 58 人参加会议。

会议要求中油油服及成员企业要始终坚持“为甲方创造价值，我们才有价值”的理念，始终坚持服务和保障集团公司利益最大化：（1）认清形势，增强做好压裂服务保障的紧迫感。细化措施，未雨绸缪，超前做好各项准备工作。（2）高点定位，认真谋划压裂业务发展。进一步细化“十三五”后三年压裂业务发展规划，全力推进“四化”建设，精细压裂业务管理体系建设，加大压裂优势产品培育力度。（3）担当使命，认真抓好压裂保障方案的落实。发挥中油油服一体化工程技术服务优势，强化对《集团公司压裂服务强化保障方案》《中油油服压裂服务保障方案》《工厂化压裂施工方案》宣贯落实，分区域细化制订本企业保障方案或实施细则。全力推进压裂提速，增强对基层队的正向激励。（4）攻坚克难，全力抓好生产组织运行。构建资源共享、市场共享新机制最大化发挥中油油服顶层设计和资源统筹协调优势。开展制约压裂提速问题的专项治理；打造“668”工程，带动整体提速，力争平均每个压裂队每天压裂段数增加半段。（5）强基固本，切实做到安全生产清洁生产。警钟长鸣，保持安全环保严抓严管高压态势，抓好压裂主体装备性能维护和高压部件过程检测，确保压裂施工本质安全。要特别重视雨季施工问题，突出做好“八防”工作，为压裂服务保障打好安全环保基础。

（王大利）

海洋工程

【概述】 2018 年，中油油服海洋工程以海工陆地预制与建造，海上安装与铺管为主，具有设计、采购、建造、安装、调试一体化优势，具备海洋工程设计、建造、安装、调试，LNG、炼化等模块和钢结构建造，海底管线、电缆设计、敷设、维修，工程防腐保温设计与施工，船舶服务及码头保障等一体化服务能力，具备 120 米以内水深海上钢制平台的加工设计、建造、安装、调试能力以及 70 米以内水深、4—52 英寸海底管线铺设能力。

【基地与装备】 中油油服海洋工程有青岛海工建造和唐山生产支持两大基地。2018 年，青岛海工基地一期工程除未征土地部分外全部建成，是集团公司唯一一个专业化的海工建造基地。青岛海工基地包含长 752 米码头岸线，2 条滑道，组块结构车间、综合配套车间、涂装车间、综合仓库、焊接实验室、生产技术楼等 16 个单体，同时配备中油海 101 起重铺管船、350 吨履带吊、320 吨液压平板车、制管生产线、相贯线切割机等设备 1000 余台（套）。具备 7.6 万吨 / 年钢结构制造、90 万 DI/ 年管结构预制、13 万吨 / 年模块建造、300 万米 ^{2} / 年涂装能力。中油油服海洋工程业务通过海关高级企业认证，在办理货物通关方面享受便利。

【完成工作量】 2018 年，完成钢材加工量 9650 吨，治理海管 8 千米，船舶出海 4370 航天，销售固井、钻井液及防腐产品 1.22 万吨，承担公司级以上科研课题 42 项，承揽舟山引水工程等各类项目 25 项。

【工程质量】 2018 年，中油油服海洋工程专业所实施项目一次报检合格率均超过 98.65%，焊接一次合格率均超过 98.95% 。

【优质工程】 2018 年，中油油服主要实施冀东油田 NP1-5 拆除项目、冀东油田隐患治理项目、大港油田埕海新区评价井项目、大连恒力石化塔器建造项目、中海油蓬莱常压罐项目、中海油导管架建造项目、中海油渤西海管弃置项目、中石化册镇海管隐患整治项目、华能大丰海上风电升压站项目、武船麦克德莫特陵水渔场项目。完成钢材加工量 9600 吨，其中大连恒力石化塔器建造项目是中油油服海洋工程首次涉足炼化塔器领域，华能大丰海上风电升压站项目是首个海上风电领域业务。

【工程设计】 2018 年，中油油服完成设计服务项目 18 项、总承包和 PMC 管理项目 2 项；完成设计文件 2100 余份，各类研究报告 180 余份；承担并完成年度科技研发项目 15 项，获省部级科学技术进步奖一等奖 1 项。

【装备制造】 2018 年，根据集团公司安排，接收中国石油集团渤海石油装备制造有限公司两座在建 300 英尺钻井平台 CPOE11、CPOE12。CPOE11 通过近 3 个月续建工作，收集整理相关资料 734 份，解决设备问题 300 余项，完成设备检验 177 项，主动协调海事、CCS 和辽河重工等相关单位，保障平台如期达到作业条件。

【船舶服务】 2018 年，中油油服船舶累计航程 17.9 万海里，1911 航次，航时 2.8 万小时，航天 4370 天，运送各种物资 12.6 万吨，运送原油 10.8 万立方米，转运车辆 6438 辆。5 艘船舶新进入中海油市场，长期作业船舶数量同比增长 125%。中油海 281 船首次走出国门，克服航程远、海况恶劣、安保环境复杂等困难，顺利到达尼日利亚作业海域，实现船舶服务国际市场零的突破。

【作业记录】 2018 年，中油油服在册镇海管隐患治理项目中，创新使用伸缩臂挖掘机清理沙袋网兜方案，通过项目实践验证该方案比常规方案效率高出 60%，在该项目创造大口径海底管道后挖沟沉管作业深度 6 米的国内施工新纪录。在华能大丰海上风电升压站项目中，首次实施一体化建造施工，提高效率 20%。

（李历欣）

油气风险作业

【概述】 2018 年，中油油服成员企业西部钻探、长城钻探、渤海钻探、川庆钻探在苏里格致密气和威远页岩气有 21 个风险合作区，区块面积 10675.00 平方千米，含气面积 9283.81 平方千米，历年产量 759.70 亿立方米，采出程度 4.61%。风险作业区包括 6 个项目部，11 个作业区，建成 49 个集气站，3162 个井场，投产气井 4352 口（表 9）。

目前从事油气风险作业服务共有 1126 人，其中管理人员 503 人、基层人员 623 人，本科及以上人员共 653 人，占比 57.99%（表 10）。

表 9　2018 年中油油服风险作业服务业务建设情况

气　区	单　位	区块面积（平方千米）	投产井数（口）	平台（个）	集气站（个）	作业区（个）
苏里格	西部钻探	2007	810	384	6	1
	长城钻探	2161	1208	909	10	3
	渤海钻探	2027	1080	840	13	3
	川庆钻探	3131	1103	995	19	2
	小　计	9326	4201	3128	48	9
页岩气	长城钻探	523	68	14	0	1
	川庆钻探	826	83	20	1	1
	小　计	1349	151	34	1	2
合　计		10675	4352	3162	49	11

表 10　2018 年中油油服风险作业服务业务人员构成

单　位	企业管理人员数量（人）	项目管理人员数量（人）	作业区人员数量（人）	小计（人）
西部钻探	6	42	51	99
长城钻探	23	181	340	544
渤海钻探	3	129	99	231
川庆钻探	7	112	133	252
合　计	39	464	623	1126

2018年，共完钻各类气井483口，压裂463口，投产397口，分别完成全年计划的97.97%、97.68%和85.38%。计划生产天然气86.70亿立方米，实际生产天然气79.08亿立方米，完成全年计划的91.22%，欠产7.62亿方，其中苏里格致密气和威远页岩气分别欠产0.83亿立方米、6.79亿立方米。

【苏里格致密气项目】

1. 工作量完成情况

2018年，中油油服计划钻井389口，全部压裂投产。实际完钻392口，压裂408口，投产342口。计划生产天然气66.7亿立方米，完成65.87亿立方米，完成计划产量的98.76%，欠产0.83亿立方米，其中长城钻探欠产1.59亿立方米。

2. 主要成果

勘探开发认识。2018年，苏里格致密气风险作业区各企业加大地质研究力度，通过井震结合、地质工程一体化加强地质研究，优化井位部署，寻求新的产能接替区域，取得新的地质认识。一是在苏77区、召51工区中部发现近东西向平移大断层；滚动评价新增储量25.4亿立方米，首次在盒2、盒3发现气藏并获工业气流，盒3试气获井口产量2.38万米^3/天。二是先后在苏10区块、苏11区块中南部及苏53区块中东部等局部井点获得高产气流。三是按照“层次部署、效益评价、快速建产”思路，在苏20区块、苏25区块、苏76区块部署评价井位19口，滚动扩边14口井，新增落实储量35.64亿立方米。四是富水气藏地质认识得到深化。在苏59区块取得苏里格西区富水气藏“近源成藏、断砂疏导、高点聚集”的成藏认识；在苏46区块东北部找到天然气富集区。五是下古兼探取得突破。苏5区块4口井测试无阻流量均超过20万米^3/天，其中苏5-16-31AX2井测试无阻流量125.94万米^3/天。

储层改造效果。一是优化压裂设计，提高新井改造效果。针对致密气藏储层特征，通过细化压裂参数优化压裂设计，提高储层动用程度。苏11-33-21平台4口直丛井，其中两口针对层薄、横向变化大等因素，分别进行高砂比、造长缝压裂现场试验对比，增产效果明显。二是加强新工艺、新技术现场应用，丰富开发手段。2018年，苏里格风险作业区块通过开展连续油管拖动压裂技术、不动管柱水力喷射压裂技术、复杂裂缝压裂技术、石英砂替代陶粒等现场试验，以丰富储层改造手段，提高单井产量。在苏46区块、苏59区块开展无限级套管滑套分层压裂现场试验，为含水气藏开发实践探索出新的改造方式。

措施增产。效果通过加强动态分析，精细气井分类，开展气井分类分级管理，制定“一井一策”管理制度，措施增产明显，确保区块综合递减率在合理范围之内。一是持续开展维护性措施挖潜。2018年，继续开展泡排、气举、柱塞、上试、修井等常规老井增产措施，积极探索解水锁、分离器排液等新的排水采气技术。全年累计施工超过2000口井，累计增产5.25亿立方米，占全年产量的7.97%。二是开展进攻性措施攻关，侧钻水平井实现规模化应用。结合开发实际，优选区域集中部署侧钻水平井，在苏10区块中东部地面碱湖地区部署完钻9口侧钻水平井，平均水平段长度664.38米，投产5口，平均单井日产气3.46万立方米。

3. 开发纪录

西部钻探（苏77区块、召51区块）。5月14日，苏77-18-35H2井首次试验井下隔离阀不压井作业技术成功；召51-33-36井试气获无阻流量53.14万米^3/天，创召51区块直丛井最高纪录；召 51–56–10 井单试山 23 获高产，折算无阻流量 35 万米 ^{3}/ 天以上，创区块同层位最高纪录；召 51–56–10 井气层累计厚度达 43.7 米，含气丰度 3 亿米 ^{3}/ 千米 ^{2}，创区块最高纪录；8 月 3 日，召 51–55–8 井首次试验表层钻井液混配水泥获成功；召 51–34–22 井位移 1599 米，创召 51 区块定向井最大位移纪录；召 51–30–46 小井眼实现二开钻进“一趟钻”，钻井周期 7.3 天，刷新工区最快纪录；5 月 26 日，首次在召 51–40–24 井实施“大井场、双钻机”钻井作业新模式；11 月 6 日，最大丛式井组——召 51–24–35 十六丛井组完钻。

长城钻探（苏 10 区块、苏 11 区块、苏 53 区块）。完钻的 5 口水平井水平段实现“一趟钻”，平均水平段长度 1159.6 米，水平段机械钻速 10.72 米 / 时，水平井钻井周期 36.7 天，实现小于 40 天的目标；实施 9 口侧钻水平井，为历年之最。开展液体改型试验，利用生物胶清洁压裂液替代瓜尔胶体系压裂液，实施 23 井次，其中 3 口水平井，施工成功率 100%，创造 2005 年以来冬季压裂连续施工记录。

渤海钻探（苏 20 区块、苏 25 区块、苏 76 区块）。苏 76–6–18 等 3 口井首次实现钻井周期在 10 天内，占比 3.7%；苏 20–11–13X 井为首口 $4^1/_2$ 英寸小井眼井，小井眼连续油管拖动分段压裂技术首次应用成功。苏 5 区块下古气藏获得新发现。苏 5–16–31AX2 井在马王段测试无阻流量 125 万元 / 天，日产 15 万立方米。

【威远页岩气项目】

1. 工作量完成情况

2018 年，中油油服计划钻井 104 口，压裂 85 口，投产 76 口。全年实际完钻 91 口，压裂 55 口，投产 55 口，分别完成计划的 87.50%、64.71%、72.37%。2018 年产量任务 20 亿立方米，长城钻探和川庆钻探各 10 亿立方米。全年完成 13.21 亿立方米，完成计划产量的 66.07%，欠产 6.79 亿立方米，其中长城钻探和川庆钻探各欠产 5.32 亿米 ^{3}、1.47 亿米 ^{3}。

2. 主要成果

区域“甜点”进一步明确。2018 年，长城钻探在威 202 井区部署完钻 4 口导眼井，累计实施导眼井 7 口，有效锁定区域平面和纵向甜点，为地质研究、井位部署及地质导向提供依据；根据新的“甜点”认识，川庆钻探对原部署方案中的 9 个平台 67 口进行调整，调整后的 50 亿立方米方案部署的 145 口井均处于优势建产区，其中威 204H12–8 井、威 204H35–5 井、威 204H38–7 等 3 口井测试产量超过 50 万米 ^{3}/ 天以上。

Ⅰ类储层钻遇率显著提升。针对旋转导向工具短缺，部分井水平段采用常规螺杆施工，面临仪器零长较长，井斜控制困难的情况，制定常规导向技术模板，取得较好的效果。2018 年完成 74 口水平井的地质导向工作，平均龙一 1^1 小层钻遇率 95.82%。

新技术取得阶段性成效。一是开展 3 口勺形水平井试验，平均反向位移 230 米，平均垂直靶前距 20 米；二是页岩气发电 + 网电结合、电动压裂橇 + 压裂车作业试验成功；三是成功试验免破袋输砂装置，降低风险，提高作业效率；四是成功试验页岩气水平井爬行器射孔；五是引进国际油服公司贝克休斯、斯伦贝谢，开展一体化服务，三开平均钻井周期 21.5 天、机械钻速 9.7 米 / 时、起下钻 2.6 次。同比常规定向钻井周期缩短 57.0%，机械钻速提高 66.9%，起下钻次数减少 4.7 次。

气井管理进一步强化。一是细化气井分类，实现精细管理。在以气藏地质情况为依据划分的三大类的基础上，根据气井生产动态情况细分四类气井，对不同类型的气井采取针对性策略，重点对具有挖掘潜力的Ⅰ大类中的三小类和四小类气井采取措施。二是加大措施力度，挖掘老井潜力。2018年措施增产超过1.0亿立方米。

【相关会议】 2018年4月25日，中油油服召开油气风险合作业务可持续发展座谈会，促进中油油服油气合作业务健康发展，确保2018年苏里格致密气、威远页岩气产能建设和产量任务完成。中油油服执行董事秦永和、中油油服副总经理芦文生，中油油服机关相关部门、各成员企业有关同志参加会议。

会议认为，油气风险合作业务是中油油服的一项重要业务，为工程技术板块完成经营指标起到突出作用。要积极争取集团公司的支持，争取扩大合作区块，实现该业务健康发展。各成员企业要进一步深化地质认识，加强新技术新工艺应用，充分发挥地质工程一体化优势，提高储量动用率和采收率；要加强现有生产井的管理，延长气井寿命；要不断加强对老井剩余储量的认识，采取开窗侧钻、重复压裂等手段，提高单井产量；要开展精细管理，提高创效能力，加强集中采购，降低采购成本；要积极沟通协调，促进资料和信息的共享。

（叶成林　刘永红）

市场开发与生产协调

国内市场

【概述】 2018年，面对集团公司勘探开发工作量大幅增加的严峻形势，中油油服始终秉承“成就甲方就是成就自己”的理念，积极开拓国内市场，大力实施“精益管理年”活动，统筹调配各类资源，扩大总包外包规模，优化组织运行模式，服务保障能力和市场竞争实力持续提升。

【市场开发】 2018年，中油油服关联交易和非关联交易市场齐头并进。

关联交易市场坚持服务保障原则，密切同勘探与生产板块各层次沟通对接，组织各成员企业对油气田企业进行多轮回访，及时掌握勘探开发需求和存在的问题，统筹调配各类资源，大力推进“四提工程”，努力提升“四种能力”，为甲方提供超值服务，提升甲方满意度。优化国内市场布局，积极推进“1+N”市场开放，采用“动人不动设备”方式节省动迁费用。

非关联交易市场坚持服务竞争原则，严格落实市场责任，持续增强市场意识，通过强质量、提速度、降成本，与外部队伍同台竞技。

中油油服领导19次带队到页岩气、玛湖等重点区域及部分油气田沟通交流；针对油气田重点难点问题，中油油服制订解决方案，做成多媒体到油气田进行宣讲交流；各油田技术服务企业每月或根据需要不定期走访油气田，了解需求，强化保障。

大庆等5家油气田内部市场占有率保持100%，新疆油田和西南油气田内部市场占有率分别提高12个和14个百分点，青海油田积极响应一体化要求，把原先油田引入的外部队伍全部交由西部钻探外包并申报资质。2018年集团公司国内市场占有率75%，同比提升5个百分点。

【资源调配】 面对页岩气、塔里木、大港、新疆玛湖等地区大幅上产的情况，利用周例会、专题会议和季度视频会等先后50多次进行研究部署，紧急下了5道生产调度令，组织成员企业向川渝、新疆玛湖等重点地区调配钻机284部、压裂车466台。

落实投资98亿元，更新70型以上钻机20部、压裂车84台，集中采购旋转导向设备12套。

成立页岩气、玛湖等区域资源保障领导小组，助理级和处级干部常驻前线协调资源，中油油服领导每月带队到油气田进行对接沟通。

【深井探井保障】 下发《关于落实十八项关键举措打好深井保障攻坚战的通知》等文件，组织各成员企业逐项落实。推行“40+70”钻机组合打深井模式，应用ZJ40及以下钻机试油，有效弥补深井钻机缺口。

针对集团公司重点探井，配备高素质队伍和高性能设备，成立专家组，强化现场和远程支持，成功实施明15井、克深21井、高探1井、永探1井等一批重点探井。

督促各油气田企业认真落实“六个不等”，加快安评、环评、征地、钻前进度，强化供水供电保障，为提高深井钻机压裂车组动用率和减少队伍等停创造有利条件。

【冬季施工】 2018年，中油油服制订冬季施工方案，全面开展冬季钻井压裂施工。

下发《关于全面开展钻井压裂冬季施工的通知》，提前与油气田企业沟通对接，落实冬季施工工作量、安评环评、钻前工程等，按照配套和保温标准做好冬防保温工作，全面开展钻井压裂冬季钻井施工。

对搬安、起下钻、下套管、大型压裂、夜间施工等实行升级管控，严格落实双监督制度，组织开展冬季安全生产专项检查，确保冬季施工安全平稳运行。

2018 年，中油油服国内投入 700 部钻机、54 套压裂车组开展冬季施工。通过冬季施工，钻机利用率、动用率分别提高 5 个百分点和 10 个百分点，压裂车组利用率提高 11 个百分点，为油气田实现早建产、早投产、快上产创造有利条件。

【总包外包】 2018 年，中油油服大力开展总包外包业务。

认真贯彻落实集团公司领导关于总包外包的一系列指示精神，出台《关于对长庆油田探井、评价井、气井和大丛式井总包外包服务实施升级管理的通知》《修井机业务外包管理办法》等政策文件，实施 8 个方面升级管理措施。认真落实一年两次的长庆区域保障协调对接会，推进长庆钻井总包外包工作。

各成员企业成立 14 个总包外包管理机构，持续规范外包业务，在长庆、吉林、页岩气、新疆玛湖、塔里木等地区共完成总包进尺 1323 万米，其中外包进尺 562 万米，同比增长 60%。在长庆地区完成外包进尺首次突破 500 万米，外包队伍平均单队进尺同比提高 45%，杜绝井控安全环保事故，实现三方共赢。

【市场先进】 2018 年，中油油服认真落实工程技术服务业务市场开发奖励激励机制，对市场开发业绩好的油田技术服务企业和一体化协作做得好的油气田企业继续给予重奖，提高各企业市场开发的积极性。西部钻探等 5 家油田技术服务企业被评为市场开发先进单位，长庆油田等 10 家油气田企业被评为一体化协作先进单位，20 家单位获市场创新先进集体奖，10 个海外项目获一体化管理先进集体奖，280 名员工获市场开发先进个人奖。

【“1+N”钻机部署】

1. 优化国内市场布局，积极推进“1+N”市场开放

制定“1+N”钻机调配方案，组织召开工程技术生产组织协调会、“1+N”钻机部署推进视频会，下发了《关于分区域推进“1+N”工作的通知》，分别到辽河、大庆、大港进行了协调推进。组织渤海钻探与长城钻探、大庆钻探签订了“1+N”框架协议，置换队伍全部办理了资质，钻探企业与油气田企业签订了服务合同。

在“1+N”内部市场开放过程中，中油油服统一协调，顾全大局，采取“动人不动设备”的方式，节省了钻机动迁费用，维护了集团公司利益最大化。属地钻探企业与新进入的兄弟企业相互学习、互相竞赛，交流了管理、技术和经验，又通过内部有序竞争，形成了“比学赶帮超”的浓厚氛围，促进了整体钻井水平的提升。

“1+N”钻机部署打破了“1 对 1”服务模式，建立了内部市场竞争机制，发挥了集团公司一体化优势，既提升了钻探企业的服务保障能力，又提高了集团内部市场占有率，成为集团公司新时期稳油增气和提质增效的一把利剑。

2.“1+N”钻机部署推进视频会

2018 年 3 月 28 日，中油油服在北京组织召开“1+N”钻机部署推进视频会，贯彻落实

集团公司刘宏斌副总经理和侯启军副总经理关于“1+N”钻机部署的指示精神。大庆油田、辽河油田、大港油田和华北油田的主管领导、相关部门负责人，大庆钻探、长城钻探、渤海钻探的主要领导、主管领导及相关部门负责人，勘探与生产分公司、中油油服公司领导和有关部门负责人，共 70 人分别在主分会场参加会议。

会议传达了集团公司领导对“1+N”的最新指示，要求:（1）各单位要提高认识，增强执行力。要把思想和行动统一到集团公司决策和要求上来，加快行动，确保 5 月 1 日前钻井队部署到位。（2）钻探企业要完善一把手任组长的“1+N”推动小组，明确责任和目标，按照时间节点加快落实。（3）油田公司要积极落实集团公司的部署和要求，支持队伍调动，为 5 月 1 日完成任务创造良好环境。（4）勘探与生产分公司、工程技术分公司要密切关注“1+N”的进展情况，做好跟踪服务。

3. 渤海钻探与长城钻探签订“1+N”钻机部署框架协议

2018 年 5 月 9 日，中油油服在辽河油区组织渤海钻探与长城钻探签订了“1+N”钻机部署框架协议。中油油服副总经理李国顺及有关部门负责人，渤海钻探、长城钻探主管领导及相关部门负责人参加签约仪式。协议的签订标志着“1+N”迈出坚实的一步。“1+N”钻机部署采取“动人不动设备”的方式，节省钻机动迁费用，维护集团公司利益最大化。

“1+N”到位以后，属地钻探企业将与新进入的兄弟企业相互学习、互相竞赛，既有利于交流管理、技术和经验，又能够通过内部有序竞争，形成“比学赶帮超”的浓厚氛围，促进整体钻井水平的提升。

4. 渤海钻探与大庆钻探签订“1+N”钻机部署框架协议

2018 年 5 月 10 日，中油油服在大庆油区组织渤海钻探与大庆钻探签订“1+N”钻机部署框架协议。中油油服副总经理李国顺及有关部门负责人，渤海钻探、大庆钻探主管领导及相关部门负责人参加签约仪式。协议的签订，标志着集团公司党组关于“1+N”的决策部署即将全面进入实质性运行阶段。“1+N”钻机部署打破“1 对 1”服务模式，建立内部市场竞争机制，提升钻探企业的服务保障能力，提高集团内部市场占有率，发挥集团公司一体化优势，成为集团公司新时期稳油增气和提质增效的重要手段。

【相关会议】

1. 2018 年生产组织协调会

2018 年 2 月 7 日，集团公司工程技术生产组织协调会召开。集团公司副总经理刘宏斌出席会议并作重要讲话。规划计划部、勘探与生产分公司，工程技术分公司领导，各油气田企业主管领导和部门负责同志，各钻探企业的主要领导、主管领导和部门负责同志以及工程技术研究院领导共 60 人参加会议。工程技术分公司总经理、中油油服公司执行董事秦永和主持会议。

会议强调，要充分认识集团公司利益最大化和市场工作的重要性，认真学习借鉴中石化的“优势在市场、潜力在市场、危机在市场”的理念，永远把市场作为生命之源。会议要求，（1）全力抓好钻井市场“1+N”调配工作。要把优质的队伍派上去；要组织专题培训班；区域主体钻井公司要做好服务工作；要把问题协调解决好，油气田企业要在工农关系和征地上给予支持。（2）全力抓好长宁威远页岩气开发保障工作。页岩气各参战单位要坚持集团公司利益至上原则，学习铁人大庆会战精神，严格执行钻机保障方案。要全力提速，威远长宁实现30天一口井，压裂要突破6–8段。（3）专业公司、油气田企业、钻探企业和机关部门要认真组织好各项工作。工程技术分公司要发挥好板块的统筹协调和引领作用，加强对各钻探企业的考核，油气田企业要强化生产组织，认真落实好“六个不等”要求，钻探企业要进一步提高政治站位，增强大局意识，切实增强工作的积极性和主动性。

2. 页岩气服务保障工作研究部署

2018年9月19日，中油油服召开专题会议，研究部署页岩气服务保障工作。中油油服执行董事秦永和，副总经理王忠仁、李国顺，总经理助理刘玉贵、石德勤，以及机关相关部门负责人参加会议。会议要求，（1）要发扬抓小抓细的工作作风，落实页岩气领导小组会议精神，确保主要资源11月30日前全部到位，各项工作见到明显效果。（2）要牢固树立让顾客满意、让甲方满意的思想，以及服务保障意识，紧紧围绕增储上产开展工作。（3）要明确目标导向，努力实现今年“钻井4个15%”“常规压裂提速20%，工厂化压裂提速30%”的目标。（4）油服机关部门要组织好钻井、压裂、旋转导向、连续油管等主要资源的协调工作，确保按时间组织到位。（5）要求页岩气各参战单位由主要领导牵头组织召开钻井提速会议和压裂提速会议，落实页岩气工作推进会会议精神，切实研究解决问题。（6）两级机关要成立工作组，专门研究打破制约当前施工效率的突出瓶颈。（7）要派专家和技术骨干深入一线，协助解决现场难题。（8）“四化”建设、总包外包等各项工作要着眼于提效率、降成本，最终要有经济效益。（9）油服要分头组织专题会议，落实各项具体工作事宜，要着手建立快速协调推动机制，提高工作效率，缩短管理链条。

3. 长庆油区钻井总承包工作协调会

2018年11月23日，中油油服在西安组织召开长庆油区钻井总承包工作协调会，中油油服执行董事秦永和主持会议，长庆油田公司常务副总经理李忠兴及相关领导，中油油服副总经理、安全总监喻著成，长庆油区钻井总承包工作协调组成员参加会议。会议要求：（1）进一步抓好“四提”工作，加强技术攻关，推广提速模板，形成统一的技术标准和体系，提高设计符合率、储层钻遇率、井筒完整性和压裂符合率，最终实现提产；（2）要进一步规范总包外包生产组织模式和专业化管理形式，规范招投标管理，派驻合格监督人员，强化过程控制，实现安全外包和有效外包；（3）做好长期冬季打井的准备，组织好冬季打井，实现均衡科学生产；（4）不断提高服务保障率和服务保障水平，提升内部市场占有率；（5）加强外部队伍管理，强化资质审查，优胜劣汰。2018年，各钻探企业在长庆油区完成钻井进尺同比增加16%，外包队伍进尺完成计划的98.4%，年底可超额完成全年计划。外包队伍的人员素质、施工能力大幅提升，2018年外包队伍年均进尺同比增加45%，杜绝安全环保井控和质量事故。

4. 2019年勘探开发生产保障协调会

2018年12月25日，中油油服在北京组织召开2019年勘探开发生产保障协调会。各油气田企业主管部门负责人，各油田技术服务企业主管领导、业务部门负责人及相关人员，勘探与生产分公司，中油油服相关部门负责人参加会议。中油油服副总经理、安全总监喻著成主持会议。2018年，面对勘探开发工作量，特别是深井、水平井数量大幅增加的形势，中油油服按照集团公司的总体部署，同勘探与生产板块通力协作、密切配合，全力抓好勘探开发服务保障工作，在圆满完成集团公司稳油增气和油气田增储上产任务的同时，保持集团公司内部市场占有率稳中有升的良好局面。对于 2019 年勘探开发服务保障工作，会议要求，（1）要进一步增强对勘探开发服务保障工作重要性的认识，认真贯彻落实加快油气业务发展的一系列指示精神，确保集团公司利益最大化；（2）甲乙双方协作配合，提高勘探开发效率；（3）强化市场协调，努力提高服务保障率和市场占有率；（4）完善资源保障机制，提升服务保障能力；（5）强化区域资源共享，充分发挥一体化优势；（6）发挥技术支撑作用，服务油田增储上产；（7）大力开展总包外包，实现甲乙丙三方共赢；（8）巩固“1+N”钻井成果，持续提升整体钻井水平；（9）统筹资源调配，全力保障集团公司重点建产项目；（10）落实集团公司要求，全面开展冬季施工；（11）落实责任、强化监管，确保安全平稳生产。会议强调，2019 年各油田技术服务企业要紧跟集团公司勘探开发总体部署，牢固树立“成就甲方就是成就自己”的理念，主动践行服务保障职责，围绕“精准、优质、高效、双赢”主题，大力开展“服务保障年”活动，科学调配资源，创新生产组织，推进工程提速，强化安全管控，坚决助力油气田完成增储上产任务。

（杨培福）

国际市场

【概述】 中国石油集团油田技术服务有限公司于 2018 年成立国际事业部，按照“八统一”（统一品牌、统一规划、统一布局、统一标准、统一组织、统一协调、统一考核、统一技术支持）的思路，统筹协调管理海外油田技术服务业务。

2018 年，中油油服海外钻井进尺 237 万米，同比增长 5.8%；三维地震采集 5.8 万平方千米，同比增长 23.8%；二维地震采集 8.4 万千米；修井 1570 口，测井 4276 井次，录井 564 口，测试 3948 层，固井 1958 井次。

【海外队伍】 截至 2018 年底，中油油服海外业务有各类工程技术服务队伍 1404 支。

其中：钻井队 270 支，占 19.2%；技术服务队伍 1060 支，占 75.5%。动用队伍 879 支，总体动用率 62.6%（表 1）。

表 1　海外业务工程技术服务队伍统计表

专　业	总数（支）	动用数（支）	动用率（%）
物探—陆上	68	29	42.6
物探—海上	6	6	100.0
钻机	270	168	62.2
修井机	107	55	51.4
测井	139	92	66.2
录井	144	81	56.3
测试	158	135	85.4
酸化压裂	12	9	75.0
固井	73	50	68.5
定向井	74	52	70.3
钻井液	196	103	52.6
连续油管	13	11	84.6
其他	144	84	58.3
总　计	1404	875	62.3

【海外人员】 截至2018年底，中油油服海外项目员工总数40434人，其中：中方员工6955人、外籍员工33479人，员工当地化率82.8%（表2、表3）。

表2　2018年中油油服海外人员统计情况（按单位）

单　位	中方员工（人）	外籍员工（人）	员工总数（人）	当地化率（%）
东方物探	2002	17079	19081	89.5
西部钻探	450	2247	2697	83.3
川庆钻探	677	3361	4038	83.2
渤海钻探	1913	6069	7982	76.0
长城钻探	91	186	277	67.1
测井公司	1032	3389	4421	76.7
大庆钻探	733	1132	1865	60.7
海洋工程	57	16	73	21.9
合　计	6955	33479	40434	82.8

表3　2018年中油油服海外人员统计情况（按区域）

区　域	中方员工（人）	外籍员工（人）	员工总数（人）	当地化率（%）
亚太	559	6085	6644	91.6
中亚—俄罗斯	1063	6585	7648	86.1
美洲	855	4479	5334	84.0
非洲	1839	8347	10186	81.9
中东	2639	7983	10622	75.2
合　计	6955	33479	40434	82.8

【海外业务机构改革】 2018年，中油油服完成一般管理人员招聘及处级干部竞聘，国际事业部管理框架基本搭建完成。测井公司、长城钻探、西部钻探分别成立或完善各自的国际事业部和国际工程公司职能，与中油油服在机构上实现有效对接。

【海外市场开发】 2018年，中油油服海外市场开发取得新突破。

传统市场恢复性增长。苏丹、印度尼西亚、古巴、南苏丹、厄瓜多尔等传统市场新签合同额翻番；乍得、印度尼西亚、伊拉克、哈萨克斯坦等市场收入增长超过30%；大庆钻探鲁迈拉总包项目重新启动；东方物探沙特项目再次延期。

新兴市场开发取得突破。东方物探与阿联酋阿布扎比国家石油公司签订合同金额16亿美元的海上和陆上三维地震勘探项目合同，创造全球最大连续三维地震勘探项目纪录；长城钻探和渤海钻探在科威特市场成功中标科威特国家石油公司钻井和修井项目；测井、定向井等技术服务全面进入秘鲁项目，地震勘探业务进入阿根廷国家石油公司市场。

新业务市场得到有效拓展。东方物探Geoeast软件实现“走出去”零的突破，中标古巴国家石油公司项目；东方物探信息业务中标阿尔及利亚ERP项目和智慧油田数据项目；OBN业务发展多点开花，成为新的业务增长点，初步形成中东、西非、里海、东南亚4个亿美元级区域规模市场；长城钻探中标尼日尔地面维护项目合同和阿曼热采项目。

阿联酋ADNOC三维地震项目

市场模式创新。川庆钻探探索油田增产服务模式，在厄瓜多尔与厄瓜多尔国家石油公司签订油田增产一体化服务项目；东方物探与阿塞拜疆国家石油公司成立合资公司，成功进入里海物探市场；长城钻探采取“管理输出 + 战略合作 + 业务外包”模式，签订土耳其国家石油公司页岩油一体化合同；钻井大包规模持续增长，成员企业在哈萨克斯坦、乍得、厄瓜多尔、伊拉克等市场获得多个总包一体化项目合同。

【国际业务主要成果】 2018 年，中油油服国际业务按照“统一化管理、一体化服务”思路，推进海外管理机制改革，完成国际事业部组建和人员招聘。发挥集团公司一体化优势，主动与 CNODC 对接交流，实现精准保障服务。中油油服与 CNODC 建立长效沟通机制，开展多层次交流，组织钻探企业主动对接 CNODC 需求，共同提出“精准实施、定向应用、技术创效”合作目标及 7 项深化合作建议，并选取 5 个项目试点，强化服务保障，为海外业务发展提供坚强支撑。海外物探队伍承担 CNODC 为作业者项目的 100% 二维工作量和 88% 三维工作量。钻井队伍占比 65%，技术服务队伍占比 71%。东方物探在海外合作区油气重大发现参与率一直保持 100%，连续 10 年被授予油气勘探“特别贡献奖”。有效解决哈萨克斯坦复杂盐下碳酸盐岩地震资料成像问题，在老油区储层与剩余油预测方面取得良好效果。西部钻探、测井公司在重点探井乌兹别克斯坦 M15 井的保障中累计攻克世界性钻探难题 20 余项，集成 8 项成熟技术，全面实现目标，充分彰显中国石油工程技术实力，叫响 CNPC 服务品牌。渤海钻探在艾哈代布应用特色转向酸酸液体系，有效解决新井产量小和老井增产难题，累计增油 28.2 万吨。海洋工程依托海洋技术中心，积极开展 CNODC 海外海洋油气区块项目的技术支持工作，完成各类研究课题 13 项，承担海外油气区块可行性研究编制 5 项，完成参股购股前期评价项目 5 项。

2018 年，工程技术业务海外新签合同额同比增长 13.6%，外部市场新签合同额占比 70.5%，集团公司海外投资项目市场新签合同额同比增长 44%，国际业务利润总额创历史新高。

钻机动用率持续提高。通过有效的市场开发，2018 年钻机动用率稳定在 60% 以上，较 2017 年明显好转。

【海外市场施工纪录】 2018 年，东方物探在阿曼 PDO 项目成功推广高效混叠采集技术，通过优化 DSS 系统以及生产组织的持续优化，生产效率日均 3 万炮以上，创造业界可控震源作业效率新的世界纪录。长城钻探在伊拉克格拉芙区块成功应用自主研发的 GW-LWD 仪器和 GW-PDC 钻头，首次实现三开三趟钻完井，超越国际知名公司和国内民营企业，创造该区块最快施工纪录，优异表现获得甲方赞扬。大庆钻探沙特项目 4 部钻机 KPI 达标率提升到 94%，平均机械钻速较同区块同比提高 3.9%，得到总包商和阿美公司的认可。西部钻探在哈萨克斯坦阿克纠宾实施一体化方案设计、一体化生产组织、一体化资源调配、一体化技术管理，推动完成井平均机速提高 123%，稳产后日平均产量相比邻井提高 5 倍以上。长城钻探乍得项目推广工厂化作业，钻井周期降幅 46.9%，完井周期降 33.4%，为甲方大幅节约成本，加快勘探开发进度。渤海钻探在伊拉克米桑油田完钻的 BUCN-66H 井，刷新该油田深水平井单井平均机械钻速、钻井生产时效、钻井作业周期等多项新纪录。川庆钻探在土库曼斯坦项目探井 DOV21 井钻井中，以 113 天安全完钻，机械钻速同比提高 43%，创下该区钻井周期最短纪录。

【海外社会安全】 2018 年，中油油服海外作业队伍分布在 54 个国家，其中极高风险 6 个、高风险28个，占总数的63%。成员企业海外项目面临的主要风险为战争、宗教部族冲突、治安犯罪、绑架劫持、恐怖袭击、政治动荡和社会动乱。中油油服通过强化社会安全管理措施的落实，有效控制社会安全风险，完成年初制定的目标，全年没有发生因社会安全管理原因造成中方人员被绑架和致死责任事件。

加强信息收集，动态评估社会安全风险。高风险国家项目、新投标项目均开展了所在国社会安全风险评估。

加强升级“三防”措施，狠抓现场落实。高风险国家项目对照集团公司社会安全管理体系和相应标准，结合社会安全风险实际，落实各项措施。

【厄瓜多尔油田增产服务项目】 2018年2月19日，川庆钻探与厄瓜多尔国家石油公司（PAM）签订P油田增产一体化服务项目合同，合同期10年，金额2.2亿美元。P油田增产服务项目，是川庆钻探成立以来在境外承揽的首个老油田增产服务项目，也是中油油服成立后的首个油田增产服务项目。截至2018年12月，完成首口老井修复和新钻井作业，并深入开展地质研究工作。

【相关会议】

1. 海外钻修井机动用率专题会议召开

2018年5月30日，中油油服组织召开海外钻修井机动用率专题会议。大庆钻探、西部钻探、长城钻探、渤海钻探、川庆钻探海外业务主管领导及相关部门负责人参加会议。

会议强调，海外业务要在营业收入、实现利润和安全稳定等方面为公司做出更大贡献。（1）各钻探企业要突出优势，继续发挥钻机带动技术服务“走出去”作用。现阶段没有钻机动用率的扩大，就不可能有海外业务发展。（2）要抓住油价上升、勘探开发投资逐步增加的机遇。主动与甲方沟通交流，有效制定市场开发策略，做好市场、设备、人员准备工作。（3）要摸清家底，减量优化。各钻探企业要对海外钻修井机逐台清理，分析设备能力和市场符合度，经过充分评估后，对严重老化、不符合市场需求的钻修井机，可实事求是地采取申请报废、就地出售、升级改造、市场转移等方式进行处置。（4）强化保障服务，提高内部项目钻机市场占有率，各企业要进一步强化服务保障意识，积极主动为甲方排忧解难，提高CNODC钻机市场占有率和技术服务比例。

2. 海外业务管理及试点建议方案讨论会召开

2018年7月25日，中油油服组织召开海外业务管理及试点建议方案讨论会。中油油服领导班子成员，总经理助理，机关相关部门负责人参加会议。国际事业部汇报海外业务集中组织管理及试点建议方案内容，与会人员进行认真讨论，会议强调：（1）稳步开展海外业务集中管理，试点先行、积累经验，循序渐进、逐步推动；（2）集中组织管理要提效率、降成本，符合集团公司压缩管理层级、减少机构数量的要求；（3）重点做好海外业务发展的计划、组织、协调和引导等工作；（4）加强市场协调工作，增强企业间协同，提高市场占有率和项目中标率；（5）切实帮助成员企业攻难点、解难题，建立共享平台，促进资源共享；（6）加大技术推介力度，构建良好市场环境，提高技术服务业务占比；（7）建立市场信息协调机制等。

会议认为：实施海外业务管理，关键要切实帮助各成员企业协调解决存在的问题，充分发挥工程技术一体化优势，巩固扩大海外市场规模，提高市场占有率和收益率。必须准确把握改革定位和发展方向，在中油油服新的体制下，有效发挥两个层次的积极性，切实抓好海外业务发展。会议要求：(1) 要充分理解“八统一”的含义。“八统一”即统一品牌、统一规划、统一布局、统一标准、统一组织、统一协调、统一考核、统一技术支持。这是集团公司党组决策通过的工程技术海外业务改革原则，是推动海外业务发展的行动指南。(2) 要重点抓好两项工作，即以创效为目标，抓好技术市场开发，以节支为目标，抓好资源协调。(3) 要牢固树立“一盘棋”思想。主动站在推动工程技术业务发展、服务集团公司油气战略的高度，进一步统一思想、提高认识，加快提升市场竞争力和品牌影响力。

（崔　涛　余　麒）

资质管理

【概述】 2018 年，中油油服资质管理办公室严格执行资质审查标准，加强现场复审，做到“六不批”(技术不达标不批、内部可保障不批、工作量不增不批、超控制规模不批、高风险施工民营队不批、监督管理人员不到位不批)，严把队伍入口关。全年制修订资质审核标准 5 项，受理资质申请 46 批次，开展资质管理专项检查，深入调查现场无资质、超资质施工等问题。建立资质管理评先选优机制，提高资质管理人员工作积极性。

【标准制修订】 为规范集团公司海洋工程技术服务企业和队伍管理，提升海洋工程技术队伍素质和施工作业能力，2018 年，中油油服将海洋石油工程技术服务专业纳入资质管理范围，并制定和发布《中国石油天然气集团有限公司海洋石油工程技术服务企业资质审核标准(试行)》《中国石油天然气集团有限公司海洋石油钻井平台资质审核标准(试行)》《中国石油天然气集团有限公司海洋石油井下作业平台资质审核标准(试行)》《中国石油天然气集团有限公司海洋石油酸化压裂资质审核标准(试行)》《中国石油天然气集团有限公司海洋石油试油测试资质审核标准(试行)》等 5 项审核标准。

【资质审批】 2018 年，中油油服受理油气田企业、工程技术服务企业及外部企业资质申请 46 批次，共 709 家企业和 4022 支队伍。资质管理办公室按照“两级审查，一级发证”(资质初审领导小组初审，资质管理办公室终审，集团公司资质管理委员会发证)的工作流程，完成相关企业和队伍资质审核、批复及发证等工作。

【专项检查】 为 2018 年，进一步提高工程技术服务资质管理水平，切实加强承包商管理，确保勘探开发安全高效，中油油服资质管理办公室成立资质检查领导小组，2018 年 8 月 22—9 月 7 日，对 15 家油气田企业和 6 家油田技术服务企业资质管理工作进行专项检查。检查管理部门 56 个、油服二级单位 18 个、油气田采油厂单位 27 个，抽查准入材料 135 份、招标中标材料 77 份、施工服务合同 86 份、各专业生产日报 1200 余份，深入 47 个企业、172 家队伍进行现场检查。通报无资质施工企业 4 家、无资质施工队伍 24 支、超资质等级范围施工队伍 2 支，制订整改方案，2018 年 12 月 1 日全部完成整改。

【评先选优】2018 年，中油油服首次组织开展集团公司资质管理先进单位和个人评选活动，评选出资质管理先进单位 10 个、先进个人 75 名，提升各企业资质管理人员的工作积极性和主动性。

【相关会议】集团公司资质管理委员会办公室召开 2018 年第一批外部企业和队伍资质评审会议。

2018 年 1 月 23 日，集团公司资质管理委员会办公室在北京石油大厦组织召开了 2018 年第一批外部企业和队伍资质评审讨论会。会议由资质管理委员会办公室领导李国顺主持，相关处室和专家共 11 人参加了会议。

会议严格按照集团公司资质管理委员会主任刘宏斌强调的“五不批”“两压减”以及“两不降、一提升”的原则开展外部企业和队伍的审查工作。“五不批”即：技术不达标不批、内部可保障不批、工作量不新增不批、高风险作业等不批。“两压减”即：内部队伍按计划压减、外部队伍优胜劣汰。“两不降、一提升”是指：钻井工作量增加的油田，内部企业市场占有率不能降；钻井工作量下降的油田，本年度内部企业工作量不能降；内部市场占有率低于 75% 的油气田，进一步提高内部占有率。会上，分公司资质管理处介绍了本次外部企业和队伍资质以及外包企业和队伍资质的申报、集团公司资质评价中心对申报企业和队伍的技术审查等相关情况，介绍了此次资质审查审批工作的原则，并汇报了根据《中国石油天然气集团公司石油工程技术服务企业及施工作业队伍资质管理规定》(中油工程字〔2006〕209 号)制定的队伍资质拟批复方案，与会领导和专家进行了讨论，会上基本通过了本次外部企业和队伍资质的批复方案，正式的批复文件将于近期下发。

（杨培福）

科技与信息

科技工作

【概述】 2018年，中油油服统筹科技经费2亿元，共设置9个项目28个课题。重点针对新疆、塔里木深井提速、青海油区安全快速钻井、页岩气提产关键技术生产继续解决的问题开展立项，推动攻关研究。组织开展旋转导向钻井系统研发工作。

【科技工作完成情况】 2018年，中油油服编制下达2018年科技统筹研发费用方案。中油油服共计提科技统筹研发经费20730万元，其中：西部钻探计提科技统筹研发费4110万元、长城钻探计提科技统筹研发费4500万元、渤海钻探计提科技统筹研发费4650万元、川庆钻探计提科技统筹研发费7470万元。

持续打造工程技术利器，“四提”科技攻关成效显著。

指向式旋转导向系统在辽河油田进行功能性试验，成功实现增斜、稳斜、降斜和扭方位功能，取得重大突破。

塔里木深井超深井钻井提速项目有效集成配套成熟适用技术，创下区块最快钻井指标。

页岩气水平井快速钻井综合配套技术研究项目完成长水平段钻井提速技术集成，优化低密度防塌钻井液及防漏堵漏技术。

青海油区油气井安全钻井技术研究开展英西区块地质、测井资料分析与建模，随钻测量参数分析与评价，形成一套适应与本地区的水平井提速模板。

可控震源超高效混叠采集技术在阿曼再创新高，平均日效3.1万炮。

全可溶桥塞工具研制实现系列化，提升桥塞溶解速率性能，优化工具结构，实现单胶筒无支撑环结构密封性能达到70兆帕，8天内可全部溶解，极大提升作业效率。

【科技管理与交流】 2018年，按照集团公司工程技术业务改革重组的指导意见和要求，编制工程技术研究院和测井公司测井研究院改革方案，进一步优化科技资源配置，明确科技攻关定位，加强工程技术尖端工具和装备研发。

2018年5月，按照集团公司科技规划计划工程技术专业委员会的工作部署，中油油服组织开展旋转导向钻井技术回顾性技术评估工作，中油油服副总经理芦文生带领专家组对大庆钻探、西部钻探、长城钻探、渤海钻探、川庆钻探、测井公司等单位旋转导向钻井技术攻关进展、项目团队建设以及经费投入等情况进行全面调研，形成专项调研报告，并向集团公司做专题汇报。

2018年8月，发布《中油油服工程技术研究院与各钻探企业研究院科技协同工作管理办法（试行）》，成立了科技协同工作领导小组，进一步理顺科技工作界面，明确总院和各分院的研究定位和差异化发展要求，要求协同攻关重大项目、成果转化，强化资源共享。

2018年，开展钻完井技术、侧钻井技术、储层改造技术、连续管技术、钻井液技术、固井技术、物探、测井、录井等专业技术回顾性评价，对标国外先进技术，找差距，明确下一步攻关方向。

2018年8月15日，中油油服与航天科工集团就加强标准化营房、旋转导向仪器仪表、仿真设计等领域合作进行了技术交流。双方将进一步加强现场调研，精确把握需求，建立交流机制，共享信息和技术。

2018 年 9 月组织召开中油油服 2019 年度科技统筹项目顶层设计研讨会，按照顶层设计和问题导向原则，专家优选科技攻关方向，避免重复。

2018 年 12 月，中国石油工程技术新产品发布会在北京召开，EV-56 高精度可控震源等 16 项优秀新产品进行发布，发布的新产品涵盖油气田企业、工程技术服务企业和相关科研院所，为保障高质量公司发展，再添利器。

【旋转导向钻井系统研发】 2018 年，中油油服根据集团公司安排部署，组织开展旋转导向钻井系统研发工作。10 月 17 日召开旋转导向集中研发项目启动会，成立集团公司旋转导向研发领导小组、项目组和专家小组。10 月 22 日下发《关于开展旋转导向集中研发》的通知，正式启动项目一期工程。项目从大庆钻探、西部钻探、长城钻探、渤海钻探、川庆钻探、测井公司和工程技术研究院抽调机械、电子、控制、测井、钻井等专业的 23 名骨干，其中硕博以上学历 19 人，平均年龄 37.2 岁。项目制定研发目标、总体方案和技术路线，确定研究课题设置、关键技术和主要任务。按照集团公司重大科技项目管理办法，项目组编写完成项目及各课题开题论证材料。

【科技奖励】 2018 年，中油油服成员企业获专利优秀奖 1 项，国家级科技奖 1 项，集团级科技奖 40 项，省部级科技奖 51 项。

【相关会议】 2018 年 9 月 12 日，中油油服在北京组织召开 2019—2020 年科技计划研讨会。中油油服副总经理芦文生，集团公司咨询中心专家，中油油服相关业务部门、直属研究院所负责人，油服企业科技部门和项目承担单位近 60 人参加会议。工程技术研究院、五家钻探企业、东方物探、测井公司、海洋工程等九家单位进行汇报交流。与会专家对上报的计划进行了评审研讨，专家组建议适度增加“四化”、冬季施工保障研究、信息化等相关项目的立项研究以及钛合金钻杆、钻井液强冷、反循环钻井、生物基环保钻井液、近钻头方位伽马、连续管钻井等新工艺的研发，对各家重复性需求进行整合立项，统一组织。会议要求各企业积极适应油服改革后的新定位和管理新模式，在中油油服的统筹部署下，充分利用科技政策，加快核心利器打造和创新技术研究，做好增储上产保障，提高核心竞争力。加强科技共享体系建设，借助门户网站开发科技成果自动检索系统，提高既有成果利用效率。

信息化建设

【概述】 2018 年，中油油服在信息化建设方面重点推进 A7（2.0）和 A12 完善提升项目建设，拓展 A7、A12 系统应用的深度和广度，推进三级 RTOC 建设，加强系统应用考核力度，提升网络安全保障水平。

组建信息化工作小组，制定发布《油田技术服务信息化管理办法》；建立总部 RTOC，对中油油服所属 39 个局处级 RTOC 开展日常监控和巡检，持续开展集团重点井监测分析，年内累计监测重点井 143 口，实现 5000 米以上深井实时监控百分百全覆盖。

【信息系统建设与应用】 工程技术生产运行管理系统（A7 系统）是集团公司“十一五”规划信息化项目，涵盖工程技术现场作业管理、生产协调管理、生产过程管理、报表管理、统计分析等应用。工程技术物联网系统（以下简称“A12”）项目是中国石油信息化建设“十二五”规划的重点项目之一，实现工程技术现场数据采集、数据传输、数据存储、综合应用四个平台和远程作业支持中心 (RTOC)。为满足工程技术业务发展的需要，实现甲乙方数据共享，支撑“共享中国石油”，集团公司分别于 2017 年 1 月 9 日和 2017 年 10 月 18 日批复中国石油工程技术生产运行管理系统项目（A7 2.0 项目）和工程技术物联网系统完善提升项目（A12 项目）。目标是建成一套特色鲜明、普遍适用、有效性强的中油油服工程技术一体化应用平台，实现“三统一两共享”，支撑工程技术服务业务“标准化、专业化、机械化、信息化”的四化发展战略。

2018 年 2 月完成 A7(2.0) 和 A12 完善提升项目需求分析，4 月完成一体化详细设计评审，9 月底完成主体功能开发，11 月中油油服组织召开项目实施启动视频会，各成员企业各自成立项目实施组织机构，开展项目实施工作。

加快推进三级 RTOC 建设，6 月 7—8 日在渤海钻探和长城钻探组织召开 RTOC 应用交流会，集团公司信息管理部、中油油服、各油田技术服务企业、工程技术研究院和中油瑞飞公司参加会议。共同提升各成员企业 RTOC 的应用水平。

每周督促考核各钻探企业 5000 米以上深井监控覆盖率和 A12 系统运行有效率。经过持续推进，覆盖率从初期的 54.84% 提升到 100%。督促和推进成员企业 RTOC 的建设及应用，组织专家赴西部钻探推进 RTOC 建设与应用，督促解决西部钻探井场专业化运维问题，杜绝钻井现场配备多套卫星小站的情况。集团总部 RTOC 已对设计井深超过 5000 米的井作为日常监测深化应用试点。

【网络安全检查】 为贯彻集团公司 2018 年信息化工作会议精神，持续推进国家网络安全法、集团公司信息化管理制度的有效落实，2018 年 4—9 月，按照集团公司《关于开展 2018 年网络安全与数据中心检查工作的通知》要求，中油油服组织各成员企业开展网络安全检查工作。检查工作分为三个阶段，4 月 16 日—5 月 31 日为自查阶段，6 月 1 日—8 月 31 日为抽查阶段，9 月 1 日—9 月 30 日为整改阶段。各成员企业对集团公司统建信息系统、企事业单位自建信息系统、工业控制系统、集团公司数据中心开展包括网络安全管理要求落实情况、安全基线合规情况、重大高危漏洞防范情况、工业控制系统信息安全防护情况以及数据中心基础设施设备的安全运行情况开展检查，全面排查网络安全和数据中心重大风险、隐患，进行问题整改，进一步提升中油油服整体网络安全管理和防护水平。

【信息系统服务保障】 2018 年，中油油服根据《关于加强工程技术板块信息系统应用考核管理办法的通知》，加强对各成员企业 A7、A12 系统应用考核。重点对各专业数据的及时性、完整性、准确性进行考核，考核结果每月在中油油服的网站上进行公布。通过考核，有效促进 A7、A12 系统推广应用，提升中油油服企业信息化应用水平。

【相关会议】

1. 工程技术物联网系统应用推进会

2018 年 3 月 7 日，中油油服组织召开 A12 系统应用推进会。落实集团公司关于推进工程技术业务“四化”工作指示精神，进一步推进A12系统的深化应用。中油油服执行董事秦永和，相关部门负责人，各钻探企业工程技术主管领导、工程技术、生产运行、信息部门负责人及A12项目组成员参加会议。

各企业介绍A12系统的应用情况，对深化应用进行研讨并提出有关建议。中油油服介绍钻井、井下作业下一步信息化建设方案和钻井井场数据中心建设方案，并对拟下发的《工程技术远程支持管理办法》做了说明。

针对目前信息系统建设不平衡、功能应用不充分RTOC利用率不高等问题，会议要求：（1）提高认识，增强建设和应用的主动性和自觉性。大力推进信息化建设，在推进中改进，在改进中提高。（2）工程技术信息化建设过程中要贯彻业务主导、标准先行、统一平台、集成共享的原则。（3）RTOC建设和应用要坚持三级建设，重点监控，多功能应用，24小时全方位的监控。（4）井场数据采传建设和专业化管理要按照规范标准一次录入、集中存储、统一传输，全局共享，并由录井公司集中管理。（5）加强各单位RTOC应用交流、信息化系统应用和RTOC运行的考核和评价。（6）中油油服要为各单位做好服务，创造条件，明确建设方案和建设标准，出台相应的制度，进行规范化管理。

2. A7（2.0）和A12完善提升项目试点实施启动视频会

2018年11月9日，中油油服组织召开A7（2.0）和A12完善提升项目试点实施启动视频会。项目承建方中油瑞飞公司就项目的建设背景、目标、方案、计划等做了全面的汇报。两个项目按照“一体化设计、一体化开发、一体化实施”的思路开展工作，A7（2.0）和A12完善提升项目正式进入实施阶段。会议要求：要提高思想认识，把“四化”建设落到实处；要加强组织保障，全面完成两个项目的年度任务；充分利用信息化资产，保障系统切换平稳运行；加快推进三级RTOC建设，确保年内5000米以上深井监控覆盖率、A12系统运行有效率实现“两个100%”；持续改进系统功能，保证系统运行顺畅；加强系统考核力度，提高软件培训层次，提升系统应用水平。

（栗　克）

安全环保与井控管理

安全管理

【概述】 2018 年，中油油服安全生产态势保持良好，未发生较大及以上安全环保事故事件，实现“5 个零”的目标，全面完成集团公司下达的安全环保节能、职业健康各项指标，6 家成员企业被评为集团公司质量安全环保节能先进企业，保持集团公司及中油油服安全环保形势总体稳定。

【HSE 责任落实】 中油油服按照“一岗双责、党政同责、齐抓共管”原则，建立有感领导、直线责任、属地管理“533”责任体系（5：带头完善井控及安全环保管理体制机制；带头强化约束激励机制；带头持续改进 HSE 体系；带头研究解决井控及安全环保问题；带头督办隐患治理。3：风险评估分析；制度规程建设；管理措施实施。3：属地风险识别；问题隐患查改；违章行为制止），强化“领导带头示范、部门齐抓共管、全员认真负责”的责任落实。

【培训教育】 2018 年，中油油服围绕 QHSE 体系审核为中心，持续优化培训方式，分层次、分专业、分岗位开展培训，开展 2 期安全管理人员和 QHSE 审核员培训，培训各级安全管理人员 271 人，提升审核员业务水平，建立审核人员专家库，推动企业体系审核工作质量提升。

【制度规程规范】 2018 年，中油油服根据集团公司要求，结合生产实际，成立中油油服 HSE（安全生产）委员会，明确委员会成员、委员会职责、委员会办公室职责，进一步完善安全生产管理体系。委员会成员：主任：秦永和，副主任：茅启平、王忠仁、李国顺、芦文生、衣应俭，委员：刘玉贵、岳文博、石德勤、卢发掌、王增年、杜榕、张强、刘欣欣、解光银、姜新生、王计平、王悦军、王鹏、孙玉玺、翟尚江、王眉山、张卫军。HSE（安全生产）委员会办公室设立在质量安全环保部，王增年兼任办公室主任。

印发了《中国石油油田技术服务有限公司安全生产约谈实施办法（试行）》，对中油油服成员企业的约谈条件、对象和方式进行要求和明确，进一步划分中油油服和成员企业的范围和约谈人员，对中油油服和企业两个层面对约谈进行规范，实施警示问责，向成员企业下发督办函 5 份，对较大隐患问题进行整改督办。

【双重机制建设】 中油油服不断加强风险管控能力，积极落实风险分级管控要求，确立井控、环保、放射源、民爆品、海上作业等中油油服五大风险，发布集团公司钻井、测井、物探 3 个专业风险防控模板，推广“作业前安全分析、作业许可、挂牌上锁、行为观察沟通、安全目视化”5 种 HSE 风险防控管理工具，编制印发 5 个专业的“7 队 1 站”标准，促进队伍管理标准化，要求各企业编制“HSE 风险分级防控方案”，所属 8 家成员企业全部通过国家安全生产标准化评审。

隐患治理有序开展，实施隐患治理分级督办，按管理实际制定必要方案，做到措施、责任、资金、时限、预案“五落实”。各企业加强安全环保隐患治理，全年投入专项费用 7.03 亿元，治理隐患 737 项。

【承包商管理】 承包商管理不断加强，承包商管理制度不断完善。

开展承包商专项审核，审核企业和队伍

资质 5200 余次，清查承包商 4788 家、外包队伍 957 支；严格落实五项监管措施，建立承包商队伍和人员黑名单制度，清退外部承包商 79 家。

实施承包商排查摸底，按照集团公司《关于开展在用外部承包商有关情况集中调查的通知》要求，统计排查在用外部承包商共计 3735 家，对其分类分析，强化各企业承包商管控，其中大庆钻探承包商 302 家，西部钻探承包商 494 家，长城钻探承包商 441 家，渤海钻探承包商 971 家，川庆钻探承包商 802 家，东方物探承包商 203 家，测井公司承包商 309 家，海洋工程承包商 200 家，工程技术研究院承包商 13 家。

【海外 HSE 管理】 2018 年，中油油服海外业务总人工时为 117296027，月均 9700000，工时较 2017 年增长 11%，海外业务工作量保持平稳增长。8 家企业共上报可记录伤害 133 起，损工伤害 4 起，损工伤害率（LTIF）为 0.03，可记录伤害率（TRIF）为 1.09。成员企业通过强化过程管控、有效执行现场 HSE 管理工具、加强现场监督和审核等措施的落实，确保海外安全生产的平稳运行，实现年初制定的目标，杜绝安全生产亡人事故和重大环境污染事件。部分基层队取得骄人的业绩：东方物探阿曼项目 8622 队连续 14 年无损工事件（LTI）；长城钻探伊拉克项目 GW311 队连续 7 年无损工事件（LTI）；渤海钻探印尼项目 Rig HPS-04 队连续 6 年无损工事件（LTI）。

【体系审核与监督检查】 2018 年，中油油服成立 HSE 委员会，搭建中油油服 QHSE 体系建设框架，落实“差异化监管、精准化审核”要求，突出问题导向，优化审核标准，组织一年两次的全要素和专项审核，开展“五同步”审核指导，查改问题 2178 项，限时整改率 100%。

3—4 月，开展中油油服上半年 HSE 体系审核，成立中油油服 HSE 审核工作领导小组，下设 4 个审核组，中油油服机关处室长担任组长，对 8 家企业组织开展上半年全要素审核，共审核企业机关处室 61 个、二级单位 71 个、基层单位和作业现场 225 个，访谈处级以上领导干部 257 人，现场井控考试 215 人，安全文化感知度问卷调查 441 份，开展应急演练 23 次，一类、二类风险企业审核二级单位覆盖率达到 52%。本次审核共发现问题 1230 个，按问题严重程度划分，严重问题 5 个，一般问题 777 个，轻微问题 448 个。

9—10 月，组织开展中油油服下半年 HSE 体系审核，对大庆钻探、长城钻探、测井公司、海洋工程和工程院等 5 家企业开展专项审核，对西部钻探、东方物探 2 家企业开展了审核指导，渤海钻探和川庆钻探两家一类风险企业，由集团公司开展诊断与评估，对提出的严重问题下发督办函。本次共审核 7 家企业两级机关处室 54 个、二级单位 42 个、基层单位和作业现场 109 个，访谈处级及以上领导干部 1274 人，开展安全环保考试 227 人次，开展应急演练 36 次。审核发现问题 948 个，其中严重问题 5 个、较大隐患问题 7 个、一般问题 508 个、轻微问题 428 个。审核组对上半年 HSE 体系审核提出问题整改情况进行查验，问题均完成整改。

组织开展冬季安全环保和井控安全专项督查，对塔里木、青海和大港油区部分施工作业现场开展检查，重点对井控管理、承包商管理、冬季安全管理和高危作业管理等关键环节进行督查，督查管理部门 37 个、固定现场 6 个、野外现场 15 个、海洋钻井平台 2 个、承包商现场 6 个、访谈员工 367 人、井控演练 3

次，发现问题246项。

【安全生产月活动】 2018年5月，中油油服积极开展安全生产月活动，以“生命至上，安全发展”为主题，采取网上开辟专栏节目、企业负责人带头组织宣讲、专家学者专题讲座、企业领导联系点活动等多种形式，强化安全生产月宣传报道；大力开展安全经验分享，要求各企业梳理2008年以来发生的“三违”及“习惯性违章”事故案例，组织基层观看“安全生产月”系列公益广告和事故警示教育宣传片，共享事故资源，吸取事故教训。

【相关会议】

1. 冬防保温工作推进会

2018年11月27日，中油油服在克拉玛依召开冬防保温工作推进会，中油油服副总经理、安全总监喻著成及相关部门负责人，西部钻探、大庆钻探主管领导、相关部门及在疆施工单位负责人参加会议。期间，检查西部钻探70043和50589钻井队冬防保温情况，传达集团公司关于开展冬季生产的指示精神和中油油服的相关要求。会议要求：（1）站位大局，勇于担当，充分认清集团公司全面开展冬季生产的重要意义，缓解钻探资源紧缺压力。（2）相互借鉴冬防保温工作经验，按照“不冻伤一名员工，不冻坏一台设备，不冻堵一条管线”原则，全力保障冬季安全生产。（3）加强冬季压裂施工经验探索，积极改进低温工控下井口自动化工具液压系统存在的问题。（4）继续完善冬防保温工作标准，统一规范保温措施，注重冬季施工关键工序环节的风险防控。（5）克服冬季施工生产组织困难，尽快组织落实尚未完全到位的保温设备，严格监督合作队伍冬季施工措施落实。（6）落实监管责任，加强井控管理，建立保温标准，关心关爱员工，做好生活物资保障供应，确保冬季生产安全受控。（7）优化运行模式，强化技术管控，努力降低冬季井下事故复杂，进一步提高冬季施工效率，打赢冬季生产攻坚战，为推动集团公司实现高质量发展做出新的贡献。

2. 页岩气压裂联合作业规范讨论会

2018年12月13日，中油油服组织召开页岩气压裂联合作业规范讨论会。中油油服副总经理、安全总监喻著成，质量安全环保部、井下技术部、物资装备部等相关部门负责人，五家钻探企业的工程技术、装备管理、安全管理以及压裂作业单位负责人及相关人员参加会议。会议由中油油服安全副总监王增年主持。与会人员逐条讨论川庆钻探起草的《页岩气平台压裂联合作业现场规范》，并提出修改意见。喻著成肯定川庆钻探在规范编制上所做的工作，并对下一步工作提出具体要求：（1）要提高政治站位，抓好页岩气勘探开发安全环保工作。（2）要把控好规范的定位，将当前作业规范转化成标准，确定各方职责，指导基层作业。（3）规范要以防火为重点，突出井控管理，将吊装作业、交叉作业等纳入其中。（4）加强规范的修订完善工作。川庆钻探要结合相关标准和讨论意见，对规范进一步修订完善，成熟后报中油油服。

3. 海外HSSE管理交流会

2018年12月20日，中油油服在北京组织召开了海外HSSE管理交流会。集团公司国际部副总经理张军，中油国际安全副总监阎世和，各油田技术服务企业海外业务主管领导，国际事业部（国际工程公司）相关人员，以及中油油服相关处室负责人参加会议。中油油服副总经理、安全总监喻著成出席会议并讲话。会上，中油油服国际事业部做了2018年中油油服海外HSSE工作总结报告、2018年海外HSE事件分析报告和海外HSE月报解读报告；

各油田技术服务企业就海外HSE体系管理和社会安全管理及典型经验等工作进行交流汇报。阎世和对工程技术板块2018年海外HSSE管理工作取得的成绩给予肯定，对加强海外现场井控装备管理、浅层气井控管理、井控应急救援等方面提出意见和建议。张军对海外业务所面临的安全环保内外部严峻形势及挑战进行分析和研判，对提高政治站位、推进HSE规范管理、加强海外HSE审核、严抓风险评价与管控、强化培训等方面提出工作要求。在集团公司国际部统一组织指导和海外勘探开发板块的帮助下，工程技术海外HSE管理工作规范有序，继续保持良好的HSE业绩。对下一步中油油服海外HSSE管理工作，喻著成提出具体要求：（1）统一标准，建立中油油服海外HSE和社会安全防控体系。（2）加强监督队伍的建设，强化HSE监督管理。（3）强化动态评估，主动防控社会安全风险。（4）强化培训，进一步提高各级管理人员的履职能力。（5）强化员工健康评估，严把人员出国关。（6）推广应用新技术、新工艺，推动环保工作落实。（7）加大装备投入，确保本质安全。（8）突出重点、强化监管，确保风险受控。（9）强化应急管理，做好服务保障。（10）落实责任，严抓节假日安全环保重点工作，确保海外HSSE平稳受控。

井控管理

【概述】 2018年，中油油服认真贯彻“五严五狠抓”和“四条红线”总体要求，坚决落实集团公司王宜林董事长关于“井控务必抓实抓狠”的指示要求和井控领导小组会议精神，积极应对增储上产任务重、工作量大幅增加、数百部钻机跨区域调遣、冬季施工队伍增多等一系列风险挑战，强化管理，持续改进，成功处置溢流险情151井次，保持井控良好态势。

【制度建设】 2018年，中油油服积极完善井控管理体制机制，印发了《集团公司2018年井控工作要点》，组织修订集团公司井控管理规定和井控装备判废技术标准，开展井口抢险机器人、压井专家系统立项研究。

调整集团公司井控管理领导小组成员，召开井控管理领导小组工作会议，明确集团公司各部门、各专业公司、不同类别企业的井控管理职责，强化“谁引进，谁负责；谁使用、谁监管”的外部队伍井控管理原则。实行井控责任清单化，印发企业井控责任清单，明晰甲乙方责任。各企业深入开展风险分级管理、六个评估、双盯工作法，全年督导井控高风险井168井次，井控双盯2568人次。

【监督检查】 2018年，中油油服始终将井控管理作为重中之重，突出重点地区井控管控。

组织青海地区井控专项诊断与评估，开展青海、塔里木地区溢流险情专题分析，督导制定英雄岭构造井控细则，青海油田井控工作取得阶段性成效。

开展长庆油田井控管理回头看工作，共检查5家企业生产单位10个、钻井队31支，提出问题369项。

坚持年度井控督查不放松，同勘探与生产板块共同组织国内油气田井控专项检查，组织浙江油田、南方公司集中巡视，与中油国际公司共同组织委内瑞拉等 4 个海外项目井控审计，查改问题 735 项。

【井控培训】 2018 年，中油油服实施优质培训资源共享，建立关键管理和技术人员分级定点培训机制，举办了 10 期定点培训班和 2 期应急救援高级培训班，包括 28 名局级领导和 432 名处级干部在内的共 700 多人参加了轮训，培训效果显著，受到企业欢迎。

加强典型案例宣贯培训，编制狮 58 井井控险情分析和井控责任清单教学课件，宣讲 23 场次，2000 多名井控管理和技术人员接受培训。

【井控专家队伍组织建立】 为进一步强化井控技术支持和井喷突发事件应急处置，提高井控管理水平，2018 年 8 月印发《中油油服井控专家管理办法》，明确井控专家评选条件、选聘程序、职责与权利、使用管理、定期考核等规定。9 月研究制定井控专家评选工作方案，细化量化评分标准，下发《关于开展中油油服井控专家选聘工作的通知》。经企业申报、资格审查、选拔评审，并经中油油服党委扩大会审议批准，中油油服完成第一批井控专家选聘工作。来自钻探企业、工程技术研究院、集团公司井控应急救援响应中心的 20 人成为中油油服井控专家。本次井控专家选聘工作坚持三项原则:（1）坚持科学有序。成立井控专家选聘与考核委员会，中油油服主要领导担任主任，分管领导担任副主任，相关企业的主管领导及中油油服相关部室负责人担任委员，负责井控专家的选聘工作。（2）坚持优中选优。注重考察参评人员的井控技术能力，要求参评人员具备独立指导处置重大井控险情及井喷失控事故的能力，具有多次处置井控重大险情的实战经历。（3）坚持公平公正。突出人事部门把关，主动接受纪检监察部门监督，严格按照参评人员报送的申报证明材料，客观公开评价打分。近年来，中油油服持续推进井控专家队伍建设。除 20 名中油油服井控专家外，各企业聘任了 44 名企业级井控专家、139 名处级井控专家，形成集团公司、企业、二级单位三级井控专家队伍体系，在风险识别、方案制定、现场双盯、井控培训、应急抢险等方面充分发挥技术支撑作用，为井控工作做出重要贡献，提升集团公司井控管理水平。

表 1　中油油服井控专家队伍名单

序　号	姓　名	单　位
1	杨智光	大庆钻探工程公司
2	张洪军	大庆钻探工程公司
3	王　峰	大庆钻探工程公司
4	潘　登	西部钻探工程有限公司
5	屈　刚	西部钻探工程有限公司
6	范光永	西部钻探工程有限公司
7	吴应凯	西部钻探工程有限公司
8	张柏松	长城钻探工程有限公司
9	王立波	长城钻探工程有限公司
10	王合林	渤海钻探工程有限公司
11	陈世春	渤海钻探工程有限公司
12	吴朝明	渤海钻探工程有限公司
13	伍贤柱	川庆钻探工程有限公司
14	晏　凌	川庆钻探工程有限公司
15	王　勇	川庆钻探工程有限公司
16	马宝金	海洋工程有限公司
17	周树合	海洋工程有限公司
18	刘硕琼	工程技术研究院有限公司
19	杨令瑞	集团公司井控应急救援响应中心
20	罗　园	集团公司井控应急救援响应中心

【相关会议】

1. 集团公司 2018 年度国内井控检查

2018 年 6 月 8—29 日，工程技术分公司组织开展集团公司 2018 年度国内井控检查。

本次检查覆盖油气田企业及油田技术服务企业机关部门22个、二级单位131个、基层队伍173支、井控培训中心5个、井控车间22个，开展现场演练91井次，井控考试926人，发现问题756项，提出建议708项。7月3—4日，工程技术分公司在北京召开井控检查总结会，听取各检查组的汇报。本次检查实行“三不检查、六个注重”。检查前，集团公司井控管理领导小组办公室组织修订井控检查标准，编制检查方案，进行两天集中培训。检查中，注重依据准确、注重管理切入、注重覆盖全面、注重重点突出、注重随机抽样、注重问题追溯，检查企业各级管理部门制度落实、日常井控管理、监督人员职责履行、基层队伍井控能力、现场井控合规管理等情况；组织开展企业机关、二级单位和基层队站关键岗位人员井控知识理论考试，在具备条件的基层队伍开展防喷演练，在每个检查点都进行讲评，并对企业井控工作进行全面讲评，提出问题和建议。检查期间，严格遵守检查纪律，受到各油气田企业和油田技术服务企业的欢迎和支持。

通过检查发现，各企业高度重视井控工作，认真贯彻集团公司井控管理领导小组会议精神，在井控领导小组调整、制度优化完善、过程监督管理、基层井控能力培养等方面不断强化措施，井控管理整体水平有了一定提高，同时也存在着两浅井井控风险重视程度不高、井控设计针对性不强、外部队伍管理依然薄弱、低价格带来潜在井控风险等问题，井控安全形势依然严峻。

2. 青海英雄岭地区井控设计和风险探井工程方案审查会

2018年7月31日—8月1日，勘探与生产分公司和中油油服在敦煌共同组织召开青海英雄岭地区井控设计和风险探井工程方案审查会。勘探与生产分公司副总经理郑新权、中油油服公司副总经理李国顺、青海油田副总经理李战明出席会议，西部钻探、长城钻探、渤海钻探、川庆钻探、塔里木油田、勘探开发研究院、工程技术研究院等企业相关专家约50人参加会议。

会议认为，青海油田贯彻落实集团公司两次井控管理领导小组工作会议精神，认真汲取狮58井溢流险情经验教训，英雄岭地区井控工作取得很大进步。地质工程紧密配合，各级管理人员井控意识进一步提升。制定英雄岭构造钻井井控专项实施细则，制度体系逐步完善。加强井控管理力量配备，川庆钻探井控专家、渤海钻探技术专家支持到位。溢流次数大幅度降低，一次井控工作卓有成效。成功处置狮52-3井溢流险情，正常完井管柱生产获千吨以上高产油气。会议要求，加强英雄岭地区井控实施细则的宣贯和培训，坚持积极井控理念，落实坐岗制度。加强地质工程一体化研究。提高设计针对性。坚持井控双盯和专家盯防制度，加强关键环节管控，认真总结狮52-3井溢流处置经验，形成溢流处置标准模板和和决策程序，开展青海英西油田井控技术诊断与管理评估，加强正钻风险探井翼探1井、伊探1井的井控技术管理，根据会议意见进一步完善风险探井冷探1井的工程方案。

3. 青海油田井控工作座谈会暨溢流分析会

2018年9月3日，集团公司井控管理领导小组办公室在敦煌组织召开青海油田井控工作座谈会暨溢流分析会。专家组通报青海油田井控工作技术诊断与管理评估情况，并提出改进建议。专家组认为，青海油田分公司借鉴引进新技术新装备，采取积极有效措施，井控意识显著提升，井控管理持续加强，井控工作取得阶段性成效。李国顺副总经理在会上做

《狮 58 井溢流险情处置典型案例分析》的技术讲座。会议要求甲乙双方要充分发挥这次评估诊断的作用，保持清醒头脑，提高认识，落实责任，总结成功做法，确保井控风险有效受控。要充分重视本次诊断评估提出的管理及技术缺陷，深入研究、追根溯源，按照定人、定责、定时间、定标准的要求安排整改计划，制定切实可行的提升措施，抓实、抓小、抓细、抓好，做到井控工作绝无一失，为青海油田早日建成千万吨规模高原油气田做出更大贡献，为集团公司井控安全形势持续稳定贡献力量。

4. 2018 年井控巡视工作会

2018 年 12 月 13—14 日，集团公司井控管理领导小组办公室组织召开 2018 年度井控巡视工作会。中油油服副总经理、安全总监喻著成，集团公司井控巡视办公室主任杨庆理、副主任路继臣，集团公司驻各油气田巡视员，中油油服井控管理办公室相关人员参加会议。集团公司驻各油田公司井控巡视员汇报了全年巡视工作，驻大庆油田、塔里木油田、长庆油田和吐哈油田巡视员做巡视工作典型经验分享，路继臣总结 2018 年井控巡视工作，海洋工程介绍井控巡视办公室工作承接准备情况。会议对下一阶段井控巡视工作提出五个方面的要求：继续完善制度，进一步发挥井控巡视的作用，形成巡视工作沟通机制。创新方法，进一步提高巡视效果，提升巡视工作影响力。落实职责，进一步履行好巡视职责使命。突出重点，进一步加强对关键领域巡视频次、广度和深度，为企业做好井控技术指导与支持。苦练内功，进一步加强巡视队伍建设。

应急管理

【概述】 2018 年，中油油服积极推进井控应急中心建设，成立东部、西部应急分中心，自主研发的一体化井控装置等 3 套井控抢险装备在国际应急会展上亮相并得到国务院领导好评。

【应急中心建设】 2018 年，中油油服应急管理体系运行良好，全面完善井控“五位一体”应急支持体系，指导东、西部应急分中心建设，开展集团公司井控应急救援中心检查调研，组织编制井控应急处置手册，重点开展《压井决策支持系统》《应急抢险决策支持系统》《井口抢险机器人》等三个井控科技项目的科研和应用。推广使用气动重粉罐，强化基层队伍井控实战演练，提升“黄金 3 分钟”关井能力。

【塔中井控险情成功处置】 2018 年 12 月 21 日 14 时 46 分，渤海钻探承钻的塔里木油田 TZ726-2X 井在下 5″ 尾管作业过程中发生井涌，关井后井口未形成有效控制，引发井喷。集团公司董事长王宜林做出重要指示，副总经理刘宏斌亲自坐镇指挥，4 次视频连线指导应急处置。本次应急实行集团公司、企业、现场三级联动，集团公司先后召开 5 次应急会议，现场应急指挥部召开 4 次会议，专家工作组召开 4 次技术讨论会，均形成会议纪要；10 名局级领导、12 名技术专家参战；动用 9 支钻井队、2 支压裂队、1 支固井队；组织 22 个钻井液罐，配置 1600 方压井液，安装 45 条管线、

32个轴流泵；使用89部对讲机，控制5个工作面。累计动用各类机具308台（套），参与抢险人员共500余人，是集团公司近年来决策最快、力度最大、效率最高的井控应急处置。

事故发生后，中油油服执行董事、总经理秦永和立即启动应急处置程序，成立现场应急处置小组，带领技术专家赶赴现场指挥，渤海钻探公司常务副总经理刘光木、总工程师王合林带领相关人员到达现场组织抢险。塔里木油田公司立即组织领导专家奔赴现场指挥，研究制订控制方案，经过认真准备、反复论证、果断决策、稳扎稳打、有序施工、周密准备。川庆钻探第一时间组织钻井液罐、压裂车、远程关井设备、发电机组等应急装备和人员，连夜配置1500多立方米压井液，冒着井口着火的风险坚守现场，为现场应急处置提供极大的帮助。现场井控应急装备全部就绪：两套远控房，发电机、节流压井管汇、放喷管线、空压机及备用剪切闸板总成及封芯在周边井队连夜配置重钻井液1200立方米，全部倒运到现场19个应急钻井液罐，钻井液容积1210立方米，全部摆放完毕并连接完成，防冻保温完毕。7台2500型压裂车组，压裂车供液管线已接好并供电。

集团公司应急处置领导小组在现场先后三次召开应急碰头会，结合实际精心部署，对施工方案进一步进行完善，经过78小时周密准备和精心组织，现场应急处置小组通过剪切井口套管关井，泵入高密度钻井液，压井成功，险情解除。

【井喷压井应急救援培训】 2018年9月3日，集团公司第二期井喷压井及应急救援技术培训班在川庆钻探井控培训中心顺利开班，来自6家油田技术服务企业和16家油气田企业的56名学员将参加为期6天的培训。举办井喷压井及应急救援技术培训旨在落实集团公司刘宏斌副总经理关于加强井控培训的要求，进一步提高企业各级领导的井控意识，提升各级井控管理干部的应急指挥水平和管理能力。为保证培训质量和效果，集团公司井控管理领导小组副组长秦永和多次提出明确要求，井控管理领导小组办公室统筹协调，在认真总结第一期培训经验的基础上，进一步优化课程设置，强化二次、三次井控的针对性培训，专业覆盖更加全面、培训重点更加突出。本期各企业积极派出关键管理人员参加培训，其中企业局级领导11名、副总师5名、处级管理人员36名。两期井喷压井及应急救援技术培训班，共计培训学员111名，将为进一步提升集团公司井控管理水平发挥积极作用。

环保、节能减排管理

【概述】 2018年，中油油服高度重视各企业环保工作，开展重点污染源普查，加大油基岩屑、压裂返排液等关键环节管控，环保节能管理更加规范，做到了页岩气油基钻屑、压裂酸化返排液合规处置，全面完成集团公司下达的环保及节能各项指标。

【环境风险排查及防护】 2018年，顺利通过中央环保第一批和第二批“回头看”专项督察，问题通报率为零。圆满完成集团公司《重点区域打赢蓝天保卫战实施方案》提出的具体

表 2　2018 年节能量节水量考核指标完成情况表

序号	企业名称	节能量		节水量	
		计划值（万吨标准煤）	完成值（万吨标准煤）	计划值（万立方米）	完成值（万立方米）
1	西部钻探工程有限公司	0.4	0.78003	0.9	2.46
2	长城钻探工程有限公司	0.38	0.4261	1	1.3
3	渤海钻探工程有限公司	0.55	0.6682	1.55	1.86
4	川庆钻探工程有限公司	0.555	0.579634	1.65	1.85
5	东方地球物理勘探有限责任公司	0.1	0.144015	0.86	0.9042
6	测井有限公司	0.005	0.007036	0.02	0.0216
7	海洋工程有限公司	0.01	0.011629	0.02	0.053
合　计		2.000	2.616644	6.00	8.4488

表 3　2018 年减排指标完成情况表

序号	企业名称	工业废水中污染物排放量（吨）				工业废气中污染物排放量（吨）			
		COD 计划值	COD 完成值	氨氮计划值	氨氮完成值	二氧化硫计划值	二氧化硫完成值	氮氧化物计划值	氮氧化物完成值
1	西部钻探工程有限公司	—	—	—	—	2300	2198.81	9500	7329.69
2	长城钻探工程有限公司	3.5	1.55	0.45	0.12	1200	1071.17	4300	3553.79
3	渤海钻探工程有限公司	—	—	—	—	2800	2548.50	9500	8565.06
4	川庆钻探工程有限公司	3.5	1.23	0.45	0.00	3250	3017.95	11200	10073.36
5	东方地球物理勘探有限责任公司	1.0	0.04	0.10	0.00	100	57.70	100	73.92
6	测井有限公司	—	—	—	—	—	—	—	—
7	海洋工程有限公司	—	—	—	—	150	178.80	500	596.00
合　计		8.0	2.82	1.00	0.12	9800	9072.93	35100	30191.82

部署和要求，全力以赴抓好推动落实，特别是京津冀及周边地区、汾渭平原、长三角地区等重点区域的企业，持续提升污染源排放管控能力，全年环境保护管理形势总体稳定，工程技术企业没有发生环境污染事件。各企业大力实施清洁生产技术，长城钻探页岩气项目 37 个环评和 27 个水土保持方案通过政府审批，海洋公司严格执行海上钻井液岩屑许可排放标准，严控溢油风险，5 家企业获集团公司“安全环保节能先进企业”称号。

【节能减排管理】 中油油服落实环保法要求，大力推广节能减排新技术，大力推广电代油、气代油等新工艺，努力实现清洁生产。2018 年页岩气油基钻屑和压裂酸化返排液及时合规处置 2.7 万吨、按时完成 2+26 城市 16 台燃煤锅炉改造。2018 年的 COD、氨氮、二氧化硫和氮氧化物排放均完成集团公司的节能减排指标和任务，综合节能量 2.06 万吨标准煤，节水量 6.8 万立方米。7 家单位被评为集团公司节能节水先进企业，9 人被评为集团公司节能节水先进个人。

（刘华阳）

企业管理

TotSPM 0
GPM 0.000
TRQ 0.00
FLW % 0.00
MWI 1.234
MTOUT 36.3
MWO 1.237
PVT 141.18
Lag Parameters
GAS 0.0131
LagDep 2600.02
DnSTK 87
LagSTK 945
DnTime 133.9
LagTime 959.7
SRPM 0
TIME 10:54:43
LG
保护环境

人力资源管理

【概述】 2018年，中油油服重组成立正式运行，人力资源管理工作以党的十九大精神为指引，贯彻落实中油油服年度工作会议工作部署，按照“精益管理年”“精益、创新、提升”的总体思路，坚持以服务成员企业、服务机关部门为出发点，不断夯实人力资源管理基础，建立健全人力资源规章制度，持续推进瘦身健体、提质增效，较好地完成各项工作任务。2018年底，员工总量12.49万人，其中合同化员工9.62万人、市场化用工2.87万人。

【机关人事】 制定下发《中国石油集团油田技术服务有限公司机关处级管理人员选拔任用办法（试行）》，先后完成机关8个部门、国际事业部4个处室的17名领导人员的调整，其中选拔总经理助理级2人、正处级6人、副处级7人、平级交流2人。制定《中油油服总部机关一般工作人员招聘管理办法（试行）》，成立由中油油服主要领导任组长的公开招聘工作领导小组，研究制订实施方案，分阶段召开工作部署会，明确工作分工，强化工作职责，确保首次公开招聘工作顺利完成。共报名511人，最终选拔30人。制定下发《中油油服国际事业部公开竞聘处级管理岗位实施办法》，组织国际事业部处级管理岗位公开竞聘，细化工作方案，制定保障措施，确保竞聘工作有序推进，报名47人，通过审查、筛选、笔试、面试，最终确定7名录用人员。

【薪酬绩效】 制定下发《中国石油集团油田技术服务有限公司2018年工资总额管理暂行规定》，深入研究集团公司2018年工效挂钩办法，对各成员企业的工资总额增量进行测算，经总经理办公会审议通过后，于5月下达2018年各成员企业工资总额基数。在全年工资预算管理工作中，积极争取冬季施工、专项奖励、盘活用工等激励政策，有效保证员工收入的提高。加强绩效考核管理，跟踪落实中油油服及成员企业主要领导2018年业绩指标完成情况，最大限度保障最好的业绩考核结果；制定下发《中油油服总部机关2018年度综合考核实施办法》，精简考核程序，加大考核结果与薪酬兑现挂钩力度，营造重业绩、比贡献的良好氛围，提升总部机关运行效率。制定下发《中国石油集团油田技术服务有限公司总部机关员工休假规定》《中国石油集团油田技术服务有限公司总部机关一般管理人员岗位聘任办法》，加强机关员工薪酬和社会保险管理。从7月起新建人力资源管理信息系统并顺利运行发放工资，在东城区开户为员工办理社会保险业务，起草企业年金管理办法并新建中油油服账户管理年金业务，与华油集团签订委托代管协议，确保员工公积金账户和房产业务的接续性。

【业绩考核】 中油油服2018年度业绩考核结果在33个总部机关部门和专业公司中排名第二，创历史最好水平；4家成员企业考核为A级，A级比例位居各专业公司前列；成员企业业绩考核结果在集团公司排名大幅提升，4家成员企业排名集团公司前11，平均排名提升46名。

【员工培训】 2018年，中油油服组织集团公司B类培训项目4项，参培人员543人，分别为页岩气钻井新技术培训、录井新技术培训、压裂新技术培训、带压作业操作手技能培训，培训效果显著。组织中油油服业务培训项目8项，参培人员4800余人，分别为页岩气旋转导向技术培训、井控专家定点培训、井喷压井及应急救援培训、井控险情案例宣贯培训、钻井外包监督培训、修井外包监督培训、连续油管作业机操作培训、资质管理子系统上线操作培训，进一步提升相关专业技术人员和技能操作人员的技术水平。

按照集团公司《员工教育培训工作管理办法》，结合实际情况，制定《中油油服机关培训管理办法》，明确培训机构与职责，培训内容与计划管理，培训经费，培训评估与管理，进一步推动中油油服机关员工教育培训制度化、规范化，提高机关培训工作管理水平和培训质量。根据机关新招聘员工工作需要，编制《中油油服机关新员工集中入职教育实施方案》，组织学习中油油服保密制度、岗位职责、廉洁自律、人事等相关制度，开展物探、钻井、测井、录井、井下作业等专业知识讲座，帮助新员工掌握必要的上岗基本知识，尽快适应新的工作岗位。

【人才队伍】 2018年，中油油服根据集团公司《关于开展集团公司“十三五”人才发展滚动规划工作调研的通知》要求，编写《中油油服“十三五”人才发展规划》，梳理总结“十三五”以来中油油服人才工作开展情况，统计分析人才发展存在的困难和挑战，研究明确“十三五”后三年人才发展规划目标和保障措施，提出人才发展的意见建议。根据集团公司下达的2018年副高级职称指标数量，结合各成员企业符合职称评审人员数量，以及2017年下达的指标情况，统筹下达各成员企业副高级职称指标数量690人。对机关符合条件的正高级和副高级人员进行评审工作，并委托单位进行参评。根据集团公司《关于印发〈中共中国石油天然气集团有限公司党组关于加强党委联系服务专家工作的实施意见〉的通知》要求，研究下发《关于加强中油油服党委联系服务专家工作的实施方案》，明确指导思想、基本原则、服务对象、重点任务和组织保障，促进中油油服总部机关党委委员联系专家工作的规范开展。

【劳动用工】 2018年，中油油服根据集团公司下达的2018年用工总量控制计划，结合生产经营及用工情况，从严从紧编制下达2018年各成员企业用工总量控制计划，明确各企业年度员工总量控制计划和劳务用工控制计划。通过严把用工入口、畅通用工出口、强化计划执行考核、开展内部余缺调剂、推进业务外包等措施，中油油服2018年超额完成集团公司下达用工总量控制计划。根据集团公司下达的2019年新增员工计划，综合考虑各成员企业的用工规模、效益效率、员工流失、自然减员等情况，按照有保有压的原则，分解下达各成员企业2019年新增员工指标。

【组织机构】 2018年，中油油服按照集团公司人事部的函询要求，批复西部钻探、川庆钻探增设部分组织机构的意见。对中油测井《测井业务重组人事组织专项工作报告》进行研究，对涉及的组织机构、劳动用工、薪酬管理等5个方面的问题与集团公司人事部进行沟通，对测井研究院设立事宜进行批复。

（张晓林）

规划计划管理

【概述】2018 年，中油油服规划计划工作，围绕“精益管理年”各项工作部署，落实稳健发展方针，实施“十三五”规划中期评价与调整，继续严控投资规模，重点解决重点装备能力不足问题，健全统计分析评价职能，实现规划计划工作上水平。

【战略发展规划】 2018 年，中油油服进行“十三五”规划中期评估，按照集团公司的统一部署从建立规划评价体系入手，对照“十三五”规划内容、目标和部署，建立完整的规划执行评价体系。从企业经济规模、发展质量、市场战略、技术发展、投资强度和管理提升等 6 个方面进行以量化为主的系统评价，重点对内外部环境变化趋势与规划初期对发展环境判断进行对照分析，客观评价规划执行情况，充分考虑国内加快勘探开发和国内外服务价格持续下降的现实，制定下调“十三五”后两年收入和盈利目标，调增投资规模的规划优化调整方案，得到集团公司规划计划部的认可，调整后的规划进一步增强规划对计划工作的指导性。

2018 年，中油油服编制 2021—2030 年页岩气工程技术服务保障专业规划。结合集团公司页岩气发展规划编制，组织工程技术服务保障规划编制工作，规划编制过程采用“自上而下”与“自下而上”结合方式，加强沟通协作，深入了解页岩气保障现状，广泛听取专家意见，紧密结合页岩气开发总体规划，在不借助外部力量的情况下，通过中油油服各部门和各成员企业的密切协作，按要求及时完成保障规划编制，从工程技术、装备资源、装备制造、生产组织及后勤等方面提出保障页岩气发展的方案，得到专家院士和上级部门的认可。

【投资计划】 2018 年，中油油服针对工程技术服务业务工作量大幅增长，设备更新购置投资需求旺盛的形势，着力发挥投资计划的引导和保障作用，加强统筹优化，全面保障国内加快勘探开发主力装备需求，重点支持海外高端市场拓展需求，多方式、多渠道向集团公司反映工程技术服务业务面临的形势和困难，取得集团公司上级部门的理解和支持，全年共下达投资比年初框架总量增长 63.3%，有力保证页岩气、致密油等非常规油气和塔里木、青海、长庆、大庆、大港、阿联酋等国内外重点市场对地震勘探设备、钻机、旋转地质导向、压裂车组、连续油管、井口自动化设备等的迫切需求。

2018 年，中油油服加强形势预判和分析，全面做好 2019 年业务发展和投资建议计划。结合“十三五”滚动规划调整和国内加快勘探开发业务发展要求，逐一梳理市场对装备和工具的需求，逐一对接企业的业务和投资需求，突出保障服务、突出结构优化调整、坚持量入为出，充分考虑企业利润、现金流、两金压控等因素，重点保障国内勘探开发急需的物探采集、深井钻机、旋转导向、压裂车组、连续油管等重点设备和国外已中标项目投资需求。

【投资项目】 2018 年，中油油服坚持效益优先，保障勘探开发需要，严格项目筛选，制订项目前期工作计划，提前介入重点项目前期工作，把控关键环节，严格履行项目论证审批程序，落实重大装备投资项目资源、市场、技术和质量效益，加强项目方案审查和优化。全年共审查企业上报重点项目 50 余项。

2018 年，中油油服批复更新钻机 20 台、引进购置旋转导向设备 14 套、新购压裂车组 5 套（21 万水马力）、配套升级高压钻井泵等，部分缓解国内深井钻机、旋转导向和压裂施工能力不足的矛盾。批复十二缆勘探船更新采集设备、阿联酋陆上海上采集设备、厄瓜多尔增产服务等项目，满足拓展海外效益市场需要。审查论证盘山、银川、渝北等生产支持基地建设和威远页岩气地面建设工程初步设计，在保障生产的同时，积极推动“制造 + 服务”。支持连续油管作业、固井、测井、地热开发、油气风险作业等优质潜力和新兴业务发展。

2018 年，中油油服提前谋划 2019 年重大装备投资项目，统一组织各企业开展钻机、压裂车组、旋转导向等重大装备的可研报告编制工作，编写中油油服公司钻机、压裂车组、旋转导向购置项目可行性研究总报告和评估汇报材料，为应对 2019 年作业高峰期装备不足问题打下基础。

2018 年，中油油服加强工程建设项目竣工验收管理，提前完成集团公司下达的竣工验收专项治理任务。2018 年 7 月 26 日组织完成东方物探涿州科技园项目竣工验收，2018 年 12 月 27 日组织完成川庆钻探黄甲生产区（一期）项目竣工验收。

【统计后评价】 2018 年，中油油服加强综合统计管理，完善报表制度和专题分析。做好基础数据分类整理，根据集团综合统计报表、财务、人力资源报表、专业报表收集整理一套较为完整的中油油服工作量、收入利润、投资、技术经济等分专业指标体系。优化工程技术服务综合统计报表，结合当前市场环境变化，重点针对当前压裂工作量大幅增长，页岩气市场规模扩大，外包工作量比例扩大的实际，细化压裂、页岩气统计，将外包工作量全部纳入统计范围，提高统计数据的有效性。与系统开发人员积极沟通，制定中油油服统计月报和年报输出表，满足日常计划管理和生产经营分析的需要。

2018 年，中油油服组织开展专题分析评价工作。结合目前工作量大幅增长，深井钻机和压裂车组缺口增大，长期待摊投入大幅增加的实际，启动并完成长期待摊投入与使用情况分析和提升钻井压裂服务保障能力研究两个专题分析。做好后评价工作，2018 年协助集团公司组织成员企业完成后评价 149 项，其中，详细后评价 2 项，简化后评价 147 项，有效推进投资项目闭环管理，进一步提升投资科学性。

（张朝伟）

财务资产管理

【概述】 2018 年，中油油服着眼改革发展大局，立足支持业务发展，坚持依法合规，强化预算导向，围绕加强资金管控、合法税收筹划、夯实基础管理、服务机关运行等方面，发挥专业优势，有力支撑公司稳健发展，高质量完成集团公司下达的考核指标。

【预算管理】 2018 年，中油油服按照集团公司下达的年度考核指标及考核政策，不断优化预算考核指标体系，深入开展过程管控和经济活动分析，确保完成集团公司各项考核指标。完善财务预算管理模型，实现财务预算与公司发展规划、投资计划、市场开发、生产经营的有效衔接和动态联动，从工作量、价格变动、成本费用等方面开展增减利分析测算，提高预算的科学性、准确性。定期开展预算指标完成情况预测，跟踪中油油服和成员企业利润总额、收入、市场占有率、自由现金流、资产负债率、压层减户、特困企业治理等指标的完成情况，实时掌控中油油服总体经营情况。定期开展与国际油服公司、国内同行经营数据对标，找差距、补短板，促进中油油服管理水平提升。

【资金管控】 2018 年，中油油服强化资金管控，保障资金需要，减少利息费用支出，提升资金使用效率。中油油服获集团公司注资 50 亿元，为提升中油油服统筹管理能力、保持发展后劲，奠定了重要基础。利用自有资金置换成员企业 15 亿元的贷款，实现中油油服整体资金成本硬下降，为中油油服创效 1778 万元。稳步推进境内资金池建设，海洋工程作为试点单位，实现平稳上线运行，为中油油服提高资金管理能力、提升资金运营效率效益、实现人民币整体贷款为零的目标，积累经验，奠定基础。建立外汇资金风险报告制度，动态跟踪外汇风险事项，重点监控高风险国家，合理控制外汇敞口，帮助企业解决敏感地区资金汇划问题，最大限度地防范外汇风险。持续抓好“两金”管控，定期跟踪通报成员企业指标完成情况，督导企业重点清收一年以上应收账款，尤其是加强海外应收账款中重点地区、重点客户的清收力度。加快工程结算，降低完工未结算劳务金额，降低存货占用。委托大庆油田开展的优化油气田企业与钻探企业劳务结算流程的研究与应用课题，集团公司改革与企业管理部验收，在分析存在的问题、明确下一步优化方向的基础上继续在大庆油田开展试点。

【会计核算】 2018 年，中油油服发布《中油油服会计核算标准化框架方案》，首次从源头上统一规范成员企业会计核算，提高会计信息标准化水平，为财务数据的后续运用和深度加工奠定基础。建立月度、季度、年度的生产经营分析制度，按月向集团公司领导呈报生产经营分析报告，按季召开生产经营分析例会，通报中油油服生产经营情况，开展企业间横向对比，分析主要问题，提出改进方向，营造“比学赶帮超”的良好氛围。围绕重点经营工作开展专项财务分析，为业务发展当好参谋，开展冬季施工经济分析、旋转导向落井损失赔偿保险方案、旋转导向应用推广经济效益评价、2014 年以来一对一关联交易市场价格变动、2018 年集团国内资金结算情况等专项分析 10 余项。建立中油油服管理会计报表体系，报表体系涵盖资源分布、合同进度、工作量、损益状况、资金管理、风险作业、国际业务等内容，填补了管理盲区，为推进业财融合奠定了基础。

【成本控制】 2018 年，中油油服按照集团公司深入推进实施开源节流降本增效工程的工作安排，围绕加快建设国际油田技术服务公司的发展目标，突出市场轴心，加大营销力度，强化经营管控，注重风险防范，加强科技研发，推行集成应用，加强生产组织，提高效率质量，严格审核成员企业工作方案，严格把关目标分解、措施细化和责任落实，开源节流降本增效取得较好成效，在保障工资总额增长的基础上，有效抵御工程技术服务价格下降、材料采购价格上涨等不利因素影响，为实现全年各项任务目标打下坚实基础。持续推进单井成本核算，2018年10月2日出台《全面推进单井成本管理体系建设的指导意见》，提出短期、中期和远期目标，引导企业结合自身业务特点和管理模式，推进单井成本工作深入开展。

【**税务管理**】 2018年，中油油服牢固树立税务遵从的管理理念，夯实基础工作，避免涉税风险。完善税收管理基础工作，及时办理中油油服税务登记，搭建税收管理系统，实现各项税费及时准确缴纳、增值税发票的及时领购和认证等，保障了中油油服日常生产经营的正常运行。合法开展多项税收筹划，研究企业所得税特殊性税务处理相关政策，避免企业在改革重组过程中由于股权的划转产生较大税收负担。支持中油油服旋转导向研发，最大限度地利用国家研发支出加计扣除政策，提出研发路径的建议方案，节约税费支出3000万元。加强海外税收风险研究，研究境外企业所得税国内抵免政策，了解境外业务税收风险，按照集团公司要求，积极做好BEPS（税基侵蚀和利润转移）应对工作。

【**股权管理**】 截至2018年底，中油油服按照集团公司资本运营部的要求协助成员企业压减法人户数，共压减法人6户，其中西部钻探、长城钻探各压减1户，川庆钻探、东方物探各压减2户，圆满完成集团公司下达的压减任务。完成资本运营年终决算，上报全级次股权管理报表，规范股权投资及处置审批流程，完善股权管理信息系统基础信息。

【**机关运行**】 2018年，中油油服制定保障机关运行的财务制度流程，下发机关经费报销管理办法、机关资产管理办法、机关福利费管理办法和会计档案管理办法等4项制度办法，梳理71项财务内部控制流程，确保机关财务管理工作的高效有序运行。编写《中油油服财务报销手册》，展示30余种报销业务的全过程，提高财务服务质量。建立完整的财务信息管理系统，搭建中油油服FMIS、经费报销、AMIS和司库信息系统，建立机关会计核算体系，确保会计报表及时上报、各项税费申报缴纳。配合集团公司财务部和会计师事务所，完成2018年度中油油服机关财务决算工作。

【**相关会议**】

1. 司库系统客户信用模块上线工作布置会

2018年7月19日，中油油服召开司库系统客户信用模块上线工作布置会。集团公司资金部结算与信用处，中油油服财务资产部、市场与生产协调部、科技信息部等部门负责人，各钻探企业市场、信息和财务等部门负责人，司库系统项目组顾问、工程技术板块ERP实施顾问等参加会议。会议传达了集团公司信用风险管控的具体要求，司库系统项目组作信用模块总体情况介绍，ERP项目组汇报系统上线总体方案，与会人员就系统功能、实施范围、时间节点等具体问题交流讨论。会议要求、各企业要全力支持系统上线工作；要切实加强领导，明确职责分工，统筹协调推进，确保按期完成系统上线；要推进系统应用工作，进一步加强客户信息及客户信用管理，防范资金回款风险。

2. 资金池建设工作座谈会

2018年11月8日，中油油服在北京组织召开资金池建设工作座谈会。长城钻探、渤海钻探、东方物探、海洋工程相关人员参加会议。会议介绍中油油服资金池建设的必要性和进展情况：通过中油油服资金池运行，促进成员企业资金共享，减轻贷款利息负担，实现中油油服整体资金效益最大化。在各成员企业的支持和配合下，中油油服资金池已完成资金单位层级架构搭建，目前正按计划有序推进相关工作。

会议对成员企业关心的资金池运行有关问题进行说明。

会上还明确试点企业及资金池建设二期工作启动时间。为稳妥推进资金池建设，收集建设期遇到的问题，海洋工程主动承担试点工作的重任。同时由于一期工作进展顺利，在不影响财务决算的前提下，将二期相关工作提前至 2019 年 1 月。会议还对中油油服司库系统标准化权限组设置进行讨论。

（王玮瑜）

装备管理

【概述】 2018 年，中油油服装备管理工作紧密围绕公司发展战略，以推进“四化”（标准化、专业化、机械化、信息化）建设、规模应用节能减排装备、推广重大创新技术装备等工作为重点，推进装备的标准化配置，探索装备的专业化服务模式，提升井场机械化自动化水平，强化装备管理与信息化融合，努力为中油油服创新创效提供可靠的装备保障。

全年共推广 13 个井场自动化项目，累计应用各类自动化装备 1000 余台（套），并开展 24 项重点装备的研发试用；月均动用 240 余部电代油钻机，全年累计节约成本 4.7 亿元；推广 6 大类 50 余台（套）集团公司自主创新重大技术装备；组织完成近 800 台钻修井机的装备评估。

【制度体系建设】 2018 年，中油油服推进井场装备的标准化体系建设，发布国内一代 7000 米自动化钻机配套规范，并组织编制 5000 米、8000 米、9000 米等系列自动化钻机的配套规范，标准配置顶驱、井口自动化装备、高压直驱钻井泵和高压管汇、平移装置、双司钻控制房、集成电控系统、集中液压站、重粉罐、多功能装载机，规范了循环系统、井电系统和野营房的配置技术方案，并试点推进直驱绞车和直驱顶驱的应用，贯彻落实井场“四化”要求，推进“五省”（省人、省心、省力、省时、省钱）目标的实现；组织编制成套压裂车组、连续管作业机的配置规范，统一明确了 2500 型压裂车及其他配套作业车的部件配置方案和技术要求，为推进标准化的工厂化压裂作业打好基础；组织梳理完成 5000 米电动钻机搬迁安装作业标准化流程，为实现钻机搬迁 VR 系统开发做好技术铺垫；发布液压提升装置、压裂用蓄水池等设备设施的配置规范和技术规格书，进一步提升几类物资的标准化配置和标准化采购水平。

【新装备新技术推广应用】 2018 年，中油油服全面开展双轨迹振动筛、轨道式钻机移运装置、车载钻机用液力变速箱、顶驱扭摆减阻控制系统、直驱钻井泵电机及专用控制系统、GJC100-30 固井水泥车等 6 个集团公司项目的推广，总量超过 50 台（套）。从 2016 年至今，共有 17 个集团公司重大创新技术装备项目在中油油服获推广，总量超过 360 台（套），推广占比超过集团公司总量的 60%。该项工作获集团公司物资装备部的高度肯定，物资装备部获 2018 年集团公司“重大技术装备推广先进单位”称号。

【节能减排装备】 2018 年，中油油服继续推广应用以钻机电代油为主的节能减排技术，在页岩气以及大庆、环玛湖、塔里木等区域均规模应用网电钻机。月均动用节能减排钻机240部以上，平均每钻机台月节约17万元。全年累计替代或节约柴油24万吨，减少碳排放10万吨，减少氮氧化物排放1600吨，节约成本4.7亿元。渤海钻探和西部钻探节约效果最好，均达到1.4亿元以上。自2011年至今，累计节约成本超过26亿元，获得良好的经济效益和环保效益。

【装备评估】 2018年，中油油服下达三个批次的装备评估计划921台，评估798台，完成率86.6%。自2007年以来，累计评估钻机和修井机超过5400台次，年均发现问题和整改问题超过3000个，累计建议报废钻机和修井机102台。通过装备评估，各单位及时掌握现场设备的健康状况，发现和整改一批现场存在的装备安全隐患及管理问题，提升装备的本质安全水平。

【相关会议】

1. 2018年更新钻机配置方案研讨会

2018年3月16日，中油油服组织召开2018年更新钻机配置方案研讨会。落实集团公司领导关于井场“四化”建设的重要指示，加快推进钻机更新工作，打造更加安全、更加系统、更有效率、更可持续的新型钻机，实现井场作业省心、省力、省时、省人、省钱的目标。中油油服总经理秦永和、副总经理李国顺、相关部门人员，各钻探企业主管领导、计划、装备部门负责人，相关制造企业的主要领导、主管领导和技术负责人参加会议。

会议要求：（1）实现钻机性能的扎实提升。2018年钻机更新以7000米高性能钻机为主。（2）提升钻机配置标准化水平。统一方案、配置、标识。（3）要切实降低钻机采购成本。中油油服将按统一标准购置钻机，通过集中采购的方式降低购置成本。（4）加强钻机方案的论证评审工作。（5）优化钻机的生产组织模式。（6）各钻探企业进一步提高认识。要以此次更新为契机，扎实提升钻机性能，强化信息技术与钻机的深度融合，贯彻落实以人为本的理念，提升改进施工作业环境，全面改善住宿餐饮等生活条件，减少一线用工总量，充分延长技术工人的劳动寿命。（7）落实好十八项举措，做好深井钻机的配套更新工作。

2. 润滑油专业化服务技术交流会

2018年8月22日，中油油服在成都组织召开润滑油专业化服务技术交流会。中油油服物资装备部、川庆钻探、长城钻探、昆仑润滑油公司及成都分公司的相关人员出席会议。会议就钻井现场的润滑油专业化服务全过程管理进行了讨论，对润滑油的选型、采购、配送、运输、存储、加注和回收处置等进行深入交流，参会各方一致同意充分依托昆仑润滑油公司的专业力量，共同建立良好的战略合作伙伴关系，按照降低运行成本、提升设备寿命的原则，共同参与编制润滑油专业化服务规范，建立润滑油品质评价体系。

3. 旋转导向设备投产及维修保障中心组建协调会

2018年11月19—20日，中油油服在四川广汉召开旋转导向设备投产及维修保障中心组建协调会。中油油服总经理助理刘玉贵主持会议，中油油服相关部门，长城钻探、渤海钻探、川庆钻探、大庆钻探、测井有限公司、物资采购中心等单位的技术和管理人员参加会议。会议交流旋转导向散件组装设备情况、互联互通系统集成工作进展情况、页岩气旋转导向维修保障中心组建情况及相关钻探公司旋转导向设备投产准备情况，讨论页岩气旋转导向维修保障中心的组织架构、运行模式、管理方式、配件储备、服务价格和远程支持等事宜，协调旋转导向设备的集中验收、投产准备、设备保险、井位落实和维修保障中心联管等工作；会议代表还实地考察维修保障中心，了解维保车间和办公场所的建设情况，检查 2 套准备上井验收的旋转导向设备（散件组装）。会议落实旋转导向设备验收投产进度安排。会议就旋钻导向设备的管理使用达成了共识。做好旋转导向设备的集中储备、集中维修、集中配送、集中技术支持工作，形成规模效应；加强旋转导向维修保障中心的联合管理，共享旋转导向维修保障中心和远程技术支持系统；增进各企业相互协作，加快旋转导向设备的投产工作，不断提高中油油服公司的保障能力、竞争能力和创效能力。

（杨　晖）

物资管理

【概述】 2018 年，中油油服以推动物资采购管理工作高质量发展为目标，坚持集中统一、协同高效原则，统筹推进重大装备集中采购，组织油井水泥授权集中采购，参与部分物资集中采购，稳步提升物资采购标准化水平，更好地发挥集中采购的优势和作用。

【重点物资集中采购】 2018 年，中油油服充分发挥顶层设计、业务主导的作用，整合需求、统一标准、创新模式，组织旋转导向系统、钻机、压裂车组等重大装备的集中采购，满足生产急需，发挥规模效益，降低采购成本。

旋转导向集中采购：2018 年购置 14 套旋转导向系统，其中 12 套设备用于西南页岩气，2 套设备用于新疆致密油，其中 10 套整套购买，2 套散件组装，2 套互联互通。在有效缓解资源紧缺的状况的同时，提高国内旋转导向服务能力和维修能力，促进自主知识产权旋转导向系统的研发。

钻机集中采购：2018 年通过谈判方式购置 20 部钻机，其中 17 部为 7000 米自动化钻机，其技术配置严格落实《中油油服国内一代 7000 米自动化钻机配套规范》，提升装备配套的标准化程度，有利于减少后续备品备件的储备。

压裂车组集中采购：2018 年购置 84 台压裂车及辅助设备，通过库内公开招标采购 32 台，其中西部钻探 10 台，长城钻探 10 台，川庆钻探 12 台；通过谈判方式购买 52 台，其中西部钻探 22 台，长城钻探 30 台，有力保障页岩气项目增储上产。

【集采管理】 2018 年，中油油服作为集团公司油井水泥组长单位，精心组织、规范运作，全面履行职责，充分发挥保障职能，完成年度授权集中采购工作。在原材料供应紧张、市场价格大幅上涨的情况下，科学决策，优化采购方案，通过国内公开招标的方式，扩大选商范围，吸纳库外供应商，此次共 19 家供应商中标，其中 3 家为库外供应商，有效缓解供应紧张局面；迅速行动，统一调配资源，协调西南、西北地区供应商进行跨区域供应，保障华北、大港等油田和钻探企业的正常生产。针对本次采购价格上涨情况开展详细分析，同时，按集团公司要求对油井水泥采购进行大数据分析，建立原材料价格变动对采购供应成本的影响模型，编制并上报分析报告，为集团公司一级物资采购管理相关决策提供重要依据。

中油油服作为部分一级物资授权集中采购管理小组成员单位，充分履行职责，积极参与决策，选派专家参与钻机及其部件、固井水泥车、动力设备、压裂车等设备的集中采购，参与制定技术规格书、拟定采购方案、实施采购工作，有效推动授权集中采购工作的开展。

（赵　琳）

质量计量标准化管理

【概述】 2018 年，中油油服严格落实集团公司年度质量工作的总体部署，狠抓质量管理过程控制，钻探施工作业各相关专业质量指标保持着良好水平，全年中油油服未发生重大、特大质量事故。物探二维、三维采集合格率均为 99%，钻井井身质量和固井质量合格率达到 100%，测井曲线合格率 100%，录井资料合格率 100%，试油、修井、压裂、酸化工程质量合格率达到 100%，采购物资进货检验率、自产产品出厂合格率、集团公司产品质量监督抽查完成率均达 100%，重点工程建设项目一次验收合格率 100%，强制检定计量器具受检率 100%，顾客满意度平均在 92 分以上。

【质量管理】 持续完善质量管理体系，不断强化施工作业现场体系的有效运行。各成员企业不断修订各项管理制度，完善设备设施操作规程，进一步厘清管理职责，质量管理体系日臻完善。狠抓施工质量控制，通过基层队伍日常检查，施工单位每周分析工程施工难点，企业每月通报质量指标完成情况、严格开展工程质量事故管控，有效遏制井下复杂事故，减少质量事故损失。同时，各企业制订每个阶段的质量监督计划，对作业现场质量监督检查，累计检查 1944 队次，质量监督覆盖率 92%，发现和查改问题 1371 项，召开质量分析会议 247 次，发布质量公报 138 期次，问题整改合格率达 90% 以上。严格质量监督抽查，企业两级共组织各类抽查抽检产品 2865 批次，合格率 94.63%。对发现的不合格品，按规定程序组织后处理，下发不合格品后处理通知书 42 份，产品质量监督抽查通报 2 期。持续推进群众性质量管理活动，2018 年，各企业各级开展质量活动小组课题 1583 个，注册备案质量信得过班组 428 个，QC 小组活动成果 845 项，4 个基层队伍获“全国质量信得过班组”称号，累计创造可计算的直接经济效益逾亿元。

【计量管理】 狠抓计量器具的按期检定，实现了计量器具准确有效。各单位计量器具台账健全、运行状态清晰、分类管理合规。各油服企业更新配套各类计量器具 14396 台（套），在用计量器具周检率达到 99.6%。编制《计量器具送检计划》按期开展送检工作，及时掌握检验动态，保证检定计划的有效落实，设备设施上计量器具均在有效期内运行，保证本质安全。

（刘华阳）

审计工作

【概述】 2018年，中油油服监察审计工作坚持以公司党委提出的“稳中求进推进公司监督工作”的总要求，统筹谋划各项工作，明确工作思路，研究形成中油油服审计工作思路及部署安排总体构想，以及审计业务发展规划，明确中油油服审计工作的目标、指导原则、工作思路、业务开展内容以及确保审计工作目标实现的保障措施，统筹推进各项工作。

【制度建设】 2018年，中油油服狠抓制度建设，促进审计工作规范化、标准化。对中油油服审计管理制度进行梳理，依据国家有关审计法律法规以及集团公司规章制度，结合中油油服实际情况，提出中油油服审计制度体系建设总体构架以及2019年审计制度制订计划。按照轻重缓急，分步实施，夯实审计工作基础。

【合规管理】 2018年，中油油服狠抓合规管理，促进企业依法经营合规管理。监察审计部对《“三重一大”决策制度实施细则》《工会经费收支管理办法》《党费收缴使用管理办法》以及有关职工福利费用管理实施细则等制度办法，在制度发布前介入审核，确保制度本身依法合规，有关费用支出标准和范围不超出国家以及集团公司规定，从制度源头上把好关口，扎牢篱笆，发挥廉洁风险防范和控制作用。

【审计监督】 2018年，中油油服在重大科技攻关项目运作、井控专家评审、重要技术服务招投标等事项中，事前了解程序合规情况，从“制度要求、审计监察发现的常见问题”等方面，向有关部门提出合规运作及风险防范预警建议多条；针对海外业务资金管理风险，提出加大风险管控、采取措施加大对成员企业清欠督促力度等建议。

（张　辉）

法律事务与制度建设

【概述】 2018年，中油油服法律工作坚决贯彻落实集团公司法治建设整体部署，围绕中油油服改革发展中心任务，完善公司治理结构，深化依法合规管理，强化制度建设和法律基础工作，各项工作扎实推进。

【公司治理】 按照集团公司批复的《中国石油集团油田技术服务有限公司章程》，经工商注册部门核准登记，中国石油集团油田技术服务有限公司于2018年1月19日在北京市东城区注册成立。公司类型为有限责任公司（法人独资），中国石油天然气集团有限公司为唯一股东。公司注册地址为北京市东城区东直门北大街9号A座19层1909室，法定代表人秦永和。公司注册资本50亿元人民币，均由股东以货币资金形式出资。公司经营范围包括：油田技术服务；勘探技术服务；数据处理（数据处理中的银行卡中心、PUE值在1.5以上的云计算数据中心除外）；地质研究。

【合规管理】 组织开展集团公司《诚信合规手册》宣贯学习，及时向机关全体员工发放，组织专题学习和承诺签订，做到手册发放、学习宣贯、签订承诺三个全覆盖。积极参与集团公司海外法律信息共享平台构建工作，组织收集上传重点国家和地区法律法规、政策动态、当地资源等信息。高度关注个别国内企业遭受美国处罚案件进展，发布受美国制裁国家项目运作法律风险提示，指导和督促相关企业切实维护自身利益。部分成员企业积极参与集团公司软科学研究项目“一带一路”沿线国家法律风险研究，开展领导干部以案说法、合规专题培训、合规讨论、知识竞赛等活动，推进领导人员学法工作，建立监督部门联席会议制度，探索构建大合规监督格局，全方位、多角度促进合规要求深入人心。

【合同与纠纷管理】 2018 年，中油油服按照“先预算、后合同、再执行”的基本原则，统一审批流程，明确专业分工，落实管控责任，重点强化预算落实和经济、技术、法律三项审查，严格合同印章管理，初步建立起符合公司实际的合同管理体制，公司对外交易基本实现依法合规、高效运行。2018 年，中油油服机关及国际事业部共签订合同 13 份，标的金额共计 3252 万元，其中承办集团公司工程技术分公司合同 5 份。落实集团公司部署，完成公司及成员企业两级纠纷管理信息系统升级工作，加强重大案件信息汇总与跟踪。在成员企业层面，各单位重点围绕事后合同整治，开展合同专项检查、法律知识培训、合同评审提效等工作，总体将事后合同发生率控制在 2% 以内，有效实现合同精细化管理提速；同时，积极推动法律维和权债权追收工作，强化上下联动、横向协同，通过诉讼、仲裁、财产保全等有效手段，稳妥解决一批境内外重大经济纠纷案件，有效避免或减少经济损失。全年，各成员企业共办结案件 60 件，避免或减少经济损失约 2.78 亿元。

【规章制度管理】 2018 年，制度建设重点围绕改革重组和精益管理两条主线，扎实推进依法治理和规范管理，出台议事规则、经营管理、人事劳资、财务管理等方面 20 余项管理制度，初步形成高效规范的两级法人体制和运行机制。加强重点领域风险防控，建立外汇风险报告、安全生产约谈、井控责任落实等各类制度，确保重大风险可防可控。加强党的制度建设，建立健全企业党建、党管干部、“三重一大”等各项制度，促进了党建工作做实做深。加大制度培训宣贯力度，对于涉及职工切身利益的规章制度，及时组织宣贯培训，确保员工对制度规定知悉理解，落实到位。截至 2018 年底，公司共有各类现行有效制度 56 项。

【风险管理】 健康安全环保风险：2018 年，中油油服安全生产态势平稳，成立中油油服 HSE 委员会，完善系列管理制度，初步构建起两级 QHSE 管理体系。开展体系审核、年度井控检查和长庆油田外包队伍井控专项检查，督促企业整改问题 1500 余项。召开 3 次集团公司井控管理领导小组会议，明确企业主要领导担任本单位井控领导小组组长。加强高风险地区井控巡视，宣讲狮 58 井井控险情案例，召开塔里木油田溢流分析会，联合勘探生产板块编制青海英西地区井控实施细则。成功处置溢流险情 77 井次。共享优质培训资源，在渤海钻探和川庆钻探井控培训中心培训处级以上关键岗位 749 人。各成员企业加强海外社会安全和 HSE 管理，实现中方员工零伤亡目标。各成员企业积极参加打赢蓝天保卫战行动计划，大力推广节能减排技术，顺利通过中央环保督查回头看和京津冀大气污染防治专项督查，油基钻屑全部合规处理，大庆、川渝页岩气、新疆玛湖和塔里木等地区实现网电钻机规模化应用，替代和节约柴油 12.8 万吨，减少碳排放 10.6 万吨。

投资风险：大力推进精益投资和装备管理，重点支持井口自动化、深井钻机升级、旋转地质导向工具、压裂设备、连续管作业设备等，严控非生产性投入，2018 年累计配置 16 部自动化钻机，推广井口自动化装备 12 类，其中自动卡瓦配置 600 支井队，气动重粉罐配置 350 支井队；组织系列自动化压裂装置和专用工具研发项目 20 个，部分产品已开展现场试验。加强项目前期经济评价，落实资源、市场、技术、效益等条件，优化方案、节约投资、提高回报率，重点优质优价完成 12 套旋转导向集中采购，有效缓解旋转导向工具需求压力。

舞弊及诚信风险：制订《贯彻落实中央八项规定精神实施细则》，建立廉洁提醒机制，组织中油油服机关全员签订《党风廉政建设责任书》，组织副处级以上干部签订“严禁接受宴请、严禁饮酒、严禁上烟”的“三严禁”承诺书。推进中油油服“五型”机关建设，加快适应改革新体制要求。发放员工诚信合规手册书籍，开展宣贯活动。出台《中油油服“三重一大”决策制度实施细则》，实行“三重一大”事项议案制管理，重大事项民主决策率 100%。2018 年以来召开党委会、总经理办公会共计 21 次，全部按照相关要求进行组织，取得良好效果。

法律风险：坚持依法治企、合规运营，快速完成中油油服工商注册，取得法人资质。组织集中学习公司章程，出台议事规则，推动决策行为依法合规。全面清理成员企业纠纷案件 151 件，重点跟踪金额较大、案龄较长、案情复杂等重大案件处置情况。积极与集团公司主管部门联系交流，为下一步推动中油油服制度管理、合同运行等工作做好准备。

内部改革风险：改革重组稳准推进，分批完成中油油服机构设置、工商注册，完成机关搭建和两轮人员招聘。协调解决大量问题，圆满完成测井、油建、川庆钻探物探业务管理权移交和财务划转。落实改革框架方案要求，策划测井技术研究院组建方案，推进大庆钻探物探业务移交和工程技术研究院内部改革。此次改革重组涉及 8 家局级企业、10 余个处级单位，共划转员工 1.65 万人、资产 104 亿元、负债 61 亿元，整个实施过程，生产衔接有序，安全环保受控，员工队伍稳定，充分体现各成员企业的大局意识和担当精神。

【管理创新】 2018 年，中油油服结合管理实际，开展以“精益、创新、提升”为主题的“精益管理年”活动。机关各部门、各成员企业紧紧围绕活动方案目标任务，认真践行精益理念，持续推动全价值链管理创新升级，有效促进管理方式向精细化、规范化、科学化发展，推动成员企业在成本管控、生产组织、提速提效、安全环保等方面创新实施一批新的有效举措，取得一批新的重要成果。全年共落实 7 大类 20 余项精益管理措施，其中出台降本增效措施 100 余项，节约成本数十亿元；分类编制提速模板 100 余个，在全年平均井深增加 3.8% 情况下，实现钻井提速 5%，创钻井纪录 100 余项，常规压裂提速 23%，工厂化压裂提速 32%，创下压裂指标 30 项；全年细化风险防控措施 100 余条，全年事故复杂损失时率下降 12%。面对错综复杂的外部环境和前所未有的经营压力，实现全年生产指标明显改善、生产组织运行成效显著、经营管理水平大幅跃升。

【相关会议】

《诚信合规手册》宣贯

2018年12月18日，中油油服组织开展《诚信合规手册》宣贯培训。培训重点介绍集团公司新版《诚信合规手册》修订背景，以及手册在质量安全环保、依法纳税、信息管理等领域的主要修订情况，讲解手册对公司员工在避免利益冲突、禁止利益输送、禁止商业贿赂等方面的具体要求，引导公司员工熟悉手册规定。同时，本次培训还结合手册内容，汇总分析近4年来中油油服各成员企业纠纷案件发生情况，对损害赔偿、境外涉税等典型案件进行分享剖析，进一步加深公司员工对合规要求的理解和认识。通过本次宣贯，有效提高员工合规意识，培养员工合规自觉，为进一步形成依法合规文化创造良好氛围。

（佘本善）

档案管理

【概述】按照《关于做好2018年归档工作的通知》厅函（2019）10号通知要求，对于反映本单位主要职能活动和基本历史面貌，具有查考利用价值的文件应全部归档，重大决策、重大活动、对企业和个人维护合法权益具有法律凭证的文件应全部归档。归档内容包括：OA系统中形成的各类公司文件、部门文件、公司呈批件；没有通过OA系统形成的重要文件、报告等；二类会议文件及相关会议材料；各部门工作总结；各部门承办的各类合同、协议等；重大活动中形成的照片、声像、材料等；其他具有凭证或历史研究价值的文件材料。一般性的会议通知以及无查考利用价值的事务性文件可不归档。

中油油服办公室将应归档的纸质文件原件和电子文件收集齐全，按照《关于做好2018年归档工作的通知》中管理类文件归档整理规则要求进行组件、排列、编号和著录到档案管理系统中，并填报2018年档案交接单，上交集团公司档案馆，办理移交手续。

2018年中油油服总部机关共计上报集团公司档案馆归档文件802件，其中：OA系统制发文件归档728件，人工归档文件74件。包括二类会议材料（中油油服工作会议、精益管理工作会议）两件，含会议通知、领导讲话、会议发言材料、交流材料、会议指南等。同比归档件数增加428件，增长114%。

【归档范围确认】根据《关于印发中国石油集团油田技术服务有限公司各部门人员编制及职责的通知》油服（2018）1号，中油油服总部机关各部门职责进行部分调整，按照《集团公司机关档案管理办法》（厅发〔2012〕25号）、《集团公司境外档案管理办法》（厅发〔2014〕28号）、《集团公司信息化项目档案管理办法》（厅发〔2012〕41号）等工作要求，为切实做好2018年度归档工作，开展中油油服总部机关归档范围制修订工作。

于2019年1月8日中油油服办公室下发《关于开展制修订中油油服总部机关文件材料归档范围确认及2018年归档工作有关事项的通知》，根据各部门工作职责和业务范围，结合《工程技术分公司文件材料归档范围和档案保管期限确认单》（2005版），制修订《中油油服总部机关文件材料归档范围和档案保管期限确认单》。要求：凡是反映本部门主要职能活动的，具有查考利用价值的文件应全部归档；“三重一大”决策过程、重大活动、对企业和个人维护合法权益具有法律凭证的文件应全部归档；本部门形成的一类、二类会议材料应全部归档；本部门签订的合同（协议）应全部归档。

集团公司办公厅于 2019 年 3 月 4 日下发《关于修订机关文件材料归档范围的通知》厅函（2019）7 号，对归档工作提出更高要求，归档范围确定原则：（1）合规原则。遵循国家和集团公司相关规定，相关制度中明确要求归档的文件材料应当全部纳入归档范围。（2）价值原则。反映企业各项活动和基本历史面貌、对各项业务发展和历史研究具有利用价值的文件，在各项活动中形成的对维护企业和职工权益具有凭证价值的文件，应当全部纳入归档范围。（3）突出重点原则。重点明确公文系统以外文件，特别是业务文件种类和名称。归档范围确定方法：职能分析、制度分析、流程分析、综合分析。各部门按照归档范围确定原则和确定方法，形成本处室文件材料归档范围清单，对保管期限、归档方式、归档载体、责任制进行分析确认形成本部门归档范围，经办公室初步审核后，共形成归档范围条目 133 条，上报集团公司档案馆。

【归档工作】 中油油服 2019 年 1 月 8 日下发《关于开展中油油服总部机关 2018 年归档工作有关事项的通知》，要求如下：根据制修订的中油油服总部机关文件材料归档范围和档案保管期限确认单，开展 2018 年应归档文件材料的收集、整理工作；归档的纸质文件应有对应的电子文件，没有电子文件的要扫描成 PDF 文件存档；归档的文件应为原件。无法归档原件的，要注明原件去向，并将复制件归档。收集、整理机关各部门、国际事业部的文件材料，特别是认真梳理了下发文件之外的业务、专业文件种类，确保归档范围满足证据、责任和利用需要，确保应归档材料应归尽归。

中油油服总部机关 2018 年归档文件新增条目：各类会议议案（党委会、党委扩大会、总经理办公会）、督办完成情况报告（6 期）、记录本（党委会、党委理论学习中心组学习、周例会）、油服合同（计算机设备采购、物联网系统运维、支持服务合同）、统计资料（计划资料汇编、海外月报、集团周报、生产经营分析报告）、工作总结（党风廉政建设监管责任报告、风险作业服务业务、保密）、党员评议、刻章申请、调动人员介绍信等。

（庄　涛）

党建与企业文化

党建工作

【概述】2018年，中油油服党委落实从严管党治党要求，发挥党委主体责任，加强组织建设、制度建设、思想政治建设、新闻宣传和企业文化建设，完善制度、夯实基础、落实责任、创新工作，构建“大党建”工作格局。加强党员教育和管理，各级党组织认真学习贯彻习近平新时代中国特色社会主义思想和党的十九大精神，着力加强“三基”建设，推进“两学一做”学习教育常态化制度化，开展“四合格四诠释”岗位实践活动。

中油油服党委设党委书记1人，党委委员6人。下设3个党支部，党员73人，其中女性党员11人。党支部书记3人，党支部委员8人。

成员企业共有局级党委7个，处级党委147个，党总支391个，党支部4184个，共有党员6万多名（包括离退休党员）。其中，有海外处级党委2个，党总支14个，党支部169个，海外正式党员3202名。

集团公司直属党委直接负责中油油服及驻京成员企业党委的党组织建设、党员教育与管理，指导成员企业领导班子思想政治建设。中油油服党委不直接管理成员企业的各级党组织。

【党员干部教育】2018年，为进一步深入学习宣传贯彻党的十九大精神，按照集团公司要求，中油油服组织领导干部参加3期“第二轮总部机关处级以上干部学习贯彻党的十九大精神集中轮训班”，共32名副处级以上干部在北京管理干部学院参加培训。

中油油服组织开展5次公司党委理论中心组学习和14次党员集体学习，党委书记茅启平、总经理秦永和带领全体党员，学习《习近平谈治国理政第二卷》《十九届三中全会会议精神》《宪法》《习近平总书记再辽阳石化视察时的重要讲话精神》《中国共产党纪律处分条例》，集团公司2018年工作会议精神等内容。通过集中政治学习，加深了对习近平总书记讲话的理解和认识，提高了党员的政治觉悟和政治修养，统一思想，凝心聚力，为完成集团公司工作会议部署安排提供坚强的思想保障。

【制度体系建设】2018年，根据《中共中国石油天然气集团公司党组关于进一步贯彻落实中央八项规定精神的实施细则》，中油油服党委制订发布《关于进一步贯彻落实中央八项规定精神实施细则》，要求严格改进调查研究、严控会议活动、精简文件简报、规范因公出国（境）、改进新闻报道、厉行勤俭节约、严格执行落实、加强督促检查。

按照集团公司党建工作责任制考核评价指标体系、集团公司提高基层党建工作质量推进会要求，积极推进新闻宣传工作、意识形态工作、党费收缴使用管理、党组织工作经费管理等相关制度编制。

【基础党务管理】2018年，中油油服规范党员基本信息管理，更新和校对党员信息，动态维护党员台账，完成35位新入职党员和退休党员党组织关系转接。

开设公司党委独立党费账户，实现党费规范管理，按时完成党费收缴工作。全年收缴党费91088元，全额上交集团公司直属党委。党费支出20114元，主要用于订阅党员教育报刊、购买党徽、举办喜迎党的十九大系列活动，全年各党支部规范开展“三会一课”等组织生活，学习党的方针政策、法规制度，组织谈心谈话，严肃党的组织生活。

【党建信息化】 2018年，中油油服推广应用石油党建信息化平台，上线率100%，党费线上交纳100%，做到党员全覆盖、培训全覆盖、全功能应用。7月积极参加直属党委组织的线上重温入党誓词、党员承诺活动，参与率达到100%。同步维护中组部全国党员管理系统、中组部党内年度统计系统，完成关系转接、党员变动等管理，按时完成年度党内统计报表上报。

【媒体和网站建设】 2018年，在公司网站上开辟党建专栏，上下联动，发布公司机关和成员企业党建新闻，展示党建成果，打造党建宣传的主阵地，累计发布党建新闻660条。

6月，在石油党建信息化平台设立中油油服党建公众号，开设党建新闻、主题教育、党建实务3个主栏目11个子栏目。截至2018年度，发布内容85条，浏览14万余人次，促进党建工作交流互动。

【民主生活会】 2018年2月2日下午，中油油服召开领导班子民主生活会。党委书记茅启平、党委副书记秦永和、党委委员王忠仁、李国顺参加会议。集团公司第九督导调研组副组长赵宝红、成员李勇同志出席会议。会议由党委书记茅启平主持。

民主生活会前，中油油服公司党委按照集团公司统一部署，在第九督导组指导下按照要求和规定程序做了充分准备。围绕民主生活会会议主题，对习近平新时代中国特色社会主义思想和党的十九大精神认真学习，开展党委中心组专题学习研讨，把学习研讨的着力点放到“六个聚焦”上，准确把握党的十九大对国企、能源行业提出的新目标，准确把握集团公司工作会议对工程技术业务提出的新要求。通过学习研讨，公司领导班子思想高度统一，坚定维护以习近平同志为核心的党中央权威和集中统一领导，全面贯彻落实党的十九大各项决策部署，牢固树立四个意识、四个自信，积极推进企业稳健发展信念更加坚定。按照规定开展谈心谈话活动，广泛征求员工和成员企业意见，撰写并反复修改班子对照检查材料和个人对照检查材料，为民主生活会的召开打下良好基础。

会上，通报2017年度民主生活会征求意见建议情况和2016年度民主生活会领导班子查找问题整改落实情况。茅启平代表公司领导班子做对照检查。每位班子成员做个人对照检查发言，报告上年度问题整改情况，谈学习认识体会，从六个方面认真查摆问题，深入剖析原因，有针对性制定整改措施，逐一进行自我批评，并深入开展相互批评。结合工程技术业务实践谈了对贯彻落实习近平新时代中国特色社会主义思想和党的十九大精神，落实集团公司工作会议精神，坚持全面从严治党，把政治建设摆在首位的认识和体会。第九督导组副组长赵宝红同志对民主生活会召开情况进行点评。指出，中油油服民主生活会开得非常成功。听了中油油服领导班子在持续低油价条件下带领广大干部员工锐意进取、砥砺奋进，创造良好经营业绩，也深受教育。民主生活会开出好效果，开出新气象。会前准备充分，学习认识深刻到位，查摆问题准确，剖析问题深刻，批评与自我批评开诚布公，坦诚相待，班子团结和谐，严格按照要求报告个人事项。公司党委对2016年存在问题整改成效显著，针对2017年查摆出来的问题制定的措施扎实有效，达到了民主生活会的预期目的和效果。赵宝红副组长提出两点意见，要进一步加强班子思想建设；班子和班子成员整改措施要进一步细化、量化，提高可操作性。同时提出三点建议：落实集团公司年度工作会议精神，大力加强党的政治建设；持续加强作风建设，建立长效机制；巩固扩大民主生活会成果，总结经验，抓好问题整改，以适当方式向广大党员干部公开民主生活会情况和问题整改工作进展。

【党务工作座谈会】 2018年11月21日，中油油服召开党务工作座谈会，中油油服党委书记、执行董事秦永和主持会议，党委办公室、党群工作部、党委组织部、纪委办公室就本部门党务工作有关情况进行汇报，并就下一步工作提出建议。会议就下一步工作做出安排:（1）建立党务工作例会制度，每季度召开一次党务工作例会，有关部门总结汇报工作。（2）做好党支部换届选举和支部委员配备工作，配强党务工作干部，对各支部党员进行合理调补。（3）加强“五型”机关建设。通过加强服务，建立起联系成员企业的纽带，进一步提高成员企业的积极性和创造性。（4）进一步强化中油油服机关和成员企业的沟通渠道，听取企业的意见和建议。（5）建立健全制度，将管理关口前移，做好事前预防和过程控制，确保不出问题。

【党建活动】 2018年6月22日组织全体党员干部参观“真理的力量”——纪念马克思诞辰200周年主题展览，12月6日参观“伟大的变革——庆祝改革开放40周年大型展览”，接受爱党爱国教育，感受中国特色社会主义建设取得的巨大历史成就。

6月29日开展“四个诠释”主题党日活动，围绕“四个诠释”主题，结合苦干实干、“三老四严”的石油精神，组织广大党员重温入党誓词、学习《关于进一步加强总部机关作风建设的意见》，开展业务知识分享、进行“四个诠释”实践座谈交流活动。强化“四个意识”、增强“四个自信”，做到“两个维护”，始终忠诚于党、忠诚于石油事业，听党话跟党走。

6月开展4次新入职员工知识分享活动，以“学习型”机关建设为抓手，新员工分享了法律、合同、财务、钻井、安全、国际业务等多方面的知识和工作经验，通过分享活动，加强员工职业沟通，增进了解和协作。开展西部钻探大国工匠谭文波专题宣传活动，弘扬石油精神，传承大庆精神铁人精神。9月20日举办公司庆祝改革开放四十周年“歌颂伟大祖国，改革开放回响”主题歌咏比赛，激发党员投身改革创业的热情。

（李美慧）

纪检监察工作

【概述】 2018年，中油油服严格落实集团公司各项工作部署，督促做好巡视发现问题整改；按照预防警示为先，把监督挺在前面，把纪律挺在前面；将落实党风廉政建设监督责任与落实党内监督职责相统一；将严肃执纪问责与净化单位政治生态，督促干部干净履职、勇于担当作为相统一的原则，加大廉洁文化宣传和教育力度，统筹安排各项监督工作。按照全面从严治党、依法治企的要求，把党风廉政建设和反腐败工作融入公司体制机制建设、业务发展和队伍管理，着力推进不敢腐、不能腐、不想腐长效机制。

【党风廉政建设】 2018年，中油油服贯彻落实集团公司党组纪检组《党风廉政建设主体责任和监督责任实施意见》，明确党委主体责任和纪委监督责任，确定全年工作目标和任务措施。

按照集团公司监管责任制度规定，建立中油油服落实党风廉政建设“一岗双责”清单。党员干部层层签订《2018年党风廉政建设责任书》，处级干部签署《领导干部廉洁从业承诺》，以上率下层层落实责任。

2018年3月2日，中油油服印发《油服公司党委关于进一 步贯彻落实中央八项规定精神实施细则》，对领导人 员履职待遇、业务支出、办公用房、公车使用等做出 明确规定，中央八项规定精神在油服企业具体化；严 格执行领导干部婚丧喜庆事宜有关规定，处级及以上 干部婚丧喜庆事宜履行报告备案程序。

【全面从严治党】 2018年，中油油服加强统一领导和总体部署。公司党委认真学习贯彻习近平总书记系列重要讲话精神，坚决落实全面从严治党战略部署，保持坚强政治定力，切实履行管党治党主体责任。

加强党的建设，建立健全中油油服党的组织以及工作机构，明确党组织负责人的定位及主体责任，优化完善党建以及纪检监察部门职责，推动落实全面从严治党责任。

注重案件反思和风险治理，按照集团公司贯彻落实国资委党委《关于认真学习贯彻中央纪委〈深入剖析王晓林严重违纪违法案件典型特征将办案成果转化为国企治理效能的工作建议〉的通知》的工作方案以及任务分工，公司党委组织专题学习和讨论，深入剖析、反思案件反映的突出问题，并针对王晓林案件凸显出的五方面问题在公司内部开展自查自纠以及廉洁风险排查工作，研究治理措施。结合中油油服实际，编制贯彻落实实施方案，制订26项任务措施，明确责任分工和完成时限，形成各负其责、齐抓共管的责任体系。

注重顶层设计和制度建设。建立完善中油油服《三重一大决策制度实施细则》，在顶层设计上优化完善，确保党组织的领导作用充分发挥，纪委办公室强化监督执纪，按照制度对“三重一大”制度执行情况进行督查，进一步推动“三重一大”决策制度的落实和执行。

【形式主义、官僚主义集中整治】 2018年11月26日，根据中油党组下发的《关于贯彻落实习近平总书记重要指示精神集中整治形式主义官僚主义的实施方案》，中油油服启动制定《中油油服公司集中整治形式主义、官僚主义工作方案》，明确工作思路、整治内容、整治步骤、工作要求。并于2018年12月20日前完成集中整治宣贯工作。公司纪委利用微信向广大员工转发习总书记系列讲话数据库，做好宣传动员，并在党委扩大会上组织党委委员和各部门负责人采用会议传达和书面传达方式专题学习中央和集团党组有关文件7份，梳理下发学习材料近万字。对形式主义、官僚主义集中整治工作按照工作方案做具体部署安排。2018年底，组织各部门结合中油油服实际，深入查摆中油油服在贯彻落实党的路线方针政策、集团公司重大决策部署；联系基层单位、服务基层单位，干部履职尽责、服务企业发展；学风会风文风及检查调研等方面的突出问题，并结合实际制定扎实有效的工作措施。

【反腐倡廉教育】 2018 年，中油油服深入开展廉洁教育，通过党委书记对党委管理干部任前约谈，党委组织对新任职的党委管理干部开展“六个一”教育等方式，对党员干部提出增强党性修养和纪律意识的要求，着力增强广大党员的党章党规党纪意识。

充分利用石油党建平台，引导党员干部参加学习和自我在线测试，提高廉洁自律意识。

组织全体党员学习讨论《中国共产党纪律处分条例》，使铁的纪律真正转化为党员干部的日常习惯和自觉遵循。

坚持抓早抓小，动辄则咎。强化日常管理监督，发现问题及时谈话提醒、警示诫勉，防止小问题演变成大问题。

突出重要时间节点正风肃纪。党委结合集团公司纪检组通知要求利用工作例会、专题会等渠道及时对领导干部进行警示提醒。纪委充分利用公司微信工作群等渠道转发中央及集团公司要求，对全体员工进行提醒教育，保持警钟长鸣。

（张　辉）

“精益管理年”活动

基本概况

【概述】 为贯彻落实集团公司领导的指示精神，以精益促提质、促发展、促变革，向管理要效率、要质量、要效益，助力高质量发展，中油油服结合实际，开展以“精益、创新、提升”为主题的“精益管理年”活动。

【活动意义】 精益管理思想是以最小的人力、设备、资金、材料、时间和空间等资源投入，创造出尽可能多的价值，为客户提供优质产品和服务。开展“精益管理年”活动，全面提升管理水平，是中油油服在开局之年实现稳定起步，生产经营正常运行的有力保障；是提升核心竞争力，实现可持续发展的内在要求；是加强自身建设，提升队伍素质和能力的有效途径；是转变发展方式、解决管理中存在突出问题和薄弱环节的有力抓手；是面对复杂经营环境，实现稳中求进、稳中向好的必然选择。

【活动主题】 以提高发展质量、工作效率和经济效益为核心，坚持“精益、创新、提升”的活动主题，即：精益对标，认真查找制约质量和效益发展的问题和短板；创新思路，探索推广更切实际更富成效的方式和方法；提升水平，全面提高劳动生产率和各类资源创收创效能力，实现“六个”上水平，夯实中油油服稳健发展的根基，加快向国际一流油田技术服务公司迈进。

【活动目标】 通过开展“精益管理年”活动，进一步促进管理方式向专业化、精细化、规范化、科学化转变，促进“六个”上水平。

强化营销，促进市场上水平。以客户为中心，以效益为目标，延伸两端、优化中部、发展新兴，优化市场结构，厚植产业链创效能力，实现国内增份额、国际增规模。

不断创新，促进技术上水平。以油气勘探开发需求为导向，强化顶层设计，打造高端利器，破解技术难题，推进工程技术成果转化应用，增强行业竞争力和引领力。

深化挖潜，促进经营上水平。细化成本管控，逐步减掉“八项浪费”；坚持资产轻量化，提升投资创效能力；推进内部共享，提高资产利用效率；完善考核政策，优化指标体系。

提升素质，促进队伍上水平。优化队伍结构，加快瘦身健体；加强员工培训，提升国内外队伍素质；加强形势任务教育，激发队伍斗志，努力将员工总量劣势转化为人力资本优势。

落实责任，促进安全上水平。落实各级安全环保井控责任制，提高事故防范能力，实现安全清洁发展；严守“四条红线”，确保生产经营平稳运行；加快建立中油油服 QHSE 管理体系。

筑牢根基，促进党建上水平。加强党的政治、思想、组织、作风和制度建设。认真贯彻习近平新时代中国特色社会主义思想。严格落实集团公司党组部署，把党建工作融入生产经营、企业管理全过程，充分发挥党组织把方向、管大局、保落实的作用。

主要任务

【概述】 2018年以来，中油油服及各成员企业有计划、有组织、有重点、分阶段地扎实推进“精益管理年”活动，在市场开发、成本管控、生产组织、提速提效、投资管理、设备管理、安全环保、党的建设等方面积极采用精益管理思想、原则、方法等制定工作计划、方案和措施，各方面都见到良好成效。

【精益管理文化培育】

开展精益管理相关知识培训，邀请相关咨询公司以视频的方式进行知识讲座。主会场设在北京石油大厦或天津，各成员企业设分会场。时间拟定于4月或5月。

各成员企业组织开展精益管理理念“进机关、进基层、进班组”活动，认真学习精益管理思想、目标、工具、减少151种浪费等精益管理知识课件。

各成员企业企管、宣传等部门组织开展精益管理知识竞赛，促进全员进一步深刻理解、牢记在心，落实到行动之中。

组织成员企业领导赴北美考察页岩气高效开发等先进经验；组织学习卡特彼勒等企业精益管理经验，企业收集与本单位业务性质相近的典型精益管理案例，编制成宣讲材料或宣传册。

【精益财务管理】

精细利率和汇率管理。建立资金日计划、周计划、月计划，精准把控资金流向，平衡资金收付。统筹资金使用，降低整体筹资成本，最大限度减少贷款利息支出。建立中油油服、成员企业和项目部三级汇率风险敞口管控机制，以收窄美元汇率风险敞口为重点，防范汇率风险。

精细成本费用管控。统一钻井综合成本核算标准，提升数据可比性。完善单井可控成本偏差实时预警，提升成本过程管控水平。开展生产组织、施工效率、物料消耗、人员、设备等多维度单井成本对标，推进基层队提速、减配、降本、增效。

精细应收账款管控。开展客户信用评价和应收款分析，明确收款责任人，加大奖惩力度。按照甲方信用等级，制定一类一策的收款措施，综合采取内部互抵、上门催收、法律诉讼、停止提供产品服务等方式进行清收。对于集团公司内部欠款，采取内部协商、争取上级协调等方法，加快资金清算。

【精益生产组织】

严密生产组织。加强生产组织协调，一切服从生产需要，二三线围绕一线转，生产围绕井队转，现场围绕井眼转；加强与甲方协调配合，科学优化生产运行方案，强化井位衔接、工农关系协调、钻前工程准备、钻井设计及地质协作工作，做到“六不等”，减少组织停工15%以上。

创新生产组织方式。促进集约化生产，进一步完善工厂化施工作业模式，在川渝页岩气、新疆玛湖致密油、苏里格致密气等区块，试点运行“1队2机”或“1队3机”钻井生产组织模式，推进平台井钻井资源共享，提高钻井队伍利用率，降低运行成本；推广“40+70型钻机”打深井模式，提高钻机运行效率；利用修井机和40型以下钻机试油，避免占用深井钻机；推行“动人不动设备，动钻井不动后勤”的搬迁方式，有效降低搬迁成本；研究建立拉链式压裂每天 6–8 段的平台压裂模型，大幅缩短压裂时间；推进钻井总包外包工作，组织渤海钻探、川庆钻探开展总包外包经验交流。

【精益提速提效】

严格落实钻井提速模板。狠抓西南页岩气、大庆深层、新疆环玛湖、塔里木、川渝等重点地区的提速提效工作，不断完善提速模板，充分利用成熟综合配套钻井技术，强化并推广“三大两高”钻井参数，努力实现深井提速 15% 的目标。

严格事故复杂防控。建立事故复杂处置知识库，深井分井段制定防控预案，指导复杂井段的施工。提升 A7、A12 系统应用深度，应用远程技术支持平台和专家决策系统，对深井、大型压裂实施全程监控和诊断，充分发挥专家团队的技术支撑作用。力争事故复杂时效降低 15% 以上。

开展劳动竞赛。严格工艺纪律并贯彻落实到每个基层队、每个班组、每个岗位。各成员企业组织开展“比、学、赶、帮、超”劳动竞赛活动，建立激励机制，努力实现深井提速和西南页岩气“一类井队 5 开 5 完、二类井队 4 开 4 完”的目标。

大庆钻探持续推进钻井提速，实施工厂化作业，开展冬季生产会战

【精益安全环保井控管理】

强化井控管理。实行井控风险分级管理，建立高风险井周报制度，强化井控检查巡视，建立井控专家队伍；修订井控管理规定，制定甲乙方井控责任清单；加强井控培训资源共享，组织关键管理人员分级定点培训；制定应急中心建设标准，逐步实施区域井控应急物资共享机制，减少井控设备和应急物资的浪费；推行井控设备冬防保温专业化管理，减少井控设备拆装维护工作量，提高保温设备重复利用率。

深化 HSE 管理。建立中油油服 QHSE 管理体系；加强事件管理和较大事故隐患问责；建立操作规程模板、“四条红线”作业目录和高危作业指南；严细风险评估与防控；推进标准化建设，基层 7 队 1 站标准化建设达标率达到 80%。

加强环保管理。推广钻井岩屑不落地技术，开展钻完井废弃物无害化处理和资源化利用，加强钻井液和压裂液重复利用，在川渝地区开展井场清污分流；研发推广环保型钻井液，实现成本不增、助剂类型减少 20%、废弃物处置费用降低 50%。

【精益投资及装备管理】

优化投资。投资重点支持井口自动化、深井钻机升级、旋转地质导向工具、压裂设备、连续管作业设备等，严控非生产性投入；加强项目前期经济评价，落实资源、市场、技术、效益等条件，优化方案、节约投资、提高回报率。

抓好装备标准化配置。组织好更新钻机配套标准研究和贯彻执行，加快深井钻机升级，完成 20 台钻机更新改造，改善 40 型以上钻机机泵条件，满足优快钻井需要；加快电动压裂泵工厂化压裂试验，形成电动压裂泵配合常规车组工厂化压裂作业模式；建立设备调剂使用激励机制，提高设备利用率，促进共享。

优化维保修和采购模式。组织装备制造企业协同推进“制造＋服务”模式，提高维修质量和效率，降低配件资金占用，逐步减少钻探企业维保修用工人员；推进“配件＋服务”谈判采购方式，加强配件源头管控，减少配件规格种类，降低采购成本。

【精益用工及海外业务管理】

压减用工规模。开展人力资源分析，加大员工结构优化力度，持续压减二、三线人员，充实一线队伍；落实“多出少进”要求，压减劳务用工 20% 以上，通过内部余缺调剂、业务外包、劳务派遣等途径满足用工需求；开展成员企业组织机构量化对标，进一步压减机构、压缩管理层级、减少法人数量。

探索海外业务“八统一”管理。在中东地区组织中油油服大区管理部、国家项目部，开展集中管理试点；选择海外重点国家市场，开展公共事务、设备物资采购和仓储的集中共享管理，降低项目运行成本。

活动成效

【概述】 活动开展以来，中油油服机关各部门、各成员企业充分运用精益思想，大胆创新工作方式方法，有效促进管理方式向精细化、规范化、科学化发展，有效推动成员企业在成本管控、生产组织、提速提效、安全环保等方面创新实施一批新的有效举措，取得一批新的重要成果。

【精益管理文化】 长城钻探设计精益管理培训课程，组织赴美国卡特比勒公司（天津）精益生产观摩考察活动，编写精益管理知识网上辅导资料，搭建精益管理“比学赶帮超”网页专栏。渤海钻探组织领导班子和中层干部专题学习精益基础概论，精心组织骨干人员赴外参观学习，开设“精益管理年”活动专栏，及时掌握活动进展情况，及时推广好做法好经验。东方物探充分运用新媒体传播手段，加强精益管理活动的宣传报道，自主编制精益文化丛书，积极收集内外部精益管理典型案例，自主编制宣讲材料、宣传册，形成公司企业文化丛书《跨文化管理》专辑，深入挖掘借鉴国际先进经验蕴含的精益文化因素，用故事化的传播方式推动公司精益管理水平的全面提升。

【成本控制】 西部钻探充分贯彻精益思维细化物资采购节约资金指标，密切关注原材料价格波动，广泛开展市场询价，精准制定招标限价，实现节约资金近 6000 万元；创新实施各类技改措施 447 项次，设备管理增效 6500 余万元。积极开发集仓储管理系统、电子商城、配送系统、ERP 系统于一体的物资共享服务信息系统，建成北疆（环玛湖）物资共享中心，充分利用大物流及信息化平台，建立了直达料供应机制，物资采购和配送效率大幅提升，实现节约设备设施搬迁、物资运输等直接成本 230 余万元。

长城钻探积极应用精益管理“流动”思想，利用信息系统自动归集井队成本费用，实现固定成本自动分摊，钻前工程、运输、技术外协等成本费用自动生成数据，实现“管、办、用”三方核对，实现了对物资消耗的全过程管控，解决物资以领代耗和库存不清等问题，有效减少材料库存。将口井预算、单队预算、专项费用预算、两级机关费用预算等所有成本费用都纳入预算管理，实现预算精细化、信息化、精准化，实现全要素全过程的成本管控，实现会计职能从事后会计核算到事前预算、事中控制和事后考核评价的管理升级。

渤海钻探运用精益理念在控制运输费、油料费、物资采购成本、控减人员和降低事故复杂时率等方面出台 15 个方面的 45 条具体增收和节支措施，及时收集基层钻井队降本增效典型经验，形成 300 余条“小改小革”措施，确保全年降本增效 4.42 亿元目标落实到位。

川庆钻探贯彻精益思维定期开展量、价及单耗分析，对材料、油料、修理费等重点成本要素实行分级管控。对近三年主要生产区域钻井业务的工作量、生产时效、钻井成本、收入结算水平的变化趋势进行分析，开展区域、单位对标，查找短板、持续改进。探索和构建“钻井盈亏平衡测试模型”，开展针对 3 个重要市场区域、7 类主要井型、29 个区块的钻井业务盈亏平衡试点测试工作，取得初步成效。正式运行“页岩气成本管理信息系统”，促进页岩气项目信息应用由“单一专业”向“全产业链”，“账务核算”向“业务融合”，“事务财务”向“经营决策”的 3 个转型。

大庆钻探强化单井“四单”管理模式和“鱼骨”操作成本管理法，大力推行钻井标准成本管理体系，通过分区块、分井型、分机型逐项测算，初步建立单井成本标准、单井预算及成本控制模板。精心组织建设综合性钻井成本经营管理系统，初步实现了钻井成本全过程动态可视化管理，显著降低可控成本。

东方物探精细资金运营管控，建立自由现金流与利润总额考核指标的挂钩联动机制。精细资金计划管理，完善资金计划核定机制，倒逼资金回笼，自由现金流缺口同比大幅缩小，短期借款同比大幅下降。精细资金运作管理，充分挖掘境外资金运作潜力，建立迪拜和新加坡境外资金池，实现境外资金统筹调度，提高资金使用效率，积极盘活哈萨克斯坦沉淀资金 2760 万美元。

海洋工程坚持成本费用预算刚性约束，实施可控成本偏差实时预警机制，按月通报成本费用预算执行情况，组织制订了 6 大类 25 项 45 条成本具体措施，累计节约挖潜 7000 万元。

【市场开发】 西部钻探紧盯目标市场建产规模、装备和技术需求、服务标准等信息，实施精准投标、精准商务谈判、精准开发，三大关联交易市场占有率同比提高 15.5%，完成进尺同比增长 17.06%。外部市场规模总量实现大幅增长，其中仅长庆油田总包规模就增长 3.5 倍，形成钻井创收、技服创效的良好格局。

长城钻探将国内市场细分为“盈利、微利、减亏、战略”四种类型，深化服务模式分类创新，有效提高市场占有率。探索采用自营 + 外包的商务模式，首次中标中海油中联煤山西致密气新市场。采用“技术服务 + 管理输出 + 战略合作”模式，成功签订土耳其国家石油公司页岩油一体化项目。

渤海钻探探索创新技术服务模式，在关键市场通过“钻头 + 螺杆”包井段、包速度、包费用的模式，巩固和扩大市场份额。在拉美市场，与长城钻探联合实施“融资 + 服务”合作模式，中标重油带阿亚库桥区块 300 口井钻井总包项目，总合同额近 14 亿美元，创公司海外技术服务单项合同金额最大纪录；中标里阿尔油田修井一体化项目，合同额 3.46 亿美元，创公司海外修井一体化服务合同金额最大纪录。

测井公司主动跟踪甲方市场动态，及时追踪油田产建运行情况，根据不同区块、井型、井别及需要解决的地质问题，积极与油田用户交流提出具有建设性的解决方案，引导甲方对成像测井等特殊工艺技术应用，提高成像、核磁等特殊项目工作量，全年完成工作量增长21%，实现经营收入增长25.6%。

【生产组织】 西部钻探坚持精益过程管控，精准加强工序衔接和地方关系协调，推行“一队双机”平台管理，实施“40+70”深井钻井模式，开展24小时拉链式作业。试点井队分级管理，开展先进队伍人员、技术、管理共享，促进施工能力与井型相匹配，确保了重点井平稳施工。集中推广“制造＋服务”专业维保修模式，与设备厂商合作建立玛湖设备保障中心。深化生产指挥系统功能扩展，积极打造信息传输中心、专家远程会诊平台，基本实现关键施工环节、重大项目现场试验、高风险现场远程监控全覆盖。搭建现场各专业协同办公平台，实现钻井、录井、定向信息共享。

长城钻探推行井场准时化生产施工模式，基层队组织全员制定口井工作计划和24小时工作计划，施工过程按照步骤分解—风险识别—削减措施—责任分解—过程监控—效果评价的流程制定工作计划，确保科学严密组织生产，缩短辅助时间，使生产始终按照计划高效“流动”，实现口井效益最大化。建立以井队为客户的管理理念，实现后勤、机关部门围绕井队转，不但转变了后勤、机关部门的工作作风，而且提高工作效率，降低成本。现场推行“节点控制法”，既从钻前施工开始到完井拆设备各关键节点的跟踪与协调，超前计划、组织、部署，落实“定设备、定人、定责”的保障措施，实现工序无缝衔接，实现生产作业完全“流动”，极大提高井队的生产效率。

川庆钻探持续推进现场“三标一规范”建设。与基层文化建设相结合，分级制定建设方案和验收标准，注重基层岗位员工责任书指标分解，将危害因素、隐患、违章自查自改纳入考核。组织所属单位开展基层一线专业队伍基础资料的比对，形成钻井队等10个队种的基础资料指导目录和参考模板，将基层队的基础资料平均再减少了31.49%的数量。

渤海钻探大力实施区域资源一体化协调，根据市场变化，统一调配、互供共享，有效提高了资源与市场的匹配度，整体钻机利用率再次提升到94%的较高水平，同比提高14个百分点。充分发挥各级月、周、日生产例会作用，有效调动相关单位抓生产、提速度的积极性和主动性，生产进度明显加快，2018年大港油区、长庆总包、第三钻井分公司年累进尺均突破120万米。

大庆钻探密切各工序衔接配合，减少非生产时间。外围开发井整体施工效率提高7%。创新总包模式，将吉林探评井纳入总包范围，充分利用市场资源，进一步提高总包的整体效率和新建产能贡献率。同时加强自有监督队伍建设和外部队伍监管，保障施工质量和安全。

东方物探建立由生产指挥中心＋六个业务系统＋数字化地震队构成的物探生产管理平台，实现公司各层级生产过程精细化管理；建立以ERP为核心的经营管理平台，全面提升公司经营管理能力；加强移动互联网新技术应用，全面推广瑞信—企业移动应用平台。结合国际油公司通用做法，确定作业程序框架，首批编制33个物探施工主要活动作业程序，将通用作业程序统一到公司层面集中进行管理。

测井公司推广“一井一策”“井型专测”“区域专测”“一队多能”“一队多机”等

多种测井现场生产组织模式。进一步强化以两级调度为中心的“大协调”组织运行模式，准确把握生产信息，尽最大努力减少队伍空跑、现场等停和无效作业时间，正点到井率98.63%，作业一次成功率提升到97.60%。

【提速提效】 西部钻探持续加强设计源头管理，编制55个区域提速模板，大力试验进攻性钻井参数，吐哈区域整体同比提速7.8%，新疆玛湖提速同比提高16%。制修订压裂、试油、固井等专业11个装备配套标准模板，压裂单机日均施工2.61段，同比提速29.85%。创造单队单日11级射孔桥塞连作压裂等集团公司纪录10项，刷新玛湖、吉木萨尔、库车山前等重点区域纪录近50项。编制50电动钻机搬安流程，简化井队辅助生产设施，平均单队搬家运输减少20车次。对国内外91个主要作业区块开展事故复杂风险动态分级评估，分类制定管控措施，分区域下达控制指标，全年事故复杂时率约1.21%，同比降低近1个百分点。

长城钻探新制定国内重点区块钻井提速模板17个，累计制定26个，基本覆盖公司国内市场36个区块，同比2017年取得了10%以上的综合提速指标。严格执行重点井技术交底、“一井一策”施工方案、关键工序及重点施工环节技术干部住井制度，充分发挥远程技术支持系统（RTOC）作用，加强公司专家团队与现场技术支持管理，提高现场事故复杂处置效率，减少事故复杂等非生产时间。2018年平均钻井周期19.36天，同比缩短3.65%；建井周期28.48天，同比缩短4.66%；事故复杂率1.95%，同比降低10.56%。

渤海钻探重点完成12个油区45个区块的提速模板，覆盖率达到73%，在冀中、长庆和二连市场平均机械钻速提高20%左右。大力推广新工具、新工艺和新技术，共计创公司级以上指标37项，集团公司级指标4项，青海尖北1-3井钻井周期83.23天，实现集团公司尖顶山区块钻井周期90天的提速目标，较设计完钻周期缩短30%。

【设备管理】 西部钻探优化装备管理模式，缩减3项审批环节，取消1个审批岗位，管理流程更加顺畅；积极打造透明、灵活、便捷的物流平台电子商城，将通用物资纳入电商管理，采购效率显著提升。开发集仓储、电子商城、配送系统、ERP系统于一体的物资共享服务信息系统，建成北疆（环玛湖）物资共享中心，物资采购和配送效率大幅提升。

长城钻探加强设备调剂管理，全年累计盘活设备39台（套），节约资金10800万元。将等停两年的GW-AH1500自动化钻机盘活，其资产近7500万元；调剂封存闲置3台CAT3512B发电机组到钻井二公司页岩气项目改造ZJ50L钻机作为动力机组，节约投资约1100万元；将国外封存钻机复产纳入设备配套管理，通过对4个项目11部封存钻机的配套、复产整改，盘活设备35台（套），资产价值合计2200万元。

大庆钻探深入推广代储代销管理模式，通过精心筛选建立以SWACO钻井液振动筛及常用消耗配件为主的具备一定规模的代储代销试验点，初步形成集中代储与区域共享相结合的仓储模式，有效提高公司物资保障的时效，减少资金占用，促进物资保障及仓储管理水平的提档升级。

东方物探进一步加强核心资源集中管理，加大全球调配力度，国内跨探区调剂地震仪器61台次/706396道次，海外跨国调拨设备资产原值1.82亿元，占设备需求的78.8%，有效支撑塔里木克深、新疆玛湖、科威特KOC等大型项目的实施。

【投资管理】 长城钻探推行重大项目“54321”前期管理模式，促进投资精益管理。具体包括：可行性研究坚持“五注重”，突出效益。可研评估坚持“四不准”，严格筛选项目。初步设计坚持“三合理”，满足功能需求。项目实行“两级”审查，为项目立项决策提供科学翔实的依据。履行完论证程序的项目，公司领导办公会集体决策审定，保证投资的高效、稳健。结合自身实际，将固定资产部分四类项目投资计划管理、国内设施类资产租赁等方面的部分审批权力下放给二级单位，有效促进了生产运营效率效益的提升。

川庆钻探精益投资部署，精准助力市场扩容增效。投资向定向井、水平井、深井等高端钻完井等技术服务倾斜，突出发展储层改造业务，保障集团公司重点勘探开发区块和页岩气规模上产。全力支持页岩气规模上产，苏里格稳产。

【安全环保】 长城钻探分层级组织危害辨识培训，组织开展全员“写风险”活动，将风险控制措施落实到员工岗位职责、操作规程、检查表、应急处置卡和岗位培训矩阵，发布29项公司级生产安全风险防控方案。实施监督分级和队伍分类管理，对高危领域和关键时段实行升级监管，建立巡视监督述职制度和区域轮换机制，组织监督培训取证，实现监督人员100%取证。实施监督预警机制，每月对检查发现的问题进行统计分析，预判隐患问题的动态发展趋势。

渤海钻探精心打造专职安全监督队伍和体系内审员“两支”专业化队伍，并组织对所有安全监督、体系内审员进行脱产轮训，积极落实领导挂点联系检查制度，积极开展专项检查，强化日常暗查抽查，实现外部市场全覆盖，并将所有问题以图文并茂的形式录入监督检查平台，实施闭环整改，防止同类问题反复出现。

川庆钻探狠抓安全风险分级防控，明确涉及“四条红线”作业18项、涉及较大风险作业21项，分别制定防控措施85项和99项。组织梳理公司《较大安全环保事故隐患判定标准》，对139项较大安全环保事故隐患判定标准逐条释义。定期对事故事件统计分析，编制成册，下发到基层岗位开展安全经验分享。推广钻井岩屑不落地技术，开展钻完井废弃物无害化处理和资源化利用，加强钻井液和压裂液重复利用，在川渝地区开展井场清污分流。

大庆钻探全面推行HSE岗位操作卡，完善量化考评标准，开展业务专项审核，将安全经验分享活动向基层延伸，坚持组织开展“写风险”活动，完善《井控风险分级防控方案》，强化页岩气开钻检查验收、技术交底和风险防控，落实双盯工作和关键环节专家驻井，加大日常、节假日和专项检查力度。把防喷演习作为开钻验收的否决性指标进行管理，现场检查“零容忍”考核。

东方物探创新安全文化建设工作，参照IOGP标准和国际石油公司的通用做法，制定公司“安全生产保命法则”。

中油测井持续梳理公司工程技术服务承包商名录，组织召开3次加强承包商安全管理的专题会议，开展承包商安全教育培训，集中学习了公司安全红线、测井上井注意事项等内容，进一步明确承包商的属地管理要求。组织开展承包商进行作业前准入能力评估、过程监督检查和竣工后安全绩效评估133项次，共发现问题71项，针对发现的问题逐一下发整改销项表，限期整改，确保承包商施工作业安全受控。

海洋工程编制、审定岗位 HSE 培训矩阵 616 个，岗位覆盖率 100%。公司及所属各单位组织 HSE 培训 39 期，培训 654 人次；基层单位组织 HSE 培训 478 期，培训 15710 人次；HSE 监督开展现场 HSE 培训 356 人次。组织企业负责人、安全管理人员安全生产知识和管理能力考核培训 76 人次、海上石油作业人员安全救生取换证 382 人次、防硫化氢取换证 282 人次、井控取换证 262 人次、特种作业人员取换证 385 人次，员工持证上岗率保持 100%。

【党建】 西部钻探持续深化“四个诠释”岗位实践活动，扎实推进“互联网 + 党建”等重点任务，精心策划“弘扬石油精神、重塑良好形象”活动，深入开展“大国工匠”谭文波先进事迹专题学习，启动展厅建设工作，严格落实“零报告”和 24 小时值班值守制度，持续开展“访惠聚”“民族团结一家亲”等活动。

长城钻探持续抓好党员干部学习十九大精神的集中轮训，举办学习党的十九大知识竞赛，线上线下参与活动 8000 余人次，积极开展形势任务主题教育，7000 余名员工建言献策，积极开展“星级标准化”党支部创建，持续开展重塑形象回头看活动，全面回顾和分析 3 年来发现的各类问题，不断巩固工作成果，把作风建设纳入部门业绩考核，完善基层评价机关制度，扎实开展巡察工作向基层延伸，进一步发挥巡察的警示、震慑作用。

渤海钻探突出抓好处级及以上领导人员专题研讨培训，举办 5 期党的十九大精神培训研讨班，组织基层支部集中学习研讨 1400 余次，覆盖党员 9000 余人。公司党委每季度召开党群例会，学习习近平总书记关于意识形态工作的重要论述，传达集团公司关于意识形态工作的整体部署和工作重点。开展不同层面和规模的集中形势报告会 181 场次，直接受教育员工近 10000 人次，编印发放宣传册 5000 册，教育课件（资料）45 个（套），开展“一人一事”思想工作，落实“五必访六必谈”要求。严格按照“四同步”要求，重点加强了外部市场、海外市场党组织建设，做到了党的组织和党的工作全覆盖。

（余本善　方　慧）

“四化”建设

基本概况

【概述】 2018年，中油油服按照集团公司领导关于“四化”建设的指示精神，围绕“四提”“五省”目标，以标准化为基础、以专业化为核心、以机械化为保证、以信息化为支撑，强力推进“四化”工作，取得显著成效。

【背景】 随着中国经济转型升级，自动化、智能化技术快速发展，常规管理方式方法已不能满足高质量发展需要，劳动密集、要素投入、生产分散、以量取胜的业态走到了尽头，油服行业必须寻找新路径、注入新动力，依靠“四化”工程，向技术密集、服务创效、集中生产、以质取胜的新业态转变，从而持续提升一线员工的幸福感、获得感、自豪感和荣誉感，持续提高生产效率和核心竞争力，实现本质安全，提升生产效率，实现高质量发展。

【主要内容】 2018年，中油油服在三标体系建设、生产组织模式创新、自动化装备试验和推广、工程技术业务信息化提升等方面开展“四化”建设系列工作，涵盖物探、钻井、测井、录井、井下作业等专业，涉及工艺技术、生产组织、装备配套、安全环保等各业务环节。

【工作安排】 2018年，中油油服成立由主要领导任组长的“四化”建设领导小组，设立“四化”建设办公室，以及“标准化、专业化、机械化、信息化”四个专项组，设立会议、进展报告、考核等制度。各企业相应成立由主要领导挂帅、主管领导主抓、相关部门参加的组织体系。“四化”建设领导小组精心规划、严密组织，在标准化方面，推进三标建设及装备配套标准制定；在专业化方面，推进生产组织专业化、共享服务，后勤生活服务专业化、专业化维保修；在机械化方面，推进井口自动化装备的推广任务11项，新型机械化产品的现场试验18项，新型自动化装备的研发试24项；在信息化方面，推进工程技术一体化应用平台建设、RTOC的深入应用、装备与信息化的融合。

2018年10月30日，中油油服长城钻探、川庆钻探、渤海钻探、青海油田、吐哈井下代表参观集团公司重点科技示范项目致密气连续管拖动压裂及现场标准化建设

【活动启动】 2018年8月14日，中油油服“四化”建设领导小组办公室召开第一次会议。中油油服总经理助理、“四化”建设领导小组办公室主任石德勤主持会议，中油油服安全副总监王增年，以及相关部门负责人参加会议。会议集中学习中油油服2018年工作报告中关于“四化”建设的精神和要求，与会人员就“四化”建设的现状、工作思路、工作任务及下一步安排进行讨论，并提出意见建议。会议要求按照集团公司领导要求，把“四化”建设从井场提升到全流程、全环节、全行业的高度。(1) 要认真学习集团公司领导和中油油服领导对“四化”建设的相关要求。(2) 要编制2018年中油油服“四化”建设实施方案，并

按照方案逐步推进落实。(3)要做到“三个坚持”：坚持长期利益与短期利益相结合、坚持试点引路与普遍推广相结合、坚持顶层设计与各地区各专业特殊性相结合。会议还讨论“四化”建设工作制度、企业对接、信息共享等其他事项。

标准化

【概述】 2018年，中油油服通过标准化提升量化管理水平，减少个性、增强共性，落实“工作标准化、标准制度化、制度流程化、流程表单化、表单信息化”的要求，梳理现有标准，优化作业文件，开展一系列的工作，标准化水平明显提升。

【标准制修订】 2018年，组织专家对各级标准的制修订进行严格管控，牵头或参与制修订国家标准10项、行业标准22项、企业标准11项，复审标准40项，将11项标准编制工作纳入统筹项目管理。

【标准实施管理】 2018年，狠抓现场标准化管理，努力打造标准化现场、标准化施工和标准化队伍，促进工程技术服务质量的稳步提升，定期对在用标准进行审核，并组织重点标准的宣贯培训和实施，标准化管理工作得到全面提升。

【HSE标准化管理】 2018年，加大质量安全环保标准化管理力度，完善固化岗位管理要求，以区域管理要求为重点，明确现场提示要求、区域风险标识要求，修订完善HSE标准化建设标准模板，推进HSE标准化建设创建计划，夯实基层基础工作，提高基层风险管控能力。

【重点装备配套标准编制】 2018年，编制7项重点装备的配套规范，重点规范了系列自动化钻机、压裂车组等重点装备的配套，编制相应的技术规格书，为下一步开展标准化的集中采购、使用、专业维保修等工作奠定基础。

长宁H5页岩气平台压裂现场井然有序，干净整洁

专业化

【概述】 2018年，中油油服按照“深度整合资源，以集中统一管理促进专业细分，凸显规模优势和专业化水平，提升服务品质”的要求，让“专业的人干专业的事”，推动生产组织模式变革，推进物资装备及后勤生活基地共享，推广“制造+服务”的专业维保修模式，

加快推进润滑油、集中公寓、集中配餐等专业化服务，提高施工效率、设备利用效率和维修效率，降低维修成本和生活服务费用。

【生产组织模式】 2018年，中油油服在平台井、丛式井试点“一队双机”生产组织模式，推广“表层专打、技套专打、区域专打、井型专打、浅井钻机配合打深井、ZJ40钻机试油”“工厂化拉链式”和“压前准备先行、即压即走、人休机不停”等模式，提高作业效率，缓解人员短缺的压力。

大庆钻探建立钻前服务、下套管、钻井液服务等各类专业化队伍27支，有效提高专业服务保障能力，提升服务效率，其中下套管队伍累计作业5239口井，平均单井下套管时间减少2小时；推行滩涂道板管理专业化，可保障25支钻井队夏季施工，2018年铺设90万平方米的滩涂道板，应用于338个低洼现场，辅助完成低洼井钻井385口，破解均衡生产难题。

西部钻探充分利用社会资源，优选综合能力强的服务商，试点建立搬安专业化服务队伍，开展搬迁、安装等专业化服务，搬迁、安装时间缩短10%以上。

【物资装备共享】 2018年，西部钻探在新疆玛湖大力推进物资共享中心建设，建立2小时常态保供圈，涉及钻井、井下、试油、固井、录井等专业近80支作业队伍，实现一站式供应，建成投用后二次倒运明显减少，物资管理人员从47人减至7人，人工成本节约800万元，搬家费用节约138万元。

按照集团公司统一部署，各油服企业作为成员单位参加西南地区页岩气开发项目物资供应协调小组，签订共享服务协议，川庆钻探、长城钻探完成采购金额5.5亿元，占总量的31.5%，物资共享模式简化采购管理流程，节约人工成本和采购费用，较好地实现资源共享。测井公司以井为中心，建立高端测井仪器设备跨区域共享服务机制，强化测井装备资源的优化配置和共享。

【后勤生活基地共享】 2018年，中油油服在部分有条件的区域推广应用固定式公寓和营房集中式公寓，对前线人员进行集中管理与服务，改善生活居住环境，降低后勤保障成本；实现配餐专业化服务，减少后勤服务用工数量和工作量，提高食材质量和安全性。

大庆钻探推进集中住宿，长垣区域内部队伍入住率50%以上，居住舒适度大幅提升，每队减少营房3栋，单队年节约费用7.5万元。渤海钻探在81支钻修井队推行集中住宿，基本完成2套营房集中式公寓建设，可同时满足7个队使用。西部钻探在新疆环玛湖玛18井区建立“集中生活公寓”，按照酒店4D管理模式规范化管理，员工生活环境大幅改善，年节约费用153万元。长城钻探、大庆钻探在部分有条件的区域集中配餐，餐饮质量明显改善，配送效率大幅提升。

【设备维修服务】 2018年，中油油服建设设备维修保障中心，有力保障一线的修理服务能力，提升修理质量。在页岩气区域建立旋转导向维修中心，并与北石厂联合建立顶驱维修中心，与宝石机械、渤海装备联合建立钻机、压裂车维修中心，与济柴厂联合建立柴油机维修中心，专业化维修初成体系。西部钻探与宝石机械等厂家合作，建立新疆玛湖设备维修保障中心，2018年巡检百余次，解决问题120项，初步实现现场高效的“制造+服务”。

机械化

【概述】2018年，中油油服贯彻"能用机械不用人"的理念，大力推进"机械化"建设工作。批量更新18部自动化钻机，并对13部在役钻机开展系统的自动化改造，部署实施11项井口自动化装备的推广任务，试点开展18项新型机械化产品的现场试验，组织推进24项新型自动化装备的研发试验。通过推进"机械化"建设，全面提升各专业重点设备设施的自动化水平和机械化程度，大幅改善一线员工生产生活条件，显著降低现场劳动强度和作业风险，持续精减一线队伍人员，逐步提升作业效率，初步实现作业井场"省人、省心、省力、省时、省钱"的目标。

【装备应用】2018年，中油油服更新18部自动化钻机，配置全套或大部分自动化装置，机械化程度高、传动简洁高效，实现电、气、液系统的集成控制，二级固控和重晶石回收，并配置标准化循环罐、营房。其投产后，大幅提升作业安全水平，降低一线劳动强度，改善工作环境，实现二层台无人，钻台、场地、机房减人，在实现专业化的钻机搬迁安装、固井作业、润换油服务、维保修作业的前提下，实现每队减员6至7人。对13部在役钻机进行自动化改造，配置全套钻机管柱自动化处理系统。

2018年，在11类推广项目中动力卡瓦、二层台机械手、液动吊卡、铁钻工、钻台机械手、钻井及修井动力猫道7类装置超额完成计划。二层台机械手解放井架工，铁钻工实现旋扣松扣远程操控，钻台机械手和动力卡瓦解放内外钳工，气动重粉罐实现高效无污染的重晶石输送。系列井口自动化工具极大减轻现场劳动强度，各类重体力工作替代量80%以上，提升安全作业水平，改善了作业环境。

直驱顶驱、高压直驱钻井泵、钻机平移装置、双轨迹振动筛、装载机、钻井泵陶瓷缸套等产品已比较成熟，在现场广泛使用。直驱顶驱、高压直驱钻井泵传动简洁，降低维保养的劳动强度；钻机平移装置使搬迁、拆甩效率提升1倍以上；装载机替代现场80%以上搬运、举升工作量。

【新产品现场试验】2018年，钻井新装备开展现场试验。ZJ70DB钻机用大功率直驱绞车在川庆钻探改造钻机、西部钻探和渤海钻探更新钻机上试验3台，质量仅35吨，较常规绞车质量下降27%，体积缩小39%，传动效率提升5%，有利于钻机电动化、传动简单化；钻井液罐清洗车在西部钻探开展现场试验，清罐时间由人工60小时缩短至15小时，规避人员在密闭空间作业风险，且极大地降低劳动强度。集成于铁钻工的螺纹油自动涂抹装置、自动防喷盒等自动化工具逐步开展现场试用，为下一步钻台面减人、提效和本质安全打下基础，为将来二代、三代钻机走向信息化智能化创造条件。

压裂自动化装备试验取得新进展。大功率电驱压裂泵橇在川庆钻探页岩气压裂施工中试用16台（6000水马力），装备投资节约30%以上、节约能耗10%以上，在安全环保、夜间施工、减少施工人员、提高施工效率、降低维护成本上有明显优势。自动输砂装置在川庆钻探、渤海钻探、西部钻探和海洋工程试用8

台，输砂效率提高 1 倍以上，免破袋或自动破袋，浪费和污染小，作业安全，能减少 1 人。长寿命泵阀箱在川庆钻探、渤海钻探试点应用 23 台，最长的使用 711 小时，多台超过 600 小时，大幅减少阀箱更换频率，减轻一线工人的劳动强度。

修井自动化装备开展探索试点。开展系列修井机自动化新产品的试点应用，大幅降低劳动强度，提升安全水平。渤海钻探开展 XJ900 直驱修井机试点应用，传动效率提高 12%。长城钻探、渤海钻探试点应用修井井口机器人，将自动上下管、自动上卸扣、自动扣合吊卡等动作集成到一起，大幅降低修井井口劳动强度，能减少作业人员 2 人。

物探装备推动多项创新产品的试验探索。引进大载荷无人机，并进行配套技术研究。产品具有长航时（1 小时）、大载荷（>40 千克）、自动化程度高的特点，能在复杂地区快速运送采集设备、电瓶等生产物资。针对川渝地区人烟稠密、道路纵横的特点，试点应用轻型窄体低频可控震源，较好解决大型可控震源因“体型”受地形或道路限制的问题。试点应用无线三位一体节点仪器，全重仅为 0.65 千克，充一次电能够连续记录 50 天。野外布设和收放人员数量可减少 90%，野外劳动强度明显降低。

【新产品研发】 2018 年，中油油服在没有科研经费支持的前提下，有序组织推动铁钻工、电驱动压裂泵等 24 个研发项目，其成果覆盖井场机械化大部分领域，促进自动化装备技术提升。

宝石机械、济柴厂、渤海装备、北石厂等集团公司内部制造企业在 7000 米自动化钻机、钻机井口自动化系统集成、直驱绞车、直驱顶驱、电驱压裂泵、175 高可靠柴油发电机组、固控系统和野营房等多方面开展大量研发，取得系列成果，大部分进入现场试验阶段。

信息化

【概述】 2018 年，中油油服信息化建设工作以工程技术物联网完善提升项目为重点，形成一套特色鲜明、普遍适用、有效性强的中油油服工程技术一体化应用平台，初步实现“三统一两共享”的目标，支撑工程技术服务业务的“四化”发展战略。

【工程技术一体化应用平台】 2018 年，工程技术一体化应用平台系统上线后，各单位通过系统进行建井、派工和对生产过程进行监控和管理。截至 2018 年底，通过系统上报日报数据 12000 多条。

大庆钻探实现向甲方系统推送钻井设计、钻井井史数据，实现甲乙方数据共享。川庆钻探长庆井下公司深度应用系统，包括现场数据采集和后方生产调度、机组管理、统计分析等功能。东方物探利用 A7 系统实现物探项目从生产计划、资源调配、现场施工到完工验收的全过程管理，累计管理项目 2217 个，日报上报 23 万多条，有效提高工作效率，平均单个项目节省工期 7.2 天。

【RTOC 深入应用】 2018 年，对成员企业 38 个局级、处级 RTOC 开展日常监控和巡检。发布工程技术远程支持管理办法，明确总部、成员企业局级和处级 RTOC 的建设标准、机构设置和工作职责，对运行维护、数据管理、监督考核都做了详细要求。2018 年监测重点井 143 口，实现 25 种工况的自动识别，准确率 100%；国内市场 70 型以上钻机施工的井、5000 米以上深井 100% 实现实时监控。其中，川庆钻探 RTOC 二级覆盖 100%，完成 237 口井的自动设计，实现风险预警 300 井次。提升前后方的一体化协作水平，有效压减前方用工数量，实现后方对施工全过程的管控、专家资源的充分共享，提升专家对现场的支撑效率。

【装备与信息化融合】 2018 年，中油油服推进信息化融合，实现部分重点装备的实时运转数据采集、远程视频监控、故障报警、远程诊断等功能，发挥现场数据的指挥参考和决策支持作用。在所有更新钻机部署双司钻控制系统、井口自动化数据采集传感器、动力远程监控和 RFID 信息识别系统，提升钻机信息化水平和控制智能化水平。长城钻探、川庆钻探建成压裂车远程监控系统，实现压裂井场监控全覆盖、无人值守和在线指挥功能。

2018 年 7 月 26 日，川庆重庆运输总公司通过视频监控吊车现场作业

（杨　晖　赵　琳　张若松）

荣誉录

省部级以上先进集体、先进个人

序号	获奖单位和个人	奖　项
1	中国石油集团西部钻探工程有限公司试油公司井下作业工具工　谭文波	全国五一劳动奖章
2	中国石油集团川庆钻探工程有限公司重庆运输总公司遂宁分公司云台中队吊车驾驶员　陈之荣	
3	中国石油集团渤海钻探工程有限公司第一钻井分公司 50620 钻井队	全国工人先锋号
4	中国石油集团东方地球物理勘探有限责任公司国际勘探事业部沙特项目经理部 8647B 队	
5	中国石油集团渤海钻探工程有限公司	全国文明单位
6	中国石油集团测井有限公司	
7	中国石油集团海洋工程有限公司中油海 10 平台	全国青年文明号
8	中国石油集团渤海钻探工程有限公司第三钻井分公司 70111 钻井队	全国模范职工小家
9	中国石油集团西部钻探工程有限公司试油公司井下作业工具工　谭文波	大国工匠、第十四届全国技术能手
10	中国石油集团长城钻探工程有限公司钻井三公司科威特项目部副经理　姚　远	中央企业青年岗位能手
11	中国石油集团东方地球物理勘探有限责任公司团委 中国石油集团海洋工程有限公司团委	中央企业五四红旗团委
12	中国石油集团渤海钻探工程有限公司国际工程分公司	改革开放 40 周年中国企业文化优秀单位
13	中国石油集团渤海钻探工程有限公司塔里木钻井分公司	
14	中国石油集团渤海钻探工程有限公司石油工程总承包分公司	
15	中国石油集团东方地球物理勘探有限责任公司	
16	中国石油集团东方地球物理勘探有限责任公司研究院	
17	中国石油集团东方地球物理勘探有限责任公司信息技术中心	
18	中国石油集团测井有限公司	
19	中国石油集团测井有限公司　胡彦峰	改革开放 40 年中国企业文化先进工作者
20	中国石油集团测井有限公司　罗　宇	

精益管理先进企业和先进单位

先进企业

序　号	单　位
1	中国石油集团西部钻探工程有限公司
2	中国石油集团川庆钻探工程有限公司
3	中国石油集团东方地球物理勘探有限责任公司

先进单位

序　号	单　位
1	中国石油集团西部钻探工程有限公司井下作业公司
2	中国石油集团西部钻探工程有限公司准东钻井公司
3	中国石油集团长城钻探工程有限公司钻井三公司
4	中国石油集团长城钻探工程有限公司尼日尔综合项目部
5	中国石油集团渤海钻探工程有限公司井下技术服务分公司
6	中国石油集团渤海钻探工程有限公司第四钻井工程分公司
7	中国石油集团川庆钻探工程有限公司川西钻探公司
8	中国石油集团川庆钻探工程有限公司长庆钻井总公司
9	中国石油集团大庆油田钻探工程公司钻井三公司
10	中国石油集团大庆油田钻探工程公司钻井生产技术服务一公司
11	中国石油集团东方地球物理勘探有限责任公司海洋物探处
12	中国石油集团东方地球物理勘探有限责任公司新疆物探处
13	中国石油集团测井有限公司随钻测井中心
14	中国石油集团测井有限公司长庆分公司
15	中国石油集团海洋工程有限公司工程设计院

井控工作先进企业和先进个人

井控工作先进企业

序　号	单　位
1	中国石油集团西部钻探工程有限公司
2	中国石油集团川庆钻探工程有限公司
3	中国石油集团海洋工程有限公司
4	大庆钻探工程公司
5	中国石油天然气股份有限公司长庆油田分公司
6	中国石油天然气股份有限公司新疆油田分公司
7	中国石油天然气股份有限公司西南油气田分公司
8	中国石油国际勘探开发有限公司中亚公司

井控工作先进个人

序　号	姓　名	单　位
1	吕振环	大庆钻探工程公司
2	杨明利	大庆钻探工程公司
3	胡清富	大庆钻探工程公司
4	宋国强	大庆钻探工程公司
5	郑　宇	大庆钻探工程公司
6	李　军	大庆钻探工程公司
7	胡汝强	大庆钻探工程公司
8	郭光奇	大庆钻探工程公司
9	许云龙	大庆钻探工程公司
10	郭盛堂	大庆钻探工程公司
11	常永涛	中国石油集团西部钻探工程有限公司
12	孙少林	中国石油集团西部钻探工程有限公司
13	柯建兴	中国石油集团西部钻探工程有限公司
14	严孝宁	中国石油集团西部钻探工程有限公司

续表

序　号	姓　名	单　位
15	刘海斌	中国石油集团西部钻探工程有限公司
16	张忠良	中国石油集团西部钻探工程有限公司
17	杨　磊	中国石油集团西部钻探工程有限公司
18	魏少波	中国石油集团西部钻探工程有限公司
19	龚晓军	中国石油集团西部钻探工程有限公司
20	王志刚	中国石油集团西部钻探工程有限公司
21	张　柳	中国石油集团长城钻探工程有限公司
22	马伟生	中国石油集团长城钻探工程有限公司
23	孙连和	中国石油集团长城钻探工程有限公司
24	江　宇	中国石油集团长城钻探工程有限公司
25	靳　磊	中国石油集团长城钻探工程有限公司
26	张荣华	中国石油集团长城钻探工程有限公司
27	邹洪波	中国石油集团长城钻探工程有限公司
28	江宏喜	中国石油集团长城钻探工程有限公司
29	朱士伟	中国石油集团长城钻探工程有限公司
30	曹嘉陵	中国石油集团长城钻探工程有限公司
31	马　凯	中国石油集团渤海钻探工程有限公司
32	何　军	中国石油集团西部钻探工程有限公司
33	刘　宝	中国石油集团长城钻探工程有限公司
34	任秋生	中国石油集团渤海钻探工程有限公司
35	孟　伟	中国石油集团渤海钻探工程有限公司
36	罗　硕	中国石油集团渤海钻探工程有限公司
37	刘立超	中国石油集团渤海钻探工程有限公司
38	孙金峰	中国石油集团渤海钻探工程有限公司
39	郭　耀	中国石油集团渤海钻探工程有限公司
40	黄崇辉	中国石油集团渤海钻探工程有限公司
41	熊华军	中国石油集团渤海钻探工程有限公司

续表

序　号	姓　名	单　位
42	魏立明	中国石油集团渤海钻探工程有限公司
43	张　斌	中国石油集团渤海钻探工程有限公司
44	王　勇	中国石油集团川庆钻探工程有限公司
45	叶林祥	中国石油集团川庆钻探工程有限公司
46	江迎军	中国石油集团川庆钻探工程有限公司
47	刘国良	中国石油集团川庆钻探工程有限公司
48	任　勇	中国石油集团川庆钻探工程有限公司
49	贺　彬	中国石油集团川庆钻探工程有限公司
50	杨　保	中国石油集团川庆钻探工程有限公司
51	薛让平	中国石油集团川庆钻探工程有限公司
52	甘升平	中国石油集团川庆钻探工程有限公司
53	巫道富	中国石油集团川庆钻探工程有限公司
54	彭远春	中国石油集团川庆钻探工程有限公司
55	胡殊睿	中国石油集团川庆钻探工程有限公司
56	孙建伟	中国石油集团测井有限公司
57	蒋长青	中国石油集团测井有限公司
58	彭　勇	中国石油集团海洋工程有限公司
59	李志刚	中国石油集团海洋工程有限公司
60	周荣彪	中国石油集团海洋工程有限公司
61	庞继刚	中国石油集团海洋工程有限公司
62	高存宝	中国石油集团海洋工程有限公司
63	李德鸿	中国石油集团油田技术服务有限公司
64	何昀宾	中国石油集团油田技术服务有限公司
65	雷　鸣	中国石油集团油田技术服务有限公司
66	陈慧慧	中国石油集团工程技术研究院有限公司
67	刘正连	集团公司井控应急中心

集团公司金牌工程技术服务队伍

序号	队号	单位
1	1205 钻井队	大庆钻探工程公司
2	DQ1205 钻井队	大庆钻探工程公司
3	30706 钻井队	大庆钻探工程公司
4	15161 钻井队	大庆钻探工程公司
5	30592 钻井队	大庆钻探工程公司
6	30681 钻井队	大庆钻探工程公司
7	30569 钻井队	大庆钻探工程公司
8	50257 钻井队	大庆钻探工程公司
9	2289 地震队	大庆钻探工程公司
10	YS43332 压裂酸化队	大庆钻探工程公司
11	CS2451 地面计量队	大庆钻探工程公司
12	L10011 录井队	大庆钻探工程公司
13	90001 钻井队	中国石油集团西部钻探工程有限公司
14	50638 钻井队	中国石油集团西部钻探工程有限公司
15	50071 钻井队	中国石油集团西部钻探工程有限公司
16	40019 钻井队	中国石油集团西部钻探工程有限公司
17	30554 钻井队	中国石油集团西部钻探工程有限公司
18	70043 钻井队	中国石油集团西部钻探工程有限公司
19	50228 钻井队	中国石油集团西部钻探工程有限公司
20	70074（XDEC）–6 钻井队	中国石油集团西部钻探工程有限公司
21	70207 钻井队	中国石油集团西部钻探工程有限公司
22	40552 钻井队	中国石油集团西部钻探工程有限公司
23	YS32291 压裂队	中国石油集团西部钻探工程有限公司
24	S80312 试油队	中国石油集团西部钻探工程有限公司
25	70030 钻井队	中国石油集团长城钻探工程有限公司

续表

序　号	队　号	单　位
26	40609 钻井队	中国石油集团长城钻探工程有限公司
27	40603 钻井队	中国石油集团长城钻探工程有限公司
28	30596 钻井队	中国石油集团长城钻探工程有限公司
29	70198（GW133）钻井队	中国石油集团长城钻探工程有限公司
30	70060（GW139）钻井队	中国石油集团长城钻探工程有限公司
31	50675（GW182）钻井队	中国石油集团长城钻探工程有限公司
32	70021 钻井队	中国石油集团长城钻探工程有限公司
33	C12291 侧钻队	中国石油集团长城钻探工程有限公司
34	GWWL058 测井队	中国石油集团长城钻探工程有限公司
35	L10325 录井队	中国石油集团长城钻探工程有限公司
36	40128 钻井队	中国石油集团渤海钻探工程有限公司
37	40694 钻井队	中国石油集团渤海钻探工程有限公司
38	50612 钻井队	中国石油集团渤海钻探工程有限公司
39	40116（BHDC-24）钻井队	中国石油集团渤海钻探工程有限公司
40	70018 钻井队	中国石油集团渤海钻探工程有限公司
41	90009 钻井队	中国石油集团渤海钻探工程有限公司
42	70162 钻井队	中国石油集团渤海钻探工程有限公司
43	YS69050 压裂队	中国石油集团渤海钻探工程有限公司
44	YS43040 压裂队	中国石油集团渤海钻探工程有限公司
45	S10602 试油队	中国石油集团渤海钻探工程有限公司
46	L11550 录井队	中国石油集团渤海钻探工程有限公司
47	L10628 录井队	中国石油集团渤海钻探工程有限公司
48	50502 钻井队	中国石油集团川庆钻探工程有限公司
49	80002 钻井队	中国石油集团川庆钻探工程有限公司
50	30107 钻井队	中国石油集团川庆钻探工程有限公司

续表

序　号	队　号	单　位
51	70153 钻井队	中国石油集团川庆钻探工程有限公司
52	70121（CCDC-25）钻井队	中国石油集团川庆钻探工程有限公司
53	70563 钻井队	中国石油集团川庆钻探工程有限公司
54	70542 钻井队	中国石油集团川庆钻探工程有限公司
55	40596 钻井队	中国石油集团川庆钻探工程有限公司
56	70206 钻井队	中国石油集团川庆钻探工程有限公司
57	60001 钻井队	中国石油集团川庆钻探工程有限公司
58	YS68147 压裂酸化队	中国石油集团川庆钻探工程有限公司
59	S00543 试油队	中国石油集团川庆钻探工程有限公司
60	L10841 录井队	中国石油集团川庆钻探工程有限公司
61	8647 地震队	中国石油集团东方地球物理勘探有限责任公司
62	259 地震队	中国石油集团东方地球物理勘探有限责任公司
63	8628B 地震队	中国石油集团东方地球物理勘探有限责任公司
64	2100 地震队	中国石油集团东方地球物理勘探有限责任公司
65	275 地震队	中国石油集团东方地球物理勘探有限责任公司
66	294 地震队	中国石油集团东方地球物理勘探有限责任公司
67	280 地震队	中国石油集团东方地球物理勘探有限责任公司
68	C4600 测井队	中国石油集团测井有限公司
69	C1361 测井队	中国石油集团测井有限公司
70	C1056 测井队	中国石油集团测井有限公司
71	C1152 测井队	中国石油集团测井有限公司
72	C1268 测井队	中国石油集团测井有限公司
73	C4676 测井队	中国石油集团测井有限公司
74	C1701 测井队	中国石油集团测井有限公司
75	中油海 17 钻井平台	中国石油集团海洋工程有限公司

机构与人物

机　构

机关部门（14 个）

序　号	单　位
1	办公室（党委办公室）
2	党群工作部
3	人力资源部（党委组织部）
4	规划计划部
5	财务资产部
6	企管法规部
7	监察审计部（纪委办公室）
8	市场与生产协调部（资质管理办公室）
9	油藏技术部
10	钻井技术部
11	井下作业技术部
12	质量安全环保部（井控管理办公室）
13	物资装备部
14	科技信息部

直属机构（1 个）

序　号	单　位
1	国际事业部

注：本篇资料截止 2018 年 12 月 31 日。

成员企业（7个）

序　号	单　位	地　址
1	中国石油集团西部钻探工程有限公司	新疆乌鲁木齐市
2	中国石油集团长城钻探工程有限公司	北京市
3	中国石油集团渤海钻探工程有限公司	天津市
4	中国石油集团川庆钻探工程有限公司	四川省成都市
5	中国石油集团东方地球物理勘探有限责任公司	河北省涿州市
6	中国石油集团测井有限公司	陕西省西安市
7	中国石油集团海洋工程有限公司	北京市

组织机构图

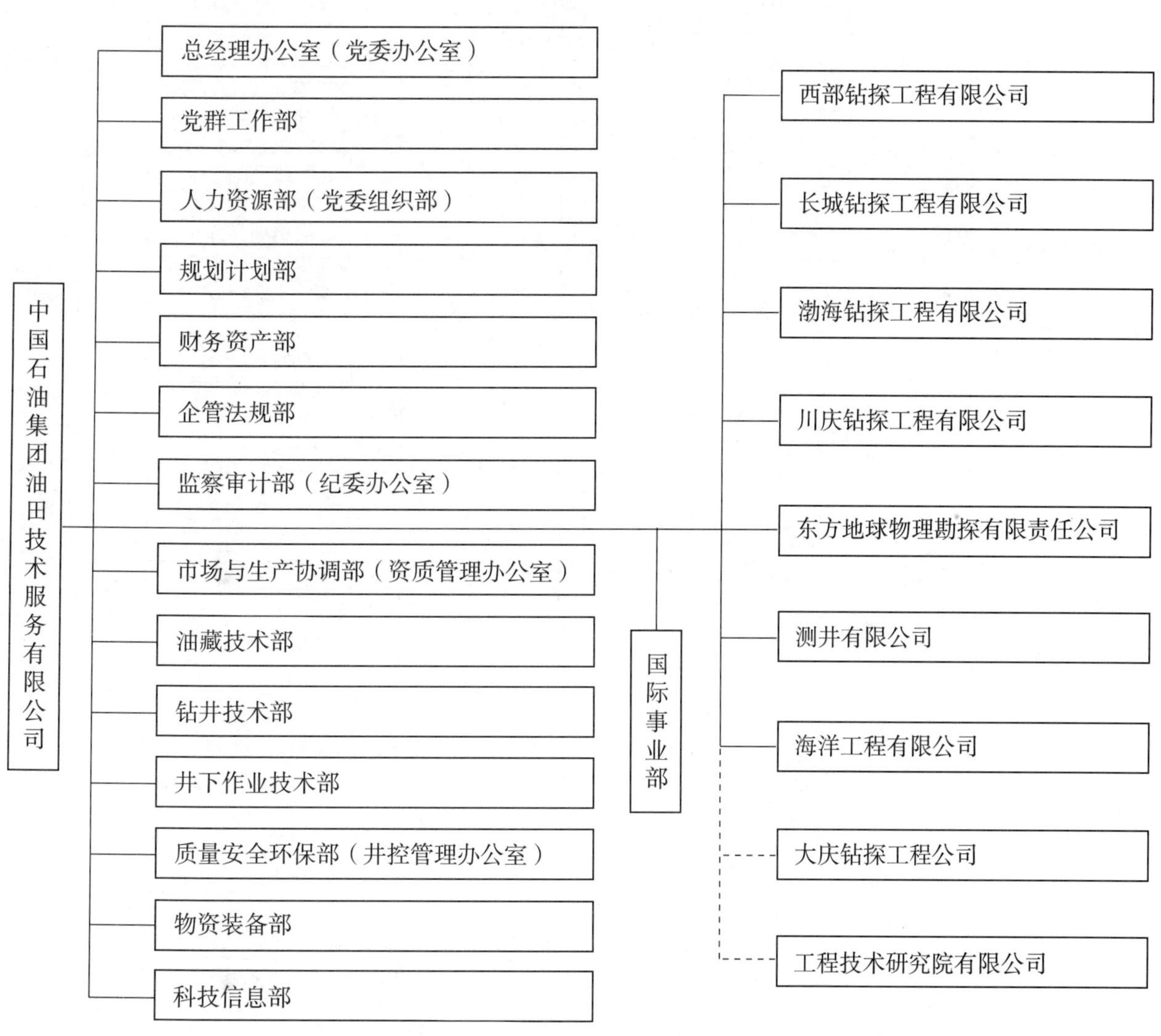

中国石油集团油田技术服务有限公司组织机构图

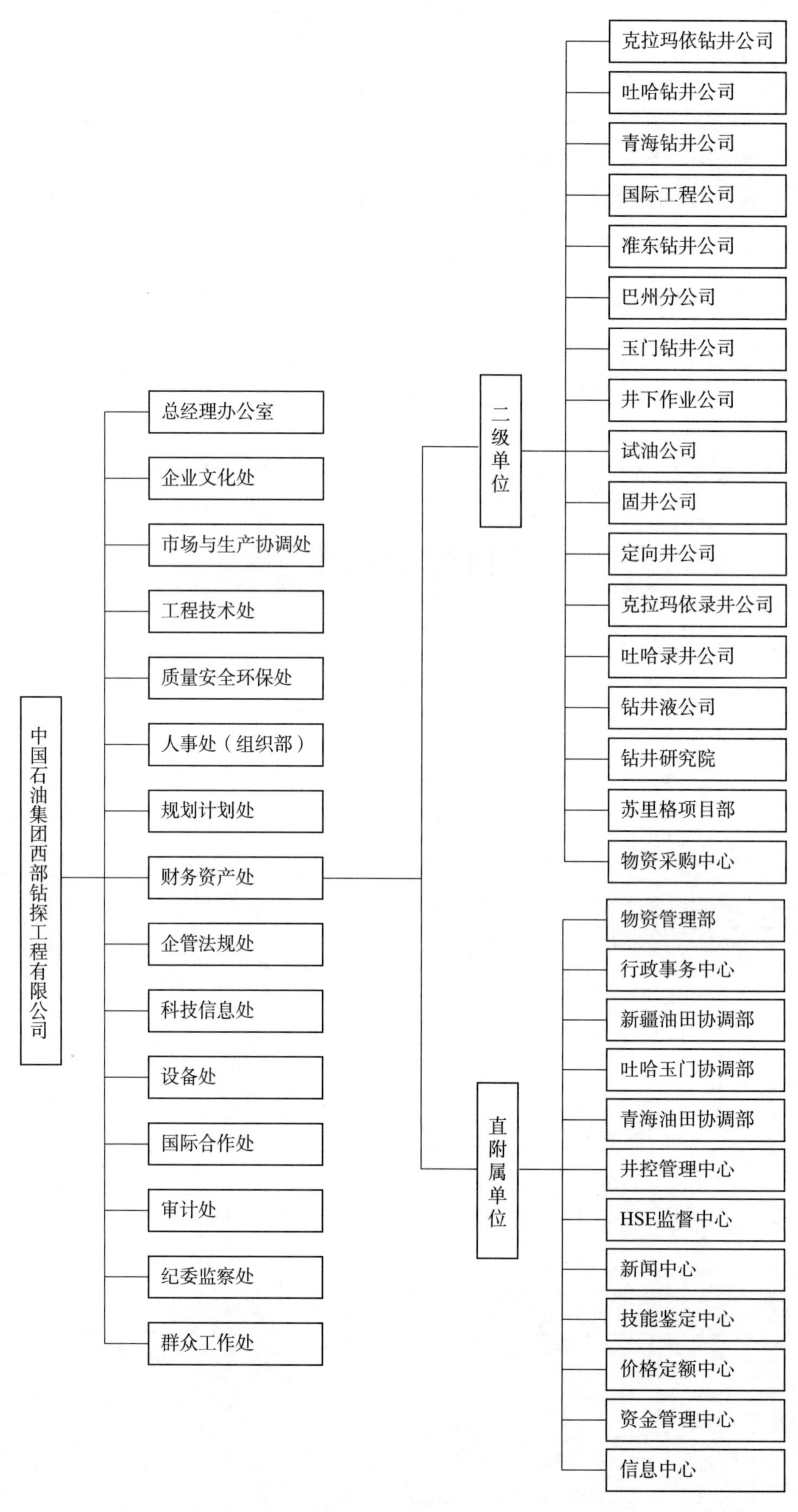

中国石油集团西部钻探工程有限公司组织机构图

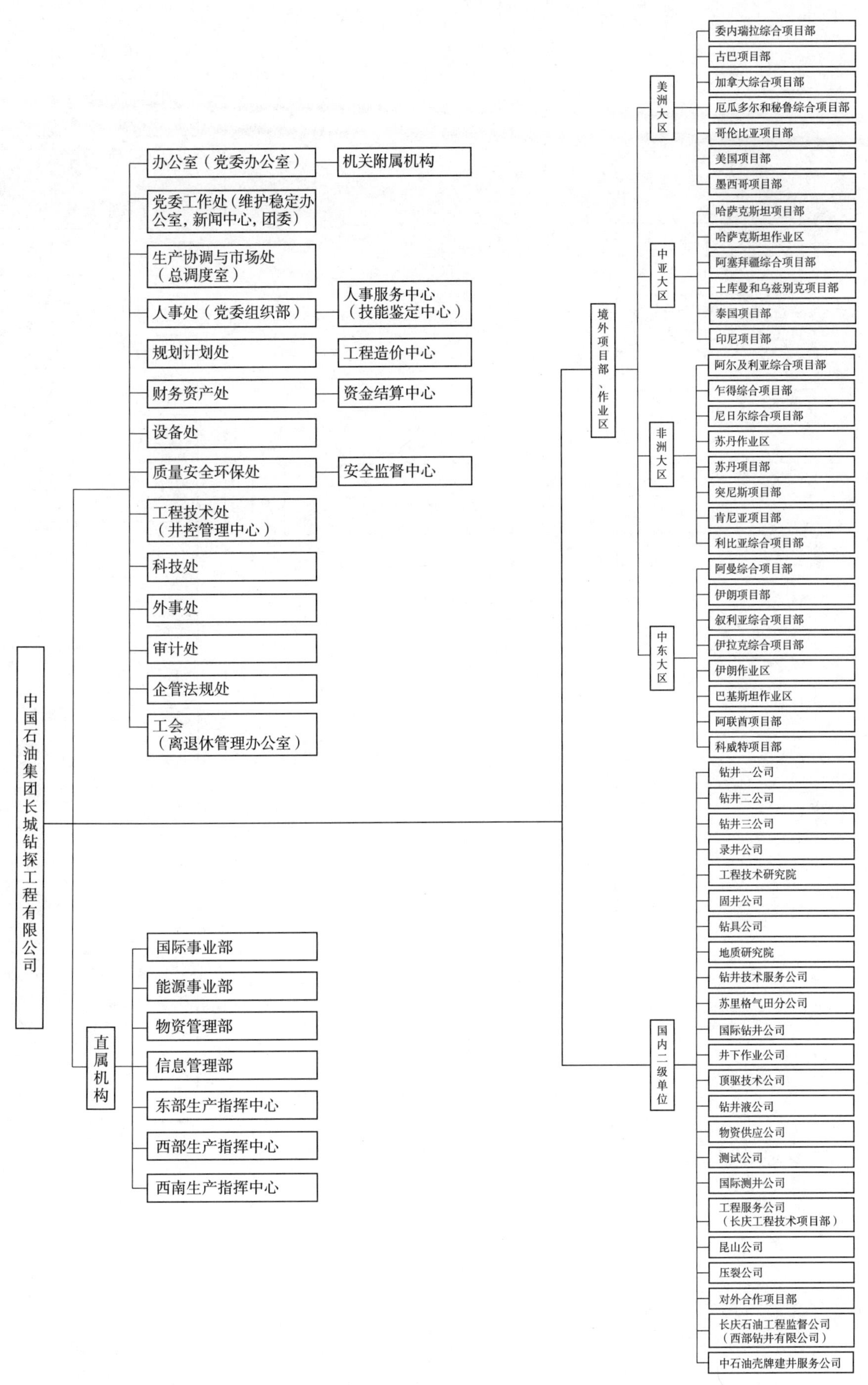

中国石油集团长城钻探工程有限公司组织机构图

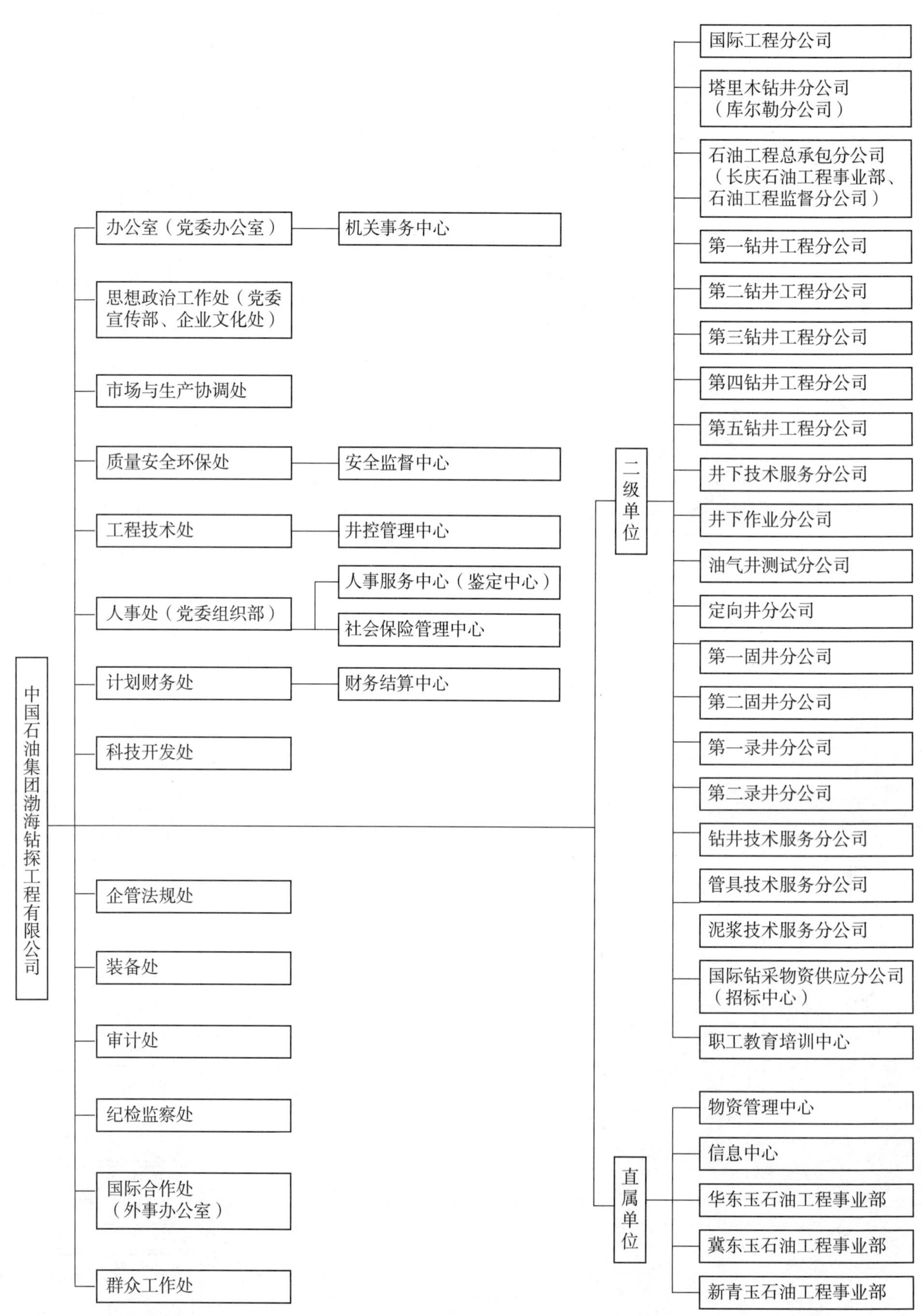

中国石油集团渤海钻探工程有限公司组织机构图

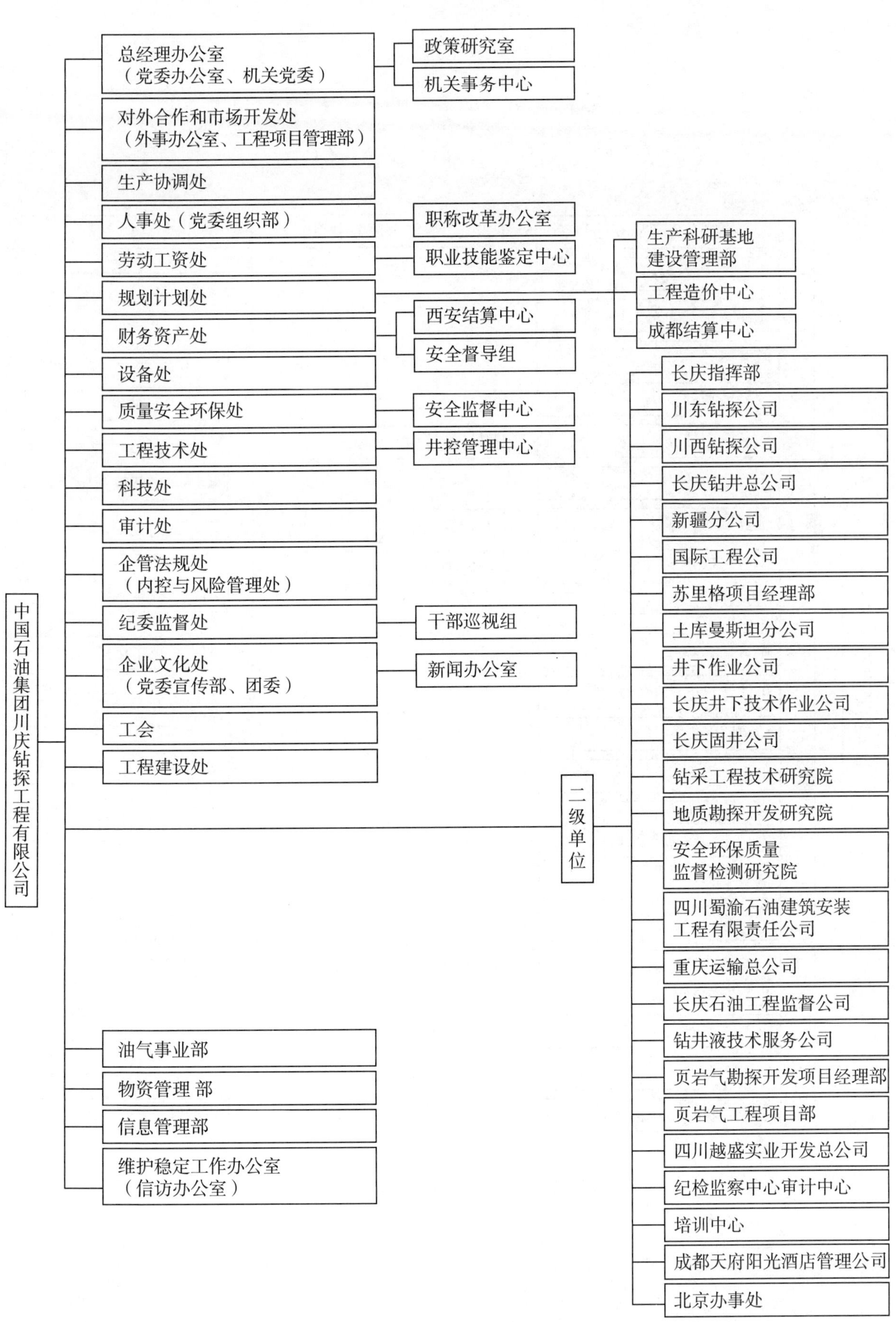

中国石油集团川庆钻探工程有限公司组织机构图

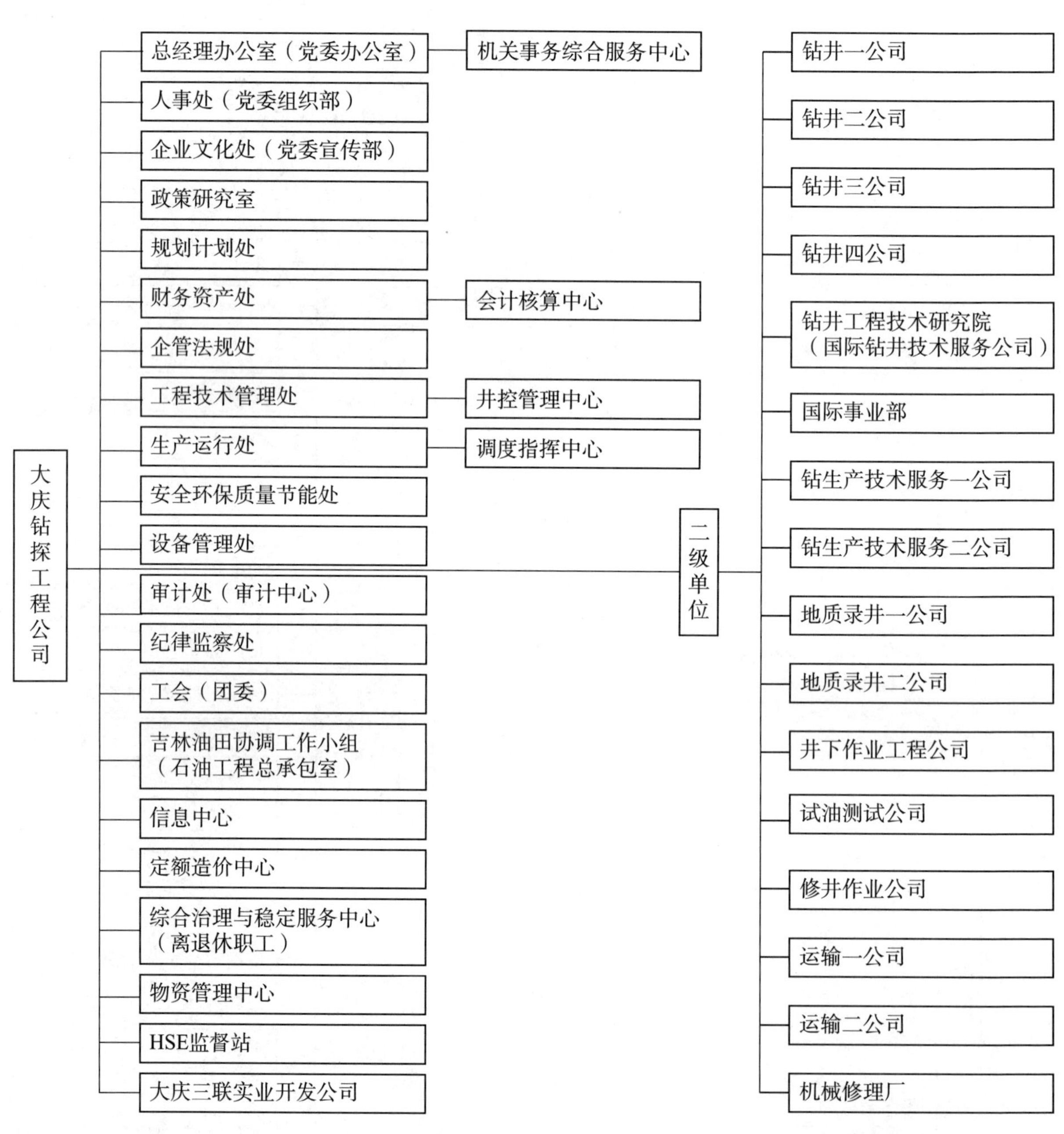

大庆钻探工程公司组织机构图

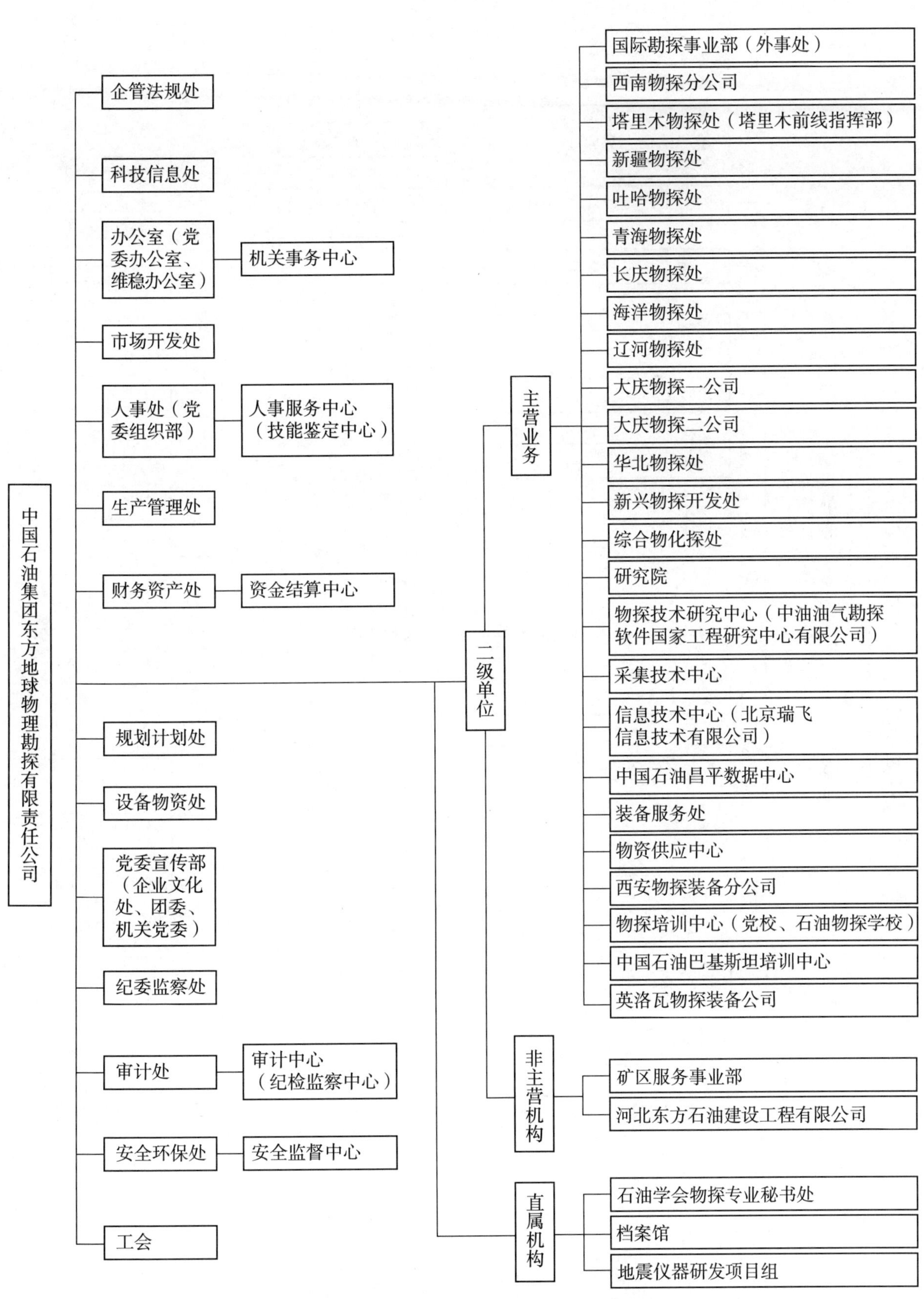

中国石油集团东方地球物理勘探有限责任公司组织机构图

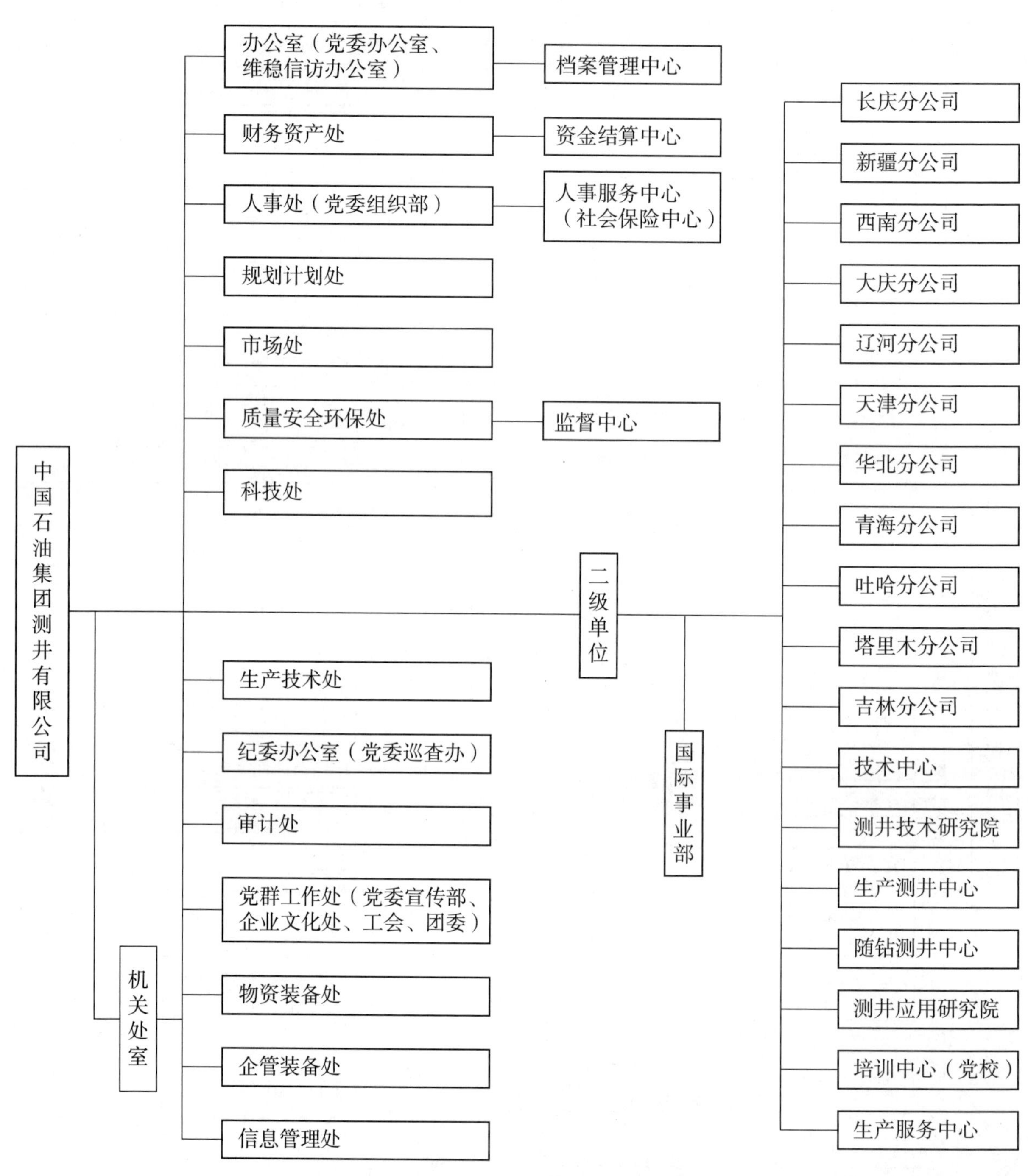

中国石油集团测井有限公司组织机构图

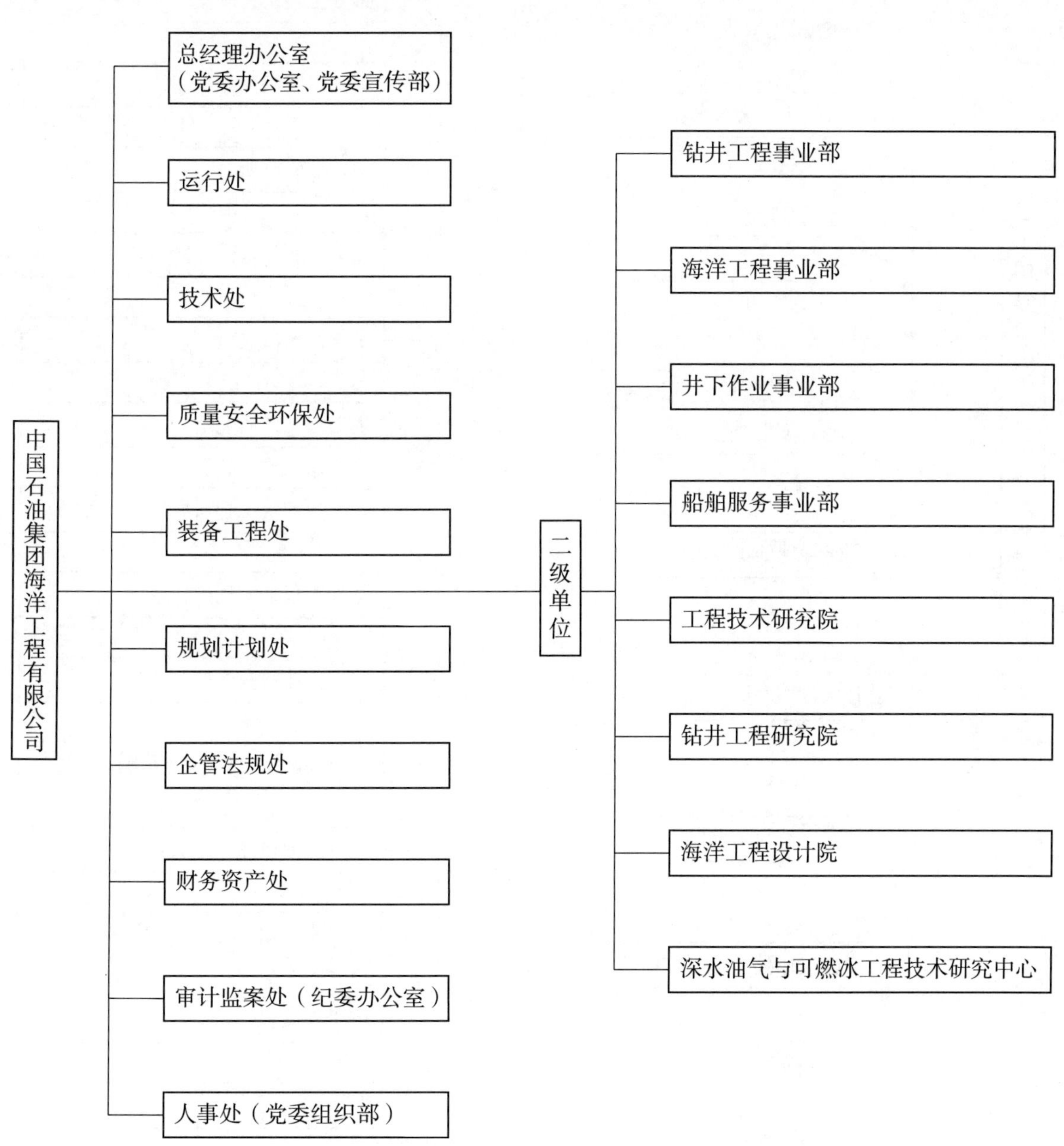

中国石油集团海洋工程有限公司组织机构图

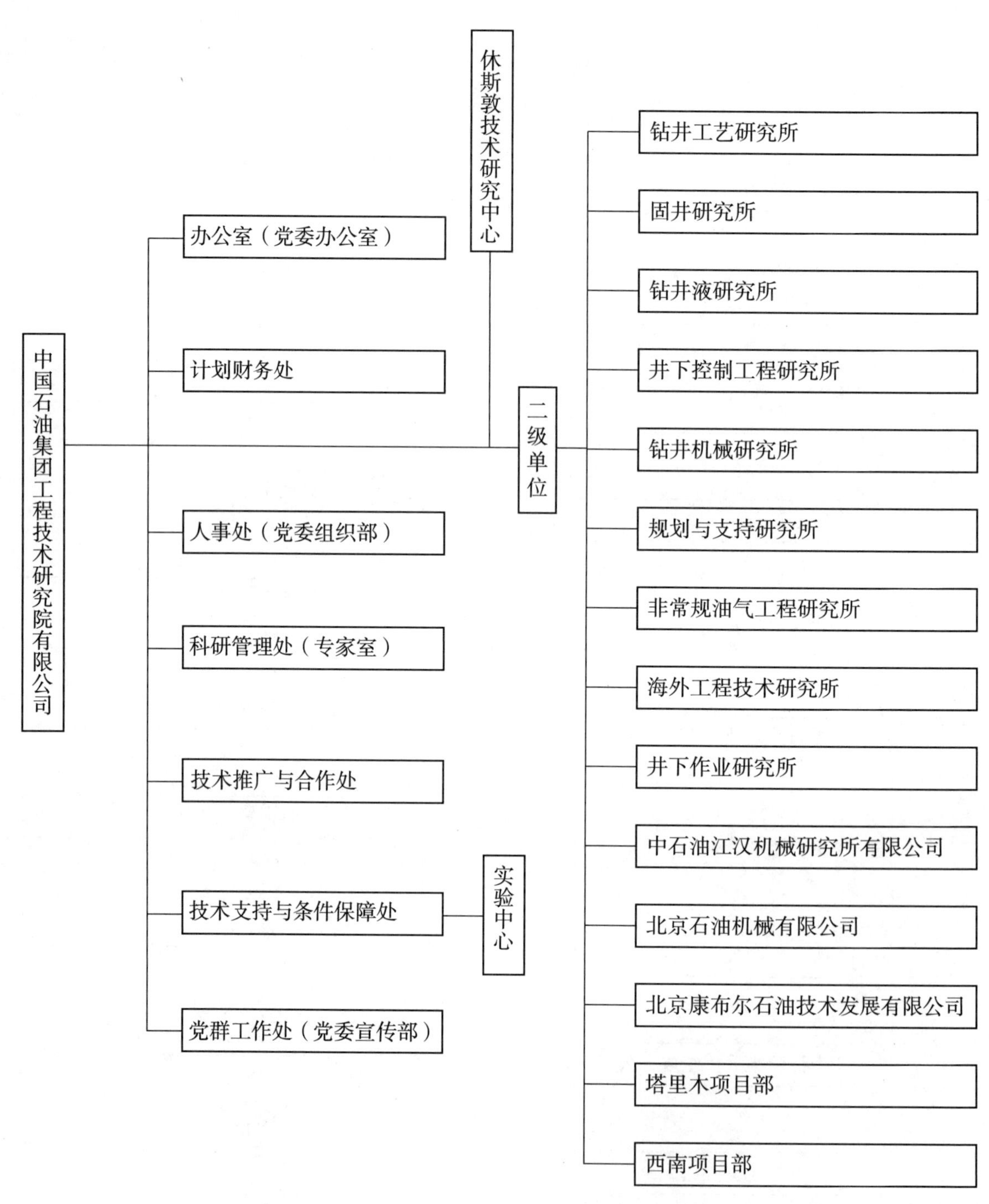

中国石油集团工程技术研究院有限公司组织机构图

人　物

中油油服领导班子名录

序　号	姓　名	职　务
1	秦永和	中国石油集团油田技术服务有限公司党委书记（2018 年 10 月后）、执行董事（2017 年 12 月后）、总经理（2018 年 10 月前）
2	茅启平	中国石油集团油田技术服务有限公司副总经理（2018 年 1 月后）、党委书记（2018 年 10 月前）
3	王忠仁	中国石油集团油田技术服务有限公司副总经理（2018 年 10 月前）、总经理（2018 年 10 月后）
4	喻著成	中国石油集团油田技术服务有限公司党委委员、副总经理、安全总监（2018 年 10 月后）
5	李国顺	中国石油集团油田技术服务有限公司党委委员、副总经理
6	芦文生	中国石油集团油田技术服务有限公司党委委员、副总经理（2018 年 4 月后）
7	衣应俭	中国石油集团油田技术服务有限公司党委委员、总会计师（2018 年 4 月后）

中油油服机关中层管理人员名录

中油油服（2018 年 2—12 月）

处室名称	职　务	姓名（任职 / 在岗起止时间）
总经理助理		刘玉贵（2018 年 2 月）；岳文博（2018 年 4 月）；石德勤（2018 年 5 月）
副总会计师		衣应俭（2018 年 2—4 月）
安全副总监		王增年（2018 年 5 月）
办公室（党委办公室）	主　任	杜　榕（2018 年 2—10 月，退休）；岳文博（兼 2018 年 11 月）
	副主任	张　强（2018 年 2 月）；刘欣欣（2018 年 2 月）；李　晓（2018 年 3 月）
党群工作部	主　任	张　强（2018 年 4 月）
	副主任	张　强（2018 年 2—4 月）

续表

处室名称	职　务	姓名（任职 / 在岗起止时间）
人力资源部（党委组织部）	主　任（部　长）	刘欣欣（2018 年 3 月）
	副主任（副部长）	刘欣欣（2018 年 2—3 月）；王景洲（2018 年 12 月）
规划计划部	主　任	刘玉贵（兼，2018 年 2 月）
	副主任	刘　军（2018 年 3 月）
财务资产部	主　任	解光银（2018 年 3 月）
	副主任	解光银（2018 年 2—3 月）；李俊东（2018 年 3 月）
企管法规部	主　任	姜新生（2018 年 2—11 月，退休）；王悦军（2018 年 11 月）
	副主任	
监察审计部（纪委办公室 2018.9—12）		
	主　任	衣应俭（兼，2018 年 2—4 月）
	副主任	张　强（兼，2018 年 5—9 月）；张　辉（2018 年 9 月）
市场与生产协调部	主　任	王计平（2018 年 4 月）
	副主任	王计平（2018 年 2—4 月）；杨和平（2018 年 2 月）
油藏技术部	主　任	王悦军（2018 年 2—11 月）
	副主任	安　涛（2018 年 2 月）；刘应忠（2018 年 2—11 月，11—12 月，主持工作）
钻井技术部	主　任	王　鹏(2018 年 3 月）
	副主任	王　鹏（2018 年 2—3 月）；李　季（2018 年 3 月）；贾平军（2018 年 5 月）
井下作业技术部	主　任	孙玉玺（2018 年 2 月）
	副主任	胡守林（2018 年 2 月）
质量安全环保处	主　任	王增年（2018 年 2—5 月 , 兼 2018 年 5 月）
	副主任	党　军（2018 年 2 月）
物资装备部	主　任	翟尚江（2018 年 2 月）
	副主任	
科技信息部	主　任	姜新生（2018 年 2 月）；王眉山（2018 年 2 月）
	副主任	宋世贵（2018 年 2 月）

续表

直属机构		
国际事业部（2018 年 2 月）		
处室名称	职　务	姓名（任职 / 在岗起止时间）
总经理		王忠仁（兼，2018 年 2—12 月）
副总经理		岳文博（兼，2018 年 4—11 月）
副总经理		卢发掌（2018 年 5 月）
市场协调处	处　长	卢发掌（2018 年 2—5 月）；张　军（2018 年 12 月）
	副处长	冯　敏（代理，2018 年 12 月）
合同条法处	处　长	张乃本（代理，2018 年 12 月）
	副处长	张海波（代理，2018 年 12 月）
经营管理处	处　长	张立志（代理，2018 年 12 月）
	副处长	
技术与安全防恐处	处　长	张卫军（2018 年 5 月）
	副处长	张卫军（2018 年 2—5 月）；崔　涛（代理，2018 年 12 月）

成员企业领导班子成员名录

序　号	姓　名	职　务
一、中国石油集团西部钻探工程有限公司		
1	张宝增	党委书记、总经理
2	何　君	党委委员、副总经理
3	张忠志	党委委员、副总经理
4	喻著成	党委委员、副总经理（2018 年 10 月前）
5	王界益	党委副书记、工会主席（2018 年 10 月后）
6	朱文伯	党委委员、纪委书记
7	潘　登	党委委员、副总经理、总工程师

续表

序　号	姓　名	职　务
8	晏世鸿	党委委员、总会计师
9	王　虎	党委委员、副总经理、安全总监（2018 年 10 月后）
10	马　军	党委委员、副总经理（2018 年 10 月后）
二、中国石油集团长城钻探工程有限公司		
1	马永峰	党委书记、执行董事
2	胡欣峰	党委副书记、总经理
3	刘乃震	党委委员、副总经理、总工程师
4	张柏松	党委委员、副总经理、总法律顾问
5	曹建国	党委委员、总会计师
6	翟智勇	党委委员、副总经理、安全总监
7	宋　鹍	党委委员、纪委书记
三、中国石油集团渤海钻探工程有限公司		
1	刘光木	党委委员、常务副总经理、安全总监
2	范先祥	党委委员、副总经理
3	王合林	党委委员、总工程师
4	汪国庆	党委委员、副总经理
5	于绍生	党委委员、总会计师
6	刘相民	党委委员、纪委书记
四、中国石油集团川庆钻探工程有限公司		
1	李爱民	党委书记、总经理
2	王治平	党委委员、常务副总经理(正局级，7 月 17 日后）
3	伍贤柱	党委委员、副总经理、总工程师
4	沈双平	党委委员、纪委书记
5	王治平	党委委员、副总经理、安全总监（7 月 17 日前）
6	徐发龙	党委副书记、工会主席

续表

序　号	姓　名	职　务
7	金学智	党委委员、副总经理
8	周　丰	党委委员、副总经理
9	何　强	党委委员、总会计师
五、中国石油集团东方地球物理勘探有限责任公司		
1	苟　量	执行董事、党委书记、总经理
2	郑华生	党委委员、常务副总经理
3	王治富	党委副书记、工会主席、监事
4	郝会民	党委委员、总工程师（2018 年 4 月前） 党委委员、副总经理郝会民（2018 年 4 月后）
5	杨举勇	党委委员、副总经理、安全总监
6	刘德超	党委委员、纪委书记
7	鞠秋芳	党委委员、总会计师
8	苟云辉	党委委员、副总经理（2018 年 4 月后）
9	张少华	党委委员、总工程师（2018 年 4 月后）
六、中国石油集团测井有限公司		
1	李剑浩	党委副书记、执行董事、总经理
2	金明权	党委书记、工会主席、副总经理
3	胡启月	党委委员、副总经理、安全总监
4	王春利	党委委员、副总经理
5	邵镇江	党委委员、纪委书记
6	汤天知	党委委员、总工程师
七、中国石油集团海洋工程有限公司		
1	彭　飞	党委书记、执行董事、总经理
2	屈建省	党委委员、纪委书记
3	陈　港	党委委员、总会计师
4	尹会存	副总经理、安全总监

续表

序　号	姓　名	职　务
5	马宝金	副总经理、总工程师

八、大庆钻探工程公司

序　号	姓　名	职　务
1	张凤民	大庆油田党委委员、大庆油田有限责任公司（大庆石油管理局有限公司）副总经理 大庆钻探工程公司总经理党委副书记（正局级）
3	赵玉昆	党委书记、副总经理、副局级
4	刘　文	党委委员、副总经理
5	迟元林	党委委员、副总经理
6	吴俊辉	党委委员、副总经理
7	杨智光	党委委员、总工程师
8	张海山	党委委员、副总经理
9	王兆飞	党委副书记、工会主席，直属机关党委书记
10	郑启太	党委委员、纪委书记
11	张春懿	总会计师
12	艾　鑫	党委委员、副总经理、安全总监

九、中国石油集团工程技术研究院有限公司

序　号	姓　名	职　务
1	冯艳成	党委书记、执行董事、总经理（院长）兼休斯敦技术研究中心主任
2	刘岩生	党委常务副书记、工会主席（正局级）
3	邹来方	党委委员、副总经理（副院长）
4	刘广华	党委委员、副总经理、安全总监（副院长）
5	王　旭	党委委员、副总经理（副院长）兼休斯敦技术研究中心副主任
6	李永慧	纪检组组长
7	赵　彤	党委委员、副总经理（副院长）
8	王玉新	党委委员、副总经理（副院长）兼休斯敦技术研究中心副主任

专家队伍

国家工程院院士

序　号	姓　名	工作单位	类　别
1	李庆忠	中国石油集团东方地球物理勘探有限责任公司	工程院院士
2	苏义脑	中国石油集团工程技术研究院有限公司	工程院院士
3	孙金声	中国石油集团工程技术研究院有限公司	工程院院士

2018 年新增享受政府特殊津贴专家

序　号	姓　名	工作单位	类　别
1	张　伦	中国石油集团长城钻探工程有限公司	专业技术人员
2	陈世春	中国石油集团渤海钻探工程有限公司	专业技术人员
3	韩烈祥	中国石油集团川庆钻探工程有限公司	专业技术人员
4	冯许魁	中国石油集团东方地球物理勘探有限责任公司	专业技术人员
5	王学军	中国石油集团东方地球物理勘探有限责任公司	专业技术人员
6	唐　凯	中油石油集团测井有限公司	专业技术人员
7	邹建龙	中国石油集团海洋工程有限公司	专业技术人员
8	申瑞臣	中国石油集团工程技术研究院有限公司	专业技术人员
9	王　玺	中国石油集团工程技术研究院有限公司	专业技术人员
10	刘贵义	中国石油集团川庆钻探工程有限公司	高级技能人员

集团公司高级技术专家名录

序　号	姓　名	工作单位	类　别
1	田永彬	中国石油集团川庆钻探工程有限公司	石油地震勘探技能专家
2	郑家志	中国石油集团川庆钻探工程有限公司	石油物探测量技能专家
3	周　彬	中国石油集团川庆钻探工程有限公司	石油物探测量技能专家
4	楚建设	中国石油集团东方地球物理勘探有限责任公司	石油地震勘探技能专家
5	高永杰	中国石油集团西部钻探工程有限公司	石油钻井技能专家
6	武东生	中国石油集团西部钻探工程有限公司	石油钻井技能专家
7	张耀先	中国石油集团西部钻探工程有限公司	石油钻井技能专家
8	黄　鹤	中国石油集团长城钻探工程有限公司	石油钻井技能专家
9	李爱忠	中国石油集团渤海钻探工程有限公司	石油钻井技能专家
10	张　勇	中国石油集团渤海钻探工程有限公司	石油钻井技能专家
11	张　勇	中国石油集团川庆钻探工程有限公司	石油钻井技能专家
12	李　缨	中国石油集团川庆钻探工程有限公司	石油钻井技能专家
13	高　强	中国石油集团川庆钻探工程有限公司	石油钻井技能专家
14	刘贵义	中国石油集团川庆钻探工程有限公司	石油钻井技能专家
15	闵光平	中国石油集团川庆钻探工程有限公司	石油钻井技能专家
16	齐志民	大庆钻探工程公司	石油钻井技能专家
17	周哲文	中国石油集团西部钻探工程有限公司	钻井液技能专家
18	王德平	中国石油集团西部钻探工程有限公司	钻井液技能专家
19	鲁政权	中国石油集团长城钻探工程有限公司	钻井液技能专家
20	王俊星	中国石油集团渤海钻探工程有限公司	钻井液技能专家
21	王　信	中国石油集团渤海钻探工程有限公司	钻井液技能专家
22	唐润平	中国石油集团川庆钻探工程有限公司	钻井液技能专家
23	徐义千	大庆钻探工程公司	钻井液技能专家
24	田兆义	大庆钻探工程公司	钻井液技能专家
25	赵增权	中国石油集团渤海钻探工程有限公司	井下作业技能专家

续表

序 号	姓 名	工作单位	类 别
26	方福君	中国石油集团川庆钻探工程有限公司	井下作业技能专家
27	田 军	中国石油集团川庆钻探工程有限公司	井下作业技能专家
28	王 峰	中国石油集团川庆钻探工程有限公司	井下作业技能专家
29	汪 敏	中国石油集团川庆钻探工程有限公司	采气测试技能专家
30	吴依东	中国石油集团长城钻探工程有限公司	测井技能专家
31	熊 伟	中国石油集团川庆钻探工程有限公司	测井技能专家
32	郑 永	中国石油集团川庆钻探工程有限公司	仪表维修技能专家
33	许绍俊	中国石油集团川庆钻探工程有限公司	仪表维修技能专家
34	杨 平	中国石油集团川庆钻探工程有限公司	电焊技能专家
35	冉 鹏	中国石油集团川庆钻探工程有限公司	电工技能专家
36	王国锋	中国石油集团川庆钻探工程有限公司	作业机司机技能专家
37	廖 明	中国石油集团西部钻探工程有限公司	钻井柴油机技能专家
38	赵 峰	中国石油集团西部钻探工程有限公司	钻井柴油机技能专家
39	杨砚杭	中国石油集团渤海钻探工程有限公司	钻井柴油机技能专家
40	王金广	中国石油集团渤海钻探工程有限公司	钻井柴油机技能专家
41	李 刚	中国石油集团川庆钻探工程有限公司	钻井柴油机技能专家
42	王亚红	中国石油集团川庆钻探工程有限公司	钻井柴油机技能专家
43	朱亚峰	中国石油集团川庆钻探工程有限公司	钻井柴油机技能专家
44	妥 红	中国石油集团西部钻探工程有限公司	综合录井技能专家
45	谭忠斌	中国石油集团西部钻探工程有限公司	固井技能专家
46	谭文波	中国石油集团西部钻探工程有限公司	井下作业工具技能专家
47	徐长岗	中国石油集团长城钻探工程有限公司	测井仪修技能专家
48	邢恩福	大庆钻探工程公司	仪表安装技能专家
49	李福海	中国石油集团东方地球物理勘探有限责任公司	汽车修理技能专家
50	杨新勇	中国石油集团东方地球物理勘探有限责任公司	汽车修理技能专家
51	刘百舟	中国石油集团测井有限公司	测井绘解技能专家

集团公司技能专家名录

序　号	姓　名	工作单位
1	陈若铭	中国石油集团西部钻探工程有限公司
2	李晓军	中国石油集团西部钻探工程有限公司
3	伍　东	中国石油集团长城钻探工程有限公司
4	李建成	中国石油集团长城钻探工程有限公司
5	喻　晨	中国石油集团长城钻探工程有限公司
6	余　雷	中国石油集团长城钻探工程有限公司
7	李连江	中国石油集团长城钻探工程有限公司
8	陶瑞东	中国石油集团渤海钻探工程有限公司
9	朱礼斌	中国石油集团渤海钻探工程有限公司
10	魏春明	中国石油集团渤海钻探工程有限公司
11	宋元洪	中国石油集团渤海钻探工程有限公司
12	马金山	中国石油集团渤海钻探工程有限公司
13	张民立	中国石油集团渤海钻探工程有限公司
14	黄达全	中国石油集团渤海钻探工程有限公司
15	陈世春	中国石油集团渤海钻探工程有限公司
16	王益山	中国石油集团渤海钻探工程有限公司
17	宋振云	中国石油集团川庆钻探工程有限公司
18	韩烈祥	中国石油集团川庆钻探工程有限公司
19	邓　虎	中国石油集团川庆钻探工程有限公司
20	白　璟	中国石油集团川庆钻探工程有限公司
21	贺秋云	中国石油集团川庆钻探工程有限公司
22	杨智光	大庆钻探工程公司
23	陶知非	中国石油集团东方地球物理勘探有限责任公司
24	何永清	中国石油集团东方地球物理勘探有限责任公司
25	倪宇东	中国石油集团东方地球物理勘探有限责任公司
26	赵　波	中国石油集团东方地球物理勘探有限责任公司

续表

序　号	姓　名	工作单位
27	罗国安	中国石油集团东方地球物理勘探有限责任公司
28	钱忠平	中国石油集团东方地球物理勘探有限责任公司
29	刘云祥	中国石油集团东方地球物理勘探有限责任公司
30	王学军	中国石油集团东方地球物理勘探有限责任公司
31	巫芙蓉	中国石油集团东方地球物理勘探有限责任公司
32	张晓斌	中国石油集团东方地球物理勘探有限责任公司
33	何光明	中国石油集团东方地球物理勘探有限责任公司
34	杨　晓	中国石油集团东方地球物理勘探有限责任公司
35	王建民	中国石油集团东方地球物理勘探有限责任公司
36	康南昌	中国石油集团东方地球物理勘探有限责任公司
37	詹仕凡	中国石油集团东方地球物理勘探有限责任公司
38	李彦鹏	中国石油集团东方地球物理勘探有限责任公司
39	何展翔	中国石油集团东方地球物理勘探有限责任公司
40	孙卫斌	中国石油集团东方地球物理勘探有限责任公司
41	张慕刚	中国石油集团东方地球物理勘探有限责任公司
42	高少武	中国石油集团东方地球物理勘探有限责任公司
43	文佳敏	中国石油集团东方地球物理勘探有限责任公司
44	李阳明	中国石油集团东方地球物理勘探有限责任公司
45	杜广源	中国石油集团东方地球物理勘探有限责任公司
46	李安宗	中国石油集团测井有限公司
47	陈　宝	中国石油集团测井有限公司
48	余春昊	中国石油集团测井有限公司
49	陈　涛	中国石油集团测井有限公司
50	周　军	中国石油集团测井有限公司
51	章海宁	中国石油集团测井有限公司
52	万金彬	中国石油集团测井有限公司
53	陈　鹏	中国石油集团测井有限公司

续表

序　号	姓　名	工作单位
54	李传伟	中国石油集团测井有限公司
55	陈　锋	中国石油集团测井有限公司
56	齐宝权	中国石油集团测井有限公司
57	张树东	中国石油集团测井有限公司
58	罗　利	中国石油集团测井有限公司
59	唐　凯	中国石油集团测井有限公司
60	陈　斌	中国石油集团测井有限公司
61	王宏建	中国石油集团测井有限公司
62	刘爱萍	中国石油集团海洋工程有限公司
63	汪海阁	中国石油集团工程技术研究院有限公司
64	申瑞臣	中国石油集团工程技术研究院有限公司
65	刘硕琼	中国石油集团工程技术研究院有限公司
66	王　玺	中国石油集团工程技术研究院有限公司
67	赵　庆	中国石油集团工程技术研究院有限公司

集团公司“青年科技英才”

序　号	姓　名	工作单位
1	孙　鹏	中国石油集团西部钻探工程有限公司
2	唐　亮	中国石油集团西部钻探工程有限公司
3	兰作军	中国石油集团西部钻探工程有限公司
4	马红滨	中国石油集团西部钻探工程有限公司
5	李建申	中国石油集团长城钻探工程有限公司
6	霍　新	中国石油集团长城钻探工程有限公司
7	陈振刚	中国石油集团长城钻探工程有限公司
8	刘平全	中国石油集团长城钻探工程有限公司
9	李广环	中国石油集团渤海钻探工程有限公司

续表

序　号	姓　名	工作单位
10	冯　强	中国石油集团渤海钻探工程有限公司
11	张现斌	中国石油集团渤海钻探工程有限公司
12	高　飞	中国石油集团渤海钻探工程有限公司
13	邹　鹏	中国石油集团渤海钻探工程有限公司
14	刘文明	中国石油集团渤海钻探工程有限公司
15	孙合辉	中国石油集团渤海钻探工程有限公司
16	王京光	中国石油集团川庆钻探工程有限公司
17	马文辛	中国石油集团川庆钻探工程有限公司
18	李彦超	中国石油集团川庆钻探工程有限公司
19	许洪星	中国石油集团川庆钻探工程有限公司
20	胡　畔	中国石油集团川庆钻探工程有限公司
21	李　辉	中国石油集团川庆钻探工程有限公司
22	王广雷	大庆钻探工程公司
23	陈海峰	中国石油集团东方地球物理勘探有限责任公司
24	李　磊	中国石油集团东方地球物理勘探有限责任公司
25	马光凯	中国石油集团东方地球物理勘探有限责任公司
26	陶春峰	中国石油集团东方地球物理勘探有限责任公司
27	王文闯	中国石油集团东方地球物理勘探有限责任公司
28	张建磊	中国石油集团东方地球物理勘探有限责任公司
29	赵长海	中国石油集团东方地球物理勘探有限责任公司
30	贺维胜	中国石油集团东方地球物理勘探有限责任公司
31	胡祖志	中国石油集团东方地球物理勘探有限责任公司
32	马　磊	中国石油集团东方地球物理勘探有限责任公司
33	尹　陈	中国石油集团东方地球物理勘探有限责任公司
34	曹中林	中国石油集团东方地球物理勘探有限责任公司
35	胡善政	中国石油集团东方地球物理勘探有限责任公司
36	侯学理	中国石油集团测井有限公司

续表

序 号	姓 名	工作单位
37	张凤生	中国石油集团测井有限公司
38	卫一多	中国石油集团测井有限公司
39	雷晓煜	中国石油集团测井有限公司
40	胡海涛	中国石油集团测井有限公司
41	任国辉	中国石油集团测井有限公司
42	杨耀辉	中国石油集团海洋工程有限公司
43	胡知辉	中国石油集团海洋工程有限公司
44	王 倩	中国石油集团工程技术研究院有限公司
45	郭慧娟	中国石油集团工程技术研究院有限公司
46	马汝涛	中国石油集团工程技术研究院有限公司
47	张 洁	中国石油集团工程技术研究院有限公司
48	韩 飞	中国石油集团工程技术研究院有限公司
49	翟小强	中国石油集团工程技术研究院有限公司
50	史宏江	中国石油集团工程技术研究院有限公司
51	毛为民	中国石油集团工程技术研究院有限公司
52	李 龙	中国石油集团工程技术研究院有限公司
53	张 炎	中国石油集团工程技术研究院有限公司
54	胡志坚	中国石油集团工程技术研究院有限公司
55	卓鲁斌	中国石油集团工程技术研究院有限公司
56	付 利	中国石油集团工程技术研究院有限公司
57	宋治国	中国石油集团工程技术研究院有限公司
58	杨 光	中国石油集团工程技术研究院有限公司
59	张志磊	中国石油集团工程技术研究院有限公司
60	洪迪峰	中国石油集团工程技术研究院有限公司
61	李景翠	中国石油集团工程技术研究院有限公司
62	董胜伟	中国石油集团工程技术研究院有限公司
63	张宏英	中国石油集团工程技术研究院有限公司

工程技术企业概览

西部钻探

【概况】 中国石油集团西部钻探工程有限公司（简称西部钻探）成立于2007年12月底，由原新疆石油管理局和吐哈石油勘探开发指挥部的工程技术业务整合而成，是中国石油首家专业化钻探公司。西部钻探所属队伍最早起源于中国石油工业摇篮——玉门，由原玉门、克拉玛依、青海、吐哈等区域的钻探队伍，历经80余载融合发展而成，是西部各油田的共同创业者和全程建设者，拥有一支传承铁人基因、敢打硬仗、能打胜仗的员工队伍，涌现出一批以大国工匠谭文波为代表的先进模范，为中国油气事业发展作出突出贡献。

西部钻探主要开展钻井、固井、录井、压裂、试油等工程技术服务，兼营油气合作开发、技术研发与产品研制等业务，具备9000米以内超深钻井、超高密度钻井液和固井水泥浆、超高压测试、压裂等服务能力，可为油田提供从新井开钻到投产全过程一揽子解决方案和“交钥匙”服务。年钻井能力750万米、酸化压裂10000井次、录井4000口、固井6000井次、试油450层、定向1500口以上。

2018年，西部钻探下设机关处室15个，直附属单位12个和二级单位17个。员工总量1.53万余人，其中本科及以上学历4778人、享受国务院津贴5人、自治区天山英才6人、集团公司青年科技英才8人、公司各级技术专家90人。资产总额170亿元，工程技术服务队伍1000余支。拥有各类大型工程技术装备1.6万台（套），其中钻机近400部、压裂车组总计50万水马力、试油设备38台（套）、固井水泥车127台、综合录井仪238台。

西部钻探坚持以党的十九大精神为引领，深入贯彻习近平新时代中国特色社会主义思想，按照集团公司和中油油服整体部署，牢牢把握重要战略机遇期的阶段定位，坚持稳健发展方针不动摇，围绕“三条底线三个提升”总要求，推进市场、创新、国际化战略，把握运行原则，优化经营策略，注重统筹协调，开拓创新，积极进取，努力建设市场竞争力强的工程技术服务公司。

【生产经营】 2018年，西部钻探牢固树立“成就甲方才能成就自己”的发展理念，深入转变认识，积极创新实践，增强发展能力，全面开启规模快速增长、效益稳步提升、成果充分共享的新征程。全年开钻2873口井，完井2764口，完成总进尺613.61万米，同比增长21.8%，其中国内559.84万米、同比增长23.8%，国外53.77万米、同比增长4.1%；井下压裂酸化完成5534层次，同比增加2130层次、增长62.6%；大修118井次，同比增加7井次，增长6.3%；试油完成332层，同比增加26层、增长8.5%；固井4773井次，同比增加212井次、增长4.6%；定向井技术服务完成1016井次，同比减少13井次、下降1.3%；录井3233口，同比增加656口、增长33.9%；苏里格外输天然气商品量6.83亿立方米，同比增加0.44亿立方米、增长6.9%；凝析油产量13015吨，同比增加1613吨。营业收入186亿元、同比增长42%，关键指标增幅位居中国石油工程技术服务板块前列。

2018 年西部钻探主要生产经营指标

项　目	2018 年	2017 年
钻井进尺（万米）	613.61	503.87
其中，探井	49.15	48.8
开发井	564.46	455.07
录井（口）	3233	2577
固井（口）	1774	1839
试油（层）	332	306
井下作业（井次）	2197	1677
压裂酸化 [层（段）]	5534	3404
外输天然气（亿立方米）	6.83	6.39
外输原油（万吨）	1.3	1.14
特殊工艺井技术服务（口）	1038	1052
其中，水平井	291	240
欠平衡井	22	23
定向井	548	639
总收入（亿元）	186.18	131.54
主营业务收入（亿元）	183.73	129.56
其他业务收入（亿元）	2.45	1.98

【重要成果】 截至 2018 年底，西部钻探专利、软件登记共获授权 165 项（其中发明 25 项、软件登记 5 项）；专利、软件版权申请共受理 205 项（其中发明 70 项、软件登记 13 项），知识产权成果得到有效保护。2018 年，西部钻探申报和参加上级科技成果评奖，获省部级科技成果 7 项。完成“连续油管底封拖动压裂技术研究与应用”等 5 项成果的登记和申报工作，获新疆维吾尔自治区科学技术进步奖 4 项，其中新疆维吾尔自治区科学技术进步奖二等奖 1 项、科学技术三等奖 3 项。完成“新疆油田环玛湖钻井综合配套技术研究与应用”等 4 项成果的集团公司科学技术进步奖申报工作，获集团公司成果 3 项，其中集团公司科学技术进步奖二等奖 2 项、三等奖 1 项；完成西部钻探 2018 年度技术创新成果申报和评奖工作，评出 2018 年度西部钻探科技创新成果 21 项。

集团公司级以上荣誉：

西部钻探获中国石油天然气集团有限公司“2018 年度安全环保、节能节水先进企业”称号。

西部钻探玉门钻井公司 40019 钻井队获中国石油天然气集团有限公司“2018 年度节能节水先进基层单位”称号。

西部钻探试油公司谭文波获中央电视台 2018 年“大国工匠年度人物”、全国最美职工、全国五一劳动奖章。

西部钻探员工李建辉获中国石油天然气集团有限公司“2018 年度节能节水先进个人”称号。

西部钻探克拉玛依钻井公司 70209 钻井队队长阿不都热西提 • 依明江（维吾尔族）获开发建设新疆奖章。

西部钻探吐哈钻井公司 40677 钻井队、准东钻井公司工程技术服务公司井控车间分别获新疆维吾尔自治区“工人先锋号”称号。

【改革调整】 2018 年，西部钻探大力强化改革调整，多点突破、蹄疾步稳，干成一批大事难事。

打造专业化管理架构。强化市场管理职能，健全新疆、吐哈玉门、青海、西南等区域协调部，闯市场能力全面增强。做实巴州分公司和国际工程公司，理顺责权利关系，塔里木市场施工业绩和管理水平有效提升。成立玉门钻井公司，传承铁人基因，做强总承包能力，更好保障玉门、长庆等市场。推进高端业务专项规划，完成钻井液业务专业化重组，油基钻井液实现历史性突破，打造贴近油气、比肩国际的业务结构。推动物资采购中心实体经营，打通全产业链创收重要关口。

优化人力资源配置。实施机关及直附属单位“大科室”建设，推行复合型大岗位设置，科室数量由 86 个减少至 40 个、降幅 47%，提高整体工作效能。完善处级、科级干部退岗后从事专项工作的机制，组建高级专业管理人才队伍，把主要力量用于强化现场，发挥技术指导、事故复杂处理、井控管理等方面作用，177 名处级、科级干部退岗后从事专项工作，为公司改革发展作出积极贡献。优选三家人力资源公司开展合作，促进用工方式向“管理 + 技术 + 核心操作岗位内部员工，其他岗位劳务外包”转型升级。加快瘦身健体，推动低效业务外包，培训转岗 600 余人，缓解人力资源不足矛盾。推动双序列改革，完成企业技术专家、一级工程师选聘，完善绩效考核，加强薪酬激励，激发高端科技人才的干事创业热情。

完善薪酬分配机制。根据集团公司和中油油服务业绩考核细则，制定 35 项对应考核指标保障措施，确保上级业绩考核指标得到全面落实。修订业绩考核办法，突出收入、利润、市场占有率、应收账款四项考核要素，设置单位经营难度管理系数，调整考核结果与奖金挂钩比例，注重安全井控、市场开发过程考核，建立机关个性化指标，激发全员增收创效活力。坚持分配向基层倾斜，调整提高关键岗位市场化用工待遇，研究增加南疆等艰苦地区收入的措施，稳定一线队伍。

【服务保障】 2018 年，西部钻探始终坚持“成就甲方才能成就自己”的发展理念，持续强化担当尽责，以油田需求为导向，构建服务国内七大区域和海外市场的服务保障布局，实现集团公司整体利益最大化。

增强服务保障力量。扎实推进精准保障，班子带头沟通，共同优化资源、提高效率，集中调配钻机、压裂车组等主力装备 200 余台套，保障新疆、青海、塔里木等重点区域高效建产，主力作用更加突出。新疆油田，调配深井钻机 51 部、压裂车组 80 台、旋转导向 6 串，开展“水平井 + 体积压裂”作业，加强管理力量倾斜，助力重点区块规模开发。吐哈油田，按照“五个一体化、三个共同”模式，建立联合机构，共同实施工程优化，以 68% 的钻机占有率完成 80% 的工作量。青海油田，深化“五个一”合作，加快装备、技术升级，完善英雄岭构造防漏防喷等措施，发挥主力作用，连续两年钻井进尺突破 80 万米。塔里木油田，落实“10+5+N”钻机保障方案，提升压裂、试油、录井、钻井液服务能力，实现全产业链服务上产。西南页岩气，升级项目规格，12 台钻机迅速到位。

推进工程提速提效。生产组织方面，设立 8000 万元奖金开展“三比”劳动竞赛，精益过程管控，全面开展对标竞标，完善冬季施工保障体系，保持高效率。钻井创日进尺 3.3 米、月进尺 74 万米最高纪录；压裂提效 30%、创单队单日 11 级射孔桥塞联作压裂等集团公司纪录 11 项，刷新玛湖、吉木萨尔、塔里木山前等重点区域施工纪录 95 项。钻井提速方面，实施钻井队分类定级和“一队双机”平台管理，推行“40+70”钻井模式和“一趟钻工程”，优化井身结构与钻完井配套技术，完善区块提速模板，强化施工参数，开展事故复杂专项治理，在深井复杂井增多的情况下实现持续提速。其中，新疆油田玛湖示范区效果明显、整体提速 14%，吉木萨尔工期同比缩短 15%，加快建产进程。吐哈油田整体机械钻速、钻机月速分别提高 6.1% 和 7.5%，钻井周期缩短 13.2%。青海油田涩北台南区域钻机月速同比提高 11.7%。压裂提效方面，采取三班两倒、24 小时拉链式作业，探索形成“七提前、四同步、三共享”工法，压裂施工效率提升1倍以上。着力控制压裂费用，将滑溜水比例由48%提升至70%，单井液体成本下降15%以上；推广石英砂替代陶粒，应用比例70%，单井成本下降130万元；推广现场连续混配工艺，压裂液费用下降5%以上；研发自动上砂送粉装置，降低作业费用10%。

着力提升保障效果。勘探方面，青海狮新210井日产液上千立方米，提振英西效益建产的信心。塔里木玉东710井日产油34吨，新增玉东7油藏储量400万吨。吐哈条34井发现三塘湖南缘二叠系致密油新领域，预测资源量2085万吨。开发方面，建立“油藏地质+工程”一体化服务模式，着力提高优质储层钻遇率和施工质量，水平井油层钻遇率95.8%，创历史新高。其中，新疆玛湖新投井平均日产油25.5吨、吉木萨尔单井日产油最高116.8吨；青海南翼山钻压一体化总包增产显著，平均单井产量提高3—4倍，南VH10-16井最高日产油15吨；塔里木克深605井日产气25万立方米、英买471H井日产油127立方米；在长庆油田推行钻试一体化服务，6口井日产量突破10万立方米；阿克纠宾H842一体化井日产油118吨，是邻井的5倍以上。

【**重大工程**】 西部钻探坚决贯彻集团公司党组领导指示批示精神，历时431天圆满打成乌兹别克斯坦重大工程明15井，攻克一开超大井眼、二开超长裸眼、三开异常高压、四开喷漏同存、五开高低压同层等23项技术难题，形成大井眼优快钻井、复杂地层防漏堵漏等8项特色技术，创区块机速最快、建井周期最短、固井质量最优7项钻探纪录，获集团公司董事长王宜林高度评价及中油国际、中油油服多次贺信表扬。玛湖015井在侏罗系八道湾组未经压裂，日产油405.6立方米、日产气3.65万立方米，创新疆油田单井产量历史新高，展现出玛湖凹陷中浅层高效开发的良好前景，创油田单井产量历史新高。高探1井试获日产油1213立方米、天然气32万立方米，获风险勘探重大突破，带动准噶尔盆地南缘下组合天然气规模勘探，受到集团公司董事长王宜林贺信表扬。沙探1井钻至百口泉组、乌尔禾组，获重大油气发现，初步呈现沙湾凹陷斜坡区油气勘探新局面。

【**市场开发**】 2018年，西部钻探加快完善市场布局，创新业务发展模式，规模总量创历史新高。

主体市场地位稳固。将占有率作为履行职责、当好主力的标尺，强化沟通协调，高效整合资源，新疆、青海、吐哈三大市场平均占有率80%、同比提高11.6个百分点，主力军地位持续提升。其中，新疆油田市场，累计完成钻井进尺228.41万米、压裂5097层次，市场占有率84.6%、同比提高28%，收入突破百亿元规模。吐哈油田市场，建立油田钻机运行动态表，市场占有率增长21个百分点至80%，完成钻井进尺59万米，实现收入11.2亿元、同比分别增长28.7%。青海油田市场，钻井市场占有率74.2%，实现收入16.6亿元、同比分别增长53.3%；压裂市场占有率100%，实现收入1亿元；试油、定向井等业务实现收入7000余万元。

海外市场持续拓展。坚持稳定中亚、发展中东，2018年新签续签合同额2.95亿美元，同比增长7.4%，大包合同比例提升到70%，专业化技术服务合同额同比增长50%。中亚市场整体向好，新开发KS OIL、EMBA、Jupiter等外部钻井市场，成功签约PK油田3年期固井总包；乌兹别克斯坦市场中国石油高端市场占有率100%，埃利亚日费项目持续稳定，等停设备全面盘活。中东市场实现突破，谋划形成市场开发方案，沙特阿美水井项目顺利运作，实现高端与传统市场协同发展；埃及市场合资公司经营许可实现延期 10 年，与埃方股东达成转资注资意向；完成伊朗 70D 钻机战略性转移，在伊拉克实现当年开发、当年创效。

国内重点市场多点突破。签订塔里木“10+5+N”钻机保障协议，成功进入油基钻井液市场，压裂、试油市场占有率稳居第一，元素录井业务成为新的经济增长点，市场规模扩容递增，井筒一体化发展大格局初步形成。搬安速度、中完速度、生产时率同比分别提高 18.2%、7.8% 和 2%，生产综合指标油田名列前茅，5 支钻井队排名进入油田前 10 名。获得玉门油田 15 口井总包，合作关系持续稳固。长庆油田总包工作量大幅增长，区域钻井规模突破 125 万米。全面入围山西煤层气 6 个项目；实现新疆煤层气一体化总包；获得西南、浙江页岩气 53 口总包工作量；新开发重庆页岩气项目。

【技术创新】 2018 年，西部钻探实施创新发展战略，聚焦油气田勘探开发难题，着力打造科技利器，加快新技术、新工具推广应用，引领作用更加明显。

科研顶层设计得到加强。坚持业务主导和市场导向，完善技术成效创新考核，加强科研项目管理，针对钻井提速难题设立重大专项，提高针对性和有效性。梳理现有技术成果，规范新产品新技术命名，打造“复杂条件深井、超深井钻完井配套技术”等 10 项综合配套技术、“分支井钻完井技术”等 14 项优势特色技术、“自动垂直钻井系统”等 13 项工程技术利器。柱塞排水采气等 4 项新产品达到国际先进水平，精细控压钻井等一批新技术助力现场提速。

重点项目攻关步伐加快。旋转导向钻井系统在新疆油田 TD80019 井现场试验整体性能正常，精确控制液压模块推靠井壁，造斜率 2.3 度 /30 米，达到预期效果。井下安全监控系统现场试验 3 口井，在高温、高压工况下性能稳定。开展玛湖低渗透油藏钻井地质工程一体化技术研究，建立地层可钻性剖面，改进 II 型扭冲、旋冲等提速工具，形成强抑制、强封堵 XZ 胺基聚合物体系配方，MaHW6202 等 3 口井地质建模与轨迹优化一体化导向技术应用效果良好。开展青海英西水平井优快钻井配套技术研究，建立动态地质导向模型，狮 41H2-2-413 井平均钻速 6 米 / 时，较设计提高 2.6 倍。光面电缆直读试井技术在新疆油田美 006 井，创集团公司作业井深（4570 米）、井底实测压力（56.6 兆帕）、实测温度（134.4℃）等多项纪录。

优势产品推广取得实效。扭冲工具在塔里木油田、青海油田提速效果明显，青海尖北基岩段机械钻速是设计的 2.85 倍；英买 171-1H 井平均机械钻速较邻井提高 44%。精细控压钻井技术保障窄密度窗口安全高效钻进，在玛湖 MHHW1004 井实现零漏失、零复杂，较邻井同比缩短钻井周期 57.8 天；在明 15 井五开井段准确测量地层压力、地层漏失压力及循环压耗，及时发现溢流早期情况。SAGD 磁定位技术仪器完成 17 对井技术服务，井眼轨迹质量优良，保障新疆油田稠油水平井高效开发。

【精益管理】 2018 年，西部钻探大力实施降本增效工程，细化精益管理措施，加快推进“四化”建设，扩大开放合作，切实提升运营效率和效益。

经营管理持续强化。强化资金管控，全面推进“两金”压控，经过与油田深入协商，累计回收工程款 80 亿元，压减存货指标完成率

114.6%；坚持资金紧平衡策略，合理调节付款节奏，缓解自由现金流长期紧张的状况；清零国内外全部贷款，减少利息净支出8500万元。强化风险管控，细化“三重一大”实施细则，修订授权管理办法，严格合同审查和签订程序，推进电子招标平台上线运行，最大限度控制合规风险；开展税收筹划，实施境外物资当地化采购，有效避免汇兑损失。

开放合作领域不断扩大。扩大对外战略合作，强化与工程院合作，补齐油基钻井液等技术短板；与中国石油大学（北京）共建实验室，助力玛湖等重点区域钻井、压裂大提速；与海峡能源合资建立石英砂厂，开启新商业模式，降低压裂作业成本；充分发挥一体化优势，整合社会优质资源，开展长期战略合作，做大总包规模。强化内部资源共享，建立内部资源一体化统筹协调机制，集中优势资源，全力保障新疆玛湖、塔里木山前、四川长宁等重点区域增产。建成玛湖物资共享中心，集聚信息化管理、标准化配送、集约化仓储、零库存降本四大特征，消灭井队材料房，初步实现“五省”目标。开展钻井队分级，实现优质管理、技术、人才、设备、物资等资源共享，提高队伍整体水平。

【四化建设】 专业化服务。2018年，建成玛18井区集中生活公寓，改善一线生产生活条件，降低运行费用。集中推广“制造+服务”，与宝石机械、济柴动力等厂商共建立玛湖设备保障中心。建立压裂备压、供应等专业化队伍，提高保障效率。机械化作业。推广各类井口自动化装备404台（套），应用环保卫生间33套。建设自动化设备钻井、压裂示范队伍，作业效率分别提升20%、50%，单队年节约费用200万元。自研的自动送粉等装置降低费用150万元，提高效率30%；钻机平移装置，口井搬安时间节约2天以上，单次平移节约成本62.4万元。标准化管理。完善配套作业程序，制修订压裂、试油、固井等专业11个装备配套标准模板。推进工厂化作业设备配置，编制钻机搬安流程，单队搬家减少20车次。实施振动筛标准化配置方案，推广应用高频振动筛339台。信息化应用。远程技术支持中心（RTOC）建成投运，逐步成为信息传输枢纽、专家远程会诊平台，基本实现关键施工环节、重大项目现场试验、高风险现场远程监控全覆盖。研发应用全工序定额管理系统，物资电子商城上线运行，实现精准降本。推广高压管汇FRID身份识别、远程视频监控系统，压裂作业实现高压区无人值守、远程监控。

【质量安全环保】 2018年，西部钻探始终将安全环保井控作为根本前提和重要保障，坚持严抓细管，实现“六杜绝、一控制”。井控管理绝无一失，狠抓责任落实、风险排查与过程考核，升级井控装备，正确处置溢流21井次，杜绝重点区域“遭遇战”，增强主动防控能力。基础工作更加扎实，坚守“四条红线”，升级管理六项较大风险，实施专项奖励1500万元，提升综合管控水平；修订完善107项制度文件，实施差异化、个性化驻点审核，队站标准化建设全面达标，提高体系运行质量；加大违章查处及问责力度，不间断开展监督巡查和专项督查，夜查268次，增强基层执行力和安全意识。全面实施集中区域能源替代工程，在新疆、青海、吐哈等区域替代柴油6.95万吨，减少二氧化硫和氮氧化物等污染物排放0.63万吨，累计节能0.78万吨标准煤。强化生态系统保护意识，投身荒漠生态恢复工程，全面实施钻井液不落地工艺，建立全周期岩屑处置流程，加强污水处理、钻井液回收等技术应用，累计节水2.46万立方米，实现节能降耗、绿色生产。

【从严治党】 2018 年，西部钻探贯彻落实党中央全面从严治党战略部署和习近平总书记重要指示批示精神，坚持融入中心、服务大局，党委核心作用得到全面发挥。引领更加有力，开展中心组学习研讨，强化“四个意识”、深化“四个诠释”，推进基层党建专项治理，提升各级党组织工作水平；落实民主集中制，修订实施细则，合规决策“三重一大”事项 138 项。“红线”更加清晰，完善海外监管，加强履职考核与党内巡察，压实各级责任；从严执纪问责，依纪依规开展纪律审查，“不敢腐”的震慑效应充分体现。作风更加扎实，狠抓执行力建设，倡导靠前管理，形成服务基层之风，促进作风持续改进，体现高度的责任担当和为民情怀。素质更加优良，坚持党管干部、党管人才，树立正确选人用人导向，12 名 40 岁以下同志被选拔到处级岗位，72 名干部进入专业技术序列。

【大国工匠】 2018 年，西部钻探员工谭文波获 2018 年全国最美职工、全国五一劳动奖章，并成为第一个走进中央电视台“大国工匠”栏目的石油人，获评 2018 年大国工匠年度人物。经过中央电视台、《人民日报》、中国工会网等各大媒体、网站报道，在全国上下、石油系统引起了广泛关注、强烈反响，充分展现石油人良好的精神风貌，树立中国石油良好的公众形象，提高西部钻探的知名度和美誉度。

【和谐企业】 2018 年，西部钻探贯彻落实新疆维吾尔自治区党委和克拉玛依市委维稳决策部署，全力做好人员、经费等各项维稳保障，驻克拉玛依区域各单位专兼职人员增至 2136 人，维稳费用支出 1.2 亿元。严格落实“零报告”和 24 小时值班值守制度，坚持“企地联勤联动、警企联防联守”，全力推动安保防恐责任履行到位、制度执行到位、措施落实到位，实现管理责任全覆盖。着力解决就业难题，转移安置南疆四地州贫困人员 50 人，引进地方合作钻井队 40 支解决就业 1600 余人，加强与当地人力资源公司和中国石油大学（北京）联合开展人才合作，有力拉动就业率增长，促进社会和谐稳定。扎实开展“访惠聚”工作，抽调政治素质高、工作能力强的党员干部 23 人进驻泽普县开展“访惠聚”工作，6 名党员干部担任深度扶贫村第一书记，6 名同志进入克拉玛依五新社区帮扶，投入资金 689 万元，切实履行央企责任。深入开展“民族团结一家亲”活动，1412 名党员干部结对认亲，全面促进各族干部员工在走动互动、交往交流中加深感情、增进融合，营造团结和谐氛围。

（罗　凡）

长城钻探

【概况】 中国石油集团长城钻探工程有限公司（简称长城钻探，英文缩写 GWDC）成立于 2008 年，是中国石油天然气有限集团公司的直属专业化石油工程技术服务公司。定位于建设国际一流石油工程技术总承包商，确立打造“六个典范”的发展目标，即打造中国石油海外工程技术业务的典范、打造中国石油国内油气风险作业的典范、打造油田勘探开发服务保障的典范、打造工程技术行业技术创新的典范、打造质量发展安全发展绿色发展的典范、打造心系基层群众信任的典范。用工总量18000多人，主要工程技术服务队伍1400多支，主要工程技术装备5000多台套，资产总额366亿元。

主营业务包括钻修井、技术服务、风险总承包三大板块，业务领域涵盖地质勘探、钻井、测井、录井、井下作业等石油工程技术全产业链，并向油气田前期地质研究、勘探开发方案设计、天然气（煤层气、页岩气）开发、地热开发、油田生产管理等领域延伸，具备石油工程技术一体化总承包服务能力。

国际化水平较高，拥有GWDC和CNLC两大品牌，在国内外石油工程技术服务市场有广泛的市场认同。国内市场范围涉及国内近20个省（直辖市、自治区），主要服务于辽河、长庆、青海、新疆等油区。海外业务遍及非洲、美洲、中东、中亚等区域30多个国家。累计服务于全球130多个客户。长城钻探通过国家级高新技术企业认证，拥有外经贸权和对外经济技术经营权，是国际钻井承包商协会会员。

2018年，长城钻探面对国内外市场挑战叠加的严峻形势，以习近平新时代中国特色社会主义思想和党的十九大精神为指导，深入贯彻落实稳健发展方针和高质量发展根本要求，紧紧围绕打造“六个典范”目标，科学把握市场机遇，从容应对行业挑战，凝心聚力，攻坚克难，长城钻探高质量发展迈出坚实步伐。全年钻井进尺463万米，同比增长5.6%；收入189.5亿元，同比增长6.7%，圆满完成全年各项任务目标。

【改革调整】 2018年，长城钻探以激发和释放企业内在活力对冲生产经营压力，解决一批多年想解决而没有解决的难题。召开长城钻探首次机关作风建设大会，成立公司层面领导小组，强力推进作风转变，营造风清气正的干事创业环境，得到广大干部员工发自内心的支持。各部门积极作为、自我革命，大幅减少审批事项和中间环节，先后简化优化业务审批流程36个，下放14个业务领域56项管理权力，构建适合生产经营发展的授权管理体系，形成“放管服”新型机关管理模式。简政放权系列改革的实施，不仅为基层“松了绑、添了力”，更极大地激发基层的积极性和主动性。

坚决落实集团公司党组要求，以前所未有的力度推进三项制度改革和“三超”治理工作，打破“铁机关”固有形态，全面优化管理组织架构，收入凭贡献能增能减的机制初步建立，“三超”的历史遗留问题得到本质解决。按照集团公司《工程技术服务企业组织机构设置规范》要求，统筹开展机关部门和境内外单位组织机构压缩，撤销处级机构17个，机构设置全面达标；机关编制缩减200余人，79名处级干部先后退出领导岗位；劳动用工和劳动关系改革稳步推进。

主动贴合现代化企业管理制度，推动公司管理架构和管控能力现代化国际化。调整完成企业领导体制，党的领导与公司治理相统一的管理机制全面建立。大力推进民主管理，修订完善“三重一大”决策制度实施细则和决策事项范围，为长城钻探依法、科学、民主和集体决策提供了制度保证。以提高效率效能为重点，系统调整机关职能部门和直附属机构工作职责，形成权界清晰、分工合理、权责一致、运行高效、制度保障的职能体系。结合业务发展实际，重构组织管理架构，打造总部机关统一管控，国际事业部统筹负责国际业务，东部、西部、西南三个生产指挥中心靠前支持的新型矩阵式管理架构。以效益为导向重新修订《业绩考核管理办法》，打破平均主义和“大锅饭”，内部分配指向更加清晰。

【国际业务】 2018 年，长城钻探主动适应市场变化，调整固有投标策略，确立“海外项目有效益、国内单位有边际”的市场开发新原则，保证市场开发效果。CNPC 市场持续稳固，成功运作乍得 CNPCIC、哈萨克斯坦 AMG、南苏丹 DPOC、伊拉克哈法亚，以及乌兹别克斯坦明格 15 井等重点项目，有力保障集团公司海外油气业务发展。市场国际化程度进一步提高，全年非 CNPC 市场签约额占比超过 80%。在科威特凭借良好施工业绩，中标 KOC 两台修井机合同。在尼日尔开拓外部市场，创造可观效益。在秘鲁实现外部钻头市场的首次突破。技术服务业务纵深发展，先后开拓阿曼 Medco 高端热采、伊拉克东巴酸化和老井测试，以及厄瓜多尔测井等一批技术服务项目，全年技术服务合同占比 1/3，实现高附加值市场领域的新拓展。总包市场开发成果突出，在委内瑞拉取得钻井总包项目的重大突破。实施“技术咨询 + 管理输出”总包模式，实现土耳其页岩油市场的“破冰”。市场开发模式创新成效显著，在阿塞拜疆创新“钻机 + 维护人员”模式，成功盘活两部钻机。在伊拉克、阿曼，与哈里伯顿和贝克休斯联合中标多个项目，实现合作双赢。

【国内业务】 2018 年，长城钻探结合市场发展新业态，明确“守住边际贡献”的运作理念，确立以“创新市场、提高效益”为主线，细分“盈利、微利、减亏、战略”市场，树立“品牌、技术、质量、服务”意识，深化“一体化”风险总包合同模式的工作思路，有力推动国内业务向好发展。在辽河油区：突出关联交易保障责任，紧紧围绕辽河油田千万吨稳产需求与生产实际，主动对接扩大经营自主权试点，共同优化施工设计，合理调配钻机，最大限度减少搬迁费用和设备等停时间，在平均井深同比下降 2% 的情况下，平均机械钻速同比提高 6.76%，建井周期同比缩短 5.85%，服务保障水平进一步提高，实现关联交易结算价格、市场占有率“双稳定”。在外部工程技术服务市场：长庆总包工作量突破 120 万米，同比增加 35%；双 110 创新合作区如期完成 5 亿立方米产能建设，平均单井日产量 1.69 万立方米；长庆侧钻井规模同比增长 63%。青海市场 8 部钻机实现满负荷运行。吉林市场总包外包 5 部民营钻机，新增空气钻井、近钻头服务项目。冀东市场二氧化碳混相压裂措施增产服务取得新突破。塔木察格市场获得 14 口井工作量。复制总包外包模式，成功中标吐哈外围天 7 块产建总包 20 口井项目和中联煤山西致密气钻井项目。非常规天然气风险作业：苏里格自营区块年累计产气 26.23 亿立方米，落实含气富集区域 5 个，完钻新井 71 口，弥补递减产能 3.5 亿立方米。在气田递减速度快、气井含水率大幅增加、稳产难度大的情况下，恢复停产井 25 口，实现老井增产 2 亿立方米以上。四川页岩气项目年累产气 4.68 亿立方米，完成平台建设 20 个；完钻新井 39 口，压裂 22 口；地面集输和供水工程建设 171 千米，满足了下一步气田产能建设需求。

【精益管理】 坚持把精益管理作为解决重点瓶颈问题的出发点和落脚点，进一步推进各项专业管理的实施和完善，助力提质增效。

优化生产运行，坚持各区域统筹协调，合理盘活闲置设备，有效保障页岩气等项目建设需要。特别是充分整合利用社会资源，外包队伍 179 支，实现资源配置从“完全自有”向“自有 + 外包”模式转变，延伸市场布局的宽度和广度。优化区块提速模板，推动技术指标改善和效率效益提升。2018 年平均机械钻速 12.11 米 / 时，同比提高 3.41%；平均钻井周期 21.91 天、建井周期 32.19 天，同比分别缩短 6.07% 和 3.92%；事故复杂率 1.95%，同比下降 3.43%。4000 米以上深井平均机械钻速同比提高 2.36%。成功实施狮 52-3、威 202H55-3、马古 15 等一批高产井、纪录井。明格 15 井测试平稳高效推进，得到甲方的高度认可。

实施管理提升，创新降本增效手段，深入实施 77 项措施，变动成本占收入比例同比下降 1.1 个百分点。强化投资总量、效益标准和过程控制，推动核心业务发展、主力装备升级。推进“两金”压控、税收和资金管理，2018 年回收工程款 197 亿元，各项减税退税返还 2.73 亿元，特别是上存资金 40 亿元、利息收入 7000 万元，彻底扭转长城钻探重组以来长期在有息负债下经营的被动局面。深化物资采购统一管理，两级物资集中采购度 98.2%，集采价格较预算控制价平均下降 6.76%，节约物资采购资金 3 亿元。严格落实“三控制一规范”，用工总量减少 478 人。抓好全员素质提升和人才培养，累计培训 5.98 万人次，新聘企业技能专家 24 人、首席技师 51 人。不断加强设备资质审核、配套及维修管理，新上项目设备一次验收通过率 100%。大力推进“四化”建设，自动化设备现场应用 149 套，远程技术支持平台等系统应用效果良好。亏损项目减亏幅度 64%。大力推进依法治企，加强合规意识宣贯，治理潜在问题，防控法律风险。质量管理与“三基”工作体系进一步完善，长城钻探被授予“辽宁省实施用户满意工程先进单位”和“辽宁省质量管理小组活动优秀企业”称号。

【技术进步】 2018 年，以解决现场生产技术难题和培育优势特色技术为主攻方向，一批科研项目和技术相继取得新进展。井下随钻参数测量仪实现井下工程参数采集、传输、处理、应用一体化；随钻中子密度测井仪取得合格资料；录井实时流体分析系统分析周期和最小检测浓度均优于主流产品；全可溶式压裂桥塞坐封可靠性、压裂密封性和可溶性达到国外同类产品水平；GW-MLE 综合录井仪实现软硬件升级，性能指标比肩国外主流仪器；苏里格侧钻水平井技术规模应用，成为老区挖潜的有效措施；中低渗透稠油油藏二氧化碳化学冷采技术推进难采未动用储量的经济有效开发。GW-LWD 随钻测井系统、环保型滑溜水压裂液体系等 13 项特色技术规模化应用，累计创造产值 6.5 亿元。长城钻探牵头组建集团公司侧钻井技术中心，彰显技术实力。肯尼亚高温地热钻井技术等 4 项成果通过集团公司鉴定，达到国际先进水平。获 12 项省部级科技成果奖励，创年度新高。

【质量安全环保】 2018 年，长城钻探坚守“四条红线”，强化基层基础和管控问责，探索创新监管模式和培育自主意识，全面提高 HSE 整体管理水平。损工事件率同比下降 41%，杜绝一般 A 级及以上安全环保和重大质量责任事故，获集团公司“质量安全环保节能先进企业”荣誉。修订完善全员 HSE 职责，明确范围和考核标准。通过集团公司、DNV 等 HSE 体系审核，保证制度的先进性、有效性和适用性。开展双重预防性工作体系建设，主要专业 HSE 标准化示范队达标率 96%。实施监督分级、队伍分类管理，建立巡视监督区域轮换机制，生产作业实现分级受控。全年发布生产安全风险防控方案 29 项、隐患治理投入 9109 万元，做到精准施策、前端管控、源头防控。严格落实井控十大禁令，加强井控技能培训和现场应急演练，组建井控专家队伍，有效控制各类风险，全年妥善处置 8 起气侵溢流事件，杜绝井喷失控事故。修订完善高风险以上国家社会安全管理方案 18 个，保持社会安全管理体系的有效运行。制定实施环境保护管理办法，开展污染源普查和排放监测，实现各类污染物排放全面达标。危化品和放射源民爆品监管、承包商管理、交通消防、应急管理等工作积极推进。全年涌现出 HSE 金银铜牌队 30 支、星级班组 60 个、无损工事件基层队 117 支。节能减排效果显著。

【党群工作】 2018 年，长城钻探坚持把党的领导、加强党的建设贯穿工作全过程。把学习贯彻党的十九大精神和习近平新时代中国特色社会主义思想作为首要政治任务，开展专题研讨 520 场次，配发学习资料 7100 套，增强各级领导干部党性意识和理论武装的自觉性。开展主题教育宣讲 1700 余场次，营造“大学习、大宣传、大落实”的浓厚氛围。全面落实党建工作责任制，健全完善党建思想政治工作考核评价体系，建立三级党建工作联系点，各级党员领导干部到基层指导工作 5061 次、讲授党课 1081 次。获国务院国资委党建责任制考评“零缺项”高度评价。思想政治工作引领作用充分发挥，“党建思想政治工作远程考核评价体系研究”“标准化党支部建设研究”“在推进高质量发展中彰显工会新作为”分别获央企、集团公司优秀政研成果和国企管理创新成果奖。长城钻探获“‘改革开放 40 周年’中国企业文化优秀单位”称号，被集团公司评为优秀政研单位，15 个基层党组织受到集团公司表彰。聚焦监督执纪问责，发挥“四个平台”作用，扎实推进“平安工程”，组织开展三轮巡察工作，签订党风廉政建设责任书 1583 份，实现警示教育常态化。深入实施群众工作“三大工程”，“长城钻探工匠”培育选拔机制日渐成熟，岗位大练兵脱颖而出越来越多的优秀选手，企业凝聚力有了明显新提升。

【共建共享】 2018 年，长城钻探牢固树立以员工为中心的发展理念，坚决落实发展成果共享，向一线倾斜工资总额 1.2 亿元，一线员工收入、奖金平均增幅分别达到 13%、20% 以上。《心系基层服务员工八项规定》广受好评，基层智慧有效激发，革新创造成果达到 255 项，涌现出“长城钻探工匠”10 名，金银铜牌操作员工 56 人，以及劳动模范等一大批先进集体和个人。基层队伍展现出前所未有的昂扬斗志，推动高质量发展的力量高度凝聚，长城钻探在国内外市场广受赞誉。

（杨晓峰）

渤海钻探

【概况】 中国石油集团渤海钻探工程有限公司（简称渤海钻探）用工总量 21914 人，其中合同化员工 17967 人，管理和专业技术人员 10189 人；研究生以上学历 379 人、大学学历 7263 人、大专学历 6588 人。

2018 年，渤海钻探坚持以习近平新时代中国特色社会主义思想和党的十九大精神为指引，认真落实集团公司和中油油服各项决策部署，坚持新发展理念，坚持稳健发展，坚持质量效益发展，着力加强党的建设，全力打好

“五大战役”，协同发展“四大业务”，有效应对复杂严峻的形势，各项工作取得新成效。

【工作业绩】 2018年，渤海钻探营业收入182.36亿元，同比增长17%；利润1026万元，超额完成集团公司下达的指标。安全环保形势平稳，员工收入有效提升，企业凝聚力不断增强。

【市场开发】 国内市场：2018年收入146.7亿元，同比增长14%。全力维护关联交易市场主体地位，持续强化服务保障，优质高效完成施工任务；超前谋划长庆市场，全力扩大总包项目，创收增速明显；优化运作塔里木市场，倾力提速提质，经营成效持续好转；科学组织页岩气市场，倾斜优质资源，创收规模有效扩大；持续稳固冀东、青海、玉门、吐哈、海南等市场，优化资源部署，优选作业项目，超额完成年度任务。国际市场：2018年收入35.7亿元、同比增长31%，创造新签合同额最高、单项合同金额最大、10亿元以上合同最多等三个“历史之最”。委内瑞拉“融资＋服务”模式有效落地，伊拉克总包项目稳固增长，伊朗、印度尼西亚业务布局持续优化，秘鲁、科威特市场开发取得新进展。

【业务发展】 钻井业务：2018年完成进尺561.1万米、同比增长6.1%，全口径创收106.7亿元、同比增长16.1%，有效带动全产业链一体化发展。井下业务：完成酸化压裂6220层，试油试气2681层，全口径创收40.1亿元、同比增长19.4%，有效助推增储上产。技术服务业务：全口径创收79.1亿元、同比增长10.9%，有效提升服务保障能力和创收创效水平。油气合作开发业务：完成天然气商品量12.96亿立方米，凝析油1.55万吨，创收12亿元，有效保障渤海钻探完成年度经营任务。

【安全环保】 体系运行：2018年修订完善制度规程34项，建立两级机关安全生产责任清单4000余份，组织开展年度综合定级审核、高风险基层“驻点”审核和重点环节专项审核，安全环保管理得到加强。井控管理：开展井控考核排名、专项检查和重点井抽查、夜查，整改问题2496项。加强责任落实和过程监控，及时发现、正确处置溢流32井次，尤其是及时正确处置了塔中726-2X井井控险情。安全风险管控：治理重点隐患项目74项，实施安全技改项目86项，推广成熟技改项目16项。出台各专业“禁止作业项目清单”和“升级管控清单”，重点对外部市场进行全覆盖检查，对重要时段进行专项检查，查改问题1895个。严格承包商管控，杜绝承包商事故。环境保护：强化现场防渗、防污措施落实，与专业公司统一签订危废处理合同，有效整治生产机具“冒黑烟”问题，推广电焊除尘等装置，有效防控环境污染事件。实施电代油100多队次，替代柴油4.5万吨，节能6600吨，节水1.85万吨。应急管理：编制渤海钻探D版应急预案，与大港油田、中国石油海上应急响应救援中心联合开展井场油气泄漏及火灾爆炸和溢油回收实战演练。海外社会安全管理：突出风险管理，升级安防措施，确保海外人员生命和财产安全。

【施工作业】 生产组织：坚持区域资源一体化协调，推广专打模式，钻机利用率达到85%、同比提高4个百分点，生产时效98.2%、保持高位运行。工程提速：落实中油油服钻井提速十八项、压裂提速十七项举措，制定12个油区45个区块提速模板，加大技术集成应用力度，在平均井深增长7.3%的情况下，平均机械钻速提高8.34%，常规压裂提速22.63%，工厂化压裂提速18.73%。事故复杂：优化技术措施，强化过程控制，加大责任追究力度，事故复杂损失时率 0.79%。施工纪录：创集团公司级指标 5 项、局级指标 142 项。其中：克深 21 井完井井深 8098 米，创集团公司陆上直井最深、陆上尾管固井最深等三项纪录；跃满 221H 井完钻垂深 7433.43 米，创集团公司水平井垂深最深纪录；伊拉克 BUCN-66H 井钻井周期 86.1 天、机械钻速 10.38 米/时，创米桑油田水平井钻井周期最短、机械钻速最快纪录；长宁页岩气 H23-5 井完成压裂 46 段，创可溶桥塞单井分段数最多纪录。提产效果：在集团公司奖励的 25 项 2018 年度油气勘探重大发现成果中，渤海钻探参与施工的 2 项获特等奖。成功钻探中秋 1 井、吉华 2X 井等重大勘探发现井，打出滨 110X1 井、中古 70 井、歧古 8 井等一批高产井，为增储上产做出积极贡献。完成大港首个页岩油先导性实验项目工厂化压裂作业，助推原油 500 万吨上产。

【科技创新】 科技攻关：获省部级奖励 13 项，天津市专利金奖 1 项。集团公司鉴定成果 4 项、认定自主创新重要产品 2 项。通过国家高新技术企业和国家技术创新示范企业复审。钻井液研发中心被认定为天津市复杂条件钻井液企业重点实验室。成果转化：扩展科技创收规模，科技创业奖获奖项目累计创收 10.18 亿元。完成 5 项新技术推广，实现创收 3.06 亿元。新培育科技创业项目 4 项，实现创收 4.35 亿元。技术应用：VDT-5000 垂直钻井系统国产化率 100%，应用 8 口井，平均入井时间 190 小时，井斜控制在 0.5 度以内。伊拉克米桑水平井优快钻完井技术现场应用 11 口井，平均钻井周期缩短 40.79%。信息化建设：完成 A7（2.0）和 A12 系统提升推广，海外业务管理系统上线运行，两级 RTOC 值班常态化运行，完成远程监控钻井施工 247 井次、大型压裂 18 井次、定向井 24 井次。

【资源保障】 投资保障：长摊投资 6.2 亿元、同比增长 55%，非安装设备投资 5.4 亿元，保障重点装备购置。将大厦建设 6000 万元自有资金投入变为集团公司注资，缓解流动资金压力。装备保障：完成页岩气市场 7 部钻机的升级改造和科威特 2 部快搬钻机的生产制造，推广应用新型高目振动筛 125 台，配置 55 套钻机平移装置，内部调剂租赁钻机、压裂车等重点装备 13 台套，提升装备保障能力。物资保障：严控采购成本，严格网内选商，创新集中采购模式，加大代储代销力度，集中采购度 98.9%，采购价格低于市场价格 5.65%。加强重要物资保障，缓解不同时段资源紧张的局面。人力资源保障：完善人力资源调剂协调机制，公司层面调剂 839 人，各单位内部调剂 4034 人次，尤其是录井单位二线支援一线取得明显效果。强化待遇激励，对近 500 名优秀市场化用工给予合同化员工待遇。深化全员培训，累计培训 15.4 万人次。

【基础管理】 精益管理：深入开展“精益管理年”活动，落实 14 个方面 50 项精益管理举措。强化内控与风险管理，严格合同审查，规范招标管理，加强审计监督，提高依法合规经营水平。强化管理创新，获省部级以上企业管理现代化创新成果 13 项。经营管控：实施 15 个方面 45 条举措，实现降本增效 4.78 亿元。定期开展经济活动分析，深层次查摆解决问题。强力推进“两金”压控，多措并举清收账款，2018 年收入回款 137 亿元，一些多年遗留旧账收回。强化财务价值创造，利用政府优惠政策实现增效 2.92 亿元。改革创新：成立巡察办公室，设立大港、华北纪检监察室和审计中心，优化库尔勒公司管理职能，强化泥浆公司科研业务指导、高端技术研发等职能，理顺管理机制，提高专业化水平。完善工资总额管理办法和专项奖励制度，强化激励引导。“四化”建设：成立“四化”建设领导小组和四个专项组，推广应用自动化设备 347 台（套），在塔里木 9000 米钻机成功应用管柱自动化处理系统，在页岩气市场配套自动化装备，提高装备作业能力。

（马　强　刘荣军）

川庆钻探

【概况】 中国石油集团川庆钻探工程有限公司（简称川庆钻探）于 2008 年 2 月 25 日由原四川石油管理局、长庆石油勘探局及塔里木油田的工程技术等相关业务单位组建成立，是集团公司全资的工程技术服务企业，享有独立对外经济贸易和经济技术合作业务权。主营钻井工程、录井、固井、储层改造、试油修井及油气合作开发等业务，国内主要服务于西南油气田、长庆油田、塔里木油田，分布于四川、重庆、陕西、甘肃、宁夏、内蒙古、新疆、青海 8 个省（直辖市、自治区）；海外市场主要集中在土库曼斯坦、巴基斯坦、厄瓜多尔等国家，同时服务于壳牌、道达尔等国内反承包项目以及地方企业。截至 2018 年底，川庆钻探有二级单位 25 家，机关处室 17 个；用工总量 2.77 万人，主要施工服务队伍 872 个（其中钻井队 283 个），主要设备 913 台套，资产总额 403.58 亿元。2018 年，营业收入 298.41 亿元，考核利润 3.39 亿元；缴纳税费 6.58 亿元。获集团公司“质量安全环保节能先进企业”称号。

川庆钻探主要生产经营指标

指　标	2018 年	2017 年
录井（口）	978	937
钻井（口）	1851	2210
钻井进尺（万米）	866	783
完井（口）	1837	2152
固井（口）	7895	4075
井下作业（井次）	3742	2904
试油（层）	2792	2339
新签合同金额（亿元）	326.20	268.33
收入（亿元）	298.41	288.21
利润（亿元）	–2.01	–6.72
缴纳税费（亿元）	6.58	9.81

【工程技术服务】 2018 年，川庆钻探紧跟油气田上产需求，针对装备队伍不足矛盾，内外并举组织资源，从土库曼斯坦及新疆、苏里格调配 13 台钻机回川，在川渝、长庆地区引进外部钻机 187 台、压裂设备 218 台，推进大小钻机组合、同步作业等方式，国内钻机平均利用率 80%，提高 14 个百分点。强化生产统一集中指挥，制定生产运行管理考核、协调管理办法，促进各业务紧密配合、高效运行，生产效率 93%，有力支撑各区域增储上产。川渝地区常非并进，着力破解钻前、搬安“中梗阻”，高质量完成五探 1、双探 9、足 201–H1 等一批重点井，永探 1 井获重大发现，支撑磨溪—高石梯、双鱼石构造加快开发，全力保障川南页岩气田建成国内最大页岩气生产基地。全年

完成钻井进尺 92.8 万米，创历史新高。长庆地区油气并重，深化钻试固一体化，高效完成致密油国家示范工程、天然气小井眼钻完井等重点项目，打成国内陆上最大丛式井组白 409 平台（73 口）。钻井当量进尺突破 910 万米、固完井突破 4300 口、试油气压裂酸化突破 10000 层，有力支撑长庆油田实现第 6 个 5000 万吨持续稳产。塔里木地区稳中有进，以“快搬、快打、快试”为着力点，全力服务三大阵地战，钻获 11 口高产井，完成钻井进尺 28.65 万米。青海地区优质完成一批高难复杂井，狮新 58 井获重大油气发现，完成钻井进尺 6.6 万米。海外地区逆势快升，完成钻井进尺 23.4 万米、增长 48%，经营效益稳步好转，扭转海外业务连续四年下滑的不利态势。

【科技创新】 2018 年，川庆钻探获省部级科技奖励 13 项、授权专利 224 件、计算机软件著作权 30 项，获集团公司自主创新重要产品认定 5 项，第三次通过高新技术企业认定。编制“十三五”科技专项滚动计划，投入科研经费 2.8 亿元，开展 156 项课题研究，形成 57 项创新成果，旋转导向、水平井“一趟钻”等 23 项技术现场试验取得新突破。加快“复杂深井油气藏”等 3 个工程技术中心建设，页岩气长水平段钻完井施工能力提升至 2000 米以上，应用精细控压钻完井技术在磨溪—高石梯、双鱼石构造分别降低复杂时间 95%、87%，推广大井丛三维水平井钻井技术，缩短周期 10.3%，打成国内陆上最大丛式井组白 409 平台（73 口）。加快“四化”建设，完善基层管理标准化手册和作业程序，探索搬迁、钻前预制、维保外包等专业化，推广 24 项 925 台套机械化设备，推进装备、生产运行等信息系统建设应用。

【油气合作开发】 2018 年，川庆钻探集成各业务优势，突出地质优先，深化地质工程一体化，风险合作区块效益开发取得新突破。威远页岩气区块立足高产快建，深化地质工程一体化，探索形成“选好区、打准层、压好井”高产井培育模式。调整优化“十三五”井位部署，145 口井均处于有利建产区；优选地质工程“甜点”，精细地质导向管理，龙一 1^1 中下部小层钻遇率 97.7%、提高 5.1 个百分点；集成“长水平段 + 密集切割 + 段塞加砂 + 优化压裂参数”等增产改造措施，系统开展套变预防治理攻关，平均单井测试日产量 24.2 万立方米、提高 58.2%。高效组织产能建设，威 202、威 204 井区完井周期分别缩短 7 天、12 天，压裂效率整体提升 20% 以上，全年完钻 52 口、压裂 32 口。细化气藏开发管理，老井挖潜 4677 万立方米，生产页岩气 8.53 亿立方米、增长 36.8%，第二轮井内部收益率提高到 11.1%。苏里格区块立足稳产增效，积极寻找产能接替，苏 5 区块马家沟组测试获重大发现。优化井位部署，全面提升储层改造效果和经济性，动态Ⅰ＋Ⅱ类井比例 88.5%。严格建产关键环节管控，产建周期缩短 12.1 天，新建产能 4.5 亿立方米。强化气井全生命周期动态管理，挖潜增产 1.03 亿立方米。生产天然气 18.03 亿立方米。

【经营管理】 2018 年，川庆钻探以“精益管理年”活动为抓手，深入推进开源节流降本增效，节支降耗 8.9 亿元。分区域研究市场开发策略，国内有序退出新疆油田等低效市场，海外创新油田增产服务、延期付款等市场开发模式。新签合同额增长 22%。持续优化投资、资产结构，全力向油气合作等效益较好的项目倾斜，内部调剂使用资产净值 3.15 亿元。启动降杠杆减负债，资产负债率控制在 38% 以内。加强资金管理，集中度 99.7%。严格物资两级集中采购，强化工程、服务、物资招标管理，节约资金 7.11 亿元。强力推进“两金”压控，回收以前年度欠款 59 亿元，积压库存物资下降 5.57 亿元。精益用工管理，内外部劳务输出 1744 人。狠抓解困扭亏，3 家主要亏损单位大幅减亏增利。开展“瘦身健体”，关闭法人实体 2 家。妥善解决历史遗留问题，4 家企业注销。持续加强合规管理，审计取得可计量成果 150 万元，合规管理监督、联合监督检查挽回和避免经济损失 1317 万元，处理法律纠纷案件避免经济损失 1050 万元。依法用好税收优惠政策，节约企业所得税支出 1.5 亿元。撤并机关职能相近、业务单一的机构和岗位，处科级机构、人员编制分别压减 20%、23%。做好培训、酒店等服务保障业务；做实越盛公司，规范多元经济管理，收入 46.7 亿元。

【安全环保与节能】 2018 年，川庆钻探牢固树立红线意识，落实“五严五狠抓”要求，强化 HSE 责任落实，编制岗位安全生产责任清单。深化 HSE 体系建设，开展首次海外 QHSSE 审核，基层“7 队 1 站”建设达标率 95%。制定 18 个方面、85 项措施严守“四条红线”，明确 10 大风险隐患管控方案。推进隐患排查监管两条线，开展系列安全检查和专项整治，强化现场安全监督，查纠违章 3 万多起，治理隐患 17 万余个，投入 1.41 亿元实施安全技术措施项目 143 项。狠抓井控、交通、承包商、输气管道等重点领域风险管控，杜绝重大事故发生。开展第二次污染源普查，实施环保风险分级管理，治理环保隐患和生态保护问题 30 余项。投入 293 万元治理职业病危害场所，职业健康体检率 100%。严格环保管理，推进清洁生产、节能减排，重复利用钻井液 8.5 万立方米、压裂返排液 50.7 万立方米，“电代油”用电 2.3 亿千瓦·时，节能 5800 吨标准煤、节水 1.8 万立方米。川庆钻探获集团公司“2018 年度质量安全环保节能先进企业”称号。

【党的建设】 2018 年，川庆钻探采取多种形式组织学习宣贯习近平新时代中国特色社会主义思想和党的十九大精神。班子成员深入毛主席视察隆昌气矿炭黑车间旧址，重温入党誓词；举办 4 期领导干部集中培训班和党员知识竞赛活动，实现两个“全覆盖”。召开党建工作推进会，制定《公司党建工作责任制实施办法》，出台《公司党建工作责任制考核评价实施细则》，探索实践“三级联动”党建工作机制。组织开展所属单位党委书记 2017 年度抓党建工作述职评议，对 19 家单位 175 个党支部开展落实党建工作责任专项督查。学习贯彻《中国共产党支部工作条例（试行）》，制定党支部达标晋级管理办法和考评细则，评选示范党支部 40 个。举办 2 期党组织书记示范培训班，培训 194 人。突出政治标准，新发展党员 283 人。加强党建工作理论研究，3 个成果获集团公司表彰，1 个成果在集团公司作经验交流。调整交流处级干部 137 人次，其中提拔年轻干部 17 人。开展 2016—2017 年“四好”领导班子检查考核，评选 8 个先进集体。持续加强专家队伍建设，抓好各级专家推荐、选聘和考核工作，启动生产单位专业技术岗位序列改革试点，建立党委服务联系专家工作制度。制定公司《“一化五型”人才队伍建设实施意见》，举办经营管理人员能力提升、剑桥高级商务英语、项目经理和油气田开发专家培训班，培训 144 人次。选派 72 人次参加集团公司培训。举办 1 期中青年干部培训班。录用高校毕业生 56 人，引进一线紧缺人才 29 人，实施内外部招聘、借聘 174 人。严格规范职称管理，6 人晋升教授级高级职称、167 人晋升副高级职称、384 人晋升中级职称。

【党风廉政建设】 2018 年，川庆钻探全面贯彻落实十九届中央纪委二次全会、四川省纪委十一届二次全会、集团公司党风廉政建设和反腐败工作会议精神，安排部署重点工作 115 项。压实管党治党政治责任，督促所属单位完善责任清单，签订党风廉政建设责任书 11739 份。组织开展落实“两个责任”情况检查考核，扣减 9 个单位领导班子、21 名处级人员绩效薪酬，对履责不力的 5 名党员干部进行严肃问责。全力配合集团公司党组巡视工作，制定巡视反馈问题整改方案，截至 2018 年底问题整改完成率 50.4%；制修订制度 35 项；办结问题线索 21 件；纪律处分、组织处理等 372 人，挽回经济损失 358.78 万元。制定《公司党委巡察工作规划（2018—2022 年）》，修订《公司党委巡察工作规定》等制度，启动川庆钻探党委十九大后首轮巡察工作，完成对 6 个二级单位党委的现场巡察。加强廉洁纪律教育，集中宣贯《中国共产党纪律处分条例》、国家监察法和集团公司党风廉政建设相关要求，开展预防职务犯罪专题教育，组织对 89 名新提任和交流的处级干部集中进行任前廉洁谈话。制定《公司党委进一步落实中央八项规定精神实施细则》，印发《关于下发落实中央八项规定精神 10 个“十不准”及制度依据的通知》，开展形式主义、官僚主义集中整治及“三超”“七项费用”专项检查，整改问题 169 项，促进中央八项规定精神落实到位。开展重点领域联合监督和合规管理监督检查 193 项，避免和挽回经济损失 1317 万元。开展基层管理人员及其亲属利用中国石油平台违规经商办企业专项治理，立案审查纪律处分 2 人。运用监督执纪“四种形态”，纪律处分、组织处理、诫勉谈话党员干部 485 人次。全年受理信访 91 件，处置问题线索 127 件、立案 49 件、纪律处分 164 人，挽回直接经济损失 311 万元。开展办案成果转化为国企治理效能自查自纠工作，制定整改措施 15 项，完善制度 6 项。

【精神文明建设】 2018 年，川庆钻探深入推进企业文化建设，召开文联工作推进会和党建思想政治工作研究成果发布会，展示川庆钻探文化建设成果。4 个单位、3 名员工分别获“改革开放四十年中国企业文化”优秀单位和先进工作者。开展“弘扬石油精神、重塑良好形象”“践行‘四个诠释’、争做形象大使”等活动，编选《石油精神在川庆故事集》。推出“川庆工匠”等专栏，宣传先进典型 100 余人。开展“破难闯关、行稳致远”主题宣讲，组织“唱享 40 年”MV 大赛等活动。参加集团公司第三届“同心共筑中国梦”新媒体大赛，涌现出一大批优秀作品。抓好推优选先工作，涌现出“全国五一劳动奖章”1 人，四川省、甘肃省“五一劳动奖状”3 个、“工人先锋号”5 个、“五一劳动奖章”3 人、“五一巾帼”2 人，四川省“五一巾帼标兵岗”集体 1 个，川庆钻探工会获 2018 年四川省模范职工之家。开展共青团系统“定建抓”工作，1 个团支部被评为集团公司“五四红旗团支部”、4 名员工分别被评为集团公司“优秀团干部”“优秀共青团员”。积极履行企业责任，认真落实四川省委、省政府对口扶贫工作要求，选派 4 名干部到石渠县挂职帮扶，投入 426 万元推进尼呷镇农贸市场二期工程、牦牛养殖、结对帮扶等项目。向威远、资阳捐资助学 12 万元。高效完成鸭子河抢险保供、广汉地方政府抗洪救灾等任务，树立良好石油形象。

（汪亚军）

大庆钻探

【综述】 大庆钻探工程公司（简称大庆钻探）是中国石油五大钻探企业之一，成立于2008年3月，系集团公司整合大庆石油管理局钻探集团、技术培训中心的4支钻井队伍，大庆油田公司井下作业分公司钻井和相关单位、地质录井分公司，吉林油田的8个钻探单位，在大庆油田体制内组建而成。主要承担9000米以内的直井、定向丛式井、水平井、小井眼井、欠平衡井、煤层气井、地热井等多种井型的钻井、固井、测井、录井施工及配套技术服务；平原、戈壁、沼泽、水域、沙漠、山地、城镇等的地球物理勘探资料采集，并提供相关处理、解释服务；钻井设备搬迁、油水气运输、危险品特种运输及物流配送等业务。具有年钻井进尺1000万米，二维地震资料采集、处理和解释16000千米，三维地震资料采集、处理和解释7000平方千米，固井7000口，录井1200口，施工压裂井5000层、试油250层、修井400口，年运输营运车吨位23000吨以上的生产能力。

2018年12月10日，地球物理勘探一公司和二公司正式划归东方物探。

截至2018年底，大庆钻探有正式员工31125人，其中合同化员工24756人、市场化用工6369人。主要专业队伍458支，其中钻井队216支、修井队30支、固井队21支、录井队96支、压裂队8支、试油队23支、水井钻井队4支、钻机搬迁队22支、井架安装队7支、运输队24支、其他主要专业队7支。拥有国有固定资产42824台（套）（含物探一、二公司，不含测井公司），原值158.02亿元，净值57.41亿元。拥有设备40241台（套），原值140.10亿元，净值48.11亿元，新度系数0.34。设备综合完好率97.90%，设备综合维修费用率6.37%。

【生产经营】 2018年，国内完成钻井3981口、进尺629万米，同比分别下降11%、9.7%。完成物探二维地震2074千米、三维地震1592平方千米，同比分别减少17.5%、16.3%。固井9619井次，同比减少13.2%。录井934口、压裂4727层、试油试气209层、修井325口，同比分别增长2%、9.5%、22.9%、6.6%。海外市场完成钻井169口、修井179井次、固井660井次、录井59井次。在国内钻井工作量减少、钻井结算价格降低、原材料涨价等情况下，实现经营收入146.9亿元（含物探业务），账面实现经营利润–3.36亿元，考核剔除其他因素，完成油田公司下达的经营考核指标。

【生产运行】 2018年，大庆钻探着眼打赢服务保障攻坚战，扎实推进精益钻井，强化落实提速措施，优化内部资源调剂，加强对标分析考核，完善吉林探区钻井总包，实施压裂“双阶段双提”工程，全年克服大庆长垣钻机大面积等停和降雨量较大等不利因素，钻机运行效率提高3.2%，外围开发井整体提效7%以上，1205钻井队年进尺再上10万米，5支钻井队年进尺突破8万米，创出24项压裂新纪录。抢打低洼井1350口创历史新高，有力保障油田产能建设。重点区块开发高效推进，在国家级重点致密油试验区塔21–4区块完成钻井167口，平均建井周期由13.25天缩短为10.23天，创出最短钻井周期4.54天、建井周期6.71

天等多项高指标，把示范区打造成精品工程；及时从大庆内部抽调 4 部钻机千里驰援海拉尔，创出多项施工新纪录，全力支持了海塔上产。重点井施工再创佳绩，以大庆油田首口基岩水平井—隆平 1 井和日产 110 方的双 68 井等为代表的一批高产井，助推勘探开发取得重大突破。

【市场开发】 2018 年，国内外部市场实现历史性突破，18 部钻机挺进川渝、塔里木、浙江、大港、山西等新市场，收入和队伍数量实现双增长，国内外部市场量效齐增翻身仗见到新成果。坚定支持集团公司川渝页岩气上产，先后调整到位 6 部钻机和相关服务队伍，完成井施工进度达到长宁地区平均水平以上，得到各方认可。大庆钻探 90 钻机首次进入塔里木市场后，塔东两部 70 钻机针对工作量不连续的实际，积极参与塔里木油田产能建设，提高钻机利用率和市场占有率。与大港油田签订战略协议，6 部钻机进驻施工，受到甲方肯定。海外拓展攻坚战取得新进展，中标鲁迈拉 15 批次总包、哈法亚修井、东巴格达一体化、沙特油井等项目，新启动等停钻修井机 12 部，新签续签合同额 34.98 亿元。项目运作质量稳步提高，实现收入 22.64 亿元、经营利润 3.4 亿元，同比分别增加 1100 万元和 3600 万元，保持稳中向好态势。

【深化改革】 2018 年，完成物探业务移交，初步形成公司制改制方案，搞好扩大经营自主权试点，积极推进三项制度改革。加大人力资源调整力度，减少用工 1080 人，通过业务承揽、提供技术服务、劳务输出、内部调剂累计优化用工 300 多人，压缩基层站队 23 支。扎实推进钻井“四化”，管理体系更加规范健全，《井控装置维修与检验技术要求》获集团公司二等奖。在专业化队伍总量 100 支的基础上又新增 27 支。钻井液队伍完成服务 149 口井，润滑油专业化应用于大庆探区所有钻井队伍和运输车辆，川渝地区井控钻具维修专业化服务初具规模，在 78% 以上的钻井队推广井口机械化设备 385 套，吉林探区重晶石粉分装配送中心投入试运行，辐射内部 80% 以上钻井队。公司总部远程作业支持中心建成投用，覆盖 5000 米以上钻井作业，与中油油服实现共享互通，信息化建设迈出重要步伐。

【企业管理】 2018 年，深入开展“精益管理年”活动，精益钻井和单井成本“鱼骨”管理法推广应用 30 多支钻井队并见到显著成效。实施开源节流降本增效工程，狠抓基础管理，加强季度月度经营分析，堵塞经营管理漏洞。各单位各部门强化成本预算和“四单”“三全”成本管控，探索物资库房前移、钻井队“瘦身减负”、提高单井成本结余兑现比重、开展成本对标分析等特色精益管理方法，支撑整体持续增盈翻身仗，全年可控单位变动成本同比降低 5%，挖潜增效 3.2 亿元。尤其是吉林探区各单位各业务自觉加压、勇挑重担，苦练内功、创新经营，深挖内部潜力，同比减亏 4500 万元，为打好提质增效翻身仗付出艰苦努力。

【科技创新】 2018 年，全力打好技术创新攻坚战，集团公司级 3 项重点课题取得重大进展，液动旋冲工具使用寿命最高达到 277 小时，平均钻速提高 110%。联合研发的高效 PDC 钻头深井提速再创纪录。旋转导向系统研制等 8 项关键技术取得突破，新型顶驱等 5 个项目推广应用展现良好前景。缝网压裂 + 多级暂堵转向等技术支撑德深 80 井提产，压后日产气 21 万立方米。瞄准“4 个 15%”，分类制定钻井提速模板和纸上钻井方案，深井、致密油水平井提速模板全覆盖，开展“三大两高”现场试验，落实提速配套激励政策，完成的23口松辽盆地深井比设计周期缩短13.6%，18口致密油水平井同比缩短4.78%。加强现场技术管理和外部市场技术支持，事故复杂损失时率同比降低8.3%，调开井固井质量优质率达到85.7%创历史新高。录井地质研究中心挂牌运行，为大庆钻探长远发展积蓄潜能。

【安全管控】 2018年，大庆钻探直线责任逐级落实，“管业务必须管安全”意识普遍提升。完成体系换版并保持有效运行。大力推进钻井液不落地，大庆外围钻井队全部达标。制定配套管理办法，组建总包外包机构，层层落实监管责任，承包商安全管理有效受控。加强外部市场安全管控，严格执行属地制度，强化风险防控，加强海外HSSE管理，确保万无一失。狠抓干部安全履职能力考核，严肃审核反馈问题追责处理，开展“大学习、大检查、大反思”活动，推行灵活多样的技能培训，加大安全经验分享力度，提升全员安全素质能力，夯实安全环保基础。突出抓好井控管理，抬高井控标准，落实井控细则，杜绝井喷失控。全年未发生重特大事故，钻井进尺综合能耗指标实现硬下降，获得油田公司安全生产、文明生产金牌“十一连冠”和环保先进单位。实施维稳信访升级管理，做好改革关键时期深入细致的思想政治工作，实施“双清双解”工程，创建“四无站队”，加强离退休服务管理，维护大局和谐稳定。员工收入实现较大增长，基层生产生活条件持续改善，切实保障员工利益。

【党建工作】 2018年深入学习习近平总书记东北振兴座谈会和庆祝改革开放40周年大会重要讲话精神，增强“四个意识”，坚定“四个自信”，做到“两个维护”。推行党建工作责任制，狠抓基层建设，制定实施两个《指导意见》，普及标杆水平，连续评选基层建设标杆“30强”，各级党组织开展主题党日活动562场次、举办专题讨论390场次，各级领导干部讲专题党课230场次，提高党建工作质量。坚持正确选人用人导向和好干部标准，把大批优秀干部提拔到领导岗位，加大年轻干部选拔力度，优化干部队伍的年龄、文化和专业结构。加强党风廉政建设，从严落实“两个责任”，认真整改集团公司巡视反馈问题，开展内部巡察，防范“四风”问题新表现，保持风清气正的政治生态，1205钻井队“五条铁律”得到中央领导的充分肯定。加强“面对面”形势任务教育，开展“讲好钻探故事，勇当标杆旗帜”主题宣传，深入推进群众性创新创效活动，加强劳模创新工作室建设，评选公司“铁人工匠”和第四届十大杰出青年岗位能手，开展青年“三立”行动，持续推进“五个一”素质提升工程，深化“红色风”宣讲，增强队伍的凝聚力、战斗力。

【作风建设】 2018年，发挥特色优势，采取特有方式，明确4个主要目标，细化10项重点工作，把握“学”这个基础点，聚焦“查”这个切入点，靠实“做”这个关键点，高标准高水平推进大庆精神大庆传统再学习再教育再实践。典型示范作用日益彰显，基层建设标杆“30强”引领基层队伍奋勇争先，带动一批基层队创优创效。唤醒传统意识，转变工作作风，员工分享词条7600多个，征集合理化建议1245条，各级干部下基层、入现场、驻前线，再现“三个面向、五到现场”和现场办公、蹲点包队等会战情景。奋战在外部市场的将士们高扬铁人旗帜、顽强拼搏奉献，展现钻探队伍新风采，全公司形成学铁人、忆传统、立新功的生动局面。

（孙艳杰）

东方物探

【概况】 中国石油集团东方地球物理勘探有限责任公司（英文缩写 BGP，简称东方物探）是中国石油天然气集团有限公司的全资子公司，是以地球物理方法勘探油气资源为核心业务，集油气陆上与海上勘探、资料处理解释、综合物化探、信息技术服务、物探装备制造及软件研发等业务于一体的综合性国际化技术服务公司。

东方物探是国家级企业技术中心、油气勘探计算机软件国家工程研究中心，国际地球物理承包商协会核心会员，欧洲地球物理学家与工程师协会、勘探地球物理学家协会主要会员。

2018 年，东方物探机关职能部门 14 个，机关附属机构 5 个，直属机构 3 个，二级单位 24 个，全资子公司 2 个，控股合资公司 1 个。在册员工 27244 人，其中合同化员工 20876 人，市场化用工 6368 人。按岗位性质划分，管理人员 6140 人，专业技术人员 8732 人，技能操作人员 11221 人，内部退养等不在岗人员 1151 人。具有中专及以上学历人员 21136 人；管理、专业技术人员中，具有中级及以上职称人员 8470 人；员工平均年龄 42.6 岁。

设备资产原值 74.77 亿元，其中国际 49.85 亿元、国内 24.92 亿元；资产净值 24.26 亿元，其中国际 13.23 亿元、国内 11.03 亿元；新度系数 0.32，其中国际 0.27、国内 0.44。

2018 年，贯彻习近平总书记关于“今后若干年要大力提升勘探开发力度，保障我国能源安全”的重要批示，瞄准建设世界一流企业目标，聚焦找油找气、提质增效，大力实施“两先两化”战略。实现收入 178.67 亿元、利润 1.94 亿元，税费 4.42 亿元。国际项目分布在阿拉伯联合酋长国、沙特阿拉伯王国、科威特、尼日利亚、阿曼等 39 个国家和地区，国内施工区域主要分布在塔里木盆地、准噶尔盆地、柴达木盆地、鄂尔多斯盆地、渤海湾盆地、四川盆地、雄安新区及南海北部等。

东方物探主要生产经营指标

指　标	2018 年	2017 年
落实市场金额（亿元）	292.52	233.30
新签合同金额（亿元）	217.33	156.22
二维地震采集（万千米）	10.4	14
三维地震采集（万平方千米）	7.5	5.3
营业收入（亿元）	178.67	143.51
其中，国内勘探	83.61	50.53
海外勘探	69.36	68.22
利润（亿元）	1.94	0.24
税费（亿元）	4.42	1.5

【生产运行】 2018 年，国内动用地震仪器 169 套次、地面设备 148 万道次；测量仪器 1168 台次；可控震源 502 台次，其中跨探区协调地震仪器 103 台次、104 万道次，测量 1023 台；震源 418 台次。国际业务动用地震仪器 82 台套、地面设备 651 万道次；测量设备 1206 台次；可控震源 490 台次。投入地震队 117 支，投产 265 队次，运作地震勘探项目 265 个，其中运作二维地震勘探项目 111 个，完成二维地震采集工作量 103921.946 千米，生产炮 4084342 炮；运作三维地震勘探项目 154 个，

完成三维地震采集工作量75163.856平方千米，生产炮29392517炮。二维、三维平均日效比2017年分别提高8.1%、8.3%，项目质量合格率100%。投入井中地震队伍9支，运作井中地震VSP测井项目348个，完成井位376口。

完成地震资料处理项目252个，其中国内项目194个，国外项目58个。完成二维地震资料处理项目111个，测线3535条，剖面长度161915千米，野外记录3877182炮；三维地震资料处理项目141个，一次覆盖面积69527平方千米，满覆盖面积44386平方千米，野外记录炮11357882。

完成地震资料解释及综合研究项目369个，其中国内项目327个，国外项目42个。完成二维地震解释741892千米；完成二维地震反演67162千米；完成三维地震解释405589平方千米；完成三维地震反演86594平方千米；完成各种成果图件4540张。新发现圈闭6420个，总面积42187平方千米，复查落实圈闭4266个，总面积50894平方千米；建议各类井位9074口，采纳4417口。

投入非地震队21支，投产67队次，完成64个采集项目。重磁队投产27队次，实施27个重磁勘探项目，完成海洋重力59523.1千米，海洋磁力59894.3千米，航空重力70016.2千米，航空磁力70016.2千米，陆上常规重力43300.6千米、物理点100044个，陆上常规磁力29204.6千米、物理点60282个；电法队投产25队次，实施23个电法勘探项目，完成电法剖面6757.9千米、物理点32830个；化探队投产1队次，实施1个地球化学勘探项目，完成化学勘探8.3千米、物理点33个；工程勘探投产14次，实施13个项目，工程勘察969千米、工程勘探点37055个。承担处理解释生产项目35个，其中已完成22个、待验收5个、正在运行8个。

国内重大油气发现参与率超过92%。海外油气重要发现参与率保持100%。

【市场开发】 2018年，为国内外94家客户提供物探技术服务，新增国内客户20家、国际客户39家。落实市场292.5亿元，比2017年增长12.8%，其中新签合同217.3亿元，比2017年增长20.9%。国内落实市场100.3亿元，其中新签合同86.5亿元，比2017年分别增长14.7%、13.9%。国际落实市场134亿元，其中新签合同82.6亿元，比2017年分别增长2.7%、14.9%；高端市场比例达68%，合同额亿元以上项目11个。获得阿布扎比国家石油公司（ADNOC）全球最大连续三维地震勘探项目——阿拉伯联合酋长国海上和陆上三维石油勘探项目，该项目勘探面积5.3万平方千米，合同额16亿美元，于9月15日开始采集作业，完成时间2024年。

国内对客户走访24次，开展高层技术交流16场次。国际走访50家客户，接待访团组64个、362人次，组织19次技术交流，参加行业会议和展览8次，举办第十届国际技术暨市场研讨会。开展客户满意度调查，涉及94家国内外客户，东方物探综合客户满意度96.78%。

【科技创新】 2018年，承担国家级科研项目3项、集团公司科研专项2项、股份公司科研专项5项，集团公司重点技术开发项目19项，持续承担股份公司新区新领域综合研究项目。公司设立公司级项目（课题）17项、中青年科技创新基金课题4项、二级单位自立科研课题109项。投入科研经费6.3亿元，申请专利163项，授权专利166项，发表国际论文35篇，取得软件著作权55项。7项成果通过集团公司鉴定，获省部级以上科技奖励16项，认定集团公司技术秘密 16 项。参与完成的“凹陷区砾岩油藏勘探理论技术与玛湖特大型油田发现”成果获国家科技进步一等奖，独立完成的“超大型油气地震勘探数据处理系统及重大成效”成果获河北省科技进步一等奖。可控震源超高效混叠地震勘探技术被评为 2018 年中国石油十大科技进展之一。EV56 高精度可控震源、KLSeis Ⅱ V3.0 地震采集工程软件系统入选 2018 年中国石油工程技术新产品并发布。

GeoEast 软件在高效混采处理、断层增强、多波叠前联合反演、多种测井岩石物理方法和频率合并、单程波 Q 偏移、基于压缩感知的数据重构和 VTI/TTI 各向异性建模等方面取得进展，在东方物探处理、解释应用率分别达 85%、86%；Diva 速度建模软件在华北杨税务、塔里木金跃、大庆高台子三维进行试验，形成规模应用。KLSeis Ⅱ V3.0 软件系统新增节点采集质控、气枪激发实时质控、三维声波正演等功能，在东方物探内部地震数据采集项目应用率保持 98% 以上。GeoEast-USP 非常规甜点预测地震软件 V2.0，形成地层孔隙压力及地应力预测、地震工程数据联动解释、相控分频反演、储层相控分频反演等新模块和新方法。

G3i HD 超大道数数字系统应用于科威特西三维项目；eSeis 节点地震仪器研发 eSeis 2.0“ALL in One”（检波器＋采集站＋电池），制造 230 个节点单元，在阿曼项目进行现场试验，准备进行 5000 个节点制造和试验；EV56 高精度可控震源入选集团公司标志性技术有形化项目；MINI 低频可控震源应用于川渝地区；uDAS 分布式光纤传感地震仪样机现场试验成功；HAWK HD 节点仪器完成研发；AHV-V480 宽频可控震源完成全球商业化发布；海洋电磁勘探装备海上勘探试验成功。

陆上“两宽一高”技术在宽频激发、超大道数采集及质控、动态扫描及超高效采集、宽频处理解释等方面取得新进展；可控震源超高效混采技术在阿曼创造 3.8 万炮最高日效；横波地震勘探技术在青海三湖地区首次进行工业化应用；非常规地震勘探技术形成地震地质工程一体化解决方案，通过压前甜点预测、压中微地震监测、压后综合评价提高非常规油气总体开发效果；海洋节点 OBN 地震勘探技术掌握从节点自动收放、现场质控到数据处理的配套技术；综合物化探配套技术在大功率时频电磁、井地电磁、航空重磁、重磁电软件开发等方面取得进展。

10 月 22 日，在中国地球物理学会第十届二次理事扩大会议上，中国地球物理学会理事长陈晓非院士向东方物探“院士专家工作站”授牌，东方物探院士专家工作站成立。

【企业改革】 2018 年，完成大庆钻探物探业务重组，成立大庆物探一公司、大庆物探二公司。原西南物探研究院与西南物探分公司物探研究中心合并重组，成立新的西南物探研究院。大港物探与深海物探合并，成立海洋物探处。

专业技术岗位序列改革，完成以 9 名首席技术专家、76 名高级技术专家为核心的专业技术队伍选聘。22 名副处级以上、326 名科级干部转为专业技术人员。被集团公司确定为专业技术改革标杆示范单位。有序扩大经营承包试点范围，特困和困难企业治理连续 3 年超额完成目标。

矿区“三供一业”移交，具备条件的项目全部签订分离移交协议，民用物业和采暖费货币化改革取得进展，物业公司完成工商注册等工作。

【经营管理】 2018 年，通过降本增效实现增利 8.4 亿元；实施资产轻量化战略，投资管理突出战略和效益导向；强化资金一体化管控，降低有息债务，节约利息支出2752万元；管控汇率风险，实现汇兑净收益5811万元；超额完成“两金”压控考核指标，获得集团公司1631万元奖励；利用国家税收优惠政策，依法减免、返还税费6604万元。

推进依法合规管理，为公司避免或挽回损失超4亿元。强化内控体系建设和财务监督、生产经营运行监测，做好股权投资、管理和处置工作，发挥审计监督和服务职能，两级审计部门完成审计项目66个，提出审计建议68条。

在标准化建设上，落实项目管理体系文件。在专业化建设上，加大跨国、跨探区装备调剂力度。在机械化建设上，自主研发轻型窄体震源、单点检波器自动化埋置等装备，引进全地形车、无人机等装备。在信息化建设上，建立完善“生产指挥中心+六大业务系统+数字化地震队”组成的物探生产管理平台。

【质量安全环保】 2018年百万工时可记录事件率0.31，阿曼8622队连续14年2700万工时无LTI，公司获集团公司质量安全环保节能先进单位、集团公司安全生产先进企业称号。

强化安全文化建设，开展领导干部HSE电视论坛、优秀班组长选树、安全领导力研讨会和安全文化“七个一”等活动，修订安全生产保命法则。

发布H版HSE管理体系，修订完善公司突发事件综合应急预案，集成HSE管理信息化平台。加大体系量化审核力度，发现整改问题4600余项。推进全员HSE素质提升工程，实施安全环保履职能力评估工作，开展基层站队HSE标准化达标活动。

加大隐患排查治理力度，2018年识别治理隐患12.5万余项；严抓承包商监管，强化山地、海上等重点领域，民爆物品、交通等关键环节和重要时段安全管理，成功组织尼日利亚“3·5”紧急转移，新疆地区做好清线工作。

开展职业健康管理，实施低效能装备和黄标车3年淘汰计划，推行绿色勘探技术，开展节能减排，2018年措施节能1471吨标准煤、节水9042立方米。

2018年，采用分层审核的方式完成覆盖公司所属单位、所属场所、所有过程的质量管理体系内审工作，发现一般不符合项36个，观察项154个，问题项190个。8月，公司通过北京三星ISO9001认证中心外审认证。

【党建工作】 东方物探及下属单位党委39个，党总支72个，党支部779个。党员18884人，其中在岗党员12593人，离退休党员5523人，其他党员768人。2018年发展党员204名。

把学习贯彻习近平新时代中国特色社会主义思想和党的十九大精神作为首要政治任务，推进“两学一做”常态化制度化，开展“四个诠释”岗位实践活动，抓实党委理论学习中心组学习制度，举办中层领导干部培训班3期，组织十九大精神宣讲91场，各级党组织书记上专题党课620场次，11000余名党员参加主题党日活动。

开展“党建基础工作提升年”活动，标准化党支部达标率94%。首次召开海外党建工作会议、公司党校工作会议，首次全覆盖开展党建责任制现场考核，二级单位党委书记现场述职评议100%，完成中国石油党建信息化平台承建和试点推广任务，海外党建课题获集团公司党建研究成果特等奖。

党员干部反腐倡廉教育实现全覆盖，专题研究制定落实中央八项规定精神实施细则，组织形式主义、官僚主义集中整治。

开展联合监督专项检查，完成6个单位党

委巡察工作，发现、整改问题 126 项。受理信访举报 73 件，处置问题线索 53 件，纪律处分 21 人，组织处理 61 人。

二级单位及所属单位“四好”领导班子达标率分别达到 90.5% 和 97.7%。考察、公示提拔干部 36 人，其中提拔为正处级干部 13 人，提拔为副处级干部 23 人，调整交流干部 74 人次，辞职 1 人，退职干部 42 人，试用期满转正干部 17 人。调整委派董事、监事 43 人次，按规定对 28 名行政领导进行委托离任审计。

加大优秀年轻干部培养选拔力度，分梯队建立后备干部库，举办第三期国际化青年干部培训班，45 人参加培训。

开展形势任务教育 185 场次，举办“弘扬石油精神、重塑良好形象”活动周、纪念改革开放 40 周年、“中国石油开放日”物探站等活动。编辑出版《先锋》系列丛书，《厉害了，我的勘探》《智慧党建》等新闻在中央电视台重要时段播出。

【和谐企业建设】 各级工会学习贯彻中国工会十七大精神，推进“六项工程”建设，落实企业民主管理制度，维护和保障职工合法权益。2018 年，取得群众性经济技术创新成果 458 项，3 项 QC 成果获集团公司一等奖，研究院库尔勒分院青春脉动 QC 小组获得国家优秀 QC 小组称号。各级共青团组织开展理想信念教育、“青”字号品牌活动。

开展扶贫帮困送温暖活动，投入扶贫帮困资金 1195 万元，为有偿解除劳动合同人员负担社保补助及再就业补贴 2 亿元，为离退休人员和退岗家属支出各类费用 2.4 亿元。

做好信访维稳工作，维护公司稳定大局。全面完成帮扶村庄脱贫攻坚任务，受到地方政府表彰。

【相关专题】

1.“超深层重磁电震勘探技术研究”通过专家组审查

2018 年 10 月 19 日，国家科学技术部 21 世纪议程管理中心在北京组织召开国家重点研发计划“深地资源勘查开采”中期检查会，公司承担的“超深层重磁电震勘探技术研究”通过专家组审查。

该项目隶属国家深地资源勘探开发重点研发专项，由公司牵头，联合国内 19 家科研院所及高校开展研究工作，是东方物探承担的首个国家重点研发计划项目。2016 年立项，历时 2 年，完成项目中期预定研究任务与实物工作量。

该项目在超深层重磁电弱信号高精度采集处理、大吨位低频可控震源广角地震采集技术、重磁电震约束与联合反演技术、复杂超深层弱信号高精度地震成像技术、中新元古界有力区带优选与评价、超深层重磁电震配套技术集成及技术经济适用性评价等 7 方面取得阶段研究成果和重要进展。落实和评价了一批超深层目标，发现、评价和优选深层—超深层圈闭 19 个，提供采纳井位 11 口，获工业油气流探井 4 口。获授权专利 3 项，受理专利 35 项；获软件著作权 7 项，受理软件著作权 16 项，制定企业技术标准 4 项，发表论文 48 篇，出版专著 1 部。

2.“中国石油党建信息化平台”获创新奖

2018 年 10 月 19 日，由中国信息协会、国网通信联合主办的“第八届中国能源企业信息化大会”在北京召开。东方物探瑞飞公司作为国内领先的党建信息化建设解决方案服务商应邀出席，瑞飞公司承建的“中国石油党建信息化平台”成果获得 2018 中国能源企业信息化方案案例创新奖。

该平台于2017年3月2日启动，瑞飞公司引入“互联网+党建”理念，组建150余人的专业化IT服务团队。2017年10月9日，具有党建基础功能的1.0版在13家试点单位上线。2018年7月15日，平台全面推广上线，实现集团公司党组织、党员全覆盖。平台具有管理、教育、培训、监督、考评、交流、服务等功能，把支部建在网上，把党员连在线上，推进党建工作数字化转型，建立一种线上线下相互融合、促进的党建工作新方式。平台在全球91个国家和地区的中国石油员工中使用，已入库党员超过70万名，基层党组织近4万个，在线转接组织关系4.1万人次，缴纳党费99.6万笔，记录“三会一课”17.3万次，在集团公司各级党组织和党员中同步使用，移动端日活跃用户数单日突破33万人。

在全国党建类APP中排名第二位，在政务信息类APP中排名第六位。平台获得3项国家计算机软件著作权证书，入选国务院国有资产监督管理委员会公布的中央企业信息化优秀成果。

（王朝辉）

测井公司

【概况】 中国石油集团测井有限公司（简称测井公司，英文缩写CPL），成立于2002年12月6日，是中国石油天然气集团有限公司独资的测井专业化技术公司，注册地在陕西省西安市高新技术开发区，党组织关系隶属于陕西省委。2017年12月26日，按照中国石油天然气集团有限公司统一部署，完成了中国石油测井专业的持续重组。主营业务以测井技术研发、装备制造、技术服务、资料应用研究为主体，并为钻井、压裂、采油等业务提供相关技术支持。

组织机构。公司设12个机关处室、2个直属单位，19个基层单位。在基层单位中，有4个技术研发单位、有13个技术服务单位、有2个保障支持单位。

人员队伍。公司在册员工12610人。其中合同化员工10755人、市场化用工1387人、劳务用工468人。高级职称以上1687人，中级职称以上5982人；硕士博士720人，本科及以上5951人；集团公司技术技能专家24人，公司级以上技术技能专家209人。从事技术服务8565人、研究制造1175人；作业队伍758支。

成套装备。公司坚持以成套装备为重点大力推进技术创新，自主研发了快速与成像测井成套装备—EILog，累计推广地面系统272套、下井仪器21000多支。EILog被评为集团公司“十二五”十大工程技术利器，从根本上改变了测井先进装备长期依赖进口的局面。公司现有主要装备783套，资产总额115.5亿元，净资产68.2亿元。

测井技术。公司形成较为完整的电缆测井、随钻测井、生产测井、射孔及配套处理解释软件技术系列，获科技奖励41项，其中国家级4项、省部级21项、集团级18项；获国家战略性（重点）新产品8项、集团公司自主创新重要产品11项；授权专利736件，其中发明专利135件、软件著作权登记122件；注册商标 5 项，行业标准 13 项，集团公司企业标准 8 项。

市场分布。技术服务方面：国内服务市场覆盖集团 16 个油气田，队伍分布在 21 个省市自治区；海外市场主要在中亚、中东、南亚的 12 个国家。测井装备方面：自主研发的测井成套装备在满足公司需求后，远销俄罗斯、阿塞拜疆、伊朗、加拿大等国家。

党建工作。公司设 18 个二级单位党委和机关党委，有党（总支）支部 358 个，党员 5566 名。全面落实党建工作责任制，党组织健全率 100%，“六个一”党支部、“四好”领导班子达标率 90% 以上，有党员作业队（班组）保持在 90% 左右。荣获并保持“全国文明单位”称号。

2018 年，完成各类作业 102753 井次、同比增长 8.01%，其中完井测井 27465 井次、同比增长 5.41%，生产测井 17029 井次、同比减少 1.44%，工程测井 26882 井次、同比增长 8.07%，射孔 30868 井次、同比增长 16.91%，随钻测井 128 口、同比增加 2.4%，录井 509 口、同比减少 1.93%。仪器一次下井成功率 99.79%，测井一次成功率 97.80%。油气层解释符合率 94.61%，其中，探井 85.60%、快速解释符合率 94.66%。产能预测 7273 口、预测准确率 81.58%。

完成总产值 85.12 亿元、同比增长 10.09%，完成年度计划 115.59%。其中，技术服务产值 75.24 亿元、增长 8.57%，装备制造产值 8.34 亿元、增长 19.05%，科研项目产值 1.54 亿元、增长 51.34%。实现营业收入 72.83 亿元、同比增长 8.62%，利润 3.13 亿元、同比增长 9.25%。

【改革重组】 2017 年底，按照集团公司和中油油服重组要求，公司与各钻探企业签订业务交接、资产划转和服务保障协议。交接仪式后，公司召开干部大会，宣贯集团公司推进测井业务重组的重大意义，提出建设国际一流测井公司的发展思路，快速凝聚在新起点上迈向新目标的思想共识。2018 年伊始，公司领导班子深入油气田和钻探企业走访交流，对接技术需求，做出服务油气、保障钻探的承诺。一年来，按照“研究—制造—服务—应用”一体化思路，持续推进结构调整，初步建立国际一流的发展模式。推动事业部制向分公司制转型，明确分公司市场定位，理顺塔里木、冀东和国际市场管理方式，实现每个油田市场统一的测井生产组织管理。重组测井技术研究院，成立北京迅测技术有限公司，开展旋转导向、过钻具测井系统等核心技术研发。推动技术中心改革，加强测井技术研究、技术装备制造、重点实验室建设，加快生产线升级改造，实现自动化加工和核心技术自主制造。推动随钻测井中心改革，加强随钻测井仪器研发、旋转导向工程化、测导一体技术服务。组建测井应用研究院，扩大测井资料应用范围，为钻井、压裂、注水、采油等提供技术服务与支持。提出机构改革方案，优化机关职能，明确各层级工作职责和管理权限。推动操作工程师集中管理，制定五支人才队伍发展规划、青年科技英才培养方案，有序开展优秀年轻干部培养选拔工作。

重点抓好五项工作，全力推动集团公司党组决策部署落地生根。一是抓思想。公司领导班子成员带队到生产一线进行形势目标任务责任教育，传达上级部署，宣传工作思路，落实任务职责，凝聚发展合力。二是抓干部。以讲担当、重担当为鲜明导向，配齐配强各单位领导班子。跨区域交流干部，选拔考核优胜干部补充空缺领导岗位，系统安排优秀年轻干部培养选拔工作，用述职述责推动干部履职尽责，激发干事创业热情。三是抓作风。班子成员带队开展业务交接、基层建设等调研活动，以上率下深入基层解决实际问题，把集团公司党组决策部署和中油油服系列要求化为全体党员干部的自觉行动。锲而不舍贯彻落实中央八项规定精神，党员领导干部作风进一步转变。四是抓稳定。积极宣传政策、落实责任、解决困难，集中3个月时间全方位开展不稳定因素排查和矛盾化解、安保防恐风险评估和隐患治理，建立多渠道问题协调处置机制，职工队伍保持稳定。五是抓基础。规范党群例会制度，举办党群干部培训班，为基层党组织配发党群工作汇编材料，进一步规范基层党建工作。抓好工会、共青团工作，积极履行社会责任，工作、思想、文化深度融合，测井事业展现出昂扬向上的生机活力。

【服务保障】 优化测井系列。在16个油气田283个主要区块，针对不同岩性、井型制定并完善裸眼测井、生产测井、随钻测井系列，大力推广针对性强的先进技术，完成成像测井8896井次，为松辽、四川、塔里木、准格尔、柴达木、渤海湾、鄂尔多斯、巴彦河套、吐鲁番哈密等九个主要盆地的油气勘探，以及页岩气、致密油等非常规油气开发提供了测井技术保障，一批重点井获得重大突破，助力石油增储22998万吨、天然气增储1930亿方。优化资源配置。统一“井号、作业、解释、结算”的信息化生产管理流程，根据市场需求调派测井队伍，以井为中心组织生产，跨区域协调92支队伍、752人支援长庆市场测井生产；协调39支队伍支援川渝页岩气市场测井生产；协调旋转导向、高温小井眼仪器等紧缺仪器200多支，有效保障了明15井、塔探1井、安探5井、松科2井等重点井测井任务，满足了各油田测井生产需求，并刷新一批作业纪录。推动提速提效。推广一串测、过钻具、测导一体等先进适用技术，裸眼井测井综合提速1.5%。

在长庆油田，成立长庆油田测井生产服务领导小组，实行八部两点网格化生产，到井及时率提高到95%，完成工作量占公司总量的41.71%，有效保障了大规模、快节奏生产需求；在合水—盘克地区采用一串测＋核磁、电成像测井系列，成功评价庄286、乐205等一批高产井，为延长组长8、长6新增探明石油地质储量2.23亿吨发挥了突出作用；开展测井、地质、井况综合复查1.5万口井，增油24.5万吨，新增浅层效益储量3240万吨。在新疆油田，升级配套桥射联作队伍7支，在车2111、2114平台井创桥射联作单日10段作业纪录；过钻头存储式测井技术规模化应用，较传统工艺提速65%；精细测井施工、精准“测井＋地质＋试油”评价，助力沙探1井、高探1井获得重大发现；形成低伽马火山岩岩性识别技术等储层综合评价技术系列，新增火山岩石油控制储量4117万吨、天然气控制储量512亿立方米。在西南油气田，成立前线协调组，桥射联作一次成功率97.7%、平均泵速3300米/小时、同比提速13.6%；应用超高温超高压超深井射孔技术助力永探1等井获得重大发现，应用远探测声波助力6口开发井单井产量过百万方；深层碳酸盐岩解释符合率98.9%，产能预测符合率82.6%；长宁－威远页岩气解释符合率100%，产能预测符合率80%。在大庆油田，规模应用0.2米高分辨率测井技术，水淹层解释符合率由75%提高到85%，实现近7亿吨表外储层定量解释评价；创新建立基岩储层评价方法，成功解释的隆探2井、隆平1井喜获工业油流，助力松辽盆地北部中央古隆起带基岩新领域勘探获得突破；完善双城断陷登娄库组油层解释方法，助力双68井自然产能在松辽盆地外围首次突破百方。在辽河油田，应用爬行器工艺，减少套管水平井占井时间60%以上；改进工艺流程，遇卡、穿心打捞分别下降43.2%、64.4%，平均占井时间减少8.3%。在东部凹陷北部沈旦堡构造、兴隆台潜山带中生界推广应用核磁测井评价技术，精准评价永3井、陈古6井、曙古169-1井等重点井，为油田区域勘探增储上产提供精准保障。在大港油田，针对不同区块、井型和目的层推广应用先进适用测井技术，助力油田年度发现8口百吨井；在渤海湾盆地石炭系煤系地层潜山勘探应用电成像评价技术，在深层超低孔渗致密油气层应用核磁共振提高储层及流体性质识别精度，助力歧古8、营古1等一批重点井获得新突破。在华北油田，应用核磁共振+阵列感应+阵列声波，优选孔隙结构储层，发现油层厚度超200米，助力吉华4X等4口井试油获自喷高产油流，实现巴彦河套盆地40年来勘探新突破；建立储层分类图版和产能预测图版，在大王庄区块开展解释再评价，油层孔隙度下限由11%降到8%，增加油层475.8米，新增储量2176万吨。在青海油田，应用三相流、后效体增效等射孔技术，单井产能较常规射孔提高60%；应用测井+录井，使用电成像、多极子阵列声波、综合录井、元素录井技术，配合复杂岩性、复杂油气层的测录井精细评价、定量荧光、地化等多项测录井技术，助力英西区块狮52-3等一批井获得新突破。在吐哈油田，推广一串测，优化桥射联作工艺，开发井测井和水平井射孔作业时效分别提高30%和20%；在湖平24-26井完成4层桥射联作作业，打破油田单支作业队单日作业层数纪录；针对油田深层稠油动态监测行业难题，创新深层稠油注、产剖面测井评价技术，为油田深层稠油高效开发提供可靠技术支持。在塔里木油田，克深134井以最高压力183.5MPa创国内射孔施工压力纪录；应用随钻测井+旋转导向技术，储层钻遇率提高至90%以上，平均单井钻井周期缩短30天；采取直井传输测井+钻杆传输射孔方式，测准阵列感应等资料，助力中秋1井取得重大发现；形成裂缝性致密砂岩储层“三品质”测井评价技术，助力吐东2、迪北105X等井试油喜获高产。在吉林油田，针对页岩油和致密气，应用常规+电成像+核磁共振测井系列，开展新井精细评价和老井二次解释，强化源储配置关系研究，通过三品质评价探寻纵向甜点，成功解释的黑197井青一段65-72号层试油获得20.4吨高产油流、德深83井火石岭组致密气试气日产5.8万立方米，赢得吉林油田高度评价。在冀东油田，针对水平井、大位移井，推广钻具传输取心20余口、爬行器测井近50口，节约占井时间1000小时以上，较好解决了施工难题；统一火工品管理，推广先锋弹200余井次，较好解决了安全环保难题。在玉门油田，积极参与玉门环庆区块百日上产会战，为全部72口井提供精益服务，助力该区域产建任务圆满完成，获得甲方表扬；为玉门老区青西、酒东开发成功率达到100%做出贡献。在浙江油田，推广成像测井、随钻导向、光纤测试等新技术新工艺，YS117H1-6井一类储层钻遇率达到96.5%、日产气15.5万立方米，阳105井试气产量达到1.75万米^3/天，拉开浅层页岩气大开发的序幕。在煤层气公司，结合煤储层差异性和复杂性特点，推广应用电成像、阵列声波、近钻头方位伽马成像等技术，为煤层气高效率、低成本开发提供技术支撑。在南方勘探开发公司，积极跟进新能源市场，优质高效完成海南地热科研井花东1R井的测井施工任务，花深1X井测井创油田最大井深记录；采用二氧化碳驱油技术盘活福山凹陷南部斜坡高含二氧化碳油气藏。在国际市场，历时430天优质完成乌兹别克斯坦明15井测录井施工，测井一次成功率94.4%，测井资料合格率100%、优等率97.5%；完成2012年停产的孟加拉国Habiganj-1井修井，确定2个新气层，试产获天然气42万方/天；在乌兹别克Kokchalak-21井加测核磁共振，助力深部碳酸盐岩地层新发现17米气层、测试获工业气流。

【科技创新】 突出科技创新，把测井技术路线由传统“四性”关系，转变为“一量四谱”关系。瞄准打造国际一流测井技术装备，在梳理技术装备现状和市场需求的基础上，开发FILog地层成像测井系统。承担各级科研项目101项，投入2.9亿元、占公司总收入的3.99%，验收11项、待验收34项。电缆测井方面，230℃/170MPa阵列感应等6种仪器完成研制试验，175℃/140MPa核磁共振等4种仪器完成升级改进，阵列感应与核磁共振一串测完成5口井施工作业，电成像与阵列声波一串测完成2口测井试验，测井芯片、全域测井等核心技术研发进展顺利。随钻测井方面，自主研发的随钻测井系统与引进的旋转导向实现互联互通，随钻测录导应用30口井、平均储层钻遇率达到95%；建设广汉中油油服页岩气旋转导向维修保障中心，具备了组装和维修保障能力。生产测井方面，优化测井注水采油联作技术系列和套后测井系列，智能化分层采油联作技术、井下光纤永久动态监测技术等研发取得新进展，小直径固井质量成像测井仪投入应用。射孔技术方面，桥射联作技术实现升级，完善配套分簇射孔技术，自主研发的可溶桥塞实现下井试验和基本定型；超深穿透射孔器穿孔深度达到国际领先水平。解释评价方面，加快开发智能化测井处理解释评价软件，LEAD4.0现场推广应用；公司参与的“凹陷区砾岩油藏勘探理论技术与玛湖特大型油田发现”获国家科技进步一等奖。方位远探测声波反射波成像测井获评“2017年中国石油十大科技进展”，7000-I型一体化智能测井系统获2018年度中国石油工程技术优秀新产品，10项成果获省部级奖励，申请专利100件、软件著作权登记14件，为解决地质工程难题提供了有效手段。

【市场开发】 公司领导带队到16个油气田、5家钻探公司开展技术交流28批次，针对提出的56项工作建议制定具体解决方案。在长庆等12个油气田实行“一对一”服务，推动与油田、钻探公司风险共担、利益共享，主体市场保持稳定。对塔里木、冀东等区域市场整合，市场占有率分别提高到85%、80%。编制测井工程技术服务价格体系，用高端测井技术替代低质降价的测井项目，测井价格基本保持稳定。与甲方开展各层面技术交流356次，推广各类新技术、新工艺13460井次，创收14.11亿元，同比分别增长11.75%、3.91%。广泛参与竞争性市场开发，投标237项、中标158项，中标率66.67%。在国际市场上，加强与钻探公司合作，主动做好海外勘探开发公司的测井技术服务和技术支持，乌兹别克、印尼、伊拉克等市场获得新的份额，新签合同3658万美元、增长2.83%，实现产值22146万元、增长18.03%。射孔器材进入美国页岩气等市场创收4300万元，首次获得石油钻机仪表配套项目。

【教育培训】 投入3600万元组织52期培训，开展各级培训1.1万人次，覆盖率84.6%。一是创新工程师队伍培育，成立操作工程师管理中心，将各单位仪修中心改为仪修装备中心，与石油高校合作开展应用工程师培训，正在逐步建立工程师培训晋级、轮换交流、管理服务机制，举办采集、仪修、解释、射孔等示范培训 12 期，5 人参评教授级高级工程师职称、119 人晋升高级工程师职称。二是加强专业技术人员培养，针对研发制造技术人员举办成像测井岗位硬件培训班，针对青年科技英才制定个性化培养方案，针对现场技术人员开展靠前培训，续聘公司一、二级技术专家 75 人，8 人晋升集团公司技能专家。三是强化管理人员培训，针对处级以上领导干部开展学习贯彻十九大精神集中轮训，针对各类经营管理业务和党群业务开展业务培训 25 期，针对项目管理开展项目长、作业队长轮训，交流调整 85 名处级干部，其中新提拔 30 名处级干部，一批优秀人才走上管理岗位。

【安全环保】 扎实推进“一岗双责、党政同责、齐抓共管、失职追责”责任体系建设，整合完善质量、职业健康安全、环境和能源管理体系，推进 QHSE 精益化、一体化管理。加强制度建设，修订完善 HSE 管理制度 65 项，以小队上井注意事项和标准化建设规范为抓手严格执行操作规程。制定《管理人员 QHSE 责任制及重点任务考核清单》《其他人员 QHSE 责任制及岗位安全操作考核清单》，修订完善 7764 个岗位安全职责，把体系要素、责任目标、任务清单、责任落实与考核纳入一体化管理，建立区域安全监督中心，推动了责任归位、监管落位、履职到位。扎实开展安全教育，针对安全管理人员、监督人员、特种设备管理人员开展专项培训，HSE 取证 1992 人次；开展机关处室分片包队安全教育，662 支作业队伍、4830 人接受安全教育，全员安全环保意识进一步增强。强化关键风险领域“四条红线”管控，再造安全环保管理流程，实现测井车辆、放射源、火工品、作业现场监督全覆盖，实时纠正违章 9 次、问责 23 人，以前所未有的力度落实禁令、整治违章。全面开展风险辨识评估与风险分级防控，投资 7545 万元有效治理放射源、火工品等关键环节、要害部位安全隐患 74 项。开展应急专项预案、应急处置卡演练 566 次。进一步理顺承包商安全监管责任。“六个全覆盖”有效落实，安全环保基础更加稳固。节能 70.36 吨标煤，节水 216 吨。全面完成集团公司下达的安全环保责任指标，实现了“四个确保，四个杜绝”，荣获集团公司 2018 年度质量安全环保节能先进企业。

【经营管理】 坚持依法合规管理，新建修订制度 30 项、废止 19 项。从十五个方面提出 247 项合规管理注意事项，确保诚信合规经营。全面推进精益管理，开展精益制造推广试点，推行数字化加工，强化目视化管理，采取一人双机加工模式，机械加工效率提高 30% 以上。生产制造仪器 883 支（套）、射孔弹 180 万发、射孔枪 23.71 万米，完成产值 8.33 亿元、同比增长 16.47%。根据产值确定投资，按照作业合同确定装备选型，按项目管理方式推动实施，安排投资 8.60 亿元，完成验收并转资 5.01 亿元。推行全成本要素预算管理，细化产品、服务成本定额，从七个方面制定 38 项开源节流降本增效工作措施，新增收入 3.5 亿元、节约成本 0.97 亿元。全面推行公开招标、集中采购，节约采购资金 1.52 亿元、节约率 6.73%。坚持“八个必审”，审计生产经营、工程建设资金 145.86 亿元，资产审计覆盖率 49.39%。深化全面风险管理，完善内控体系建设，有效预防和控制各类风险，实现风险管控目标。加强基地建设，投入 5692 万元维修改造 31 个生产生活基地。推动人事劳动分配三项制度改革，调整企业年金企业缴费比例、一线关键艰苦岗位津贴标准，加大对科研、西部艰苦地区的精准激励，职工收入总体增长11.16%。完成“三供一业”移交。投入727.1万元开展扶贫帮困工作。

（罗连涛）

海洋工程

【概况】 中国石油集团海洋工程有限公司（英文缩写CPOE，简称海洋工程）是根据集团公司加快海洋油气资源勘探开发步伐，持续推进专业化重组的战略部署，整合大港油田、辽河油田滩海作业队伍，于2004年11月组建的海上石油工程技术服务公司，注册地设在北京。2007年12月，与原中国石油天然气第七建设公司和原中国石油集团工程技术研究院实施重组整合。2009年11月实施持续重组，将原中国石油天然气第七建设公司划转中国石油集团工程建设公司。

海洋工程业务范围涉及海洋石油钻完井、井下作业、试油试采工程；海上运输、基地码头保障服务；海洋工程设计、建造、安装、调试、维护；深水油气与可燃冰工程技术研究；海洋石油相关业务研究、设计及科技研发及成果；油井水泥外加剂和防腐保温产品与技术服务、质量检验、石油工程建设标准化管理等领域。有海洋石油工程设计甲级，钻井工程设计甲级，海洋石油工程总承包一级，防腐保温工程承包一级，石油天然气、建筑专业工程咨询甲级，港口经营许可证，压力管道和压力容器设计等专业资质，完全具备120米水深海洋油气勘探开发综合服务保障能力，1500米深水钻井能力，是中国第二大海洋油气工程技术服务公司。

2018年，中油油服海洋工程业务以海工陆地预制与建造，海上安装与铺管为主，具有设计、采购、建造、安装、调试一体化优势，具备海洋工程设计、建造、安装、调试，LNG、炼化等模块和钢结构建造，海底管线、电缆设计、敷设、维修，工程防腐保温设计与施工等一体化服务能力，业务范围涵盖集团公司渤海湾大港、冀东、辽河三大油田，中海油、中石化海上油田市场，华能、鲁能、三峡集团海上风电市场以及道达尔、壳牌、埃克森美孚等国际知名油气公司，德希尼布、日晖等世界一流总承包商市场。目前具备了120米以内水深海上钢制平台的加工设计、建造、安装、调试能力以及70米以内水深、4—52英寸海底管线铺设能力。

2018年底，海洋工程用工总量2696人，其中：合同化员工2198人；硕士研究生及以上学历272人，大学本科1162人；副高级及以上职称350人，中级职称815人；集团公司级技术专家1人，公司级技术专家14人。有7家所属单位，1家直属单位，10个职能处室。有移动式钻井平台10座，模块钻机1套，作业试采平台5座，各类船舶21艘。基本建成青岛海工建造和唐山生产支持两大基地。总资产约42.95亿元。形成海上钻完井、深水可燃冰试采综合配套10大特色技术，打造LNG模块建造焊接技术等23项技术利器，初步形成海域天然气水合物试开采配套技术，累计获专利 200 余项。建有海洋工程、固井技术、涂层材料与保温结构等 3 个集团公司重点实验室和研究室，其中固井技术研究室升级为国家级科技平台。

2018 年，中油油服海工业务所实施项目一次报检合格率均超过 98.65%，焊接一次合格率均超过 98.95% 。

【基地装备】 2018 年，中油油服海洋工程所属的青岛海工基地一期工程除未征土地部分外全部建成，这也是集团公司唯一一个专业化的海工建造基地。青岛海工基地包含码头岸线长度为 752 米，2 条滑道，组块结构车间、综合配套车间、涂装车间、综合仓库、焊接实验室、生产技术楼等 16 个单体，同时还配备有中油海 101 起重铺管船、350 吨履带吊、320 吨液压平板车、制管生产线、相贯线切割机等设备 1000 余台（套）。具备了 7.6 万吨 / 年钢结构制造、90 万 DI/ 年管结构预制、13 万吨 / 年模块建造、300 万平方米 / 年涂装能力。同时中油油服海工业务还通过了海关高级企业认证，在办理货物通关方面享受便利。

【主要项目】 2018 年，中油油服海洋工程业务主要实施了冀东油田 NP1–5 拆除项目、冀东油田隐患治理项目、大港油田埕海新区评价井项目、大连恒力石化塔器建造项目、中海油蓬莱常压罐项目、中海油导管架建造项目、中海油渤西海管弃置项目、中石化埕镇海管隐患整治项目、华能大丰海上风电升压站项目、武船麦克德莫特陵水渔场项目。完成钢材加工量 9600 吨，其中大连恒力石化塔器建造项目是海工工程业务首次涉足炼化塔器领域，华能大丰海上风电升压站项目是首个海上风电领域业务。

【市场开发】 2018 年，海洋工程在市场开发领域成效显著。服务保障渤海湾海上油气勘探开发，启动停用钻井平台，撤回伊朗平台，保障大港埕海油田勘探开发。连续中标中海油导管架、中石化海管隐患治理、天津南港海管、福建平潭海管、海上风电项目，扭转了市场下滑被动局面。开发国际市场，中油海 281 船远征西非，实现国际市场新突破；固井服务在塔里木油田突破一百井次，碎屑岩固井占有率 100%，碳酸盐岩市场占有率突破 50%；海洋工程设计，主动服务大港埕海油田勘探，全力做好开发方案设计，为公司勘探建设总包做出了贡献。努力做优海外海上油气技术服务支持，为公司进入海外深水油气市场做好前期准备。深水油气业务，全力做好国家重大工程项目，认真准备可燃冰第二轮试采，针对深水浅层水平井施工世界难题，调动全球资源组织科研攻关，筹集外部科研经费近亿元。

【质量安全环保】 2018 年，海洋工程上下坚守红线、不踩底线、落实责任、严格管控，确保安全环保平稳受控。全年安全生产 9.44 百万工时，损失工时为 0，污染物排放达标率 100%，连续 12 年被集团公司评为“质量安全环保节能先进企业”。在所属单位实行党委书记兼任安全总监，强化安全工作组织领导，落实党政同责、一岗双责。完成 D 版 QHSE 体系建设，通过 DNV 换证认证审核。开展 QHSE 检查 5 次，督促整改问题 676 项；开展 12 个重点项目的 HSE 风险辨识与评估，辨识风险 945 项，制定管控措施 2020 项，审批作业许可 6579 项，有效防范海上台风 9 次；检查整改承包商问题 79 项，3 家承包商纳入黑名单，有效管控承包商安全问题频出的难题；内部安全培训 20254 人次，组织取换证培训 1903 人次。

【科技创新】 2018 年，海洋工程公司加强科技管理，有效推动关键技术应用和科技成果转化，共开展国家及集团公司科研课题42项，获得国家授权专利15项，打造技术利器4项，公司独立完成的《神狐海域深水天然气水合物试采工程关键技术研究与应用》、联合完成的《石油管材及装备防腐涂镀层开发与应用关键技术》获集团公司科技进步一等奖。水合物试采工程参加中国改革开放四十周年重大成就展。在大港埕海油田，应用世界最先进钻井平台设备、旋转导向技术、精细控压工艺、精准探边方法、高效采油措施，水平井钻遇油层率100%，测试采油取得良好效果。在塔里木山前、青海英西、川渝页岩气、明15井等集团公司重点项目，采用自愈合、低密度、防气窜、早强等系列固井技术，有效解决生产难题。中石化册镇海管隐患治理项目，采用国内最先进后挖沟技术，创造沉管埋深6米国内纪录。集团公司正式批准设立深水油气与可燃冰工程技术研究中心，完成一个中心、六个分中心建设。集团公司正式批准公司牵头成立海域天然气水合物工程重点实验室，公司主建三个分实验室，协管勘探开发研究院、安全环保研究院、中国石油大学（华东）分实验室。开发抗收缩材料，降低水泥石化学收缩30%；研发防渗封堵材料，高渗地层界面渗透率同比降低71.2%以上，水泥浆封堵能力提升3–8.8倍；研制适用于超深井固井的抗高温降失水剂、抗高温防窜剂，最高抗温分别达到230℃和180℃；研发镁氧酸溶水泥可耐140℃高温酸溶；开发HT–500改性有机硅耐高温涂料，可在高温基材上直接涂刷施工，可用于炼厂高温管道、高温炉、催化裂化装置（200—400摄氏度）高温环境下不停产防腐施工；国内首创海底管道补口FBE自动涂敷装置及配套工艺技术，可解决补口的质量差、效率低的关键技术问题。

2018年围绕市场主要开展了海洋工程装备关键技术研究、FPSO上部油气处理橇装模块建造技术研究、LNG核心模块防火保温及设备安装关键技术研究、海洋平台上部组块建造安装技术在风电项目的应用研究，制定海底管道施工作业现场安全检查规范企业标准1项。通过科技攻关，为水下犁式挖沟机的设计和研制提供了理论和设计的基础，形成了深水FPSO装置的概念设计方案和上部模块橇装加工设计方案，掌握LNG橇块建造关键技术，攻克5000吨级海上升压站建造、装船、海上安装及高压调试技术。其中，《低温环境沿海LNG输送撬装模块施工关键技术》获北京市科技二等奖、中国造船工程学会科技奖。

【提速提效】 2018年，海工业务在册镇海管隐患治理项目中，创新使用伸缩臂挖掘机清理沙袋网兜方案，通过项目实践验证该方案比常规方案效率高出60%，同时在该项目创造了大口径海底管道后挖沟沉管作业深度6米的国内施工新纪录。在华能大丰海上风电升压站项目中，首次实施一体化建造施工，提高效率20%，通过该项目的实施，在海上风电行业塑造了品牌、成为了标杆。

【企业管理】 2018年，海洋工程推进精益管理，努力实现降本增效。强化降本增效，坚持目标成本管理，制订6大类45条措施，全年降本增效6000余万元。严格控制非生产性支出，会议费、差旅费等同比下降1200余万元。严格物资招标集中采购，节约采购资金2400余万元。严格控制修理费，强化设备维护保养，节约设备修理费500余万元。严格控制有息资金占用，节约资金成本1100万元。严格投资计划支出，调整退回投资2700万元，重点项目节余投资逾1亿元。强化依法合规，成立法治建设领导小组，落实风险管控责任，加强诚信合规教育，规避违法违约风险，合同管理评比在中油油服排名第一，在集团公司排名第二。强化管理提效，压减管理制度 109 项，文件数量减少 53%。取消各类会议 10 项，会议数量减少 52%。下放管理权限 7 项，有效提高运营效率，激发基层活力。强化人才培训管理，开展各类培训 660 期，全年累计培训 6400 人次，10 名青年骨干参加集团公司重点培训。强化人才使用管理，在生产单位推行“双通道”、科研单位推行“双序列”；生产项目配备项目经理、副经理、主任工程师、资深工程师；科研项目配备项目经理、副经理、首席工程师、资深工程师等岗位。强化绩效考核管理，推动全员签订绩效合同，层层分解绩效指标，人人分担责任压力；加强绩效过程考核，季度预考核预兑现，年度总考核硬兑现，发挥绩效考核兑现激励约束作用，调动全体干部员工工作积极性。推动三项制度改革，严格控制用工总量，完成集团公司控制指标。优化组织结构，公司机关部门压缩 17%，完成集团公司下达任务。深化薪酬分配，提高海上一线补贴标准，落实收入向艰苦岗位倾斜政策。

【党建工作】 2018 年，海洋工程党委准确把握新时代党的建设总要求，认真落实“把方向、管大局、保落实”工作原则，全面加强党的建设。加强政治建设，教育引导各级党组织和党员干部，树牢“四个意识”，坚定“四个自信”，做到“两个维护”，自觉在思想上政治上行动上，同以习近平同志为核心的党中央保持高度一致。加强领导班子和干部队伍建设，坚持民主集中制，发挥领导班子整体功能，全面修订《处级干部管理办法》，实现处级干部全过程管理；加大处级干部交流力度，促进干部队伍优化融合；实行党委书记兼任安全总监，为深化党政融合提供组织保证；制定出台《关于加快优秀年轻干部培养选拔工作的实施意见》，为年轻干部培养选拔提供制度保证。强化落实党建责任，制定实施《党建工作责任制考核计分细则》，对公司所属单位、机关部门领导班子、处级干部，实行党建责任与经营业绩按 3∶7 考核兑现。推进书记党建工作现场述职，实现所属单位党委书记和机关处室党支部书记党建述职全覆盖。强化基层党组织建设，扎实开展基层党支部评优活动，首批命名 5 个示范党支部，全年培训基层党支部书记 182 人次。注重宣传思想文化建设，把握意识形态主动权，营造干事创业、积极向上良好氛围。深入开展合理化建议和青年文明号创建活动，扎实做好精准扶贫工作，和谐企业建设有效推进。落实党委主体责任，两级党委召开专题会议 37 次，研究部署党风廉政建设工作；签订党风廉政建设责任书 843 份，实现应签全签；严格主体责任报告制度。落实纪委监督责任，两级纪委落实监督责任清单，建立监督联席制度，履行部门监督责任。严格执行约谈制度，公司党委、纪委领导廉洁谈话处级干部 72 人次，各级党组织共开展谈话 336 人次。强化开展监督巡察，全年开展 3 轮巡察，对所属单位、机关处室开展巡察，查阅资料 4000 多份，发现问题 70 个。对照集团巡视通报问题，认真开展自查自纠，发现问题 9 个，整改措施全部到位。强化八项规定落实，坚持不懈反对“四风”，贯彻落实八项规定实施细则，加强提醒提示督促检查，认真开展专项治理，集中整治形式主义、官僚主义。强化廉洁纪律教育，加强党章党规党纪学习，两级党委中心组专题学习 55 次，各级党组织书记讲党课 130 场次，新提任处级、科级干部，全部完成“六个一”廉洁从业教育。

（李历欣）

工程技术研究院

【概况】 中国石油集团工程技术研究院有限公司（简称工程技术研究院），组建于2017年12月，由原中国石油集团钻井工程技术研究院有限公司和休斯敦技术研究中心强强联合、重组整合形成，是中国石油天然气集团有限公司直属科研机构。发展定位为“一部两中心两平台”，即：中国石油集团公司油气工程技术参谋部，油气工程基础前沿及高新技术研发中心，油气工程高端技术支持与服务中心，油气工程高端科技人才引进培养平台，油气工程高新技术产业化平台。主要从事井筒工程的基础和前沿技术、尖端工具和仪器、入井流体的研发和推广工作。拥有油气钻井国家工程实验室、中国石油集团公司钻井工程重点实验室和试验基地，美国休斯敦非常规工程技术实验室。

工程技术研究院拥有特色技术：井下控制工程技术、欠平衡（气体）钻井技术、套管钻井技术、分支井（大位移水平井）钻井技术、膨胀管（波纹管）技术、连续管作业/钻井技术与装备、钻机配套的机电液一体化装备、钻井液与储层保护技术、完井固井技术、煤层气（新能源）钻完井技术、储气（油）库工程技术。已具备承担国家和集团公司重大科研攻关项目的能力，重大工程现场技术支持能力，硕士研究生以上高学历和高层次专业技术人才培养能力，钻井最前沿专项技术、装备的研发能力以及技术服务能力。

【改革重组】 认真落实集团公司党组改革重组工作部署，有序推进两种资源的重组融合和内部资源整合优化与建设，系统规划“十三五”后两年及中长期发展，创新搭建“一体两翼”研发格局和“3+1”技术支持布局，建立探索科技决策、研发与管理、绩效考核与分配等机制，高效设置组织机构，重置和修订管理制度，战略补齐业务链条，快速推进“一院两地、一院两制”深度融合，有力践行了党组决策部署。

重组整合：内部资源整合优化与建设发展方案得到集团公司批准，确立了工程技术研究院的发展思路、发展目标和管控模式；明确了院组织架构和院属各单位的职能定位、业务界面和人员编制，精简二级机关部门3个，压缩科级机构10个，推动全院上下实现思想融合、机制融合、组织融合和制度融合。

业务布局：搭建了以工程技术研究院国内部分为主体、休斯敦中心和中东技术中心为两翼的研发格局，构建了以塔里木、川渝、新疆玛湖3个国内重点地区和海外中东地区为核心的技术支持布局；新设井下作业研究所，实现从单一井筒技术研发向“井筒技术+储层改造”一体化研发的转变，实现从单一条带研发向全产业链研发的转变。

两地融合：以旋转导向、油基钻井液等项目为抓手、以成果转化为载体、以体制机制为基础，打破研究壁垒，建立开放共享的研发平台，逐步实现人才、业务、管理、文化的全方位融合，切实发挥出了1加1大于2的整合效应。

【科研成果】 获集团公司及省部级科技奖励18项，申请专利184件(含发明专利112件)，获得授权专利118件(含发明专利65件)；发表各类论文 233 篇（含国际 37 篇），出版专著 3 部（含 1 部论文集）；修订 60 项标准制（含国际标准 1 项，国家标准 5 项，行业标准 16 项，集团企业标准 3 项，院级企业标准 35 项）。

共承担科研课题 139 项，其中国家课题 54 项，集团 / 股份公司课题 66 项。新增科技创新成果 72 项。在原有技术积累的基础上，有 9 项科研工作取得重要进展。

【技术与服务】 及时跟踪国内外油气勘探开发需求变化，分析研判工程技术发展趋势，向集团公司提报战略发展规划和决策参谋方案 8 项，组织完成分专业回顾性梳理报告 5 项，已创刊发行 2 期《油气勘探开发工程技术》月刊，提报《北美页岩气开发技术与成本分析》和《北美致密油开发技术与成本分析》2 份经济技术研究专报，以及各类专题简报 32 期，参谋和咨询作用凸显。集成精细控压钻井、高温高密度油基钻井液技术，支撑克深 21 井创造 8098 米集团公司深井施工纪录；推动新疆玛湖钻井提速，工程技术研究院技术专家支持及服务保障作用得到有效发挥；着重川南深层提速和固井完整性等重点技术攻关，深入研究形成川渝页岩气“三项治理”技术报告，制定卡钻防治技术规范，全面组织工程技术研究院助力川渝页岩气钻井提速总体工作部署。选派精干力量，为国际勘探开发公司提供钻井方案优化设计、明 15 井技术支持等；与中东公司联合共建“中东工程技术支持中心”，靠前支持阿布扎比 NEB 项目。

【产业转化】 充分发挥项目部窗口作用，大力推进“服务 + 销售”“制造 + 服务”等产业模式，顶驱、CGDS、连续管作业机、油化产品等产业转化和一体化服务能力显著增强；大力推广优势成熟技术，与西南油气田、中东公司等签订合作协议，与沙特阿美、NEB 等开展实质性技术研发与支持合作，多渠道开拓了国内、国外两个市场，全年新签合同额 15.1 亿元。组织参加 CIPPE 国际展会，代表集团公司成功举办阿布扎比国际石油展览，彰显了工程技术研究院技术和实力；精细控压钻井装备、油基钻井液、韧性水泥等优势技术在重点上产区域推广规模持续扩大；膨胀管、胺基钻井液等特色技术在乍得、尼日尔成功应用，国际市场取得新突破。启动试点非平面齿钻头、全可溶桥塞和 DMS 等技术成果在北石柔性平台转化。深入推进“制造 + 服务”转型发展，拓展“以租代售”业务，靠前为川渝、玛湖提供一体化服务，CGDS、顶驱及配套技术、大功率低速螺杆等优势产品和技术市场份额持续增大；持续加强精益管理，推进全产业链全要素降本增效，加大清欠力度，经营态势显著好转。全面推动管理升级，加快发展方式转变，加强机构调整，优化运行方式；丰富连续管作业机技术序列；新建川渝连续管作业项目部，开启连续管作业工程服务模式；完成 7 期 210 人次集团公司连续管操作取证、换证培训，行业影响力显著增强。

【技术研发】 牵头油气工程与装备方向 2020—2035 国家油气专项、国家深地计划、集团公司工程技术重大专项（二期）等项目顶层设计，新开课题 26 项，夯实我院工程技术创新的主体地位和可持续发展基础。研制成功国内最大超深井连续管作业机，滚筒容量 2〞–8000 米；连续管侧钻复合钻机名义钻深达到 3500 米；指向式旋转导向系统基础研究持续深化，具备功能性试验条件；高密度油基钻井液核心处理剂抗温突破 220℃；高强度韧性水泥抗温突破 200℃；钻井优化协同控制系统实验应用取得明显提速效果；高性能膨胀管管材强度和冲击韧性达到国外同类技术水平。在塔里木油气田一体化配套油基钻井液、精细控压钻井、非平面齿 PDC 钻头等关键技术，助力山前复杂深井钻井提升新水平；在川渝页岩气集成钻完井优化设计、页岩气版顶驱及顶驱下套管、长水平井固井、趾端滑套等技术，显著提高钻完井时效和工程质量。完成集团公司钻井工程重点实验室 / 试验基地运行评估，成绩优良；组织完成重点实验室 / 试验基地学（技）术委员会换届；召开学（技）术委员会会议暨首届青年学术研讨会；成功跻身集团公司“水合物工程实验平台”建设。

【体制建设】 优化调整配备了 11 个单位领导班子和 27 名领导人员，其中新提拔 9 名年轻处级干部，在江汉机械研究所试点领导干部退出机制，着力领导干部能力素质提升，领导班子整体功能持续增强，干部队伍梯次配备逐步形成。深入研究专业技术序列改革，平稳完成第一个任期考核工作；着力研究制定人才队伍建设机制，下决心培养高素质、高水平、合理配置的研发队伍，在业务薄弱环节引入社会化专业人才，切实增强科研攻关与技术支持能力。成立工程技术研究院科学技术委员会和 4 个专业技术委员会，建立科研决策机制；加大院级课题投入力度，鼓励年轻人勇挑重担；加强科研管理机制研究，建立务实管用的政策和制度，在北石公司成立新产品产业中心，赋予“特区政策”，研究建立化工产品产业化新模式。加大科技成果奖励力度，完善多层次专项奖励体系和管理办法；制定岗位分红激励试点方案；聚焦创新、创收和创效，推行绩效奖金与效益挂钩联动办法，考核方式由年度改为季度，业绩兑现重点向指标完成好、效益贡献大、劳动生产率高的单位倾斜，严考核硬兑现。全力推进 RTOC 建设，切实支持重点区域、重点井建设与管理，加强工作模式的提档升级。成立法治建设领导小组，设立总法律顾问，不断完善法律风险防范体系。

【党建工作】 以习近平新时代中国特色社会主义思想为指导，坚持“融入中心、服务大局、落实责任、保障有力”工作定位和“抓基本、提质量、有特质、求实效”工作原则，强化“标准化、制度化、模板化、清单化、信息化、定制化”建设，积极探索新时代石油科研企业党建思想政治工作的方法和路径，为企业改革发展提供了坚强的思想政治保证、舆论支持和文化支撑。加强政治理论学习，党委中心组学习研讨 13 次，集中轮训处级干部 56 人，十九大主题征文 20 篇；全面开展首轮形势任务主题教育，切实增强广大干部员工干事创业的责任感和使命感。全面部署党委各路工作，健全调整基层党组织，按季度发布党建工作提示，全面推广“石油党建”信息平台，推行党支部达标晋级管理，组织“四个诠释”主题党日活动，基层党建工作明显改进。制订《党委（支部）意识形态工作责任制实施细则》，制作工程技术研究院中英文宣传片，建设微信公众号、官方微博和抖音账号，开展“新闻应急演练”，组织参观改革开放 40 周年展览和“我与改革共成长”主题征文，全年发表宣传报道 669 篇。修订《党风廉政建设主体责任实施办法》等制度，全覆盖签订廉洁自律承诺书和党风廉政责任书，开展巡视整改“回头看”，完成两轮四个单位巡察，推动全面从严治党向纵深发展。修订《职工代表大会实施细则》等制度，完成 13 个基层工会换届；组织参加集团公司“改革开放 40 周年”歌咏比赛。坚持以员工为中心的发展理念，职工食堂实行新的收费便民管理模式，员工饮用水标准升级为直饮水，协调医院上门开展医疗服务，调整增加员工体检项目，保障员工健身运动场所，精准帮扶 94 人，员工的归属感不断增强。

【企业管理】 突出科学管控、分级授权、流程优化，着重运营模式和管理体系创新，推进管理规范化、制度化、信息化和管理提升，制修订各类管理制度 21 项，积极推进三项制度改革，管理体制机制不断优化，政策和机制作用不断显现，奠定了创新型科研机构及科技型企业的管理基础。

（王　盼）

大事记

一　月

3日　中油油服执行董事、总经理秦永和主持召开2018年工作要点讨论会。中油油服党委书记茅启平、副总经理李国顺，各处室负责人参加会议。

5日　川庆钻探"冉鹏工作室"被授予"全国示范性劳模和工匠人才创新工作室"。

8日　重庆市总工会公布2017年度重庆市劳模创新示范工作室达标名单，测井公司西南分公司郭鹏工作室榜上有名。

9日　集团公司井控管理领导小组第二次工作会议在北京召开，集团公司副总经理、井控管理领导小组组长刘宏斌出席会议，强调：要总结狮58井溢流险情处置经验，切实提高井控管理水平，实现井控本质安全，做到万无一失。集团公司井控管理领导小组副组长张凤山、秦永和，各领导小组成员参加会议。

11日　工程技术分公司在大庆组织召开大庆油田深层钻井提速提效座谈会。工程技术分公司总经理秦永和主持会议并讲话。大庆油田主管部门领导、大庆钻探主要领导、主管领导、主管部门、钻井公司、钻井院相关人员参加会议。

16日　川庆钻探90005队承钻的五探1井完钻，完钻井深8060米，刷新集团公司川渝地区最深井纪录，首次成功穿越龙王庙，钻开震旦系。

17日　集团公司印发《中国石油集团油田技术服务有限公司章程》。

17—19日　中油油服执行董事、总经理秦永和，副总经理李国顺参加中国石油2017年度油气田开发年会。

18日　海洋工程公司"我国首次海域天然气水合物试采成功"成果获中国地质调查局、中国地质科学院发布的"2017年度中国地质科技十大进展"。

19日　中国石油集团油田技术服务有限公司作为独立法人在北京东城区注册，法定代表人秦永和。

同日　中油油服执行董事、总经理秦永和在北京会见三一集团石油智能装备有限公司董事长袁金华、总经理黎中银一行。

同日　川庆钻探与厄瓜多尔国家石油公司正式签署PARAHUACU油田工程技术服务合同，合同周期10年，总金额2.2亿美元。

20日　川庆钻探页岩气压裂酸化施工现场参与拍摄的纪录片《超级工程大揭秘》在CCTV-2台播出。

23日　中油油服在北京召开ZJ40型钻机配合钻深井方案研讨会。工程技术分公司总经理秦永和、中油油服副总经理李国顺出席会议并讲话。西部钻探、渤海钻探、川庆钻探、大庆钻探和工程技术分公司有关部门负责人和相关人员参加会议。

27日　集团公司董事长王宜林、副总经理刘宏斌与中油油服执行董事、总经理秦永和，党委书记茅启平签订2018年党风廉政建设责任书、业绩合同和安全环保责任书。随后，秦永和、茅启平与7家成员企业主要领导签订了2018年度党风廉政建设责任书和业绩合同。

29日　中油油服与海外勘探开发公司组成联合验收组，赴集团公司海外重点井—乌兹别克斯坦明15井开展四开验收，准予四开施工。

30日　中油油服组织召开井场四化专项工作推进视频会。中油油服副总经理李国顺，相关部门负责人，各钻探企业、海洋工程公司、宝石机械公司主管领导，推广领导小组负责人等220人参加会议。

本月　经复查合格，渤海钻探继续保留中央精神文明建设指导委员会授予的“全国文明单位”荣誉称号，连续三届获此殊荣。

本月　东方物探研发的GeoEast-Diva速度建模软件，入选“2017年中国石油十大科技进展”。该软件在塔里木盆地的大沙漠区、库车山前带、准噶尔盆地南缘、柴达木盆地英雄岭等地震数据处理中进行了生产应用。

二　月

2日　中油油服召开领导班子民主生活会。党委书记茅启平、党委副书记秦永和、党委委员王忠仁、李国顺参加会议。集团公司第九督导调研组副组长赵宝红、成员李勇同志出席会议。会议由党委书记茅启平主持。

同日　海洋工程公司再次获国家级高新技术企业称号。

6—7日　集团公司工程技术业务暨中油油服2018年工作会议在北京召开。集团公司副总经理刘宏斌出席会议并强调：中油油服和工程技术各企业要坚持协调发展的业务定位，持续推进改革重组，加强技术创新、市场开发和精益管理，不断提升服务保障力、资源整合力和市场竞争力。

7日　集团公司工程技术生产组织协调会在北京召开。集团公司副总经理刘宏斌出席会议并讲话。他强调：建立“1+N”服务模式，要结合苏里格模式开展市场化竞争，发挥各自优势，实现集团公司利益最大化。

同日　集团公司党组副书记、副总经理徐文荣到测井公司调研，代表集团公司党组看望慰问劳动模范和测井技术研发人员，向测井公司全体干部员工致以新春的祝福和问候。

8日　集团公司副总经理刘宏斌到渤海钻探70085钻井队调研检查，代表集团公司党组看望慰问一线干部员工，向他们致以新春的祝福和问候，并送去节日慰问品。

9日　西部钻探被授予“党的十九大召开期间特别重点阶段中国石油天然气集团有限公司维稳信访安保防恐工作特别贡献集体”荣誉称号。

10日　集团公司副总经理、股份公司总裁汪东进到东方物探调研，走访慰问了东方物探劳模、老领导、困难职工，代表集团公司党组向广大物探干部员工致以新春祝福和问候。

13日　集团公司副总经理刘宏斌到中油油服慰问看望机关部门干部员工，并致以新春祝福和问候。

19日　尼日尔政府总理、石油部长、石油局长、阿尔及利亚驻尼日尔大使，在阿尔及利亚国家石油公司高层陪同下，到长城钻探SIPEX项目KFR-1井现场进行调研。尼日尔政府总理和石油部长对项目安全平稳运行和阶段见到良好显示表示祝贺，对长城钻探尼日尔项目在总包过程中的优异表现给予高度肯定。

26日　中油油服执行董事、总经理秦永和

主持召开深井服务保障专题研讨会，明确2018年深井服务保障重点和举措。中油油服副总经理李国顺，以及生产、技术和装备等部门负责人参加会议。

27日　中油油服在西部钻探组织讨论新疆油田玛湖钻井提速模板，明确了新疆油田玛湖钻井技术路线，优化简化了钻井流程，规范了钻井作业程序。

三　月

1日　集团公司党组副书记、副总经理徐文荣到长城钻探调研，强调：长城钻探公司党委要以党的建设成效作为强大保障，促进生产经营工作取得更加突出的业绩。

同日　集团公司副总经理刘宏斌一行到东方物探调研，参观了数字化地震队的仪器设备、物探技术研发中心的虚拟现实系统、物探生产指挥中心，听取了实施“四化”建设汇报和东方地球物理公司工作汇报。他强调：东方物探要按照集团公司关于物探专业化重组总体部署，聚焦物探主业谋划发展，持续深化改革，强化科技创新、管理创新，坚持以“世界眼光，国际标准，物探特色，高点定位”打造世界一流地球物理技术服务公司。

同日　中油油服组织召开QHSE管理制度编审专题讨论会，重点讨论了中油油服《安全生产责任制》《环境保护管理办法》《职业健康管理办法》《质量管理办法》等17个制度初稿。

同日　川庆钻探参与拍摄的《大国重器》第二季《造血通脉》在CCTV-2播出。

2日　集团公司副总经理刘宏斌听取中油油服2018年至2025年钻机更新建议方案汇报，同意中油油服提出的2018年钻机更新方案和ZJ40钻机配合打深井配套升级改造计划。他强调：钻机更新要考虑整体规划，分步实施，控制总量，优化结构，统一标准，推进“四化”，严格界定，均衡安排，还要考虑配套全面，模块设计，保证钻机更省心、省力、省时、省人、省钱，要实现更安全、更有质量、更有效益、更可持续。

5日　集团公司副总经理侯启军一行到大庆钻探调研。股份公司副总裁、大庆油田公司（大庆石油管理局）总经理孙龙德，大庆油田党委书记王广昀，大庆油田副总经理、大庆钻探总经理张凤民出席座谈会。

7日　中油油服组织召开A12系统应用推进会，传达集团公司副总经理刘宏斌关于推进工程技术业务“四化”工作指示精神，宣贯《工程技术远程支持管理办法》，推进A12系统深化应用。

8日　中油油服党委组织机关全体党员学习中国共产党第十九届中央委员会第三次全体会议公报。

同日　长城钻探古巴GW91队完钻VDW-1008井，该井设计井深8260米，水平位移7352米，垂深1664米，最大井斜89度，创造了南美洲钻井新纪录。

8—9日　为落实集团公司工作会议精神，集团公司副总经理刘宏斌到苏里格“5+1”风险作业区调研，先后到长庆油田采气三厂数字化生产指挥中心、采气三厂及长北分公司天然气处理厂、采气四厂“23丛式”大丛井组钻完井现场、采气一厂“20丛式”采气＋试气现场、物资供应处榆林物资仓储站，川庆钻探苏6-4-13钻井现场，渤海钻探苏36-15-7C1钻井现场，长城钻探苏53-66-38H钻井现场、苏53-66-31H压裂现场、西部项目部井控及钻具检测加工车间检查指导，召开了钻井队长及气田项目经理的座谈会，并到乌审旗“5+1”联合办公基地慰问。

14 日 《中国石油天然气集团公司海洋石油工程技术服务企业及施工作业队伍资质审核标准》通过专家评审验收。

16 日 中油油服组织召开 2018 年更新钻机配置方案研讨会，研讨宝鸡石油机械公司制订的 2018 年更新钻机的建议配置方案和各钻探企业 2018 年的钻机更新需求情况、钻机更新总体方案构想。

同日 “中国石油集团工程技术研究院有限公司、中国石油天然气股份有限公司工程技术研究院有限公司、中国石油集团油田技术服务有限公司工程技术研究院”揭牌仪式举行。

22 日 集团公司工程技术业务改革重组领导小组办公室主任秦永和主持召开工程技术业务改革重组推进座谈会。他强调：相关单位领导班子要高度重视工程技术业务改革重组工作，严格按照集团公司确定的改革重组推进时间节点要求，研究制定有效措施，加大协调推动力度，确保完成今年的改革重组任务，加快推进工程技术业务发展。大庆油田副总经理兼大庆钻探总经理张凤民，工程技术研究院院长冯艳成、测井公司总经理李剑浩、中油油服副总经理李国顺参加会议。

23 日 集团公司旋转导向钻井技术攻关专题讨论会在北京石油科技交流中心召开。集团公司副总经理刘宏斌出席并主持会议，强调：旋转导向钻井技术是油田公司迫切需要的技术，是保障天然气勘探开发和实现产量目标的需求，必须站在集团公司高度去思考未来发展，做好顶层设计。要强化集中研发和一流科研队伍的建设、试验基地建设、制造中心建设和标准化、规范化建设，强化评估工作，强化总部组织，快速推进突破。

26 日 中油油服执行董事、总经理秦永和与哈里伯顿公司亚太区副总裁西德·怀特进行会谈。双方就旋转导向系统、深井提速技术合作等方面进行交流，并达成进一步合作意向。

28 日 工程技术分公司总经理秦永和主持召开“1+N”钻机部署推进视频会，强调：“1+N”有利于钻探企业提高服务保障能力，有利于油气田企业促进勘探开发，有利于集团公司整体发展，钻探企业要完善一把手任组长的“1+N”推动小组，明确责任和目标，按照时间节点加快钻机调遣，确保钻井队伍及时到位、开展钻井。

29 日 测井公司完成松科 2 井五开完井测井施工，刷新井内最高温度 241℃的国内高温测井纪录。

四 月

3 日 集团公司党组决定：芦文生、衣应俭同志任中国石油集团油田技术服务有限公司党委委员。

同日 集团公司决定：芦文生任中国石油集团油田技术服务有限公司副总经理，衣应俭任中国石油集团油田技术服务有限公司总会计师。

同日 中油油服党委按照党务公开原则和巡视工作条例有关规定，在门户网站公布 2017 年 8 月集团公司党组第九巡视组对工程技术分公司进行专项巡视发现问题的整改情况。

同日 中油油服全面部署以“精益、创新、提升”为主题的“精益管理年”活动，成立了中油油服“精益管理年”活动领导小组，研究确定了活动开展的重要意义、活动主题、主要目标、主要内容和推进计划。

同日 由东方物探承担的国家级重大科技专项——合水地区盘克三维地震采集工程项

目，在陕西西安通过长庆油田分公司专家组验收。

4 日　天津市第二十四届企业管理现代化创新成果暨（2017）经济与管理优秀论文发布会在天津召开。渤海钻探共有 7 项成果获天津市企业管理现代化创新成果奖。其中“石油钻探企业以提升市场竞争力为核心的海外项目人员管理”等 4 项成果获一等奖。

8 日　川庆钻探顺利完钻荣 203 井，完钻井深 6050 米，最大垂深 4348.97 米，创国内页岩气水平井最大垂深纪录。

10 日　河北省人民政府颁布 2017 年度河北省科学技术获奖名单，东方物探综合物化探处“复杂区三维重磁电勘探技术研究及应用”成果获 2017 年度河北省技术发明奖一等奖。

12 日　东方物探承担的首个航空物探项目——ORANTO 石油公司南苏丹 B3 区块航空重磁项目采集结束。项目作业面积 5000 平方千米，设计飞行测线 7536 千米。

同日　西部钻探“新型柱塞气举排水采气系统”“SW-G3 无线钻井工程参数仪”“自适应液位电动脱气器”“直通型可控开关阀”等 4 项成果通过集团公司鉴定，均达到国际先进水平。

同日　中油油服向西部钻探发送贺信，祝贺西部钻探在新疆油田 CHHW2111、CHHW2114 平台井开展 24 小时拉链式作业，单机组单日完成 11 段射孔桥塞联作压裂，是该区块此前纪录的 3.7 倍，是新疆油田最高纪录的 2.2 倍，创造了国内压裂施工效率新纪录，实现了集团公司副总经理刘宏斌及中油油服要求的“单机组平台拉链式压裂单日 6 段以上”的压裂提速目标。

13 日　集团公司党组副书记、总经理、股份公司总裁章建华到川庆钻探新疆分公司 70510 钻井队承钻的塔中 12-H7 井现场调研。集团公司总经理助理李鹭光，集团公司总经理助理兼驻疆企业协调组组长、新疆油田公司党委书记、总经理陈新发，股份公司副总裁兼炼油与化工分公司党委书记、总经理杨继钢，塔里木油田公司党工委书记、总经理杨学文等参加调研。

同日　人民日报、新华社、工人日报、北京电视台、中国能源报等 5 家中央媒体集中开展探寻奋斗者的足迹走基层活动，到四川叙永县东方物探新兴物探开发处 2149 队太阳背斜三维地震采集施工现场实地采访。

14 日　人民日报、新华网、工人日报等多家中央媒体到川庆钻探施工的昭通国家级页岩气示范区 YS108H23 压裂平台现场采访报道页岩气勘探开发。

17 日　中油油服党委书记茅启平、西部钻探纪委书记朱文伯一行 5 人，到新疆泽普县依玛乡慰问“访惠聚”工作队员。

同日　央视新闻频道“大国工匠”栏目组对“大国工匠”候选人、公司员工谭文波进行采访拍摄。

18 日　集团公司科技规划计划工程技术专业委员会在北京召开侧钻井技术专题会议。集团公司副总经理刘宏斌出席会议并讲话，强调要准确把握发展趋势，推进侧钻技术再上新台阶。

同日　海洋工程公司工程技术研究院经复查合格，连续获“全国文明单位”荣誉称号。

24 日　国家能源局副局长李凡荣一行到川庆钻探 70078 钻井队承钻的威 202H11 平台调研。

同日　2018 国际地球物理会议暨展览在北京国际会议中心召开。集团公司副总经理刘宏斌在开幕式上致辞，并出席“推动地球物理跨学科发展”高峰论坛和展览会的破冰仪式，参观了国内外地球物理公司和仪器设备厂商的展台。

26日　集团公司副总经理刘宏斌出席“1+N”及页岩气钻机调配推进会，强调：钻探企业要把“1+N”和页岩气钻机调配作为近2个月重中之重的工作抓好落实，集团公司有关部门和专业板块要给予大力支持。

28日　2018年庆祝“五一”国际劳动节暨“当好主人翁、建功新时代”劳动和技能竞赛推进大会上，中国石油19个集体和14名个人获奖。其中，西部钻探谭文波、川庆钻探陈之荣获全国五一劳动奖章，渤海钻探50620钻井队、东方物探8647B队获全国工人先锋号。

30日　中油油服组织长城钻探和渤海钻探成功中标科威特国家石油公司钻井和修井项目，实现了整体利益最大化。

五　月

9日　长城钻探与渤海钻探在盘锦签署“1+N”钻机部署框架协议，标志着长城钻探与渤海钻探“1+N”钻机置换工作正式全面启动。

同日　国家发改委价格司副巡视员程行云一行到川庆钻探威远风险合作区块调研。

同日　海洋工程公司研发的高温油井水泥降失水剂获集团公司颁发的优势产品标牌和证书。

10日　集团公司总经理助理李鹭光一行到西部钻探准东钻井公司、井下作业公司、克拉玛依钻井公司作业现场调研指导工作。

同日　东方物探和中国地质调查局油气资源调查中心在库尔勒召开技术交流会，并举行联合创新中心揭牌仪式。

同日　集团公司副总经理刘宏斌一行到工程技术研究院进行RTOC专项调研。中油油服执行董事、总经理秦永和，科技管理部副总经理钟太贤，信息管理部副总师王冬梅等相关人员陪同调研。

14日　国家人力资源和社会保障部专业技术人员管理司司长俞家栋到川庆钻探培训中心调研。

17日　中油油服向西部钻探发送贺信，祝贺西部钻探安全顺利完成了乌兹别克斯坦明15井四开完井作业，彰显西部钻探的技术实力，展现了中油油服的海外形象。

18日　集团公司总经理助理李鹭光听取中油油服工作汇报，对中油油服给予充分肯定。他强调：中油油服要始终牢记服务保障油气勘探开发的责任使命，努力与上游业务构建协同发展的命运共同体，充分发挥中国石油整体优势。

23日　中国石油和化学工业联合会在北京组织召开“火山岩油气藏地震勘探关键技术及准噶尔盆地高效实践”成果鉴定会，东方物探和新疆油田分公司完成的火山岩油气藏地震勘探关键技术通过鉴定。

23—25日　工程技术分公司总经理秦永和带领有关部门负责同志，赴川渝页岩气现场办公，检查了4个钻井平台和1个压裂现场，组织5家钻探企业的主管副总经理、工程技术负责人、页岩气项目负责人在前线基地召开了“四提”座谈会。

26—27日　集团公司副总经理刘宏斌前往页岩气现场调研并检查指导工作，先后到川庆钻探重庆运输公司、钻井液公司重庆项目部，测井公司西南分公司射孔弹厂、机械厂，西南油气田高石001-X30井、高石001-X35井现场调研，参观川东钻井公司远程支持中心，并代表集团公司董事长王宜林和总经理章建华慰问一线员工。他强调：要弘扬大庆精神铁人精神，努力为甲方提供优质服务，大力推进井场“四化”，着力加强新技术推广，持续提速提产提效。

27 日　川庆钻探“二氧化碳干法加砂压裂技术”试验在长庆油田 Y180 井取得新突破，再次刷新国内最大单层加砂量、最高平均砂比和最高瞬时砂比三大工程指标。

同日　“东方地球物理公司院士工作站”筹建暨“东方应用地球物理暑期学校”成立签字仪式在北京技术服务中心举行。东方物探党委书记、总经理苟量与首批拟定进站的中国科学院陈颙院士、许志琴院士、杨树锋院士、郝芳院士，中国工程院李建成院士签订“东方地球物理公司院士工作站”筹建备忘录。东方物探总工程师张少华与南京大学地球科学与工程学院院长王汝成签订“东方应用地球物理暑期学校”共建协议。

28—30 日　集团公司党组书记、董事长王宜林到川渝地区调研。期间，到川庆钻探页岩气风险作业区威 204H42 钻井平台调研，并听取工作汇报。集团公司总经理助理李鹭光，董事会秘书兼办公厅主任王志刚，西南油气田（西南销售）公司党委书记、总经理马新华，川庆钻探党委书记、总经理李爱民等参加调研。

30 日　川庆钻探承钻的水平井 YS112H12-1 井，完钻井深 5290 米，水平段长 2810 米，垂深 2852.20 米，水平位移 3135 米，刷新集团公司国内页岩气水平井最长水平段、最大水平位移、最大水垂比纪录。

31 日　集团公司党组副书记、副总经理徐文荣到渤海钻探调研。徐文荣一行参观渤海钻探生产应急指挥中心，并听取有关工作汇报。集团公司调研组成员，两家企业在家领导及机关有关处室负责同志参加调研。

同日　集团公司副总经理、科技规划计划工程技术专业委员会主任刘宏斌主持召开《重大工程技术装备与应用（二期）》顶层设计专家论证会。他强调：要提高自主创新能力，加强科技研发体制机制创新，发挥科技研发人员积极性，强化现场试验和经费管理，确保实现预定目标。

六　月

1 日　集团公司副总经理刘宏斌主持召开大庆油田物探业务改革重组专题会议，听取集团公司工程技术业务改革重组领导小组办公室工作汇报。他强调：要积极稳妥地处理好改革遇到的问题，确保大庆油田物探业务按期移交。

同日　集团公司副总经理侯启军，集团公司总经理助理李鹭光一行到东方物探调研，检查贯彻落实集团公司决策部署以及七大盆地勘探技术座谈会精神情况，看望慰问物探广大干部员工。他强调：东方物探要当好高效勘探的先锋，加强物探技术创新，发挥综合一体化优势，在未来的勘探开发中发挥更大的作用。

8 日　川庆钻探承钻和压裂的足 202-H1 井测试，折算日产量达到 45.67 万立方米，为集团公司在重庆地区获得的第一口页岩气商业价值井。

10 日　河北省副省长张古江到东方物探扶贫村顺平县台鱼乡葛庄子村调研扶贫脱贫工作，对东方物探和工作组几年来的帮扶工作给予表扬。

11 日　由人民日报、新华社、中央人民广播电台、CCTV、工人日报、中新社、河北日报、中国石油报等 11 家媒体记者参加的

“中国石油开放日——东方物探站”活动，在东方物探科技园区举行。

13日　集团公司党组纪检组组长徐吉明到渤海钻探和渤海装备制造公司调研，并慰问员工。

同日　中油油服党委组织开展2018年新提任干部廉洁教育和集中谈话，通过学习，新提任干部进一步提高对违规公款吃喝等八类表现的认识，增强纪律观念。

14日　集团公司副总经理刘宏斌听取中油油服压裂业务工作汇报，对中油油服所做的工作给予充分肯定。他强调：要全力推进“四化”，提高设备的利用率；进一步落实需求，有效指导下步生产；合理安排生产进度，实现均衡生产；强化压裂装备资源的部署和统一调配；加快压裂设备的购置；防止事故复杂，加强生产组织，实现全面提速；建立激励机制，提高效率效益；加强科技攻关，解决技术瓶颈。

20日　中油油服向西部钻探发送贺信，祝贺西部钻探在新疆油田玛湖区域MaHW2001井实施单井单机组133小时连续压裂施工，共压裂作业23段，平均日压裂4.15段，日最高压裂6段，刷新了玛湖区块单井压裂周期最短、单日压裂段数最多、全井平均压裂效率最高等多项纪录。

同日　集团公司在石油科技交流中心召开“中国石油天然气集团有限公司党建研究工作推进暨成果发布会”。会上，12家单位进行了成果发布，长城钻探获集团公司党建研究工作先进单位称号，《新时代标准化党支部建设规范研究》获优秀党建研究成果一等奖。

21日　集团公司副总经理刘宏斌主持召开旋转导向系统技术评估工作会议，充分肯定旋转导向系统技术评估工作，要求中油油服统一组织旋转导向钻井系统研发工作，出台关键技术突破、技术引进消化吸收及相关配套支持政策。

同日　大庆钻探物探业务实施重组。大庆钻探物探一公司、二公司的业务、资产和在册员工一并划转东方物探，资产、人员划转以2018年6月30日为基准日。

23日　集团公司党组副书记、副总经理徐文荣一行专程到西部钻探阿克纠宾项目部XDEC-1队，调研指导基层党建工作，听取党建专题工作汇报。他强调：要毫不动摇强党建、抓落实、见功效、重安全、促发展，打造一支能够在国际上打得响、立得起来的工程技术服务队伍。

27日　集团公司副总经理刘宏斌主持召开钻井液及废弃物综合利用技术专题讨论会。他强调：要充分认识钻井液及废弃物综合利用技术在油气勘探生产高质量发展过程中的重要作用，客观判断集团公司技术现状，全面推进技术进步，实现绿色、清洁生产，优化、简化钻井液废弃物处理工艺流程，降低成本。

同日　集团公司副总经理侯启军听取中油油服海外业务工作汇报，研究部署下步工作。他强调：要进一步发挥集团公司一体化优势，扩大国际市场份额。加强与投资企业的交流和互动，努力扩大投资项目市场占有率，大力开拓外部市场。同时要认真贯彻中央外事工作会议精神，加强海外队伍的管理。

28日　集团公司党组副书记、副总经理徐文荣到川庆钻探国际工程公司土库曼斯坦分公司调研指导党建工作，并深入CCDC-11队实地调研，看望慰问一线员工。他强调：要切实履行海外党组织的领导职责，进一步发挥党员先锋模范作用，创新推进海外党建工作，丰富海外党建文化。

同日　集团公司副总经理刘宏斌在北京主持召开储层改造技术回顾性评价专题讨论会。要求：由工程技术专业委员会牵头组织，勘探开发板块和中油油服要发挥业务指导作用，全面启动集团公司储层改造技术与管理发展规划编制；发挥勘探开发研究院压裂酸化中心的主导作用，全面推进科技共享；加大压裂液体系、降低成本、助剂适应性方面的技术交流；减少重复性研究，提高研发效率。

28—29 日　工程技术分公司总经理秦永和带领公司有关部门负责同志赴大庆油田，调研集团公司“1+N”市场内部开放工作进展情况，并与大庆油田、大庆钻探、渤海钻探大庆项目部和基层队干部员工进行座谈。

29 日　海洋工程研发的渤星牌水泥添加剂获“天津市名牌产品”称号。

本月　中油油服发布《关于印发液压提升装置及压裂用蓄水设施配置规范的通知》。

本月　中油油服发布《关于印发中油油服国内一代 7000 米自动化钻机配套规范的通知》。

七　月

1 日　CCTV《新闻联播》播出一组“智慧党建：打造互联网上的红色精神家园”的专题播报，把中国石油集团党建信息化平台作为专题头条进行报道，该平台由东方物探瑞飞公司承担平台建设任务。

4 日　集团公司副总经理焦方正一行到工程技术研究院调研，看望了苏义脑院士，参观了油气钻井国家工程实验室和北京石油机械有限公司，同一线科研和生产人员进行了交流，并对广大员工表示了慰问。集团公司政策研究室、科技管理部、信息管理部、勘探与生产分公司、工程技术分公司等有关负责人随同调研。

5 日　中油油服向渤海钻探和长城钻探分别发送贺信，祝贺两家成员企业与委内瑞拉国家石油公司签订总额超过 13 亿美元的 300 口井的钻井一体化服务合同，创造了海外工程技术服务单个项目合同额最大纪录。

9 日　为深入贯彻落实集团公司总经理章建华关于扭亏治理的指示精神，中油油服总经理秦永和主持召开了海洋工程公司扭亏解困第二次座谈会。他指出：海洋工程技术业务是集团公司工程技术业务的组成部分，中油油服将全力支持海洋工程公司开拓市场、扭亏解困，海洋工程公司也要认真落实主体责任，为尽快扭亏解困、实现长远发展奠定良好基础。

16 日　全国政协常委、人口环境资源委员会副主任姜大明，原国土资源部副部长汪民，中国地质调查局党组成员、副局长王昆，集团公司副总经理侯启军一行到川庆钻探施工的威 202H13 平台调研。四川省国土资源厅总规划师陈东辉，内江市委书记马波，内江市政协主席戴震等参加调研。

17 日　中油油服执行董事、总经理秦永和主持召开明 15 井视频座谈会，传达了王宜林董事长对明 15 井的指示精神，西部钻探驻井专家组长汇报了明 15 井侧钻情况和下步技术措施，与会人员对施工及技术措施提出了意见和建议。秦永和肯定了西部钻探所做工作，并对下步工作提出了具体要求。

19 日　中油油服执行董事、总经理秦永和会见阿塞拜疆国家石油公司（SOCAR）副总裁胡申亚诺夫和拉迪夫率领的访问团一行，双方就加强油田技术服务领域合作深入交换了意见。

同日　陕西省能源化学地质工会命名表彰了 15 名 2018 年陕西省能源化学地质系统“职

工创新工匠”、15 个高技能人才职工（劳模）创新工作室。测井公司技能专家、长庆分公司高级技师牛承东，辽河分公司徐长岗创新工作室名列其中。

20 日　中油油服执行董事、总经理秦永和与哈里伯顿公司亚太区副总裁西德·怀特一行进行会谈。双方就深井钻井提速、压裂技术和组织方式、国际市场合作等问题进行沟通，并约定就压裂技术再次进行交流。

同日　中油油服向东方物探发送贺信，祝贺东方物探在集团公司党组书记、董事长王宜林的见证下，与阿联酋阿布扎比国家石油公司签订了合同金额 16 亿美元的海上和陆上三维地震勘探项目合同，创造了全球最大连续三维地震勘探项目纪录。

23 日　东方应用地球物理暑期学校开班暨中国地球物理学会（CGS）继续教育培训基地揭牌仪式在公司科技园举行。中国科学院院士陈颙，中国工程院院士、武汉大学副校长李建成，中国地球物理学会秘书长郭建出席开班和揭牌仪式。

24 日　测井公司主导研制的胶囊同位素在测试现场试验成功。

25 日　集团公司副总经理、井控管理领导小组组长刘宏斌主持召开集团公司井控管理领导小组第三次工作会议。他强调：目前井控形势依然严峻，井控风险仍然很高，在对标管理、井控措施针对性、井控装备物资管理等方面还需加强完善。

同日　中油油服组织召开海外业务管理及试点建议方案讨论会。会议认为，中油油服海外业务集中组织管理方案编制应当认真汲取有关企业的失败教训，充分借鉴兄弟板块经验，充分吸收各成员企业意见；努力提升海外业务的服务能力和竞争力，有效盘活资产，实现资源共享，打造国际一流的服务品牌。

同日　法国道达尔（Total）向测井公司天津分公司发来国际供应商资质审核确认函，确认其电缆测井技术服务通过审核认证，标志着天津分公司正式列入道达尔合格供应商名录。

同日　集团公司科技管理部召开集团公司重大专项“重大工程关键技术装备研究与应用”项目验收会，西部钻探承担该项目 5 个专题研究任务，共获国家专利 17 件，发表论文 17 篇，形成规范 3 项，完成了计划任务内容并达到技术经济考核指标。

26 日　集团公司副总经理刘宏斌听取中油油服海外业务集中组织管理及试点建议方案汇报并做重要指示。他强调：中油油服国际业务工作总体目标是展现中国石油一流综合性国际能源公司形象，实现量增、效增、成本降目标。

同日　中油油服组织召开明 15 井测井方案研讨视频会。中油油服副总经理李国顺、西部钻探副总经理喻著成、测井公司副总经理胡启月，以及各单位相关人员参加了会议。会上，测井公司汇报了明 15 井测井方案，西部钻探汇报了钻井施工情况及工作建议。与会人员就测井方案优化、井眼准备、钻井液性能调整等进行了研讨。

30 日　中油油服向川庆钻探发送贺信，祝贺川庆钻探在长庆苏里格气田苏 36–18–16 井组，采用不动管柱分层压裂工艺，创造了长庆油区单套压裂机组 24 小时完成 4 口井 8 层连续压裂施工纪录，是此前该区域直井分层压裂日最高纪录的 2.7 倍。

同日　中油油服向西部钻探发送贺信，祝贺西部钻探承钻的集团公司海外重点井——乌兹别克斯坦明 15 井顺利钻达设计完钻井深 5918 米。

31 日至 8 月 1 日　2018 年国际射孔论坛年会在美国德州加尔维斯敦举行，中油油服首次组团参加并作报告宣讲。中油油服“页岩气上翘井智能泵送技术应用”和“后效射孔技术研究及应用”两篇文章进行大会交流，获得了国际同行高度认可。

本月　在第五届中国企业传媒与品牌传播年会上，渤海钻探获“融媒体语境下企业文化与品牌传播创新”优秀单位。

八　月

3 日　海洋工程公司“石油天然气（海洋石油）行业（海洋石油）专业甲级”工程设计资质通过住建部延续审查核准。

6 日　在集团公司领导工作例会上，董事长王宜林就明 15 井顺利完钻对中油油服、中油国际和西部钻探提出表扬。他强调：要平稳有序组织好明 15 井后续完井工作，认真总结汇报阶段性成果，做好地质分析以及各项完井工作，努力取得好的钻探效果。

13 日　在集团公司领导工作例会上，集团公司总经理章建华对中油油服准备开展冬季打井提出表扬。他强调：当前中央对国内勘探开发上产提出了新要求，中油油服需要进一步增强服务保障能力。目前由于页岩气开发上产，导致集团公司钻机等资源十分紧张，要依靠提高效率而非增加太多的队伍来解决问题。中油油服抓紧研究制定冬季打井方案，通过冬季打井释放一些潜力，增强保障能力，提高效率、市场占有率和经济效益。中油油服此项工作抓得很紧很好，值得肯定。

14 日　集团公司总经理章建华主持召开集团公司七月生产运行及经营效益分析月度例会，专门听取总部机关相关部门和中油油服等单位生产经营工作汇报。他强调：要认真贯彻落实习近平总书记有关保障能源安全的重要批示指示精神，进一步提高政治站位、增强“四个意识”，切实抓好稳油增气工程，抓住近期油气生产的黄金季节，加大原油和天然气的上产力度，全力推进页岩气的增储上产。

同日　中国 21 世纪议程管理中心在北京组织召开 2018 年国家重点研发计划“深地资源勘查开采”重点专项项目任务书审核会，测井公司牵头承担的“地下及井中地球物理勘探技术与装备”和参与的“地下及井中地球物理处理解释软件平台开发及综合示范”两个项目任务书通过专家组审核。

同日　测井公司在华北油田间 39 井，首次应用地层流体测试 DFT 新技术，优质高效完成地层流体取样任务。

16 日　长城钻探施工的狮 52–3 井投产 21 天后，用 10 毫米油嘴放喷试采，油压 50 兆帕，初产液量超过千立方米，伴生气 10 万立方米以上，折合油气当量日产逾千吨，标志着青海油田英西区块再次钻获千吨井。

19—22 日　集团公司党组成员、副总经理刘宏斌赴美国休斯敦市，对休斯敦中心等集团公司驻休机构、雪佛龙、哈里伯顿等当地公司进行了为期 4 天的工作访问。其间，刘宏斌一行听取了中心总体工作汇报及科技工作专题汇报，到休斯敦中心办公室及非常规油气工程技术实验室进行现场调研，参观中心技术研发新成果，看望慰问中美员工。他强调：中心要立足集团公司发展战略根本，利用北美的技术优势，重点打造材料科学、油田化学等特色基础科学研究团队。集团公司物资装备部兼物资公司总经理徐新福，中油油服执行董事、总经理秦永和，国际部副总经理王洪涛以及总部机关相关部门同志随同调研。

20—22 日　集团公司总经理章建华，集团公司副总经理侯启军到川渝地区石油石化企业调研。期间，听取川庆钻探公司工作汇报。股份公司副总裁李鹭光，规划计划部总经理杨华，川庆钻探公司党委书记、总经理、执行董事李爱民及常务副总经理、安全总监王治平等参加调研和汇报。

23日　国家发改委能源局油气司调研组何建宇一行到川庆钻探压裂作业的泸202井作业现场调研。

26日　第六届“东方杯”全国大学生勘探地球物理大赛在北京闭幕。大赛指定使用东方物探自主研发的GeoEast软件进行地震资料处理，历时8个月，评选出特等奖1组、一等奖9组、二等奖20组、三等奖97组等奖项。

27日　集团公司副总经理刘宏斌在克拉玛依专门听取西部钻探公司工作汇报，对西部钻探牢固树立“成就甲方才能成就自己”理念，积极做好服务保障予以表扬；并对西部钻探各项工作业绩表示赞赏，要求西部钻探继续认真总结提升。

28—30日　中油油服2018年中工作会暨精益管理推进会议在克拉玛依召开。集团公司副总经理刘宏斌出席会议并讲话，集团公司总经理助理、新疆油田公司党委书记、总经理陈新发作会议致辞，中油油服党委书记、执行董事、总经理秦永和作题为《推进精益管理，坚持创新驱动，持续提升油服业务高质量发展能力》的工作报告。140余名与会代表现场观摩了新疆玛湖50071队、集中公寓、MaHW6236井压裂现场和物资共享中心，并就现场观摩情况进行了探讨交流。刘宏斌强调：要进一步贯彻落实集团公司领导干部会议决策部署，发挥好服务保障勘探开发的主力军作用，贯彻精益思想，加快高质量发展。

本月　发布《关于成立中油油服“四化”建设领导小组的通知》，标志着中油油服“四化”建设全面开展。

九　月

4日　集团公司副总经理焦方正，集团公司总经理助理、新疆油田公司总经理、党委书记陈新发一行到西部钻探玛湖区域MaHW6236压裂和钻井现场调研指导工作。

5日　集团公司副总经理刘宏斌到海洋工程青岛海工基地调研指导工作，参观了海工基地组块结构车间、大丰海上风电项目组装现场和岸线码头，并登上中油海101船进行现场指导，听取了海洋工程青岛海工基地建设及管理工作汇报。他强调：要进一步加大市场开发力度，提升厂区环境，推进精益管理，加强信息化建设，总结成功经验，实现高质量发展。

7—8日　中油油服在陕西宝鸡组织召开系列自动化钻机配置方案研讨会，集团公司物资装备部、物资采购中心、各钻探企业、相关制造企业的技术专家参加会议。会议强调：系列自动化钻机配置方案要在中油油服的统一规划下，立足先进适用技术和成熟产品，实施标准化配套，推进批量采购和生产，开展专业化服务和物资共享，提升作业效能，降低钻机全生命周期运行成本。

10日　川庆钻探承钻的长庆油田宁H7-2井完钻，完钻井深4970米，水平段3035米，创国内致密油水平井最长水平段纪录。

同日　川庆钻探获集团公司2017年度国际业务社会安全管理先进单位。

12日　中油油服在北京组织召开2019—2020年科技计划研讨会。与会专家一致认为：上报项目覆盖面宽，能够体现集团公司的重点部署，为做好顶层设计提供了很好的基础。建议：适度增加“四化”、冬季施工保障研究、信息化等相关项目的立项研究以及连续管钻井等新工艺的研发，对各家均提出的重复性需求进行整合立项，统一组织，避免重复。

13 日　集团公司副总经理刘宏斌率生产经营管理部、物资装备部、规划计划部、质量安全环保部、中油油服等部门领导一行到北石威远服务站调研指导工作。强调：北石要加大新产品新技术的推广力度，为页岩气开发做好装备保障和提供技术服务支持，加强顶驱、防喷器控制装置的远程监控和技术支持能力建设，真正为油服企业和油田公司降本增效。

13—14 日　集团公司副总经理刘宏斌到川渝地区石油石化企业调研。期间，到长城钻探威 202H39 平台、川庆钻探威远 202H16 平台作业现场调研，并出席了页岩气工作会议。强调：要进一步提高政治站位，高度重视页岩气勘探开发，明确自身发展目标，盯住油公司的目标，确保各项工作落到实处，完成集团公司确定的任务目标。

14 日　川庆钻探第三次通过国家高新技术企业认定。

15 日　测井公司圆满完成孟加拉国 Habiganj-1 井修井任务，使这口停产长达 6 年的老井复产，日产气量 42 万立方米，孟加拉国石油公司主席两次赴现场考察指导工作，当地报纸《每日星报》和《日报》分别作了跟进报道。

18 日　集团公司副总经理刘宏斌批复《关于批准中油油服工程技术研究院改革重组方案的请示》，同意新组建的集团公司工程技术研究院加挂中油油服工程技术研究院的牌子，各钻探企业公司所属研究机构加挂中油油服工程技术研究院分院牌子，按现有优势能力确定研究领域，培育特色技术，科技研发业务受中油油服工程技术研究院管理、指导。

同日　东方物探获集团公司 2017 年度国际业务社会安全管理先进集体、国际业务生产安全管理先进集体、国际业务环境保护先进集体。

19 日　中油油服执行董事、总经理秦永和主持召开页岩气服务保障专题会议。他强调：要落实集团公司领导近期对页岩气提出的一系列指示要求，提高思想认识，细化完善方案，编制工作运行大表，开设油服网页专栏，挂图作战，推动各项工作顺利落实到位。

19—20 日　东方物探第十届国际技术暨市场研讨会在北京召开。来自 40 个国家的 45 家油公司、7 个政府和行业机构、10 家合作伙伴 110 余名代表参加。

20 日　集团公司党组书记、董事长王宜林在中国石油驻克拉玛依企业进行工作调研，听取西部钻探工作汇报并到所属克拉玛依钻井公司 50071 队、井下作业公司 MaHW6202、6203 平台井压裂作业现场调研。

同日　中油油服总经理秦永和与哈里伯顿公司中国区总经理曾仁一行进行了会谈。双方就全套压裂设备设施采购、页岩气压裂大包、第二批旋转导向工具采购、以租赁方式开展旋转导向服务等四个议题进行了深入沟通。

同日　中油油服在集团机关文体中心举办以“歌颂伟大祖国 改革开放回响”为主题的歌咏比赛，机关全体员工参加此次纪念改革开放 40 周年活动。

22 日　集团公司总经理、党组副书记章建华到休斯敦技术研究中心进行工作访问。期间，章建华一行听取了包括休斯敦中心在内的中国石油驻美 7 家机构工作汇报，专程赴休斯敦中心非常规油气工程技术实验室进行了现场调研，并代表王宜林董事长和集团公司党组，对休斯敦中心中美员工致以中秋佳节节日的慰问。他强调：要树立全球思维、创新思维和效益思维，确保休斯敦中心在海外实现高质量的发展。

28 日　在哈萨克斯坦出席会议的原集团公司领导周吉平到东方物探哈萨克斯坦项目部看望、慰问中方员工和外籍雇员。

同日　中油油服执行董事、总经理秦永和会见来访的斯伦贝谢钻井与测量部门全球总裁 Tarek Rizk 和中国公司总经理赵刚一行，双方就旋转导向工具租赁与采购招标、压裂成套设备采购等问题进行沟通和交流。

十　月

10 日　西部钻探员工谭文波牵头研发的“电动液压电缆桥塞坐封工具的研制与应用”和张耀先牵头研发的“MWD 解锁式投捞器”等 2 项成果入围第五届全国职工优秀技术创新成果交流评选活动。

10—11 日　集团公司副总经理刘宏斌赴新疆巴里坤县检查指导定点扶贫工作，并到吐哈油田和西部钻探现场进行了调研。刘宏斌一行先后来到三塘湖采油厂的牛圈湖联合站、马 56-251H 集团注水平台、马 56-183H 压裂现场和牛东平 78-2 钻井现场调研指导工作，并参观考察了杨拯陆烈士纪念雕塑、科技馆、三塘湖采油厂职工食堂等现场，代表集团公司党组向员工表示了亲切慰问。在钻井队和压裂队的施工现场，刘宏斌强调：要大力推进标准化、专业化、机械化、信息化，进一步缩短钻井周期，将压裂施工速度提升到日压裂 3 段以上。

12 日　川庆钻探获四川省“安全应急管理标杆企业”和“防灾减灾救灾社会责任担当企业”称号。

15—16 日　在杭州举行的第九届中国国际安全生产论坛暨展览会上，国务委员王勇，浙江省省长袁家军，国家应急管理部党组书记黄明、副部长孙华山，集团公司副总经理、安全总监段良伟，四川省安监局党组书记、局长孙建军等参观川庆钻探公司展台。

17 日　集团公司副总经理刘宏斌主持召开旋转导向集中研发启动会。他强调：要强化项目统一组织，抓好项目运行管理，发挥一体化优势。建立共享机制，强化统一组织和科研攻关，避免重复投入。加快先进技术的引进、消化、吸收和再创新。健全激励机制，培养一流研发团队。完善保障措施，做好资金保障，开辟绿色通道，为集中研发提供有力保障。

18 日　中油油服组织召开 2018—2020 年三项制度改革行动计划配套方案编写启动会。会议明确在继续修订《中油油服深化三项制度改革行动计划（草案）》的基础上，近期要研究制订《中油油服业务结构优化方案》《中油油服“四化”建设方案》等 8 项配套工作方案。

同日　在石油工业标准化委员会秘书处、石油工业出版社有限公司联合举办的“2018 年石油天然气行业标准发行工作会议”上，渤海钻探标准发行站获石油天然气行业标准发行金牌站荣誉称号，这是该公司连续第三次获此殊荣。

18—19 日　股份公司副总裁兼勘探与生产分公司总经理李鹭光赴川开展页岩气勘探开发工作调研，强调：要充分认识到页岩气业务发展的重要性和紧迫性，进一步抓好各项工作的组织和落实。

19 日　川庆钻探承担的国内陆上油田最大丛式井组—华庆白 409 平台全部完钻。该平台钻井作业历时 171 天，完钻 73 口井，总进尺 16.3 万米。

22 日　在中国地球物理学会第十届二次

理事扩大会议上，中国地球物理学会理事长陈晓非院士向东方物探“院士专家工作站”授牌。

25 日　集团公司党组成员、副总经理刘宏斌带领集团公司物资装备部、人事部、政策研究室、中油油服相关领导，到大庆钻探基层单位和钻井生产一线调研，看望干部员工。股份公司副总裁、大庆油田公司（大庆石油管理局）总经理孙龙德，大庆油田副总经理、大庆钻探总经理张凤民等领导陪同。

同日　集团公司党组副书记、总经理章建华主持召开国内上游及油服业务 2019 年预算方案汇报会，听取中油油服 2019 年财务预算建议方案。强调：集团公司财务部要与中油油服进一步做好 2019 年预算对接工作，真实反映经营情况。中油油服要研究开展零基预算，做实预算、细化成本，提高预算管理深度，通过与先进企业对标，找到差距，大力挖潜增效。总部相关部门要认真研究专业公司提出的问题和建议，研究制定配套激励政策。

同日　集团公司总会计师刘跃珍参加会议，要求进一步加强预算管理，做好业务预算和财务预算结合，细化分析维度，加强对改革成果、关键技术创新、提速提效、冬季施工、对上游贡献等方面的量化分析。勘探生产板块和中油油服关联度大，要研究建立双方联动的考核机制，客观评价中油油服经营业绩。

25—26 日　中国石油“纪念改革开放 40 周年”在京单位歌咏比赛中，长城钻探合唱团以总分第一名的成绩获一等奖。

29 日　中油油服召开干部大会，宣布集团公司党组对公司领导班子调整的决定，集团公司党组成员、副总经理刘宏斌出席会议并讲话。刘宏斌指出，集团公司党组对中油油服公司领导班子的调整，是贯彻落实党的十九大精神和全国国有企业党建工作会议精神，进一步加强党对国有企业全面领导、推进党的领导与公司治理有机统一，发挥企业党委领导作用，把方向、管大局、保落实的重要举措。集团公司人事部副总经理李刚宣读了集团公司党组关于中油油服公司相关领导的任免文件：秦永和任中油油服公司党委书记、执行董事；中油油服公司原党委书记、副总经理茅启平退休；王忠仁任中油油服公司党委副书记、总经理；喻著成任中油油服公司党委委员、副总经理、安全总监。

30—31 日　中国石油企业协会在湖北武汉发布 2018 年度全国石油石化管理现代化创新优秀成果、优秀论文、优秀著作，渤海钻探获管理现代化创新优秀成果一等奖。

十一月

2 日　中油油服组织召开旋转导向集中研发动员会。会议传达了集团公司副总经理刘宏斌在项目启动会上的指示精神，进一步明确了旋转导向集中研发目的、意义、任务，并对项目团队建设、制度建设和保障工作做出了具体安排。

7 日　中油油服党委书记、执行董事秦永和会见了来访的陕西省汉中市权俭市委副书记一行，双方就汉中市经济发展、脱贫攻坚等问题进行了沟通和交流，并就支持汉中市脱贫攻坚工作达成了原则性一致意见。

9 日　中油油服党委书记、执行董事秦永和主持召开三项制度改革专题会议，研究审议了《中油油服三项制度改革行动计划及配套方案》。

同日　测井公司“成像测井解释及综合评价技术”获全国能源创新成果一等奖。

11 日　测井公司在双探 9 井以 7764 米

创公司川渝地区射孔酸化测试联作最深纪录作业。

12日 玛湖和吉木萨尔勘探开发建设现场指挥部在玛湖015井举办高效发现成果现场颁奖仪式。集团公司总经理助理、新疆油田公司总经理、玛湖和吉木萨尔地区勘探开发建设现场指挥部指挥陈新发现场颁奖并讲话，西部钻探党委书记、总经理张宝增主持颁奖仪式。东方物探作为参加玛湖会战的单位受到集团公司玛湖和吉木萨尔勘探开发建设现场指挥部的嘉奖。

同日 中油油服向西部钻探发送贺信，祝贺西部钻探在准噶尔盆地玛湖地区玛15井试油测试期间，获高产工业油气流，未压裂日产油405.6立方米，日产气3.6万立方米，压力保持稳定，创玛湖凹陷产量最高、准噶尔盆地直井产量最高纪录。

13—14日 西部钻探圆满完成西北油田顺北501井钢丝试井任务，成功获取7500米井深处的静压及静温梯度数据，刷新集团公司钢丝试井下深纪录。

14日 集团公司副总经理侯启军在新疆油田主持召开准噶尔盆地玛湖和吉木萨尔地区勘探开发建设工作汇报会，听取了集团公司玛湖和吉木萨尔地区勘探开发建设指挥部、中油油服、西部钻探等单位的发言和汇报。强调：要进一步坚定准噶尔盆地勘探开发大场面的信心和决心，深化地质研究，优化开发方案，做好提速提效，抓好冬季安全生产，提高开发效果。

16日 集团公司总经理助理、人事部总经理刘志华主持召开专题会议，听取了中油油服推进三项制度改革工作情况汇报。他指出：中油油服公司党委对三项制度改革工作高度重视、行动迅速，对集团公司三项制度改革方案研究透彻，前期工作扎实有力；中油油服三项制度改革行动计划方案全面、针对性强、重点突出，可作为其他专业公司复制的模板。

同日 集团公司召开工程技术资质管理工作汇报会，集团公司资质管理委员会成员单位负责人参加会议，集团公司副总经理刘宏斌出席会议并作重要讲话。强调：资质管理工作是强化市场管理的重要抓手，是提高工程技术服务水平的重要手段，更是促进油气田勘探开发安全绿色生产的重要保障。要进一步提高认识，切实增强责任感和使命感，自上而下持续强化资质管理工作。

16日 川庆钻探承担的“川渝高磨地区高压气井及页岩气固井密封完整性关键技术与规模应用”项目获集团公司科技进步奖一等奖。

17日 川庆钻探在塔里木油田克深21井，以8098米刷新集团公司陆上尾管固井最深纪录。

20日 海洋工程“BCG-300S防窜增韧水泥浆固井技术”“油气管道环焊缝超声检测(AUT)可靠性及工艺评定技术”两项科技成果通过集团公司鉴定，总体达到国际先进水平。

20—22日 第五届全国石油经济年会暨第十七次石油统计学术研讨会在深圳召开。东方物探推荐的《地震勘探三维震源采集效能量化指标探索及思考》获优秀论文一等奖。

21日 集团公司副总经理侯启军一行到渤海钻探50611队施工的花1-7X井调研，南方勘探公司经理夏义平，渤海钻探相关负责人参加了调研。

同日 中油油服党委书记、执行董事秦永和主持召开党务工作座谈会，进一步明晰了中油油服党务工作相关部门的工作界面，并就下步工作做出安排。

22—24 日　集团公司党组书记、董事长王宜林在成都参加全国政协暨地方政协经济委员会工作研讨会期间，与驻川石油石化企业负责人进行座谈。川庆钻探公司党委书记、总经理李爱民，常务副总经理、安全总监王治平参加。

23 日　国家科技部火炬中心公示天津市 2018 年第一批高新技术产业名录，渤海钻探第四次通过高新技术企业认定。

26 日　海洋工程研发的“海域天然气水合物钻完井液技术”通过天津市科学技术委员会组织的科技成果鉴定，该成果被专家组鉴定为国际领先水平。

同日　海洋工程组织的“神狐海域深水天然气水合物试采工程关键技术研究与应用”科技项目获 2018 年度集团公司科学技术进步奖一等奖。

27 日　集团公司副总经理刘宏斌在北京主持召开物探、测井、录井三个专业的技术回顾性评价专题讨论会。强调：各部门各企业要充分认识物探、测井、录井技术在油气勘探开发中的重要作用和地位，找准差距和发展方向，强化顶层设计，发挥整体优势，推动集团公司物探、测井、录井技术再上新台阶。

同日　渤海钻探“BH-SFM 压裂裂缝实时监测系统”“BH-HAS 自缔合高温抗盐压裂液体系”“BH-EPL 脉冲中子元素谱分析剩余油测试系统”和“BH-EKLD 早期溢流检测仪”等 4 项科技成果，在集团公司科技成果鉴定会上顺利通过专家组鉴定。

27—29 日　国家科技部重大专项司相关领导一行到川庆钻探开展油气开发专项蹲点调研工作。

27 日—12 月 1 日　在深圳召开的 2018 中国石油与化工科技创新与智能发展大会上，测井公司技术中心朱万里编写的《提高核磁共振测井信噪比的复合脉冲设计》获一等奖。

28 日　集团公司副总经理刘宏斌主持召开固井技术回顾性评价专题讨论会。强调：要充分认识固井技术重要作用，准确判断固井技术现状，发挥集团公司整体优势，推进固井技术进步。

28—30 日　由中国地球物理学会主办的勘探地球物理学进展学术研讨会在成都召开，东方物探顾雯的《基于四川盆地钾盐的地球物理响应特征及定量预测技术探讨》获一等奖。

30 日　由石油管工程技术研究院和海洋工程公司共同完成的“石油管材及装备防腐涂镀层开发与应用关键技术”科技项目获集团公司科学技术进步奖一等奖。

十二月

3 日　由中国石油和化学工业联合会联合举办的“全国石油和化工科技创新大会”在北京召开。东方物探牵头完成的“火山岩油气藏地震勘探关键技术及准噶尔盆地高效实践”获科技进步奖一等奖。

4 日　集团公司副总经理焦方正到渤海钻探四川页岩气宁 209H10B 平台调研，渤海钻探副总经理汪国庆等陪同。

6 日　中央企业党建思想政治工作研究会发文，长城钻探党委承担的课题“发挥国有企业政治优势，为建设具有全球竞争力的世界一流国际能源公司提供坚强政治保证实践研究”获央企优秀政研成果二等奖。

10 日　大庆油田物探业务重组交接签字仪式在石油大厦举行。集团公司工程技术业务改革重组领导小组副组长、中油油服公司党委书记、执行董事秦永和出席签约仪式并讲话。大庆物探业务重组交接标志着集团公司工程技术业务改革重组工作圆满完成，也标志着油服业务五大钻探、物探、测井、海工三个专业化公司的“5+3”格局基本形成，将有效提升资源优化统筹能力、服务保障能力和市场竞争能力，为油服业务的未来发展奠定坚实基础。大庆油田副总经理兼大庆钻探总经理张凤民，东方物探党委书记、执行董事、总经理苟量及相关单位的部门负责人参加签约仪式。

12日　集团公司副总经理刘宏斌听取中油油服2018年工作总结及2019年主要工作计划的汇报。要求：要进一步树立“成就甲方就是成就自己”的理念，在提升“四个能力”上下功夫，提高服务保障能力和市场竞争能力。同时抓好规划、安全、科技、改革、“四化”和党的建设等各项工作。

同日　西部钻探在集团公司重点探井中秋1井测试获重大突破，日产33万立方米高产工业气流、21.4立方米凝析油，打开了一个新油气富集区带。

同日　国务院国有资产监督管理委员会新闻中心和中国报道杂志社联合举办2018中国企业海外形象高峰论坛，东方物探选送的新闻作品《不一样的BGP》获“2018国有企业海外传播好新闻奖”。

14日　第一批中油油服井控专家选聘工作顺利完成，来自钻探企业、工程技术研究院、集团公司井控应急救援响应中心的20人成为首批井控专家。

16日　中油油服同时向渤海钻探、西部钻探、测井公司发送贺信，祝贺三家成员企业共同服务的中秋1井经酸压测试获得高产油气流，预示中秋将有1000亿立方米级凝析气藏，标志着中国石油在新区新领域风险勘探取得重大突破。

同日　中油油服向川庆钻探发送贺信，祝贺川庆钻探承揽的四川盆地第一口火成岩井——永探1井喜获工业气流，开辟了四川盆地天然气增储上产新领域，为集团公司及西南油气田的勘探开发做出了新贡献。

同日　川庆钻探承钻和测试的西南油气田公司风险探井永探1井在二叠系火山岩测试获自然产量22.5万米^3/日，取得四川盆地火山岩勘探重大发现。

20日　海洋工程报送的《国内首次深水可燃冰成功试采管理创新与实践》在集团公司2018年管理创新获奖成果评审中获管理创新成果一等奖。

21日　在集团公司2018年度油气勘探年会上，集团公司副总经理侯启军听取了中油油服《牢记使命，强化保障，坚决助力打赢勘探开发进攻仗》的专题报告，高度评价中油油服全年油气勘探开发保障成效。侯启军指出：今年中油油服服务保障成效突出体现在两个前所未有：一是资源调配前所未有。通过“1+N”服务模式打破“1+1”市场格局，充分发挥了中国石油一体化资源配置优势，提高了勘探开发服务能力和保障水平；二是提速提效前所未有。全系统、全方位、全覆盖开展大规模提速提效工作，在不同战区建立提速模板，实现了“4个15%”钻井提速目标。

22日　东方物探承担的集团公司2018年国内陆上最大勘探项目——四川盆地大川中射洪—盐亭地区三维地震勘探竣工。

25日　中油油服在北京组织召开2019年勘探开发生产保障协调会。勘探与生产分公司、中油油服及各油气田企业、各油田技术服务企业主管领导或主管部门负责人参加会议。会议强调：2019年各油田技术服务企业要紧跟集团公司勘探开发总体部署，牢固树立“成就甲方就是成就自己”的理念，主动践行服务保障职责，围绕“精准、优质、高效、双赢”主题，大力开展“服务保障年”活动，科学调配资源，创新生产组织，推进工程提速，强化安全管控，坚决服务保障集团公司完成增储上产任务。

26 日　中油油服与中油资本在北京石油大厦召开产融结合业务对接交流会。双方一致认为：做好产融结合是落实集团公司有关要求的具体举措。深化中油油服与中油资本的业务合作，不仅可以实现“以产促融、以融促产、高效协同、稳健发展”的目标，也是促进双方高质量发展的重要手段。

同日　由国有资产监督管理委员会和团中央联合举办的“改革开放 40 年之中国制造日”直播访谈在共青团中央“团团直播间”进行。东方物探高级技术专家、物探技术研究中心孙鹏远博士作为特约嘉宾接受采访，谈论超大型国产地震资料处理解释一体化系统 GeoEast 的自主研发历程、重大成效及背后故事。

27 日　塔中 726-2X 井井控险情彻底解除，转入正常生产程序。集团公司党组书记、董事长王宜林对现场应急处置工作给予充分肯定，表扬参战干部员工不怕疲劳、连续奋战，发扬大庆精神、铁人精神。集团公司党组成员、副总经理、井控管理领导小组组长刘宏斌赞扬前线应急指挥部前期应急抢险工作有序稳妥，充分论证，方案周密，强化了技术交底、人员培训，为最终抢险成功打下坚实基础。

同日　中国石油工业的旗帜——大庆钢铁 1205 钻井队年进尺突破 10 万米，这是该队第 4 次年进尺突破 10 万米大关，是自 2017 年以来连续两年进尺突破 10 万米，再次成为大庆钻探年进尺最多的钻井队。

31 日　东方物探 PDO 项目累计安全驾驶 5000 万千米，安全工时达到 2700 万小时，连续 14 年无损工时事件（LTI），生产效率达日均 3 万炮以上，创造了业界可控震源作业效率新的世界纪录。

12 月　集团公司公布 2018 年度管理创新获奖成果名单，渤海钻探完成的《石油钻探企业以降本增效为核心的劳动用工优化管理》成果获得集团公司成果一等奖。

（庄　涛　宿永鹏）

附　录

钻井技术经济指标历史最高纪录

指标名称	指　标	完成时间（年月日）	地　区	完成单位	备　注
钻井周期最短（天）					
完钻井深小于 1000 米井	0.46	2016-12-18	泰国	长城钻探	
完钻井深 1001—1500 米井	1.17	2008-05-22	王南沟	川庆钻探	
完钻井深 1501—2000 米井	1.50	2014-08-30	大庆	大庆钻探	
完钻井深 2001—2500 米井	1.50	2013-03-06	南梁	川庆钻探	
完钻井深 2501—3000 米井	1.92	2012-09-16	长庆	渤海钻探	井深 2511 米
完钻井深 3001—3500 米井	4.22	2016-05-04	泰国	长城钻探	
完钻井深 3501—4000 米井	4.17	2011-07-27	长庆苏里格	长城钻探	
完钻井深 4001—4500 米井	13.38	2013-09-13	苏南	川庆钻探	
完钻井深 4501—5000 米井	20.12	2008-04-08	大港	渤海钻探	井深 4590 米
完钻井深 5001—5500 米井	23	2016-04-09	塔北	川庆钻探	
完钻井深 5501—6000 米井	29.49	2008-08-11	大港	渤海钻探	井深 5536 米
完钻井深 6001—6500 米井	55.29	2014-05-06	塔北	川庆钻探	
完钻井深 6501—7000 米井	47.08	2014-01-21	塔里木	渤海钻探	
完钻井深大于 7000 米井	59.17	2015-09-10	塔里木	渤海钻探	
完钻井深最深（米）					
直井	8098	2018-11-01	塔里木	渤海钻探	
定向井（含水平井、大位移井）	8008	2014-10-27	塔北	川庆钻探	
水平位移最大（含水平井、大位移井）	6167.3	2016-02-01	古巴	长城钻探	
丛式井组的井数最多	241	2018-12-31	冀东	渤海钻探	
分支井井眼最多	46	2016-07-17	山西煤层气	渤海钻探	
水平井指标					
水平段最长（国内）	3056	2013-05-13	苏里格	川庆钻探	
水平段最长（国外）	5580	2016-02-01	古巴	长城钻探	
垂深最深（米）	7433.43	2018-01-01	塔里木	渤海钻探	
水垂比最大	3.92	2008-06-16	大港	渤海钻探	4196 米 /1071 米

国家、集团公司科学技术奖获奖名录

序号	项目名称	获奖类别及等级
1	凹陷区砾岩油藏勘探理论技术与玛湖特大型油田发现	国家科技进步奖一等奖
2	玛南斜坡区二叠系上乌尔禾组厚层砂砾岩规模成藏模式与整体突破	集团公司科技进步奖特等奖
3	全新一代高端测井处理解释系统 CIFLog2.0 及其规模化应用	集团公司科技进步奖特等奖
4	神狐海域深水天然气水合物试采工程关键技术研究与应用	集团公司科技进步奖一等奖
5	川渝高磨地区高压气井及页岩气固井密封完整性关键技术与规模应用	集团公司科技进步奖一等奖
6	塔里木库车山前超深复杂地层固井配套技术研究与应用	集团公司科技进步奖二等奖
7	四川盆地复杂碳酸盐岩小尺度缝洞型储层地球物理评价技术	集团公司科技进步奖二等奖
8	钻完井工程远程技术支持系统开发与应用	集团公司科技进步奖二等奖
9	3D 射孔技术的研制与应用	集团公司科技进步奖二等奖
10	地震地质实时随钻导向技术及应用	集团公司科技进步奖二等奖
11	工程技术物联网系统及应用	集团公司科技进步奖二等奖
12	压裂设备系列化研制及工程应用	集团公司科技进步奖二等奖
13	油气开采水基钻井废弃物环境污染控制与处理新技术及规模化应用	集团公司科技进步奖二等奖
14	海上叠前地震数据噪声压制技术	集团公司技术发明奖二等奖
15	硬地层径向水平井技术	集团公司技术发明奖三等奖
16	深层油气藏防气窜固井关键技术与工具	集团公司技术发明奖三等奖
17	基于以太网、兆级遥传技术的测井地面系统	集团公司技术发明奖三等奖
18	新疆油田环玛湖钻井综合配套技术研究与应用	集团公司科技进步奖三等奖
19	超分子重建瓜尔胶多维交联网络型压裂液	集团公司科技进步奖三等奖
20	非常规天然气藏随钻地质导向技术研究与应用	集团公司科技进步奖三等奖
21	华北深潜山优快钻完井与测试试油技术现场试验	集团公司科技进步奖三等奖
22	苏里格南区块 Φ155.6mm 小井眼钻井技术研究	集团公司科技进步奖三等奖
23	致密油气储层压裂返排液处理技术及工业化应用	集团公司科技进步奖三等奖
24	S 系列地震检波器及应用	集团公司科技进步奖三等奖
25	滩浅海地震勘探配套技术及应用	集团公司科技进步奖三等奖
26	快测阵列感应成像测井系统研制与应用	集团公司科技进步奖三等奖
27	测井综合应用平台 LEAD3.0	集团公司科技进步奖三等奖
28	页岩气储层多尺度地质力学评价技术	集团公司基础研究奖三等奖

中国石油工程技术年度新产品名录

序 号	单 位	名 称
1	西部钻探工程公司	XZ–PLDS 柱塞气举排水采气系统
2	西部钻探工程公司	XZ–TIG 扭力冲击器
3	长城钻探工程公司	GW–HF 速溶增稠剂耐高温压裂液
4	长城钻探工程公司	GW–CPT 保温保压取心工具
5	渤海钻探工程公司	BH–HVT 钻井用水力振荡器
6	渤海钻探工程公司	BH–EPL 元素谱分析剩余油测试仪
7	川庆钻探工程公司	140MPa/200℃含硫深井试油测试工具
8	川庆钻探工程公司	CQ–ISF 高导流脉冲式加砂压裂工具
9	大庆钻探工程公司	DQ–PFT 水平井漂浮下套管工具
10	东方地球物理勘探公司	EV–56 高精度可控震源
11	东方地球物理勘探公司	克浪地震采集工程软件系统 KLSeis Ⅱ V3.0
12	测井公司	7000–I 型一体化测井智能系统
13	海洋工程公司	BCG300S 防窜增韧固井外加剂
14	勘探开发研究院	CDBJ–2–118 型柔性钻具
15	工程技术研究院	CPETOBM–Ⅰ抗高温超高密度油基钻井液
16	长庆油田	DMS 可溶球座压裂工具